复旦大学上海市高峰学科计划资助项目

U0601883

汉语音韵史

A Phonological History of
Chinese

[美]沈钟伟 著　　董建交 译

上海教育出版社
SHANGHAI EDUCATIONAL
PUBLISHING HOUSE

CAMBRIDGE

图书在版编目（CIP）数据

汉语音韵史 / (美) 沈钟伟著；董建交译. — 上海：上海
教育出版社，2024.11. — ISBN 978-7-5720-3100-7

Ⅰ. H11

中国国家版本馆CIP数据核字第2024WN8037号

责任编辑　廖宏艳

封面题签　沈钟伟

封面设计　陆　弦

汉语音韵史

[美] 沈钟伟　著

　　董建交　译

出版发行　上海教育出版社有限公司

官　　网　www.seph.com.cn

地　　址　上海市闵行区号景路159弄C座

邮　　编　201101

印　　刷　上海叶大印务发展有限公司

开　　本　787×1092　1/16　印张 27

字　　数　496 千字

版　　次　2024年11月第1版

印　　次　2024年11月第1次印刷

书　　号　ISBN 978-7-5720-3100-7/H·0092

定　　价　128.00 元

如发现质量问题，读者可向本社调换　电话：021-64373213

语言学知识的传播不应当受具体语言的影响。由于过去没有用英语撰写的系统介绍汉语语音史的著作，众多西方语言学者的知识只能来自少量英文著作，对于汉语语音历史的了解和认识都有局限。因此需要用英文对汉语语音史作一个系统的介绍，填补这一空白。本书英文原版引用了大量的汉语文献，向西方语言学界展示了中国学者的丰硕研究成果。

本书内容是对汉语各个历史阶段标准语语音系统的一个介绍。历史上的标准语音并没有严格的界定，大致以各个时代的政治、文化中心，通常是国都方言的语音为主干自然形成的。历史上汉语标准音也不是唯一的。如果疆域上有分裂割据，各个地区的汉语的语音也必然形成各自的标准。本书采用的契丹文和西夏文材料中所反映的汉语语音，都反映了非汉族统治区域内的汉语标准语音，和当时汉人统治的宋朝境内的语音形成鼎立。由于语言的基本功能是人与人之间的交际，只要达到交际目的，个人语音并不需要完全标准。如同明清时代的"官话"，是官场交际用语，不同程度的非标准形式都可以存在。某个记录也不会是官话的唯一标准形式。

语言在各个历史时期都有地域方言，只是缺乏记录。汉语不同历史时代的语音系统是在时间和空间两个向量上的存在。代表中古语音的《切韵》和代表近代语音的《中原音韵》的差异不仅是时间造成的，更是地域方言的变化。因为早在十一世纪契丹汉字音译中，近代汉语语音的基本特征就已存在了。语言是一个动态系统，各种语音记录是动态系统的静态描写。然而正在变化的语音系统会在语音记录中留下种种痕迹。比如异音、类互补分布、不规则变化等。这些语音现象值得从动态的角度作进一步的分析。

汉语历史悠久，延续不断，书面材料丰富，是世界各种语言中少有的。以《韵镜》为代表的音系分析也已有近千年的历史。传统音韵学研究中使用了各种术语，如清浊、开合、等、摄等。由于没有语音上的定义，这些术语显得深奥难懂。其实许多传统术语以现代音系学来理解的话，都是相当确切和精准的。当然需做的工作是根据现代语音学知识来表达和解释这些术语。这样，传统的汉语语音研究可以融入普通语言学，并在世界语言研究历史中得到应有的认识（可以参看王士元先生的"序言"）。

由于汉字的性质,韵书、韵图和研究术语并不直接表示语音。然而"他山之石,可以攻玉",从其他使用表音文字的语言中可以窥探汉语语音,如日语、韩语、越南语、西夏语和契丹语中的汉字读音。十三世纪的《蒙古字韵》系统性地用八思巴字母转写了汉语音系,可以说是汉语历史上的第一个拼音方案,比西方学者的记录,如十七世纪初金尼阁的《西儒耳目资》,早了几百年。由于《蒙古字韵》提供了各个音类的音值,语音不再需要进行构拟,其在近代语音研究中的价值不言而喻。

语言是由个人语言构成的一个复杂适应系统,抽象的语言并不存在。历史材料所记录的"语言",如《切韵》和《中原音韵》等,其实都是代表性的个人语言或综合性的个人语言。传统韵书中的语音记录或多或少带有理想化的处理。由于崇古的传统,在音系内容中会保存当时已经不复存在的古音类。《切韵》的一些韵类,《蒙古字韵》的全浊声母,以及《中原音韵》的入声调类等语音类别都属于这一现象。当然在研究时,有的容易识别,有的则需要细心考证。

原书是为使用英语的西方读者写的,有教科书的性质。正如罗常培先生所说,"编教科书和作研究论著性质稍微不同:后者无妨'小题大作',前者却贵乎'深入浅出'"(王力《汉语音韵学》,罗常培序)。汉语历史绵长,内容丰富,我自己的研究结果所占比例有限,这也正如王力先生所说,"此篇所述,什九为古今诸贤之说;一得之愚,则存乎取舍之间"(王力《汉语音韵学》,自序)。

我在本书英文版的序中说,"本书中的许多研究成果都是基于其他学者的论著。但是,包含并不一定表明我完全同意本书中所呈现的论著的观点"。限于篇幅,复杂的问题无法展开讨论,只能在行文中简略提及,以期进一步的深入研究。比如书中提到的有关中古韵类的内容和我的理解不同。在英文原书出版后,我写了"Understanding the *Qieyun* Rhymes"[《释〈切韵〉的韵类》,*Journal of Chinese Linguistics* 2023,15(2)]一文说明,作为本书中古韵类章节的一个长注。此文的译文附在书后,供大家参考。

在此对本书中文版译者复旦大学的董建交老师表示由衷感谢。中译本纠正了多处原书校核中的疏忽和错误,实在是求之不得。

古希腊圣者苏格拉底(Socrates)问了三个哲学问题:我是谁?我从哪里来?我要到哪里去?我们对汉语语音是不是也可以问:它是什么?它从哪里来?它要到哪里去?

沈钟伟

2023 年 9 月

西方语言史的研究可以追溯到威廉·琼斯（William Jones）在加尔各答的一次著名演讲,当时他将梵语与欧洲的古典语言进行了比较。在之后的一个半世纪里,源于印欧语系语言研究的历史比较法和内部构拟法日趋完善,并被广泛应用于世界各地多种语言的研究中。这些成就已成为语言学作为一门科学的骄傲。

相比之下,中国的语言研究则走了一条不同的道路,这在很大程度上是由于数千年王朝传统的中央集权结构,通过非表音文字系统得以维持。虽然公元前几个世纪就已经出现了不同地域之间词语差异的开创性研究（扬雄《方言》）,但学者的注意力一直集中在中原汉语上,这种汉语最早记录在三千年前的甲骨文中。尽管在公元纪元早期,汉语受到佛教的深刻影响,原始佛经是用梵文书写的,但从甲骨文和青铜器铭文演变而来的汉字系统仍然是记录汉语的唯一文字。遗憾的是,中国疆域内通行的数百种其他语言的多样性,在各个朝代都没有引起多少科学研究的兴趣。

中国的语言研究传统一直以文字系统为中心,这个传统可以追溯到两千多年前的字典《说文解字》,其中收录了九千多个字,确切地说是"汉字"。对口语语音的研究,是通过各种方式将这些汉字按照当时的语音进行分组编排。这些研究的首要目的是分析和创作诗歌。约一千五百年前问世的早期韵书,就是先根据声调,然后是韵,最后是声母来对汉字进行分组的（见图1.1）。

几个世纪之后,人们发明了韵图,其中引入了各种语音参数来描述辅音和元音的发音和感知（见图1.2）。在这方面,人们可能会注意到,音乐声学发展得更早。在公元前第一个千年的中期,中国人就已经了解振动物体和它们发出的音高之间的关系——见证了巨大青铜钟的巧妙设计,它可以根据敲击的位置,以两种不同的频率产生共鸣。大约在公元1600年,明朝的一位王子（朱载堉）发明了世界上第一个以2的十二次方根表示的十二平均律。不幸的是,这些声学知识很少运用于语言研究。声道从来没有被看作一个声管来分析,实验语音学也没有在本土发展起来。

中国传统语文学研究在清代达到了顶峰,这在很大程度上是由于人们想要了解创作于三千年前的《诗经》的读音。学者开始对三千年间所发生的语音演变及其各种结论的支撑证据进行分类，并发明了许多专用术语，超越了韵图中直接描述发音的术语范围。其中有些术语是赋予了新的语音含义的传统词语，如阴和阳、清和浊，其他的则语义更不透明，如摄、等、转、重纽及其他一些术语。许多关于汉语语言演变的信息，除了作为分支领域的汉语语言学，普通语言学也是非常感兴趣的。但是由于这些术语上的障碍，国际学者无法获得这些信息。沈钟伟教授的这本书首次承诺要改变这种状况。他对汉语音韵史的讨论以一种最有效、最清晰的方式展开——介绍相关的音韵文献，并以人们熟悉的现代语音学框架来表达，这样，外行读者就不会被令人生畏的术语弄得不知所措。这是将中国语言学融入国际语言学的一个重要贡献。

同样，本书还介绍了许多中国学者的音韵学研究成果，这些学者的研究成果主要以中文发表，在外国不容易获得。除了北京大学王力先生的名著，沈钟伟还借鉴了陆志韦、麦耘、潘悟云、游汝杰等本土学者较少传播的论文，特别是郑张尚芳富有创见的研究。同时结合了西方学者的研究，首先是将比较法引入中国的伟大学者高本汉，其次是蒲立本、罗杰瑞、白一平、沙加尔及其他许多学者的著作。本书对该领域的各种研究作了更为全面的介绍。

这本书的另一个重要特点在于对中国北方语言交流的关注。以往关于中国语言接触的讨论大多集中在南部和西南部，包括藏缅语族、南亚语系和南岛语系语言，而忽略了北方和东北地区重要的语言交流。进入公元第二个千年以后，与契丹人、女真人、西夏人、蒙古人和满族人的交流尤为突出。后两个族群分别在元朝和清朝统治了汉人几个世纪。近年来，沈钟伟在这一被忽视的领域开创了研究的先河，并取得了重大发现。

在本书中，沈钟伟考察了阿尔泰语系语言和汉语之间的接触交流。书中列举了很多原始材料，这些原始材料极大地促进了读者对许多陌生问题的理解。例如，图5.1《道宗哀册》拓片，是契丹语大字的一个例子；图5.3给出了《掌中珠》中的西夏文，包括语音和汉字转写两种形式；图6.2是藏文与元朝蒙古人使用的八思巴字系统的比较，这是最有趣的。希望这些原始材料能够吸引读者，并引导读者进行更深入的研究。

在一个简洁的概述中汇集这些原始材料，大大增加了本书的价值。本书不仅对了解语言学知识，而且对理解第二个千年之初、宋朝灭亡之时的复杂历史也有很大的价值。沈钟伟对这些材料的研究大大推进了我们对古官话起源的认识——古官话的起源实际上比公认的时期早了一个多世纪。他通过对语言接触的研究取得了这一突破性进展,这在他的其他著作中已有充分论述,并在本书中进行了总结。

　　总而言之,沈钟伟教授的这本著作对目前已知的汉语语音史作了全面的描述,并强调了语言接触的重要性,为今后这一领域的工作打开了一扇窗。未来一定会有更多卓有成效的基础研究!世界上很少有语言具有本书所呈现的时间跨度和丰富的文化史。我很高兴把这本书推荐给大家,不仅推荐给语言学的读者,也推荐给所有对人类历史的迷人篇章感兴趣的读者。

王士元

香港理工大学语言、认知及神经科学研究中心

作为首次尝试,以"汉语音韵史"这个题目著书存在各种各样特殊的困难。众所周知,汉语是一种拥有三千多年不间断文字历史的语言。其一,与欧洲语言的字母拼写系统不同,汉语的文字系统是一种表意(logographic)文字,它不能以透明的方式反映语音。因此,汉语的历史语音必须利用现代语言学知识进行构拟才能了解。其二,不同历史时期可获得的原始材料质量差异很大,这种质量上的参差直接关系到各类研究结果的可靠性。在介绍和讨论汉语历史音韵学研究之前,有必要对各种原始材料的质量进行深入讨论。我希望,对不同历史时期可用的原始材料形成更为深入的理解,能有助于读者更好地理解汉语历史音韵学研究工作的性质。对我来说,这是一种更为客观的判断可靠性的方式,而研究者更主观的兴趣和热情往往会模糊这种方式。其三,中国历史悠久,但由于可用的材料不同,各个时期构拟的重要性也不同。本书以一种普遍接受的方式呈现语音史,根据原始材料确定几个主要历史时期,这些原始材料与以往的材料有很大的不同。最后,还应该指出的是,主要的文献资料是中文的,而且绝大多数研究和相关术语也是中文的,这可能是中国学术不为西方学者——即使是那些从事音韵史研究的学者——所熟悉的主要原因之一。很多传统术语体现了在没有语音透明的工具(如标音字母)可用的情况下,历史上的音韵学研究是如何进行的。汉语音韵学研究历来以音类而非音值为中心,这是很自然的,而在拼音文字系统中,音值几乎是给定的。

2010 年,在哈佛大学举办的第 18 届国际中国语言学会年会上,我与法国东亚语言研究中心(CRLAO)的贝罗贝(Alain Peyraube)教授会面。在他的建议下,我开始着手撰写这本书。最初的计划是我们合写一本名为 A History of the Chinese Language(《汉语史》)的书。由于写作进度不同,我们决定分开各自撰写。我所撰写的部分就是你们正在读的这本书,贝罗贝教授的部分将是另外一本书。我很感谢贝罗贝教授的邀请,否则我不会有勇气承担这样一个雄心勃勃的项目。在撰写本书的过程中,我得到了许多同事和朋友的帮助和鼓励。如果没有他们,完成本书的计划会困难得多。在专业帮助上,我要特别感谢香港理工大学王士元教授的宝贵意见,感谢中国社会科学院孙伯君教授和北京语言大学麻晓芳副研究员帮助输入特殊字体,感谢匿名审稿人的详细评论和建议,这为潜在的专业读者提供了重要的视角。最后,我要感谢我的撰写工作助理 Jack Rabinovitch 先生,他在许多方面提供了宝贵的帮助,包括制作表格和索引,以及阅读和编辑这本包含多种文字的语言学文稿。当然,本书中表达的所有观点和尚存的错误都完全由作者负责,这是自不待言的。

本书试图把中国学者的研究介绍给以英语为学术通用语的西方学界。在写作过程中,我尽量把普通音系学家和汉语研究者、初学者和专家都考虑在内。由于中国历史的规模和这些课题的难度,本书中的许多研究成果都是基于其他学者的论著。但是,包含并不一定表明我完全同意本书中所呈现的论著的观点。在介绍汉语历史音韵学方面,本书应是开端而不是结束。用一句中国成语来说,本书只是一个抛砖引玉的努力。衷心希望更多中国学者的语言学研究成果能被用英文进行介绍,以丰富对历史语言学的普遍性讨论和理解。

时期	年代	首都
商	前 1600—前 1046	殷（今安阳）
西周	前 1046—前 771	丰镐（今西安）
东周	前 770—前 256	洛邑（今洛阳）
春秋	前 770—前 476	
战国	前 475—前 221	
秦	前 221—前 206	咸阳
汉	前 206—公元 220	
西汉	前 206—公元 25	长安（今西安）
东汉	25—220	洛阳
三国	220—280	
晋	265—420	
西晋	265—317	洛阳
东晋	317—420	建康（今南京）
南北朝	420—589	
隋	581—618	大兴（今西安）
		洛阳
唐	618—907	长安（今西安）
五代十国	907—960	
宋	960—1279	
北宋	960—1127	汴京（今开封）[a]
南宋	1127—1279	临安（今杭州）
辽	907—1125	上京（临潢）[b]
		南京（今北京）
		会宁（今哈尔滨）
西夏	1038—1227	兴庆（今银川）

续　表

时　期	年代	首都
金	1115—1234	中都(今北京)
		开封
元	1206—1368	大都(今北京)
明	1368—1644	南京、北京
清[c]	1644—1911	北京
中华民国	1912—1949	南京、北京
中华人民共和国	1949 年至今	北京

　　[a] 五代梁、晋、汉、周与北宋皆定都东京(梁称东都)开封府,因唐时为汴州,故称为"汴京"。正式称号是东京开封府。即今河南开封市。

　　[b] 上京(临潢),今在内蒙古巴林左旗东南,是辽国五大都城中的第一都城。其他四个都城分别是南京(今北京)、东京(辽阳)、西京(大同)和中京(大定,今宁城)。

　　[c] 清建国于 1616 年,初称后金,1636 年改国号为"清",1644 年入关。

中译本序

王士元序

自序

中国历史的主要时期

第一部分　开启传统音韵学之门的钥匙

第二部分　上古汉语

第四部分　官话的开端

第五部分　新的标准

第六部分　走向现代官话

第一部分

开启传统音韵学之门的钥匙

以下导论章主要包含两方面的内容：一是汉语传统音韵学研究中一些基本术语的解释，二是汉语历史音韵学研究中所用的各种原始材料的介绍。这两部分内容是紧密关联的。

汉字系统具有表意文字性质，不能直接表音，因此汉语历史语音系统的研究就成为一项相当困难的任务。虽然存在这样的困难，一千五百多年来，中国学者一直致力于汉语音系的分析研究。不难想象，利用这样一种语音不透明的文字系统来分析它的音韵，会面临许多问题。因此，传统音韵学被认为是最难的学问之一，常被称为"绝学"。

历史上传统音韵学研究取得了很大的成就。早在公元三世纪，"反切"这种特殊的注音方法就开始得到运用，这种方法是通过两个汉字的声、韵、调拼合来为被切字注音。到公元六世纪，人们已经分析出了汉语的声母辅音系统。每个声母用一个同声母的汉字来代表，称为"字母"。最著名的中古汉语声母表是"三十六字母"表（见 1.4.1 节）。为了诗歌创作的需要，学者编纂了一系列韵书，如 601 年的《切韵》等。韵书实际上对汉语所有的单音节词进行了非常全面细致的语音分类，对汉语音节的声调、韵基和声母都作了很好的识别和分析。传统音韵学的成就还体现在韵图的编纂上，如十二世纪（或更早）出现的《韵镜》。韵图是纯粹的音系分析，以图表的形式把声母和韵母系统地安排在不同的行列中，声母根据发音部位和发音方法分类，韵母根据介音和主元音分类。其分析的准确性至今仍令学者惊叹。

1　　　在悠久的中国学术史中，音韵学研究的成就集中体现在大量的术语上。所有这些成就都是在没有字母拼写系统的情况下取得的，所以大体上说，传统音韵学研究所获得的只是音类信息，例如某个特定方言或标准语有多少声调、多少声母及不同类别的韵母。历史上也出现过系统的拼音转写，如十三世纪的八思巴字标音系统（见第六章），以及十七世纪初期比利时/法国传教士金尼阁（Nicolas Trigault，1577—1628）的拉丁字母注音系统（见 9.5 节）。但是这些拼音材料直到二十世纪才成为传统音韵学研究的对象。

术语是理解传统音韵学的钥匙。上古汉语、中古汉语、古官话乃至现代官话等各个时期的汉语语音研究中都常常用到这些术语。如果对传统音韵学的基本术语没有很好的理解，汉语音韵学研究就无法进行。最近出版的 *Encyclopedia of Chinese Language and Linguistics*（《中国语言与语言学百科全书》，Sybesma 等，2016）是一本很好的参考

2　书，提供了本书介绍之外的有关这些术语的更多信息。

第一章　汉语历史音韵学导论

汉语音韵史研究实质上就是汉语标准语语音史的研究。从历史上看,汉语包含不同时间和空间的各种变体。本书并不是要涵盖所有可及的历史时空变体,而是聚焦于主要历史时期的音韵标准。学者普遍认为,汉语音韵学研究有两大传统,一个源自601年的《切韵》,另一个源自1324年的《中原音韵》。根据普遍接受的观点(如王力［1957］2004),前者标志着中古汉语的开始,后者标志着古官话的开始。这两个语音系统,以及构拟出来的上古汉语音系,都代表了理想的标准语("文学语言"),或多或少具有综合的性质。虽然这些标准语音必定是以实际语音系统为基础的,但如果认为它们代表某种单一的语音系统,那就错了。现代社会之前,从来没有出现严格地以某种单一方言为基础的标准音。由于社会、政治和文化的原因,首都的方言通常会成为标准音的基础方言。历史上,洛阳、西安、北京、南京都曾是不同朝代的首都,因此,汉语标准音的语音系统与这些首都的方言有着密切的关系。

历史音韵学是由新发现推动的。各个时期汉语音韵的研究和构拟,都依赖于这一时期及此前的语音数据材料。通过数据的比较,观察某些语音特征何时见于书面记录,以确定这些特征在历史上出现于何时何地,并根据对较早材料的了解,建立连续不断的创新特征和音变的模型。由于是相较于过去而言,"创新"本身就变成了一个相对概念。如果不与过去的语音数据进行比较,某一时期或某一方言中的每个语音特征都会是一个"新"特征。上古汉语是研究者目前所能构拟的最古老的汉语,上古汉语的音系是一系列语音特征的集合,在有更早的语音数据可用之前,这些语音特征就被认为是"最早的"。《切韵》提供了一个时空信息相当明确的语音系统,因此《切韵》之后的创新特征就比较容易识别了。

汉语有文字记载的历史延续了三千五百多年,源远流长,从未间断,许多历史文献都可以作为音韵史研究的原始材料。这种原始材料,无论是否具有系统性,都比任何构拟结果更为可靠。如六世纪的中古汉语,整个系统的音类都已记录在《切韵》中了,只需要根据现代方言和非汉语语言中的古代汉语借词来确定音值。比较法是为了这个特殊的目的而采用的。如果没有这样的韵书,只运用比较法,就无法轻易地重构出《切韵》中的音类。

《切韵》没有完整本流传至今,汉语音韵学研究大多从更为易得的《广韵》入手。《广韵》是陈彭年和丘雍于1008年编纂的,是宋代诗歌最常用的韵书。虽然《广韵》是以《切韵》为基础编纂的,地位次于《切韵》,但是对于汉语音韵研究来说,它仍是最重要的文献之一。

十三世纪晚期古官话的音类和音值被系统地记录在一部名为《蒙古字韵》的音韵著作中。其中汉字按音类系统排列,每个音节都用八思巴字标注语音转写。这种情况下,就无须运用比较法进行构拟。在上古汉语音韵研究中,由于存在诗歌押韵、汉字谐声及《切韵》音类信息,可以据此分析出上古汉语的音类,所以比较法的作用同样限于音值构拟。

1.1 界定汉语

现代中国的疆域是近代历史变迁的结果。就字面意义而言,所有生活在中国的人都是"中国人",其中汉族人占绝大多数,非汉族人构成许多少数民族。这些非汉族人拥有不同的文化、历史和文明,语言也不同,各少数民族彼此之间有差异,他们与汉族之间也有差异。他们中的许多人历史上可能就是目前居住地区的原住民。所以,确切地说,中国人不等同于汉族人,中国的语言也不等同于汉语。现代中国的疆域内有五十五个少数民族。因此,"在按照国家与民族整齐划分的世界中,这些人是中国人——但不是汉族人"(Ramsey 1987:148)。

中国人称现代中国为"中国",中国历史上存在过许多名称各异的朝代,如秦、汉、唐、宋、元、明、清等。这些王朝有些是汉族政权,有些不是。它们的疆域与现代中国大部分重合,而且人口的主体也往往由汉族人构成。在不同政权并存的时期,汉族人要么占人口的绝大多数,要么是人口的重要组成部分。在英文中,汉语是Chinese,如上文所说,这是令人迷惑的,因为Chinese并不是其字面上所指的"中国的语言"(the language of China),而是指汉族的语言。说到汉语,甚至其本身的命名也存在问题(Norman 1988)。有许多中文词可以指称Chinese,在学术出版物中使用"汉语"这个名称,汉语所用的文字则称为"汉字"。

如罗杰瑞所说:"中国不是一个孤岛,它现在和过去一直被非中国人——或者确切地说被非汉族人——包围,非汉族是指使用非汉语语言的族群。"(Norman 1988:16)三千年前,现代中国南部地区就居住着各种非汉族族群,这些族群被称为"百越"。"越"作为地名,至今仍被用来指称中国南方地区(也写作"粤")。千百年来,"在华南地区,难以计数的少数族群逐渐放弃原来的生活方式,变成了汉人……越来越多的土著族群接受了汉族的服饰、习俗和社会价值观,当然还有汉族的语言"(Ramsay 1987:34)。这些族群与汉族人接触时,许多人的语言从非汉语转变为汉语,他们的母语不可避免地会在他们习得的汉语中留下痕迹。因此,华南地区很多汉语方言具有相邻地区非汉语语言的一些特点。这种现象应是语言变化和汉语方言形成的主要动因。但是,这些底层语言的影响或贡献并没有得到充分认识,而常被认为是汉语或汉语方言自身的特点,主要与内部演变相关。本书中 Chinese 指汉族人所说的语言,因此,从这种意义上说,中国语言的历史就是汉语的历史,是现代汉族人的先民所使用的语言的历史。

5

1.2　音韵史的本质

语言是通过它的载体即使用者而实现的,一种特定的语言不是通过遗传获得的,而是通过与使用者的接触习得的。因此,语言变化就是语言使用者的语言发生变化的结果。语言使用者的历史和文化是理解语言变化的基础。在历史上,使用不同语言的人群不断接触,通过这种接触,人们学会新的语言,某些情况下还会发生语言转换。这是引发许多语言变化的非常基本的机制,而以谱系树模型及相关方法(包括极具影响的历史比较法)为代表的西方传统历史语言学对此却并无兴趣。

如果运用得当,比较法可以提供一种根据后代语言(通常是现代语言)追溯祖先语言的方法。但这种方法只能得出现代或历史语言的单一源头。不管有多少种语言,只要它们是系属相关的,就都可以追溯到同一种原始语言。所有语言都连接在一起后,就呈现出谱系树的图景,谱系树的根基是原始语言,末端节点是现代语言。

谱系树解释了亲属语言的历史发展和它们之间的关系。但这样的图景与现实相去甚远。因为谱系树只展示了语言之间的密切关系,它最终并不能充分解释语言的变化、多样性和分裂。历史语言学的学习者常犯一个错误,就是把构拟的语言谱系与真实的历史混为一谈。许多人把谱系树等同于现代语言的历史发展。这样,比较法就只能在一定程度上发挥作用,完全无法还原一种语言的真实历史。

1.2.1　文献记录反映的汉语音韵

汉语的发展历史是连续的,但现有的材料大体上只能代表汉语历史上的几个时间节点。因此,文献反映的汉语音韵史难免断断续续。语言不仅在时间上有变化,在空间上也有变异。历史上汉语一定也有不同的地域变体,即所谓的方言。但是向来只有国家标准语受到重视,在十六世纪之前,方言或非标准变体的语音并没得到很好的记录①。直到十六世纪,记录地方方言才成为一些文人的兴趣。受现有原始材料的限制,汉语早期的地域变体已经很难探究。但这并不表明汉语历史上缺乏方言变体。

历史上汉语的各种标准都是书面语标准,而非口语标准。所有的标准都是基于文学上的目的而制定的,主要是为当时各类诗歌创作的押韵提供规范。直到近代,虽然官方一直努力建立书面语标准,却从未推动口语标准的建立。

与书面语相比,口语的系统信息非常少。汉字表意文字的性质使得书面汉语材料只能提供音类信息,不能提供直接的音值信息。只有外文转写能够揭示汉字的音值。口语的语音信息无疑可以帮助我们更好地理解书面语言的各个方面,例如韵书中保留的某些音类是否是人为存古;除了已知音类的音值,还存在哪些个体语音变异。如第八章所述,汉语的古波斯文转写可以反映当时标准汉语的真实发音,这可以通过明显不同的方式来了解。个人口语的语音一直没有严格规范,直到最近,远程通信和录音设备的出现使语音标准化变得可行,二十世纪五十年代中华人民共和国开始推行新的语言政策,这时个人的口语才得到严格规范(P. Chen 1999:24)。语言的主要功能是交流,因此只要能够起到交流的作用,说话者语音的标准程度最终会因其所处的语言环境而有所不同。

1.2.2 表意文字系统中的音类

从开始编纂时起,《切韵》以及后来的大多数韵书都只是记录音类。这个系统并不是要提供音值信息。由于汉字的表意文字性质,以及《切韵》时期就存在的大量方言变体,这种系统并不能真正赋予任何音值信息。由于它是记录音类的,所以它可以超越时间和空间的限制。汉语书面语标准音系音类的规范地位在中国文化中存续了上千年。在数百年间,《切韵》系统经历了数次修订,但其音类性质并未发生改变。这种超时间、超方言的音类系统,实际上是与汉语的文字系统及地域变体相适应的。诗歌押韵有了特定的音类规范,结果就是,北京的诗人可以与广州的诗人通信交流,他们可以注意到彼此作品中复杂的用韵,而无须听到彼此无法理解的方言。归根结底,音值从来都不是中国人创作和欣赏传统诗歌时所必需的信息。但反过来说,从这一传统中也无法了解

---

① 汉代扬雄(公元前53—公元18)所著的《輶轩使者绝代语释别国方言》(通常简称《方言》)记录了当时汉帝国各地的方言词(其中可能包括外来词,因为没有区分"外语"和"方言")。

到语音历史演变和地域变异的信息。

当时的中国文化中,这种音类系统是一种文学规范,但对于现代语言学家,尤其是那些习惯了语音更透明的拼音文字的学者来说,它提供的语音系统信息是不能令人满意的。西方学者在接触到这样一个音类系统时,很自然地就开始构拟音值,如法国语言学家马伯乐(Henri Maspéro,1883—1945)和瑞典语言学家高本汉(Bernhard Karlgren,1889—1978)所做的研究,都是为传统音类确定音值。

1.2.3　汉语传统音韵学的术语

在中古汉语音韵研究中,有许多传统术语用来指称声调、声母和韵母的类别。这些音韵学术语见于两种非常常用的中古汉语音韵工具书,一是丁声树编的《古今字音对照手册》,一是中国社会科学院语言研究所编的《方言调查字表》。这两种文献中,中古汉语的音类信息是用传统术语来表示的。《方言调查字表》收录 3 700 多个常用汉字,根据中古汉语的音类,以表格的形式排列。《古今字音对照手册》根据现代普通话读音排列汉字,并标注中古汉语的音类信息,如《广韵》的反切以及每个汉字的中古音音类(详见第 1.4 节)。例如拼音 bāng 下,第一个字是"帮",它在《广韵》中的反切是"博旁切","宕开一平唐帮"表示它的中古音类。

这些术语是理解中古及其前后时期汉语语音系统以及现代汉语方言音系的关键。虽然这些术语常被当作中古汉语的音类标记来使用,但其中许多术语并非来自中古汉语的标准韵书——《切韵》本身,而是来自《切韵》之后数个世纪所产生的各种韵图。最常用的术语包括:

关于声母的:三十六字母(1.4.1 节);清浊系统(1.4.2 节)

关于韵母的:摄(1.4.9 节);等(1.4.4 节);开合(1.4.5 节);阴声韵、阳声韵、入声韵(1.4.10 节);重纽和重韵(1.4.6 节);外转和内转(1.4.8 节)

关于声调的:四声(1.3.4 节);阴调和阳调(1.4.3 节)

要理解这些术语,首先必须清楚汉语本身的音节结构。汉语的音节结构随着时间的推移发生了变化,但正如汉语历史音韵学大多围绕《切韵》展开一样,关于汉语音节结构的现代观念也有赖于《切韵》及其后继者的音类划分。

1.2.4　音节结构

自有历史记录以来,中国古代文献和文学作品都明确表明中国的文字体系一直是单音节的,尽管早期阶段的音节结构可能更为复杂(Baxter & Sagart 2014,2.3.1 节、

8

2.3.5.1 节）。中古汉语词本身往往是单音节的，当然也有例外，例如"蝴蝶"。

传统上，汉语音节分为声母、韵母和声调三个基本结构成分。近年来，一些从事上古汉语音韵研究的学者提出，上古汉语的音节在结构上可能更加复杂，在主要音节前面可以出现一个结构成分较少的次要音节（详见 2.3.1 节和 2.3.5.1 节）。

由于书面汉语的单音节性，汉语历史音韵学的研究一般以音节为单位，包括对音节的音位分析，对声母、韵母以及声调的数量、类型及其基本成分的探索，对这些成分的组合规则的研究等。在音节层面，分析的对象涉及音段成分的声母（initial）、介音（medial）、主元音（main vowel）、韵尾（ending）及超音段的声调（tone）。从中古汉语开始，音节的基本结构槽位（slot）就是声母、介音、主元音和韵尾，依次可将它们缩写为 IMVE，用 T 代表声调，它是超音段的，因此如非另有说明，一般置于音节之上：

T

IMVE

在音系讨论中，一个音节的不同层面通常包括上述各音段的某些组合，各类音段组合都有自己的名称（见表 1.1）。

表 1.1　音节术语及音段组合

		音段组合
声首（onset）	=	IM
节尾（coda）[a]	=	E
韵基（rime）	=	VE
韵母（final）	=	MVE

[a] 在讨论中古汉语时，"节尾"和"韵尾"是同义词。

韵基是主元音和韵尾的组合，不应与"韵"（rhyme）混淆。"韵"作为一个术语，它的定义因原始材料不同而有所不同，但通常对应于韵基和声调，介音也常包含在内。例如《切韵》的"阳"韵指平声-iɑŋ，用表 1.1 的术语来说，"韵"在结构上是 MVE 加 T，或者说是韵母加声调。上古汉语的构拟涉及更为复杂的音节结构，有时需用多个音节来构拟单个汉字的音值（Baxter & Sagart 2014）。在有些上古汉语构拟中，超音段的声调被取消而构拟为音段成分。这个问题将在 2.3.1 节和 2.3.5.1 节讨论次要音节问题时作进一步解释。

1.2.5　非音节音系特征

多数历史语言学家都不太关心超越单个语素或音节结构的音系特征。非音节音系特征的一个例子是连读变调,这是很多现代汉语方言中都存在的现象。连读变调是一个音节的声调受其前后音节声调的影响而发生改变的音系现象。现代北京话中最明显的连读变调是两个上声调连读时,前一上声实现为阳平,例如"好山""好人""好看"中的"好"保持上声本调,因其后接音节的声调为非上声(阴平、阳平或去声)。而"好酒"中的"好"由于出现在上声音节"酒"之前,就变为阳平调(见表 1.2)。

表 1.2　现代北京话的连读变调

		本调	变调
好山	hǎoshān	3—1	3—1
好人	hǎorén	3—2	3—2
好酒	hǎojiǔ	3—3	2—3
好看	hǎokàn	3—4	3—4

汉语南方方言变调现象非常复杂,而且各地都不尽相同(M. Chen 2000)。在吴语地区,每一种方言可能都有自己独特的变调系统(钱乃荣 1992)。音节在词和短语中发生变调是一种普遍现象,可以出现于任何特定方言的所有调类中。汉语史上这种跨音节变调的情况如何,目前尚不清楚。晚清以前,关于变调的记载仅见于明代汉语音节的朝鲜文转写中(见 9.4.3 节,Mei 1977)。

1.3　韵书

韵书提供了最为系统的汉语历史音韵的信息。韵书的形式多种多样,但有一个共同特点,即都是按照音节的押韵部分即声调、主元音、韵尾来排列所有汉字。不过,音节的押韵部分并不能提供声母的信息①。

---

① 反切注音用两个音节表示被切字的声、韵、调信息。对反切的系统研究(参见 1.3.2 节、3.1.1 节、3.4.3 节和 10.1.2 节)也揭示了重要的语音信息,这些信息比韵类反映的信息更为详备。如果有反切注音,就可以获知声母的信息。

现存最早的韵书是 601 年的《切韵》,后来的韵书大多是对《切韵》的修订或扩充,或是对《切韵》体例的模仿。《切韵》的修订往往只涉及已有韵类的分合。《切韵》前后时期音韵的研究都要参照《切韵》音系的音类,要根据《切韵》系统来了解其前后时期语音的变化。这种在材料上具有时代隔阂的研究方法,意味着要想理解上古汉语的研究工作,就必须掌握中古汉语的术语。因此,有必要在导论中对这些中古汉语术语作详细介绍。

汉语音韵史在很大程度上依赖于少数几个历史时期的语音标准。因此,在中国文化的背景中来理解语音标准的性质是至关重要的。从《切韵》原书的韵目小注可以很清楚地看出,它并不是以某时某地的实际语音系统为标准的。它曾经或必然是以文化中心(如首都)的方言为基础的,但是所表现的语音信息又不能与这个文化中心的方言过于切合,因为韵书最终是要成为超方言(不同地区的人都能使用)、超时代(可作为阅读前代作品的参考)的工具书。

本书 3.1.4 节和 3.1.5 节将会详细论及,韵书作者的目的始终是将他们所知的所有可追溯的语音对立纳入其中。《切韵》的作者陆法言大概参阅了他所能看到的所有韵书。在编纂《切韵》时,哪些音节应归入同韵,同韵中的不同音节因何分开,他都有明确的标准。

在各种韵书中,还有与《切韵》大不相同的其他韵书。例如十三世纪的《蒙古字韵》基本上是一个汉字及其相应八思巴字拼音的对照表(参见第六章)。十四世纪的《中原音韵》是杂剧和散曲作家的创作手册,它包含两部分内容:第一部分是韵谱,按照韵部排列汉字;第二部分是《正语作词起例》,包括字音辨析及作品示例等(参见 7.2 节)。这两部韵书都只列汉字不加注释。

1.3.1 《切韵》

《切韵》是现存最早的完整记录汉语音系的韵书,因此它毫无疑问是汉语音韵学的
12 核心文献,也是其前后时期音韵研究的参照点。原本《切韵》只有残卷保存至今,中古音研究最常用的是《切韵》的修订本,即成书于 706 年的《刊谬补缺切韵》(图 1.1)及成书于 1008 年的官修韵书《广韵》。由于《切韵》至关重要,对其体例和性质必须详加讨论。

《切韵》的编排基本是按"韵"列出同音字组。它首先根据声调分为平声、上声、去
13 声、入声四个部分,每个调类又分若干韵,以同韵基为标准对汉字作进一步分类,即主元音和韵尾相同的字归入同一韵中。例如平声第一韵为东韵 -(j)uŋ,接下来是冬 -woŋ、鍾

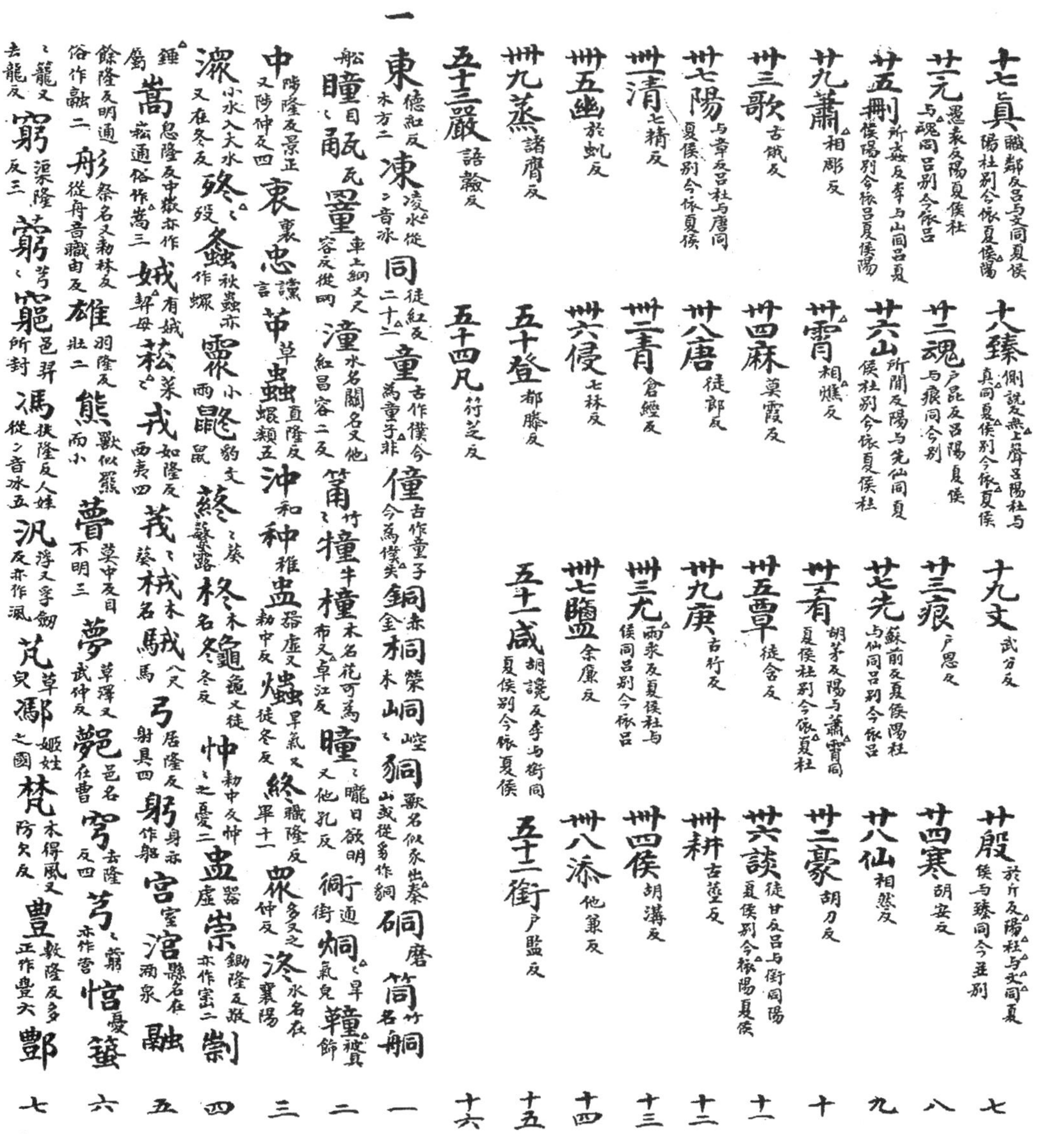

十七真 職鄰反。呂與文同，夏侯陽杜別，今依夏侯陽。
十八臻 側詵反。無上聲。呂陽杜與真同，夏侯別，今依夏侯。
十九文 武分反。
廿殷 於斤反。陽杜與文同，夏侯與臻同，今並別。
廿一元 愚袁反。陽夏侯杜與魂同，呂別，今依呂。
廿二魂 戶昆反。呂陽夏侯與痕同，今別。
廿三痕 戶恩反。
廿四寒 胡安反。
廿五刪 所姦反。李與山同，呂夏侯陽別，今依呂夏侯陽。
廿六山 所閑反。陽與先仙同，夏侯杜別，今依夏侯杜。
廿七先 蘇前反。夏侯陽杜與仙同，呂別，今依呂。
廿八仙 相然反。
廿九蕭 相彫反。
卅宵 相焦反。
卅一肴 胡茅反。陽與蕭宵同，夏侯杜別，今依夏侯杜。
卅二豪 胡刀反。
卅三歌 古俄反。
卅四麻 莫霞反。
卅五覃 徒含反。
卅六談 徒甘反。呂與銜同，陽夏侯別，今依夏侯。
卅七陽 與章反。呂杜與唐同，夏侯別，今依夏侯。
卅八唐 徒郎反。
卅九庚 古行反。
卌耕 古莖反。
卌一清 七精反。
卌二青 倉經反。
卌三尤 雨求反。夏侯杜與侯同，呂別，今依呂。
卌四侯 胡溝反。
卌五幽 於虯反。
卌六侵 七林反。
卌七鹽 余廉反。
卌八添 他兼反。
卌九蒸 諸膺反。
五十登 都滕反。
五十一咸 胡讒反。李與銜同，夏侯別，今依夏侯。
五十二銜 戶監反。
五十三嚴 語杴反。
五十四凡 符芝反。

图 1.1　王仁昫《刊谬补缺切韵》的一页（参龙宇纯 1968 校本）
显示平声韵目后半部分及东韵同音字组的起始部分。

-joŋ、江-ɯɔŋ 等韵。各韵按顺序编号,前面加数字表示,如:一东、二冬、三鍾、四江,等等。在同一韵中,具有相同主元音和韵尾的字再进一步根据声母和介音进行分类,完全同音的字排列为一组。

每个韵中,汉字进一步划分为组,每组中的字都是同音字,因此这些字组称为同音字组①。同一韵中不同的同音字组在音节的起始部分(声母或声母与介音的组合)上存在差异。例如东韵第一个小韵有两个同音字,第二个小韵有二十一个同音字。这两个小韵的声母不同:根据构拟的音值,第一个小韵的声母是 t-,第二个小韵的声母是 d-。每个字都加释义,每个同音字组的第一个字加反切注音,并注明其中包含多少个同音字(见 1.3.2 节)。表 1.3 的例子取自《刊谬补缺切韵》,只列出韵字、反切和同音字数。

表 1.3 《刊谬补缺切韵》所反映的《切韵》体例

东……德红反二冻
同……徒红反二十一童僮铜桐峒狪硐筒舼瞳瓵罿潼箽犝橦㠉衕烔鞾
中……陟隆反四衷忠苹
……

可进一步分析为:

小韵	反切	同音字数[a]	同音字
东	德红	2	冻
同	徒红	21	童僮铜桐峒狪硐筒舼瞳瓵罿潼箽犝橦㠉衕烔鞾
中	陟隆	4	衷忠苹

[a] 表中所列同音字的数量比左栏所示的同音字数少一个,是因为同音字数把小韵首字计算在内。

《刊谬补缺切韵》共有 195 韵(见表 1.4),平声 54 韵,上声 52 韵,去声 57 韵,入声 32 韵。表 1.4 中的韵目,入声与相应的平、上、去声相配②,《切韵》原来的韵序用数字表示。

表 1.4 《切韵》韵目

平声		上声		去声		入声	
1	东	1	董	1	送	1	屋
2	冬			2	宋	2	沃
3	鍾	2	肿	3	用	3	烛

---

① 韵书各韵中所包含的同音字组传统上称为"小韵",下文或以"小韵"来指称。——译注
② 平、上、去、入四声相配的韵称为"韵系",虽然"韵系"不是一个传统术语,但它在汉语传统音韵分析中是很有用的。1.3.5 节将进行更深入的讨论。

续　表

平声	上声	去声	入声
4　江	3　讲	4　绛	4　觉
5　支	4　纸	5　寘	
6　脂	5　旨	6　至	
7　之	6　止	7　志	
8　微	7　尾	8　未	
9　鱼	8　语	9　御	
10　虞	9　麌	10　遇	
11　模	10　姥	11　暮	
12　齐	11　荠	12　霁	
		13　祭	
		14　泰	
13　佳	12　蟹	15　卦	
14　皆	13　骇	16　怪	
		17　夬	
15　灰	14　贿	18　队	
16　咍	15　海	19　代	
		20　废	
17　真	16　轸	21　震	5　质
18　臻			6　栉
19　文	17　吻	22　问	7　物
20　殷	18　隐	23　焮	8　迄
21　元	19　阮	24　愿	9　月
22　魂	20　混	25　恩	10　没
23　痕	21　很	26　恨	
24　寒	22　旱	27　翰	11　末
25　删	23　潸	28　谏	12　鎋
26　山	24　产	29　裥	13　黠
27　先	25　铣	30　霰	14　屑
28　仙	26　狝	31　線	15　薛
29　萧	27　筱	32　啸	
30　宵	28　小	33　笑	
31　肴	29　巧	34　效	
32　豪	30　皓	35　号	
33　歌	31　哿	36　箇	
34　麻	32　马	37　祃	

续　表

平声	上声	去声	入声
35　覃	33　感	38　勘	20　合
36　谈	34　敢	39　阚	21　盍
37　阳	35　养	40　漾	27　药
38　唐	36　荡	41　宕	28　铎
39　庚	37　梗	42　敬	19　陌
40　耕	38　耿	43　净	18　麦
41　清	39　静	44　劲	17　昔
42　青	40　迥	45　径	16　锡
43　尤	41　有	46　宥	
44　侯	42　厚	47　候	
45　幽	43　黝	48　幼	
46　侵	44　寝	49　沁	26　缉
47　盐	45　琰	50　艳	24　叶
48　添	46　忝	51　标	25　帖
49　蒸	47　拯	52　证	29　职
50　登	48　等	53　嶝	30　德
51　咸	49　豏	54　陷	22　洽
52　衔	50　槛	55　鑑	23　狎
53　严	51　广	56　严	31　业
54　凡	52　范	57　梵	32　乏

15

　　韵书中提供的语音信息有两种：韵类和反切。其他材料，如韵图、语文学文献和诗歌押韵，也为中古音韵研究提供了重要的音类信息，而这些原始材料最终都是以《切韵》为基础的。韵书为音韵学研究提供了巨大的便利，有了韵书，调类、韵类及不同类型音节之间的关系都变得十分明显。此外，通过对反切的分析，可以确定声母系统。《切韵》对于理解中古汉语音韵具有不可替代的价值，不论是对中古前后的历史时期而言，还是对于整个汉语音韵史而言，都是如此。这些音类信息无法从诗文押韵和外文转写中获得。《切韵》的语音系统也可以解释中古以后及现代方言音变的条件（Cheng & Wang 1971、Wang & Cheng 1987）。

1.3.2　反切

16

　　在《切韵》及其修订本中，每个小韵都提供了反切注音。只要经过系统分析，反切就可以成为研究《切韵》音系的独立资料。汉字是表意文字,不是用字母来拼音的,所以要为某字注音,只能通过与其他字的对比来表现。反切注音法是用两个汉字来表示被注汉字的发音。反切是在汉语音节二分的基础上设计的,汉语的每个音节都可以分为"声"(或"声母")和"韵"(含声调)两部分,选取两个反切字,分别代表被切字的声母和韵母:第一字即反切上字,与被切字声母相同;第二字即反切下字,与被切字韵母相同(见表1.5);这样就可以给被切字注音。

表 1.5　反切的构造

被切字	声母-a	韵母-b
反切上字	声母-a	(韵母-x)
反切下字	(声母-x)	韵母-b

用反切注音时需要:(a)把被切字的字音分为声母和韵母两部分;(b)选择一个与被切字声母相同的反切上字,以及一个与被切字韵母相同的反切下字;(c)将反切上字的声母和反切下字的韵母拼合起来。如表1.6的例子"同,徒红切",这里"同"是被切字(中古音 duŋ),反切上字是"徒"(中古音 dwo),反切下字是"红"(中古音 ɦuŋ)。"反"或"切"是反切的标记,所有反切中都有,不同文本中或用"反"或用"切"。

17

表 1.6　反切的实例

	汉字	声母	韵母	声调
被切字	同	d-	-uŋ	平声
反切上字	徒	d-	-wo	平声
反切下字	红	ɦ-	-uŋ	平声
反切上字	徒	d-	—	—
反切下字	红	—	-uŋ	平声
被切字	同	d-	-uŋ	平声

注:第一组字连同它们的声调、韵母、声母一起标出,第二组字只标出拼读所用到的部分。

把反切上字的声母(d-)与反切下字的韵(-uŋ 平声)相拼合,就得出被切字的读音(duŋ 平声)。虽然反切需要具备汉语音节声韵二分的知识才能掌握,它仍是通过汉字系统进行注音的最有效方式。反切的另一个优势是,它的非标音性也提供了一个适用于不同方言的超方言系统①。

中国学者对《切韵》及其他音韵文献反切系统的研究已经持续了数百年。陈澧（1810—1882）对《广韵》的反切作了系统分析，此后学者运用他的方法并加以改进，对他的研究结论进行了修正，得出了《广韵》的声母和韵母系统。许多语音区别在反切中都有所体现，包括重纽对立等。李荣的《切韵音系》(1956)对王仁昫《刊谬补缺切韵》的反切进行了整理分析，是研究反切的典范著作。

有时看似简单的反切注音会由于多种因素变得复杂。首先，韵书的反切并非一人所作，而是从先前的各种音韵学和语文学著作中收集的。有些拼法表现出明显的不一致，反映了不同的历史层次（参看表 1.7 和表 1.8 的例子）。其次，声韵二分有时并不容易操作，因为结构上模棱两可的介音可以分析为声首的组成部分（IM+VE），也可以分析为韵的组成部分（I+MVE），甚至可以两属（IM+MVE）②，在统计上，IM+MVE 和 I+MVE 的分析更为常见。在《切韵》中，有些反切很可能是从先前的文献中承袭而来的，因此，可能也无法反映当时标准音的准确发音。

表 1.7 "桩"字语音的发展

		上古汉语		中古汉语		古官话		普通话
被切字	桩	trooŋ	>	ʈɯɕɔŋ	>	tʂwaŋ	>	tʂwaŋ
反切上字	都	t(a)	>	t(wo)	>	t(u)	>	t(u)
反切下字	江	(k)rooŋ	>	(k)ɯɕɔŋ	>	(k)jaŋ	>	(tɕ)jaŋ
反切结果		t + rooŋ	>	t +ɯɕɔŋ	>	t + jaŋ	>	t + jaŋ

注：这个反切适用于上古汉语，t- + -rooŋ，"桩"和"江"的声母和韵母从上古到中古（如《切韵》所示）发生了变化，就使这个反切出现了问题。

表 1.8 无法用现代普通话拼读的古代反切

		中古汉语			预期语音	实际语音
篇	芳连切	phjɛn	faŋ + ljɛn	>	fjɛn	phiɛn
家	古牙切	kɯa	ku + ja	>	kja	tɕia
方	府良切	pwjaŋ	fu + ljaŋ	>	fjaŋ	faŋ

注：如果只根据现代普通话语音，就很难理解这些反切。

---

① 反切的音类信息往往适用于不同的方言，因为方言的语音系统通常与《切韵》系统有很好的对应关系。不同方言的差异通常表现在语音而非音类上。
② 这种介音两属的结构常用于三等字的反切中，3.5.4.1 节将对此进行更深入的讨论。

中古汉语的音节结构槽位中,除介音(M)外,其余的都只能由一个声调、辅音或元音占据。介音槽位则可以出现多至三个音段(参看表 1.9)。目前尚不清楚介音是按一定的顺序组合,还是以某种方式同时发音,也不清楚这三个介音在实际发音中是作为一个音段还是音段序列发出。例如如果介音 -j- 和 -w- 组合为 -ɥ-,则介音的数量可以从三个减少到两个。但是多数学者并不这样构拟,而是把这三类介音都用作传统音类的区别标记。不同的介音音类组合在语音上的实现可能不同,但为了构拟的方便,我们还是使用音类组合的形式(见表 1.10)。

18

表 1.9　中古汉语音节的基本结构及介音的组成成分

I M V E	M = w, ɥ, j

表 1.10　音类组合的不同语音实现

音类组合		语音实现
wɥj	>	ɥɥ
wɥ	>	wɥ
ɥj	>	ɥj
wj	>	ɥ

1.3.3　直音

直音是一种传统注音方式,是用一个同音字给被注字(A)注音,"A 音 B",表示 A 发音同 B。如果 A、B 两个字在历史上音值不同(A≠B),而后世韵书把它们作为同音字来注音,例如"融音容"("融"的发音与"容"相同),这样的注音就可以反映语音的变化。如果某部韵书中的两个字被注为直音,那么在构拟该韵书音系时也必须将这两个字拟为同音。然而,这种注音并不能确定两个字是否**不**同音。也就是说,如果一部韵书中的两个字没有注为直音,并不表明这两个字在该书的音系中一定不同音。这种注音方式在有些古代文献中也称为"读若"。

19

1.3.4　声调

中古汉语有"平""上""去""入"四声,这四个声调名称本身就分别属于四个调类,分别描述了四个声调的调值。平声是平调,上声是升调,去声是降调,入声是短调。入声调与其他三个声调尤为不同,因为入声在历史上曾具有塞音 -p、-t、-k 韵尾(见 1.4.10 节),同时入声调为短调。平调是一种长而平的声调,其他声调则不然。此外,中古汉语平声字的字频与其他三个声调字的字频总和大致相等。这种对半分布,以及平调与非平调的韵律对比,对于诗歌创作的要求来说是非常自然的。由于平声和入声的这种特殊属性,有一些术语用来描述不属于这些类别的声调,非平声被称为仄声,非入声被称为舒声(见表 1.11)。实际上"促声"与"入声"同义,使用"促声"这一术语是为了进一步强调与"舒声"的对立。

表 1.11　中古汉语四声的平仄和舒促

平仄	平=平	仄=上、去、入
舒促	舒=平、上、去	促=入

1.3.5　韵系

　　韵母相同而声调不同的两个音节一般不能押韵,但属于同一"韵系"。例如东韵系包括平声东韵 -uŋ、上声董韵 -uŋ、去声送韵 -uŋ。入声韵尾 -p、-t、-k 在平、上、去等声调中不存在,但它们分别与舒声韵(见 1.3.4 节) -m、-n、-ŋ 韵尾的发音部位相同。因此入声韵与相应的鼻韵尾韵相配,为一个韵系。如东韵系中,相配的入声韵是屋韵。整个东韵系就包括东 -uŋ、董 -uŋ、送 -uŋ、屋 -uk 四韵。

　　由于舒声和促声存在这种对应关系,如果平声韵为鼻尾韵,那么该韵系就包含平、上、去、入相配的四个韵;如果平声韵为非鼻尾韵,那么该韵系就仅包含相应的平、上、去三声的韵,因为没有相配的入声韵。鼻尾韵和非鼻尾韵韵系的例子参见表 1.12,鼻尾韵韵系包含相配的入声韵。

表 1.12　鼻尾韵和非鼻尾韵的韵系

	平	上	去	入
鼻尾韵				
唐韵系	唐 -ɑŋ	荡 -ɑŋ	宕 -ɑŋ	铎 -ɑk
文韵系	文 -jun	吻 -jun	问 -jun	物 -jut

续　表

	平	上	去	入
非鼻尾韵				
豪韵系	豪 -ɑw	皓 -ɑw	号 -ɑw	
齐韵系	齐 -ej	荠 -ej	霁 -ej	

通常用平声韵的韵目作为该韵系的代表,祭、泰、夬、废四个去声韵例外,这四个韵系只有去声,没有相应的平、上、入声韵,就只能用去声韵来代表(详见 2.3.3.5.4 节和 3.5.8.1 节)。

21

1.4　韵图

有证据表明,从十世纪末开始,人们就尝试对汉语的音节结构进行分析和分类,因此韵图应运而生。韵图将所有的音节(不是词)按照它们的声母、韵母和声调进行分类。最早的证据材料是守温(约十世纪初)的韵学残卷,其中已经出现了后世韵图中的一些基本术语,包括字母、等和开合。但守温的作品本身还不是韵图(Coblin 2006)。

到了宋代,音韵分析有了显著进步,这体现在当时的各种韵图中。早期韵图有《七音略》《韵镜》《切韵指掌图》和《四声等子》等,《七音略》和《韵镜》彼此非常相似,但它们与《切韵指掌图》《四声等子》颇为不同(见 5.4.2 节和 5.4.3 节)。

韵图的格式相当简单明了,易于理解。音节先根据其主元音及韵尾的相似性分列于若干张图表。每张图表中,不同音节再按照声母、韵母和声调排列。不同的纵列表示不同的声母,声母先根据发音部位,再根据发音方法进行分类。

发音部位:

唇音:唇音
舌音:齿龈音和卷舌音(塞音)
牙音:软腭音
齿音:齿龈音和齿龈后音(塞擦音和擦音)
喉音:喉音

发音方法①：

　　清：清不送气塞音、塞擦音及清擦音

　　次清：清送气塞音、塞擦音

　　浊：浊塞音、塞擦音及浊擦音

　　次浊（或"清浊"）：鼻音、边音、近音

22

　　图表中的横行先按四声分为平、上、去、入四行，然后再进一步分为四等。

　　图 1.2 中的两页韵图展示了东、董、送、屋四韵的所有音节。这四个韵在语音上是平行的，前三个韵——东、董、送韵韵母同为 -uŋ，只是声调不同。第四个韵——屋韵韵母为 -uk，韵尾是软腭塞音，不像其他三韵一样为软腭鼻音。

　　图 1.2 中的纵列表示不同的声母。用横线隔开的四行表示平、上、去、入四声。每行再分为无横线分隔的四小行，这表示韵母的分类，传统音韵学的术语称之为"等"，四等通常分别用罗马数字Ⅰ、Ⅱ、Ⅲ、Ⅳ表示。

　　每个等的韵母相同，例如图 1.2 的第一行"东"和"公"具有相同的韵母。不同行的韵母不同，例如第一行的"公"与第三行的"弓"韵母不同。同一韵图而不同等的韵母韵尾相同，主元音相同或相近。主元音是相同还是相近，取决于具体的韵。

　　同一纵列的声母发音方法及发声态（phonation type）相同。发音部位可能相同，也可能相近。例如图 1.2 第一列中，所有的字都具有相同的声母 p-。而齿龈塞音、擦音和塞擦音，同列发音部位并不相同，但它们是相似的，而且有历史联系。表 1.13 是对舌音（共四列）和齿音（共五列）的解释，展示了以等为条件的音位变体。

表 1.13　韵图同一纵列包含不同声母音位变体的例子（由右至左说明）

四列舌音		五列齿音	
清不送气塞音	t-/ʈ-	清不送气塞擦音	ts-/ tʂ-/tɕ-
清送气塞音	th-/ʈh-	清送气塞擦音	tsh-/ tʂh-/tɕh-
浊塞音	d-/ɖ-	浊塞擦音	dz-/dʐ-/dʑ-
鼻音	n-/ɳ-	清擦音	s-/ʂ-/ɕ-
		浊擦音	z-/ʐ-/ʑ-

注：声母音位变体通常是以音节的等为条件而产生的。

---

① 这被恰如其分地称为清浊系统，详见 1.4.2. 节的讨论。

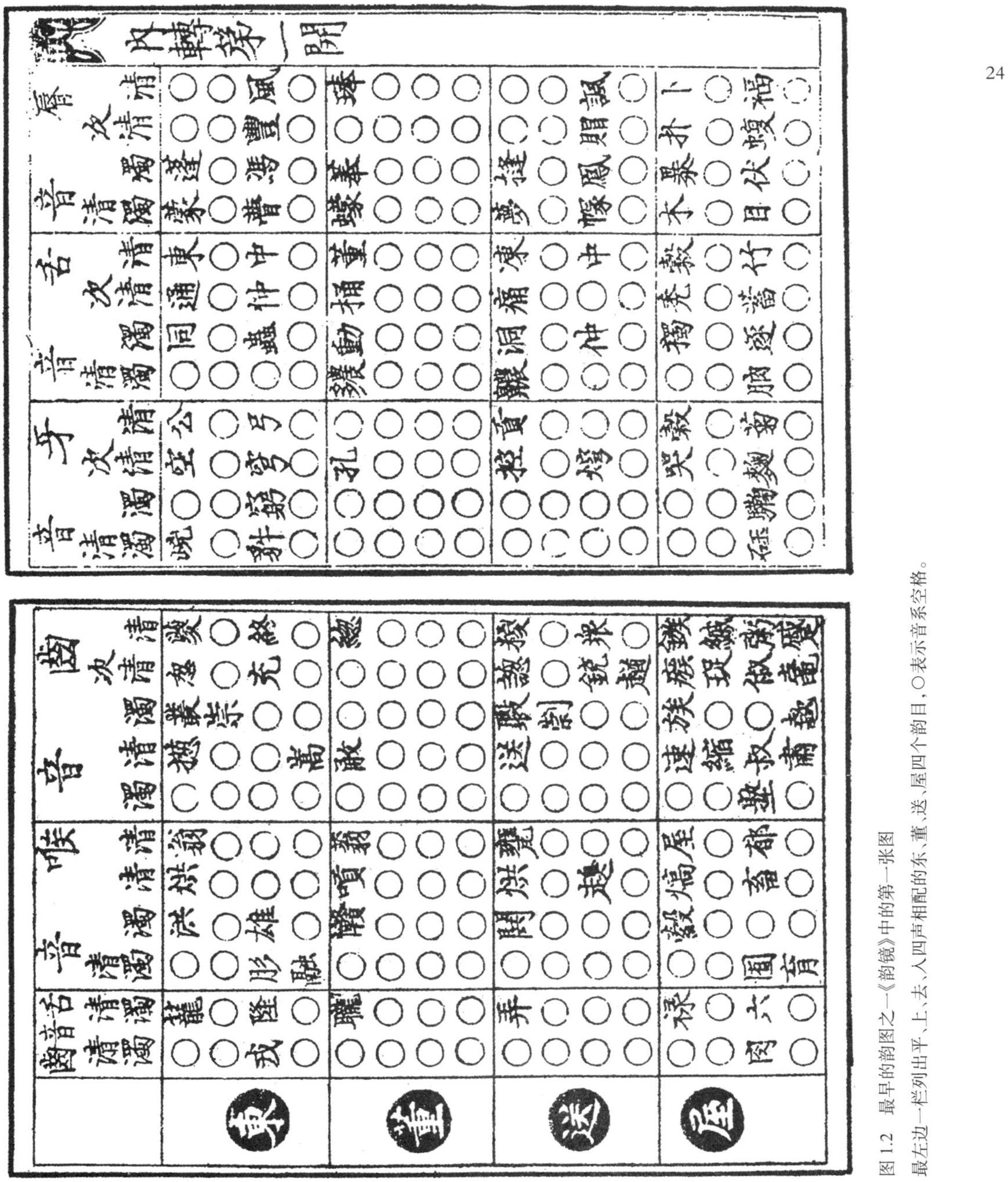

图 1.2　最早的韵图之一《韵镜》中的第一张图

最左边一栏列出平、上、去、入四声相配的东、董、送、屋四个韵目，〇表示音系空格。

例如图 1.2 中右起第五列前四行的声母分别是 t-、ʈ-、ʈ-、t-（历史上来源于 t-、tr-、tr-、t-）。这样排列有音位上的依据，因为这些音节是互补分布的。t- 声母音节只出现于一等和四等，ʈ- 声母音节只出现于二等和三等。这种安排还可以减少纵列的数量，使图表更加紧凑。声母和韵母的互补分布关系不仅如此，还可以帮助解释重组等现象。这种互补关系将在 3.3 节中详细讨论。

著名的三十六字母系统（见 1.4.1 节）出现于宋初，后来在韵图中三十六字母被用作声母的代表，成为传统音韵学的基本术语。韵图的表格是经过严密组织的，所以韵图所提供的语音信息是非常系统的，每个音节都可以根据它的声调、声母、韵、等来确定，这些都是非常重要的信息。根据这些韵图，《切韵》或《广韵》中所有的韵都可以组织进一个严整的语音系统中。

1.4.1 三十六字母

韵图《七音略》的年代可以追溯到公元 1161 年以前。它的作者已经不得而知，而它的存世要归功于宋代历史学家郑樵，郑樵在 1161 年出版的《通志》中收录了全本《七音略》。《七音略》中用三十六字母代表汉语的声母辅音（见表 1.14）。表 1.15 列出了三十六字母中三组字母的构拟音值，声母和韵母之间添加了连字符。从构拟的音值可以看出为什么选择它们来代表中古汉语相应的声母辅音。

表 1.14 《七音略》三十六字母及其构拟音值

帮	p-	滂	ph-	并	b-	明	m-		
非	pf-	敷	pfh-	奉	bv-	微	ɱ-		
端	t-	透	th-	定	d-	泥	n-		
知	ʈ-	彻	ʈh-	澄	ɖ-	娘	ɳ-		
见	k-	溪	kh-	群	g-	疑	ŋ-		
精	ts-	清	tsh-	从	dz-	心	s-	邪	z-
照	tʃ-	穿	tʃh-	床	dʒ-	审	ʃ-	禅	ʒ-
影	∅-	晓	h-	匣	ɦ-	喻	j-		
来	l	日	ɻ						

表 1.15 三十六字母中三组字母的构拟音值

帮	p-ɑŋ	滂	ph-ɑŋ	并	b-eŋ	明	m-ɯiaŋ
端	t-wɑn	透	th-əw	定	d-eŋ	泥	n-ej
见	k-en	溪	kh-ej	群	g-jun	疑	ŋ-ɨ

另一部韵图《韵镜》(1161 年或更早)中,没有用三十六字母系统,而是用发音部位、发音方法和发声态的类别术语来表示声母(见表 1.16)。

表 1.16 字母与音类术语的比较

唇音	帮	p-	滂	ph-	並	b-	明	m-		
	非	pf-	敷	pfh-	奉	bv-	微	ɱ-		
舌音	端	t-	透	th-	定	d-	泥	n-		
	知	ʈ-	彻	ʈh-	澄	ɖ-	娘	ɳ-		
牙音	见	k-	溪	kh-	群	g-	疑	ŋ-		
齿音	精	ts-	清	tsh-	从	dz-	心	s-	邪	z-
	照	tʃ-	穿	tʃh-	床	dʒ-	审	ʃ-	禅	ʒ-
喉音	影	∅	晓	h-	匣	ɦ-	喻	j-		
舌音齿	来	l-	日	ɻ-						

注:《韵镜》对声母的描写为三十六字母的构拟提供了更多证据。

声母可以分为不同的组,每个声组都以该组中的第一个字母命名(表 1.16 中每行为一组)。例如"帮组"由双唇音声母组成,包括帮 p-、滂 ph-、並 b-、明 m- 四个声母。非组(非 pf-、敷 pfh-、奉 bv-、微 ɱ-)声母的音值与相对的双唇音平行。这组字母代表的声母可能并未实际存在过。在现代方言或外语转写中,没有证据可以证明非(pf-)和敷(pfh-)二母之间存在对立,非敷分立很可能只是为了维持整齐均衡的四字模式。

需要说明的是,唇音、舌音和齿音还可以再分为不同小类,这些小类在传统音韵学中也有各自的名称。在十四世纪的韵图《经史正音切韵指南》中,唇音分为重唇音和轻唇音,舌音分为舌头音和舌上音,齿音分为齿头音和正齿音(见表 1.17)。

26

表 1.17 《经史正音切韵指南》唇音、舌音、齿音声母的分类

唇音	重唇音	帮	p-	滂	ph-	並	b-	明	m-		
	轻唇音	非	pf-	敷	pfh-	奉	bv-	微	ɱ-		
舌音	舌头音	端	t-	透	th-	定	d-	泥	n-		
	舌上音	知	ʈ-	彻	ʈh-	澄	ɖ-	娘	ɳ-		
齿音	齿头音	精	ts-	清	tsh-	从	dz-	心	s-	邪	z-
	正齿音	照	tʃ-	穿	tʃh-	床	dʒ-	审	ʃ-	禅	ʒ-

现代语音学术语可以很好地解释发音部位的分类。正如三十六字母的音值可以构拟一样,《韵镜》中的声母音类也可以直接与相应的现代语音学术语进行对照(见表 1.18)。

表 1.18　《韵镜》声母音类与现代语音学术语的对照

双唇塞音	帮	p-	滂	ph-	並	b-	明	m-		
唇齿音	非	pf-	敷	pfh-	奉	bv-	微	ɱ-		
齿龈塞音	端	t-	透	th-	定	d-	泥	n-		
卷舌塞音	知	ʈ-	彻	ʈh-	澄	ɖ-	娘	ɳ-		
软腭塞音	见	k-	溪	kh-	群	g-	疑	ŋ-		
齿龈塞擦音、擦音	精	ts-	清	tsh-	从	dz-	心	s-	邪	z-
腭龈塞擦音、擦音	照	tʃ-	穿	tʃh-	床	dʒ-	审	ʃ-	禅	ʒ-
喉音及硬腭近音	影	∅-	晓	h-	匣	ɦ-	喻	j-		
边音及卷舌近音	来	l-	日	ɻ-						

1.4.2　清浊

在《韵镜》中，发音部位相同的声母根据发音方法和发声态进一步分类。根据它们之间的关系，三十六字母被分为四个自然组。声母分清、次清、浊、清浊四种类型，韵书中的声母通常根据其清浊模式分为四组，这四组可以通过分析它们的清浊模式来区分，例如第一组声母的清浊模式是清、次清、浊、清浊（见表 1.19）。

表 1.19　四组清浊模式的分析

第1组	清		次清		浊		清浊			
	帮	p-	滂	ph-	並	b-	明	m-		
	非	pf-	敷	pfh-	奉	bv-	微	ɱ-		
	端	t-	透	th-	定	d-	泥	n-		
	知	ʈ-	彻	ʈh-	澄	ɖ-	娘	ɳ-		
	见	k-	溪	kh-	群	g-	疑	ŋ-		
第2组	清		次清		浊		清		浊	
	精	ts-	清	tsh-	从	dz-	心	s-	邪	z-
	照	tʃ-	穿	tʃh-	床	dʒ-	审	ʃ-	禅	ʒ-
第3组	清		清		浊		清浊			
	影	∅-	晓	h-	匣	ɦ-	喻	j-		
第4组	清浊		清浊							
	来	l-	日	ɻ-						

27

这种清浊分类在现代语音学中很容易解释,并且具有完美的音系学意义。

　　清:不带音不送气阻音①

　　次清:不带音送气阻音

　　浊:带音阻音

　　清浊:响音(也称为"次浊")

如 1.4.3 节所论,这种声母清浊分类也决定了声调的历史演变模式。

三十六字母系统代表了其产生之时的汉语声母②,但并不能确切地代表《切韵》的声母系统(比较 3.4.3 节中《切韵》系统的声母)。以上四种清浊类别是传统音韵学对发音方法和发声态的基本分类。需要注意的是,"清浊"在有些后来的文献中被称为"次浊"。为了与"次清""次浊"相对照,"清"有时称为"全清","浊"有时称为"全浊"。

28

1.4.3　阴调和阳调

中古汉语的四声以声母辅音为条件进一步发展为八个声调(汉语称为"调",与四声中的"声"相对),这种区别称为四声八调。用传统术语来说就是,平、上、去、入四声都依据声母的清浊各分两调。如 1.4.2 节所述,声母的四种类型中,全清和次清都是清辅音,全浊和次浊都属浊辅音。

声母为清辅音的音节变为高调域声调(阴调),声母为浊辅音的音节变为低调域声调(阳调)。这里声调指调形的曲拱(平、升等),而调域则是指整体音高(高域、低域,参见表 1.20)。

表 1.20　传统四声八调及阴、阳调之别

	平	上	去	入
清声母	阴平	阴上	阴去	阴入
浊声母	阳平	阳上	阳去	阳入

随着方言的演变,不同的声调和调域可能发生分化或合并,因此这个四声八调系统仍然可以用来描写现代汉语的声调系统,如普通话的阴平、阳平、上声、去声。下文 4.3.3.3 节讨论宋代声调合并时还会看到这一点。一般常用数字表示平、上、去、入四个声调,再用字母 a 和 b 分别表示高、低两个调域(阴调和阳调,见表 1.21)。为了避免与使用罗马数字标记的"等"相混淆,本书将不使用通用的罗马数字表示声调。

---

① 阻音包括塞音(p,d)、塞擦音(ts,dz)和擦音(f,s),它们与响音(m,l,r,ʋ)形成对比。

② 《韵镜》出版的最早时间是 1161 年,因此清浊系统反映了 1161 年或稍早时期的汉语音系。

表 1.21   汉语音韵学通用的八个声调标记

	平	上	去	入
清声母	Ⅰa	Ⅱa	Ⅲa	Ⅳa
浊声母	Ⅰb	Ⅱb	Ⅲb	Ⅳb

本书不使用罗马数字表示声调,另一个原因是它可能会与普通话的现代数字声调标记相混淆。普通话通常以数字来表示声调系统(第一声、第二声等),普通话的声调是经过合并分化以后形成的,尽管每个声调包含来自多个中古声调的字,但如表 1.22 所示,普通话的数字标调可以与中古汉语的声调系统相对照。

表 1.22   汉语普通话的声调及中古表现

普通话声调数字	声调符号	名称[a]	中古标记
1	ā	阴平	Ⅰa
2	á	阳平	Ⅰb
3	ǎ	上声	Ⅱ
4	à	去声	Ⅲ

[a]表中没有入声,这是因为在普通话的历史演变中入声彻底消失,入声字都已归入其他声调中(见 7.4.4 节)。

1.4.4　等和等第

"等"是韵图对不同类型的韵母进行分类的一种方法。尽管《切韵》本身并没有使用"等"这个术语,但是分析《切韵》音系的早期韵图,如《韵镜》《七音略》都把《切韵》的音节分归四个不同的等。韵图分等的依据现在还并不完全清楚,一般认为大致是根据介音和主元音的不同,把韵尾相同、主元音相近的韵母分为不同的等(Baxter 1992)。

由于《切韵》与其后的韵图相隔数百年,所有关于《切韵》的"等"的提法都来自《切韵》以外的文献,所以韵图的"等"与其在韵书等其他音韵材料中的投射之间存在差异。在本书中,"等"(division)指特定韵图中的等,而"等第"(rank)则指本无此概念的文献中所投射的等。

根据表 1.23 所示的这种排列方式,《切韵》中所有的韵都被赋予不同的等。如在《韵镜》中,《切韵》冬韵所有的音节都排在一等格,因此冬韵就是一等韵。锺韵的音节排在三等格(由于声母原因,有的排在四等格),锺韵就是三等韵。但是有些韵的音节属于不同的等,如东韵的音节既出现于一等,也出现于三等,东韵就是一三等合韵的韵。必须明确的是,等是韵图的概念。尽管在研究《切韵》音系时经常用到等,《切韵》或《广韵》中每个韵也都被分等,但《切韵》或《广韵》音系原本并无等的概念。

表 1.23　相似元音^a和不同介音^b所反映的分等情况

	韵图的等	《切韵》的音值
高	I	kɑw
交	II	kɯaw
骄	III	kjɛw
浇	IV	kew

^a 本例中 ɑ a ɛ e 都属相似元音。
^b 本例中即 -∅-、-ɯ-、-j-。

　　虽然韵图的等通常是《切韵》反切的反映,但是就某些韵来说,韵图的等和《切韵》的韵之间的关系相当复杂。这种复杂性是由两个根本原因造成的。一个原因是从《切韵》时代(601 年或稍早)到早期韵图时代(1161 年或稍早)语音系统发生了变化,韵图的作者根本无法获知《切韵》韵母的音值。

　　另一个原因是韵图的设计格式紧凑,把当时处于互补分布关系的不同声组置于同一栏中。如齿龈塞音和卷舌塞音声母排在同一栏,它们与不同等的韵母相拼。齿龈塞音声母只拼一等和四等,卷舌塞音声母只拼二等和三等。因此,在识读韵图时,列在同一栏中的这两组声母不可能有歧解。

　　如图 1.3 所示,图中同一栏列"端透定泥"和"知彻澄娘"两行字母,横线隔开的四大行表示四个等,由上到下分别是一等、二等、三等、四等。每一大行中又分四小行排列汉字,这四行分别代表平、上、去、入四声。

31

　　平声第一大行(刀叨桃猱)和第四大行(碉祧条娆)声母为齿龈塞音(t-, th-, d-, n-),第二大行(嘲䫻桃铙)和第三大行(朝超晁○)声母则为卷舌塞音（ʈ-, ʈh-, ɖ-, ɳ-)。等的不同也可以通过不同方式反映在构拟的声母中(见表 1.24)。表 1.25 列出了各组声母与不同等的拼合关系。齿龈音和卷舌音,以及齿龈音和硬腭音之间的音位变体关系与韵图作者的处理方式相符。

32

表 1.24　不同声母反映的等的差别

	韵图的等	《切韵》的音值
东	I	tuŋ
中	III	ʈjuŋ

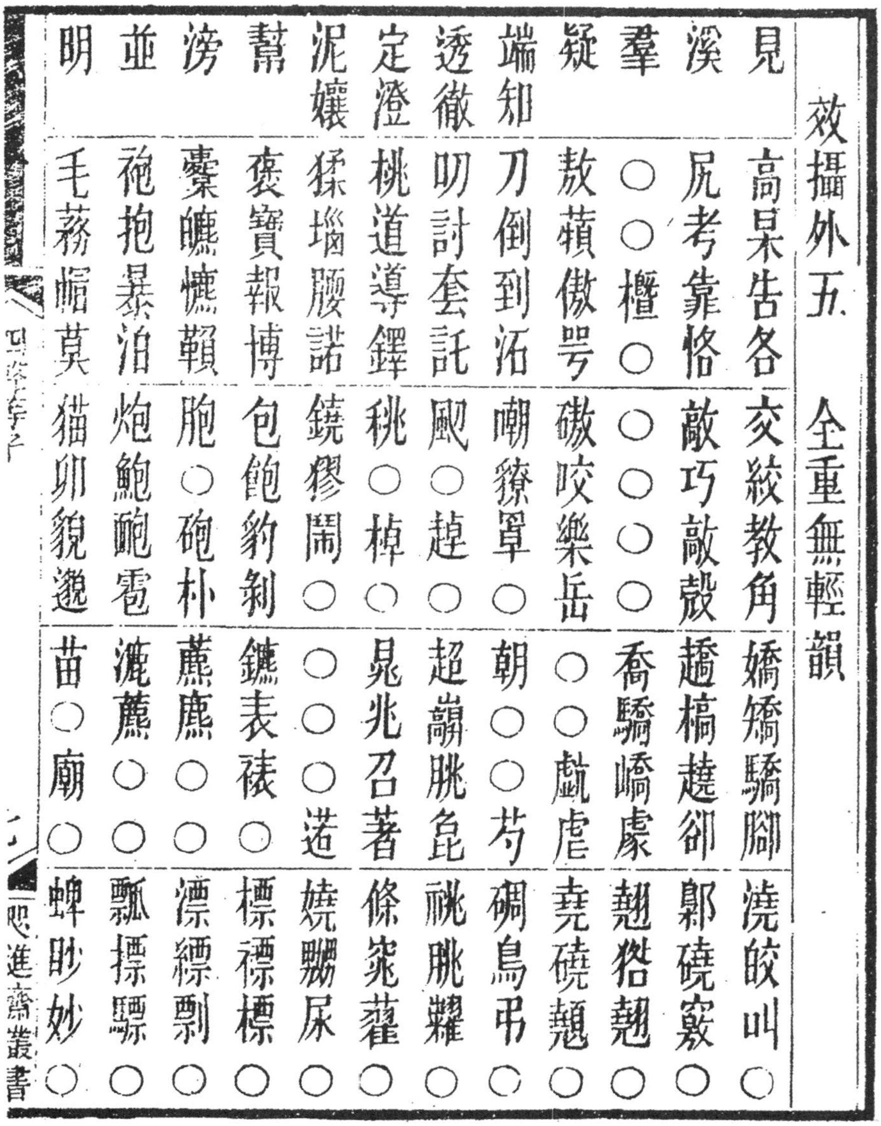

効攝外五　全重無輕韻

見	高杲告各	交絞教角	嬌矯驕腳	澆皎叫〇
溪	尻考靠恪	敲巧敲殼	趫犞趬卻	嘵磽竅〇
羣	〇〇〇〇	〇〇〇〇	喬嶠嶠噱	翹〇〇〇
疑	敖顤傲号	磽咬樂岳	嶢虐堯〇	鼼〇〇〇
端知	刀倒到〇	嘲〇罩〇	朝〇〇〇	〇〇〇〇
透徹	叨討套託	超〇〇〇	祧朓糶〇	〇〇〇〇
定澄	桃道導鐸	桃〇棹〇	條窕藋〇	〇〇〇〇
泥孃	猱堖腝鐃	鐃〇〇〇	橈嬈嬲尿	〇〇〇〇
幫	褒寶報博	包飽豹剝	鑣表裱〇	標表裱標
滂	〇〇〇〇	抛〇奅粕	漂縹剽〇	漂縹剽〇
並	袍抱暴泊	炮鮑袍雹	瀌藨〇〇	瓢摽驃〇
明	毛茅帽莫	貓卯貌邈	蜱眇妙〇	〇〇〇〇

思進齋叢書

图1.3　《四声等子》的一页

表 1.25 各组声母与不同等的拼合关系

唇音		帮	p-	滂	ph-	并	b-	明	m-			全部四等
唇齿音		非	pf-	敷	pfh-	奉	bv-	微	mɱ-			Ⅲ 等
齿龈音		端	t-	透	th-	定	d-	泥	n-			Ⅰ 等、Ⅳ 等
卷舌音		知	ṭ-	彻	ṭh-	澄	ḍ-	娘	ṇ-			Ⅱ 等、Ⅲ 等
软腭音		见	k-	溪	kh-	群	g-	疑	ŋ-			全部四等
齿龈塞擦音及擦音		精	ts-	清	tsh-	从	dz-	心	s-	邪	z-	Ⅰ 等、Ⅳ 等
腭龈塞擦音及擦音		照	tʃ-	穿	tʃh-	床	dʒ-	审	ʃ-	禅	ʒ-	Ⅱ 等、Ⅲ 等
喉音与硬腭音		影	∅-	晓	h-	匣	ɦ-	喻	j-			（见下）
边音与卷舌音		来	l-	日	ȵ-							（见下）

影	∅-	全部四等		晓	h-	全部四等
匣	ɦ-	Ⅰ 等、Ⅱ 等、Ⅳ 等		喻	j-	Ⅲ 等、Ⅳ 等
来	l-	Ⅰ 等、Ⅱ 等（很少）、Ⅲ 等、Ⅳ 等		日	ȵ-	Ⅲ 等

在汉语中古音研究中,韵图置于二等格的照组声母字称为照₂组,置于三等格的照组声母字称为照₃组。在标准工具书中,这两组声母用不同的汉字进行区分。它们实际上代表发音部位不同的辅音声母,照组为腭龈音(palato-alveolar,tʃ, tʃh, dʒ, ʃ, ʒ)系列,照₂组和照₃组以卷舌音和龈腭音(alveopalatal)相区别(见表 1.26)。

表 1.26 照组再分为照₂组和照₃组

照组	照	tʃ-	穿	tʃh-	床	dʒ-	审	ʃ-	禅	ʒ-
照₂组	庄	tʂ-	初	tʂh-	崇	dʐ-	生	ʂ-	俟	ʐ-
照₃组	章	tɕ-	昌	tɕh-	船	dʑ-	书	ɕ-	禅	ʑ-

有些对立的音节无法安排在四等格局中,只能强制置于某一等,如所谓的重纽对立,重纽 B 类音节和重纽 A 类音节分别置于三等和四等(见 1.4.6 节)。

如表 1.27 所示,《切韵》和韵图之间的复杂关系仅与三等韵有关,一等韵、二等韵和四等韵在韵图中都置于相应格子中。而三等韵主要置于三等格,但也置于二等和四等格中。然而,在这种复杂的情况下,三等韵仍然保持着规律的分布模式,根据这些分布条件,《切韵》同韵的音节出现在不同的等中。表 1.28 给出了《切韵》三等韵与韵图等的一般对应关系。例如《切韵》三等阳韵不一定都出现在韵图三等格(见表 1.29),三等支韵则显示了重纽在韵图中的列等方式(见表 1.30)。

表 1.27 等和等第的关系

《切韵》	韵图
一等韵	Ⅰ 等
二等韵	Ⅱ 等

续　表

《切韵》	韵图
三等韵	Ⅱ等、Ⅲ等、Ⅳ等
四等韵	Ⅳ等

表 1.28　《切韵》三等韵与韵图的等的关系

《切韵》	条件	韵图
带-j-介音的三等韵	卷舌声母	Ⅱ等
	齿龈塞擦音或擦音声母	Ⅳ等
	j-声母（非 ɦj-声母）	Ⅳ等
	重纽 A 类（Ⅲa）	Ⅳ等
	重纽 B 类（Ⅲb）	Ⅲ等
	其他	Ⅲ等

　　下文 4.1.4 节将更深入地讨论韵图列等的构拟历史和发展,并逐一讨论各等与中古介音及介音结构的关系。

表 1.29　三等阳韵的列等

汉字	庄	将	羊	张	章
构拟音值	tʂjaŋ	tsjaŋ	jaŋ	ʈjaŋ	tɕjaŋ
韵图列等	Ⅱ等	Ⅳ等	Ⅳ等	Ⅲ等	Ⅲ等

表 1.30　三等支韵的列等

汉字	卑	碑	岐	奇
构拟音值	pjɛ	pɯjɛ	gjɛ	gɯjɛ
重纽类别	A 类	B 类	A 类	B 类
韵图列等	Ⅳ等	Ⅲ等	Ⅳ等	Ⅲ等

1.4.5　开合

　　韵图中每张图表都标注了韵母的类型,开口和合口标示韵母中是否有 -w- 介音或元音是否圆唇。合口音节有圆唇元音或有 -w- 介音,开口音节则两者都没有。在《切韵》中,同一韵的音节可能以有无 -w- 介音形成对立,无 -w- 介音的音节属开口,有 -w- 介音的音节属合口,但《切韵》本身并不标注开合口。

　　《切韵》寒韵在《广韵》中分为寒、桓二韵,这种分韵表明《切韵》寒韵开口-ɑn 和合口-wɑn 分别变为-ɑn 和-ɔn。尽管仍保持开合对立,这两个韵母的音值区别由介音不同

变为主元音不同,于是就分为两韵(见表 1.31):

表 1.31　《切韵》《广韵》开合分韵情况对比

《切韵》									
	开口	寒	ɑn	删	ɯan	仙	jɛn	先	en
	合口	寒	wɑn	删	wɯan	仙	wjɛn	先	wen
《广韵》									
	开口	寒	ɑn	删	ɯan	仙	jɛn	先	en
	合口	桓	ɔn	删	wɯan	仙	wjɛn	先	wen

为了区别开合合韵(如《切韵》寒韵-ɑn 和-wɑn)和开合分韵(如《广韵》寒韵-ɑn 和桓韵 -ɔn)两种情况,有些研究把只有合口韵母的韵称为"真合口",把包含开合两类韵母的韵称为"假合口"。

尽管最早的韵图如《韵镜》中已经标注了开合,但现代研究中使用的开合分类出现得相当晚。早期韵图中的开合分类在术语的使用和韵母的分类上有很大不同。在《韵镜》中有"开""开合""合"三种类别(见表 1.32)。

表 1.32　《韵镜》和《古今字音对照手册》开合分类的比较

	东	冬和鍾	江
《韵镜》	开	开合	开合
《古今字音对照手册》	合	合	开

《韵镜》中有四张图(二、三、四、十二)标注为"开合"(见表 1.33)。第四图标注的"开合"已经证明是错误的(杨军 2007)。除此之外,其他三张图的韵母主元音都是非高圆唇元音:冬 woŋ、江 ɯɔŋ、模 wo。"开合"可能与这种类型的元音有关。

表 1.33　《韵镜》标为"开合"的四张图

第二图	冬和鍾	第三图	江
第四图	支	第十二图	模和虞

常用的《古今字音对照手册》中的开合分类,大体上是依据高本汉的《中国音韵学研究》(1915—1926)。高本汉是利用《康熙字典》所附《等韵切音指南》来确定开合的,而《等韵切音指南》反映的是十四世纪或更晚时期的音系(马德强 2012)。中古汉语音韵的标准工具书《古今字音对照手册》沿用了高本汉的做法,采用《等韵切音指南》的开合分类,只稍作修正。因此,标准工具书中的开合分类并不能准确反映《切韵》中韵的音值。

1.4.6　重纽和重韵

传统汉语音韵学研究中有两个听起来相似的术语,必须加以明确区分,一个是重

36 纽,另一个是重韵。

在《切韵》及其修订本《广韵》等韵书中,对汉字的层级分类首先从声调开始,再根据音节中的押韵部分分韵,最后是声母。这种分类达成的最小单位是同音字组。大多数情况下,同韵(rhyme)中不同的同音字组声母不同,而韵图的开合(1.4.5 节)和等(1.4.4 节)相同。但是,某些三等韵中,两个对立的同音字组可能开合、等、声母都相同。这些看似重出的同音字组传统上称为"重纽",因为韵书中每个同音字组都用○标记,称为"纽"。

重纽小韵之间的区别究竟何在,这是困扰学者数百年的一个谜题,因为如果它们的声母相同,韵母开合、等的类别也相同,就应当归入同韵中的同一个同音字组。重纽对立在现代方言中没有得到很好的保留,它们之间的语音区别直到最近才得以明确。学者逐渐认识到,这些重纽对立的语音差异在于介音不同:一类具有 -ɰ- 介音,它是从 -r- 演变而来的,而另一类则没有此介音。例如"邀"和"妖"属于同韵中不同的同音字组:中古时期它们的区别是"邀"音 ʔjɛw,而"妖"音 ʔɰjɛw,具有相同的韵 -jɛw 和声母 ʔ-;而介音不同,分别为 -j- 和 -ɰj-。这就是为什么尽管它们属于同一个韵:具有相同的韵 -jɛw,而且声母同为 ʔ-,但仍属于不同的同音字组。这就是重纽音节对立的一般模式,一类为 -ɰj- 音节[I(w)ɰjVE],一般标记为Ⅲb(韵图置于三等格);一类为 -j- 音节[I(w)jVE],一般标记为Ⅲa(韵图置于四等格)。3.5.6 节和 3.6.3 节将对重纽问题进行更深入的讨论,2.3.2.3.2节、3.1.2 节、3.3 节、3.5.4 节、5.2.1.2 节、6.4.3 节和 7.4.6.2 节将提供更多的例子和信息。

重韵是中古汉语音韵中的另一个谜题。在《切韵》和《广韵》中,有几组韵在韵图中的等、开合都相同,而且也属于同一摄(见 1.4.9 节)。例如鱼韵和虞韵都被归为三等合口,这表明它们都有一个 -j- 介音和一个圆唇主元音,并且没有韵尾(因为它们属于同一摄)①。由于它们具有许多共同的音韵特征,所以被称为重韵。重韵这个术语的意思是说,这些韵
37 非常相似,似乎是重复的。通过对它们的反切和它们在现代方言中残留的区别进行更详细的分析,学者普遍认为重韵是具有不同主元音的独立的韵。如鱼韵中古音值为 -jɔ,虞韵中古音值为 -jo。3.5.7 节和 3.6.4 节将对重韵问题进行更深入的讨论,更多例子见 5.2.1.1 节。

1.4.7　四呼

传统"四呼"是对开合分析的一种扩展,是常用于晚期官话音系的另一种韵母分类系统,这种分类根据介音及相应的元音差异,把韵母分为开、齐、合、撮四类,或称为开口、齐齿、合口、撮口四呼。

---

①　《韵镜》鱼韵系标为"开",虞韵系标为"开合"。根据新的研究,鱼韵和虞韵应当是开合口的关系,鱼韵为开口,虞韵为合口。——译注

开口：没有介音,主元音也非 -i、-u、-y 的韵母。

齐齿：有 -j- 介音,或主元音为 -i 的韵母。

合口：有 -w- 介音,或主元音为 -u 的韵母。

撮口：有 -ɥ- 介音,或主元音为 -y 的韵母。

表 1.34 中给出了四呼的例字。这些例字都可根据元音或介音判定四呼类型,开口呼没有介音除外。

表 1.34　四呼举例

		例子	
开口	没有介音,主元音非 -i、-u、-y	马	（元音 a）
		红	（元音 o）
		蛇	（元音 ɤ）
齐齿	有前高不圆唇介音或元音	西	（元音 i）
		钱	（介音 j）
合口	有后高圆唇介音或元音	虎	（元音 u）
		万	（介音 w）
撮口	有前高圆唇介音或元音	女	（元音 y）
		泉	（介音 ɥ）

"四呼"这一术语最早出现于无名氏的《韵法直图》(1612),它是梅膺祚《字汇》中所附的韵图。传统音韵学中的这种韵母分类主要用于官话方言,但如今在其他现代方言研究中也广泛使用。四呼系统表明,与中古汉语相比,此时的韵母系统已经发生了变化,中古汉语是以等和开合分类的。最显著的差异包括:带 -r- 介音后变 -ɯ- 介音的二等韵的变化,三等韵与四等韵的合流,以及声母辅音的变化,如唇齿化和卷舌化导致 -j- 介音消失(见表 1.35)。采用四呼系统的韵图打破了《韵镜》和《切韵指掌图》的传统,对韵母进行了重新分类,代表韵图格式的重大突破。

表 1.35　中古汉语和四呼的介音系统

中古汉语介音系统			
		开	合
一等韵		-ø-	-w-
二等韵		-ɯ-	-wɯ-
三等韵		-j-、-ɯj-	-wj-、-wɯj-
四等韵		-ø-	-w-
四呼介音系统			
开	齐	合	撮
-ø-	-j-	-w-	-ɥ-

虽然四呼的名称到十七世纪才出现,但从现代普通话的祖语形式来看,汉语韵母系统的变化可以追溯到更早的时期。早在十三世纪的元代,这样的韵母系统就已经存在了(见 6.4.1 节)。

1.4.8 外转和内转

在《韵镜》中,每张韵图还标注了"外转"和"内转"(见图 1.4),这是一种将所有韵母二分的分类系统,包括《韵镜》《七音略》《四声等子》在内很多韵图中都有这种分类(见 4.4.2 节)。这种分类的音系原因和语音基础仍存在争议。

"转"这个概念最早出现于《韵镜》序中,《韵镜》中一张韵图也被称为一转,按顺序排列为四十三张图。"转"分为"内转"和"外转"两种类型。传统音韵学认为内外转的区别在于一个摄(摄是后来的概念,将在 1.4.9 节中讨论)中是否包含独立二等韵(独立二等韵是指该韵中所有的字都列在二等格中)。如果某个摄中包含一个独立二等韵,那么该摄的韵图就被标为外转;如果没有独立二等韵,该摄的韵图就被标为内转。例如《韵镜》第一图是内转,因为其中没有独立二等韵,东、冬、锺或为一等韵或为三等韵(见表 1.36)。

39

表 1.36　内外转各摄所含韵的等

《韵镜》外转摄			
江:Ⅱ	蟹:Ⅰ、Ⅱ、Ⅲ、Ⅳ	山:Ⅰ、Ⅱ、Ⅲ、Ⅳ	效:Ⅰ、Ⅱ、Ⅲ、Ⅳ
梗:Ⅱ、Ⅲ、Ⅳ	咸:Ⅰ、Ⅱ、Ⅲ、Ⅳ	臻:Ⅱ[a]、Ⅲ	假:Ⅱ、Ⅲ
《韵镜》内转摄			
通:Ⅰ、Ⅲ	止:Ⅲ	遇:Ⅰ、Ⅲ	流:Ⅰ、Ⅲ
深:Ⅲ	曾:Ⅰ、Ⅲ	果:Ⅰ、Ⅲ	宕:Ⅰ、Ⅲ

注:汉字表示不同的韵摄,罗马数字表示该韵摄中所包含的韵的等第。
[a] 臻摄的臻、栉韵在《广韵》中是独立二等韵,但由于臻韵与真韵互补分布(臻、栉韵只与卷舌声母相拼,而真韵则与除卷舌音以外的其他声母相拼),因此臻韵常被并入真韵。但这是没有语音解释的音类观察。

罗常培(1933、2004)提出内外转与元音音质有关,以此来解释这种对立的语音性质。表 1.37 给出了各摄的代表性元音。除了遇摄模韵、鱼韵及通摄东韵以外,音值主要基于高本汉的构拟。为了更好地显示关联性,罗常培改变了三个韵摄的转:把果摄和宕摄由内转改为外转,臻摄由外转改为内转。在他的新分类中,有九个外转摄、七个内转摄。经过韵摄调整以后,他把内转摄元音解释为:后元音 u、o,央元音 ə,及前元音 i、e、ĕ;并把外转摄元音解释为:前元音 e、ɛ、æ、a,央元音 ɐ,及后元音 ɔ、ɑ。

43

内转:i、e、ĕ、ə、u、o

外转:e、ɛ、æ、a、ɐ、ɔ、ɑ

40

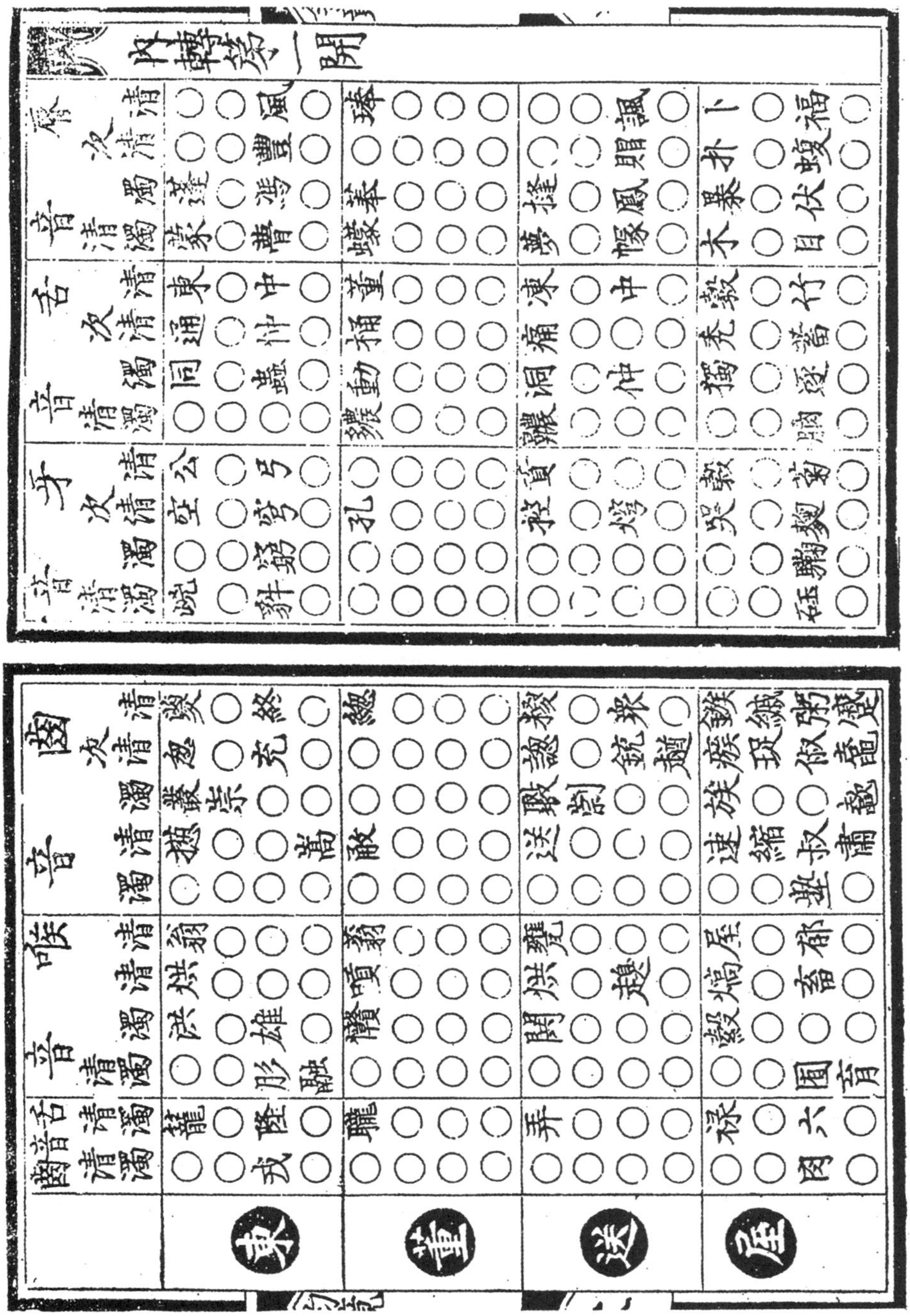

图1.4 《韵镜》东、冬/锺、江韵及相应仄声韵的韵图

41

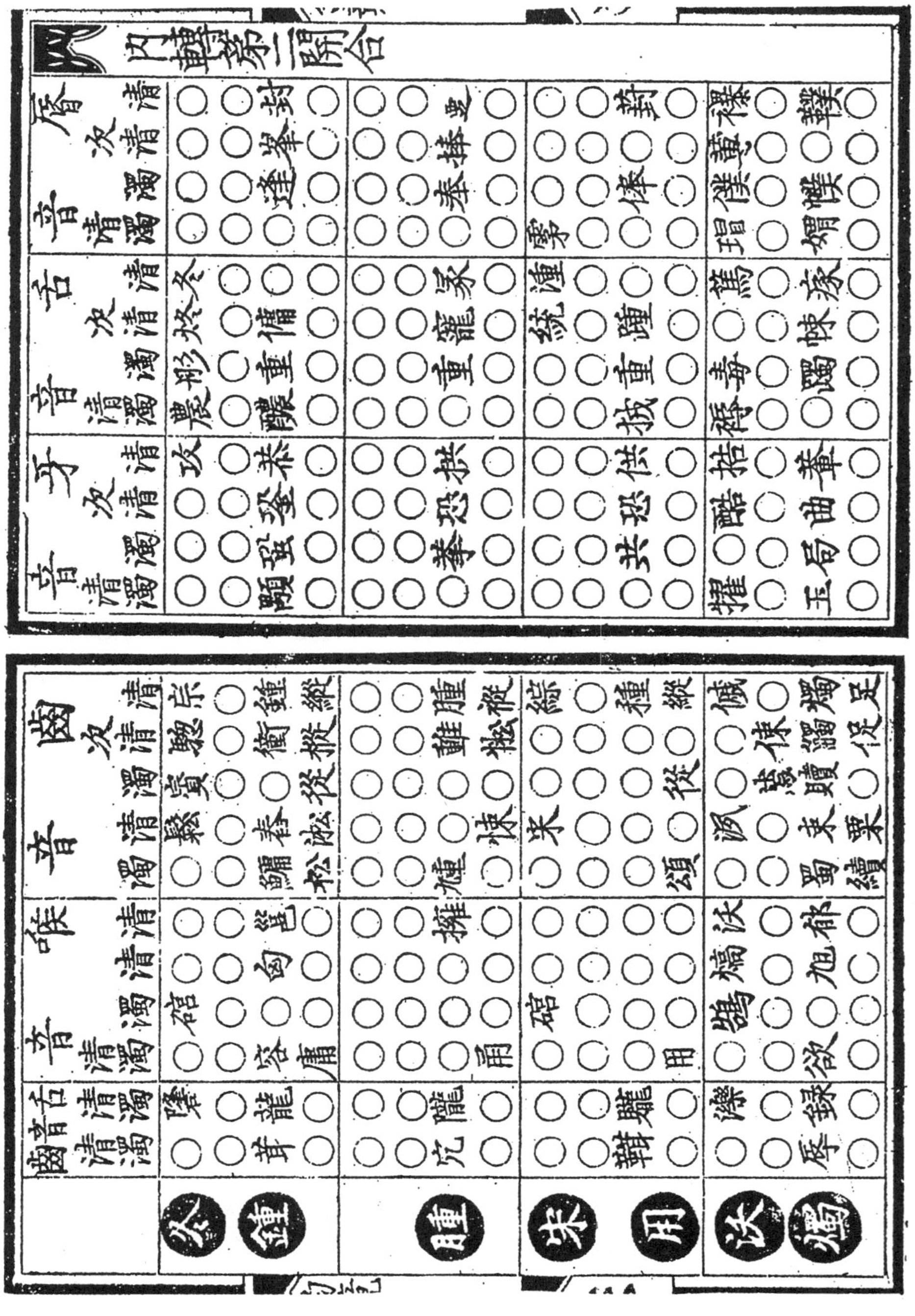

图 1.4 《韵镜》东/冬/锺、江韵及相应仄声韵的韵图（续）

42

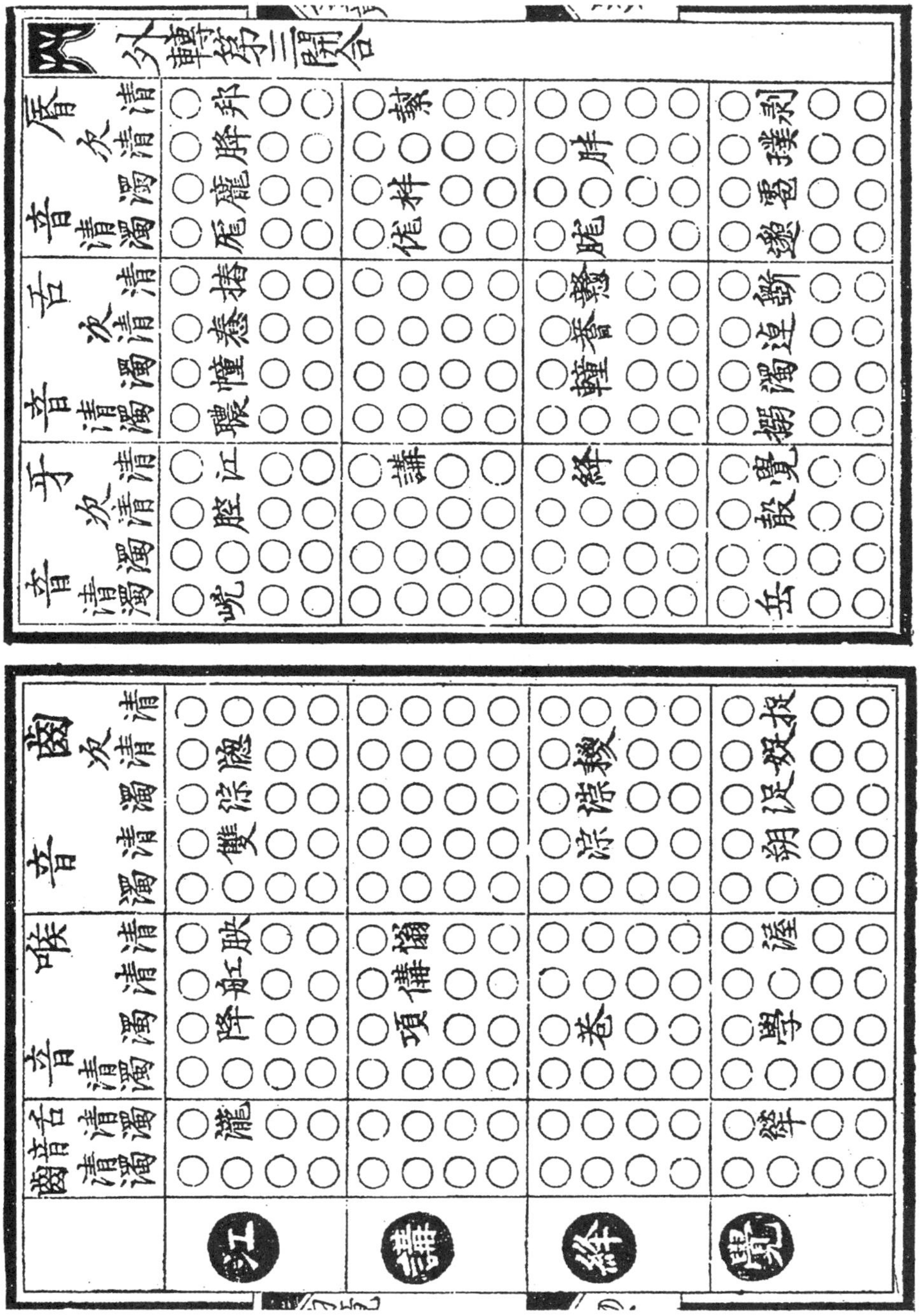

图 1.4 《韵镜》东、冬/鍾、江韵及相应仄声韵的韵图(续)

表 1.37   内外转各摄所含韵的主元音(依据罗常培)

外转摄

江:ɔ	蟹:e、ɐ、æ、a、ɔ	山:e、ɐ、æ、a、ɑ	效:e、æ、a、ɑ
梗:e、ɐ、ɛ、ɑ	咸:e、ɐ、æ、a、ɔ	假:a	果:ɑ
宕:a、ɑ			

内转摄

通:o	止:i	遇:u、o	流:ə
深:ə	曾:ə	臻:ə、ĕ	

材料来源:罗常培(2004:125,128—129)。

虽然这种分类对韵摄所属的内外转作了重新调整,但可以解释汉语方言中一些语音变化的条件。例如赵元任等对湖北方言的研究表明,中古庄组声母的变化在很多方言中是以内转和外转为条件的,内转摄庄组字为齿龈音 ts-、tsh-、s-,外转摄庄组字为卷舌音 tʂ-、tʂh、ʂ-(赵元任等,1948:10—11)。

对于内外转的另一种语音解释是元音长短的对立。一些研究者(黄笑山 2000、郑伟 2018)注意到,内转和外转的对立似乎与壮语及汉语粤方言中的长短元音对立有关联。早在六世纪,人们就模仿汉字创造了方块壮字(壮语称为 *Sawndip*,意思是"不成熟的字")来书写壮语。同汉字一样,壮字也采用声符和意符拼合的方法造字,壮字的许多声符都来自汉字,这些汉字声符用来提示壮语词的语音。例如壮字"岜"*bya*(山)的声符是汉字"巴","伝"*vunz*(人)的声符是汉字"云"。研究者普遍认为,这种汉—壮语音反映了中古后期汉语的语音(黄笑山 2000)。他们的一个发现是,壮语元音的长短与中古韵摄的内外转之间存在一定程度的联系。总的来说,外转韵摄的主元音与长元音的关系更密切,内转韵摄的主元音与短元音的关系更密切(见表 1.38):

表 1.38   根据壮字声符确定的内外转各韵摄的音值

外转摄

江:Ⅱ	蟹:Ⅰ,Ⅱ,Ⅲ,Ⅳ	山:Ⅰ,Ⅱ,Ⅲ,Ⅳ	效:Ⅰ,Ⅱ,Ⅲ,Ⅳ
a:ŋ, o:ŋ	a:j, o:j, i, ej, aj	a:n, u:n, o:n, i:n, e:n	a:w, e:w, i:w
梗:Ⅱ,Ⅲ,Ⅳ	咸:Ⅰ,Ⅱ,Ⅲ,Ⅳ	臻:Ⅱ*,Ⅲ	假:Ⅱ,Ⅲ
e:ŋ, i:ŋ, a:ŋ	a:m, i:m, am, om, um	an, on, un, ɯm	a, e

内转摄

通:Ⅰ,Ⅲ	止:Ⅲ	遇:Ⅰ,Ⅲ	流:Ⅰ,Ⅲ
oŋ, uŋ, o:ŋ, u:ŋ	i, ej, aj	o, u, ow, aɯ	aw, ow
深:Ⅲ	曾:Ⅰ,Ⅲ	果:Ⅰ,Ⅲ	宕:Ⅰ,Ⅲ
am, im, om, um	aŋ	o, a, u	o:ŋ, u:ŋ, i:ŋ

材料来源:郑伟(2018:31)。

然而,仔细研究可以发现,其分布实际上相当复杂。现代武鸣壮语中,单元音 a、i、u、e、o、ɯ 都是长元音,没有相应的短元音。表 1.39 是根据表 1.38 给出的元音长短信息所作的进一步分析。

表 1.39　表 1.38 中元音长短的总结

外转摄(据《韵镜》)

江:长	蟹:长,短	山:长	效:长
梗:长,短	咸:长,短	臻:短	假:长

内转摄(据《韵镜》)

通:短,长	止:长,短	遇:长,短	流:短
深:短	曾:短	果:长	宕:长

可以看出,不论是内转还是外转,如果一个韵摄的主元音为 ə,它们在壮语中的反映都是短 ɐ。主元音为 ə 的流、深、曾、臻摄在壮语中一致反映为短元音。但流、深、曾摄属内转,而臻摄属外转。这表明缺少 ə 元音的壮语是用一个短 ɐ 来转译汉语中相似的 ə 元音。因此,这些韵摄使用短 ɐ 是壮语的现象,而非汉语的现象。此外,没有其他独立证据可以证明这种元音长短对立的存在,粤方言中的类似现象只是壮语影响的结果,因为历史上粤方言的形成深受壮语影响。

根据目前的分析,实际情况与以上学者的主张不同,元音长短与内外转对立并没有很强的关联性。但是,如果我们把壮语的长元音和短元音放在罗常培(2004)的系统中,其匹配性实际上要好得多(见表 1.40)。

表 1.40　表 1.37 中元音长短的总结

外转摄(据罗常培)

江:长	蟹:长,短	山:长	效:长
梗:长,短	咸:长,短	假:长	果:长
宕:长			

内转摄(据罗常培)

通:短,长	止:长,短	遇:长,短	流:短
深:短	曾:短	臻:短	

很明显,罗常培基于元音高低的分类相对于壮语的长元音和短元音表现出更好的相关性。在基于元音高低的表 1.38 中,江、山、效、假、果、宕六摄只用长元音转译,它们都是外转摄;流、深、曾、臻四摄只用短元音转译,它们都是内转摄。其余的六个韵摄既用长元音转译也用短元音转译,其中蟹、梗、咸摄属外转,通、止、遇摄属内转。因此,元音音质差异能更好地解释汉—壮语语音中元音长短的对立。

这种元音长短对立是壮语使用者在接触汉语时对汉语音韵进行重新解释的结果。没有其他独立的证据表明元音长短对立是中古汉语的音系特征,元音长短只是壮语的一种映射(reflection),它反映了两种语言接触时壮语音系对汉语音系的解释。

内转和外转的音系和语音解释并不完善;许多证据表明,它可能是基于元音音质的韵摄二分法。与其他中古音韵特征不同,外转和内转在《古今字音对照手册》和《方言调查字表》等主要的中古音韵工具书中都没有标注,多数中古汉语音韵研究著作中也没有提及。

1.4.9 摄

"摄"又称"韵摄",作为韵母分类的概念,它最早出现于无署名的十二世纪韵图《四声等子》中(5.4.2 节对《四声等子》有深入讨论)。在《四声等子》中,《切韵》所有的韵根据其主元音和韵尾分为十六个韵摄(见表 1.41)。这种分类反映了韵摄概念产生时各韵的音值。虽然韵摄概念出现的时间远远晚于《切韵》,但在中古音韵研究中常用到这一分类系统。

表 1.41　十六摄及其基本主元音和韵尾

通	uŋ/uk	江	ɔŋ/ɔk	止	i	遇	u
蟹	aj	臻	ən/ət	山	an/at	效	aw
果	ɔ	假	a	宕	aŋ/ak	梗	ɛŋ/ɛk
曾	əŋ/ək	流	əw	深	əm/əp	咸	am/ap

每个韵摄包含若干不同等的韵,十六摄根据其韵尾进行排列,它们代表了一个韵母系统(见表 1.42)。这套系统基于以下音系方面的考虑:

(1)不同韵尾韵母的自然元音系统,-i、-a、-u 三个基本元音必须优先于 -ɛ 和 -ɔ 等其他元音。

(2)元音为 -ə 的流、深、臻、曾摄,三等韵主元音为 -i,如流摄一等"狗"音 kəw,三等"九"音 kiw。

(3)元音为 -u 的遇、通摄,三等韵主元音为 -y,如通摄一等"攻"音 kuŋ,三等"宫"音 kyŋ("攻"和"宫"在现代普通话中变为同音)。

(4)臻摄合口一等主元音为 -u,合口三等主元音为 -y,如一等"尊"音 tsun,三等"遵"音 tsyn("尊"和"遵"在现代普通话中变为同音)。

（5）止摄央元音（舌尖元音）-ɨ 列于 -ə 元音下。

表 1.42　十六摄元音—韵尾的系统分类与配合关系

	i	ə	ɛ	a	ɔ	u	y
-ø	止	止	—	假	果	遇	遇
-j	—	—	蟹	蟹	—	—	—
-w	流	流	效	效	—	—	—
-m/-p	深	深	咸	咸	—	—	—
-n/-t	臻	臻	山	山	—	臻	臻
-ŋ/-k	曾	曾	梗	宕	江	通	通

1.4.10　阴声韵、阳声韵、入声韵

另一个常用的韵母分类是基于韵尾的分类。以半元音-j 或-w 收尾或没有韵尾的韵是阴声韵，以鼻音-m、-n、-ŋ 收尾的韵是阳声韵，以塞音-p、-t、-k 收尾的韵是入声韵。在官话中，入声调的消失意味着入声韵和阳声韵的平行关系被打破（见表 1.43）。

表 1.43　韵尾所呈现的入声韵和阳声韵平行结构

	唇	舌冠	舌背
入声韵	-p	-t	-k
阳声韵	-m	-n	-ŋ

入声音节必然是入声韵，中古汉语所有入声音节都带塞音韵尾，因此入声韵不能与阴声韵的其他三声的韵母平行（关于这些在上古汉语中的应用，见 2.3.3 节的讨论）。

1.5　非系统性材料

1.5.1　诗歌押韵

中国诗歌是押尾韵的，押韵要求主元音和韵尾一致，也要求声调匹配。因此，许多音韵学家利用诗歌押韵来确定与韵和声调相关的历史演变。押韵的韵脚一般是一句诗的最后一个音节，但并非每句诗都必须包含一个韵脚，哪一行诗句应该包含韵脚，在不

同的历史时期有所不同。如在唐诗中,四行的绝句要求第二句和第四句必须押韵,第一句可以与第二句和第四句押韵,也可以不入韵,而第三行一定不入韵(参见 2.4 节、4.5 节和 7.5 节中关于诗歌押韵的例子)。

上古时期《诗经》中绝大多数诗歌都是押韵的。韵脚通常在一句的末尾,但并非所有诗句的末尾都含有韵脚。首先要解决的问题是,哪些诗行包含韵脚字,哪些韵脚字是互相押韵的。不同学者对韵脚字的判定可能会有不同。更为复杂的是,有时韵脚不在一行诗的末尾。因此,古诗韵脚的确定是上古音研究中的一个难点(Baxter 1992)。

由于中国诗歌存在一个强势的押韵传统,任何诗歌押韵都不一定能反映其相应时代的语音。许多类型的诗歌都严格遵循韵书中确立的押韵标准。最具影响力的押韵标准之一是始于七世纪初的《切韵》及其修订本《广韵》。在这种情况下,诗歌创作之时的音韵信息就只能通过诗人受当时实际语音影响所产生的错误押韵来了解。

1.5.2　外文转写与域外汉字音

历史上汉语一直与其他语言接触,在汉语所接触的有文字系统的语言中,大多数文字系统都是拼音文字。通过汉字和外语转写的比较,就可以得出汉语借词的音值。这些信息是非常有价值的,因为汉语材料如韵书、韵图、诗歌押韵等只能提供音类信息。接触语言及文字系统材料包括早至唐代的回鹘语和藏语,以及后来的契丹语、女真语、波斯语、蒙古语、朝鲜语和满语等。

汉语音系最早的完整转写材料是元代的《蒙古字韵》。通过它可以了解到很多以前无法发现的重要的语音细节。地域和时代明确的拼音文字转写所包含的信息尤为丰富。例如从十世纪开始,契丹的领土覆盖了现代中国的北部和东北部地区。它的南部边界到达现代北京以南,这表明辽国汉语的语音来自其境内的方言,而不是来自其境外的汉语方言。

在历史上,汉语词语及其书写形式汉字的音、义也被借到日本、朝鲜、越南等周边国家的语言中。尽管汉语借词构成了这些语言的重要部分,但日语、朝鲜语和越南语与汉语之间没有亲属关系。不同语言中的汉语借词语音分别称为日本汉字音(Sino-Japanese)、朝鲜汉字音(Sino-Korean)和越南汉字音(Sino-Vietnamese),统称为域外汉字音(Sino-xenic pronunciation)。它们被借用到这些语言中以后,发音基本就固定了,所以域外汉字音可以揭示汉语本身可能已经不清楚的语音对立。

汉语词是历史上多个时期借入的,因此域外汉字音具有不同的历史层次。但主体层次反映的应是中古汉语的语音,因为在这一时期——唐代(618—907),中国文化的影响达到了顶峰。由于大量域外汉语借词的存在,可以据此整理出完整的辅音和元音系统。越南语还可以反映汉语声调的信息,因为越南语是声调语言。这些汉字音系统也被称为"域外方言"(Martin 1953),因为它们在中古汉语音韵研究中所起的作用与汉语方言相似。

高本汉(Karlgren 1915—1926)在其构拟中古汉语语音的开创性工作中,利用日本汉字音、朝鲜汉字音,结合各种汉语方言材料来为已有的中古汉语音类确定音值。这些不同的域外汉字音系统接近于中古汉语音。虽然它们经过了借入语言音系的改造,但是中古汉语的许多重要音韵对立可能仍然保留在这些语言的汉字音中,如《切韵》的重纽音节对立(参见 1.4.6 节)及韵图三四等的对立(参见 1.4.4 节)等。

汉语借词不限于外国语言,中国境内的许多非汉语如壮语和苗语中,也广泛存在汉语借词。这些语言中的汉语借词语音也形成了各种汉字音系统。但这些语言在历史上一直与汉语有密切接触,因此存在不同时期形成的多个层次的汉字音,情况相当复杂(黄笑山 2000)。

历史上有许多少数族群统治过中国或中国的部分地区。汉语词汇也被借入到这些民族的语言如契丹语、蒙古语和满语中,形成了各种汉字音系统。这些汉字音系统也提供了非常重要的特定历史时期汉语的信息。更多研究表明,虽然契丹统治时期(916—1125 年)与北宋时期(960—1127 年)几乎同时,北宋仍然以中古汉语语音(《广韵》)为标准读音,但汉—契丹语的语音接近于古官话而非中古汉语的语音(Shen 2007)。

1.5.3　谐声字

汉字有不同的造字方法。公元二世纪许慎所著的第一部汉字字书《说文解字》把汉字的造字方法归纳为六种,称为"六书"。其中包含语音信息的造字方法是形声。形声的原理是利用现有字符来创造新字,形声字由两部分组成,一个是意符,一个是声符。意符表示意义的类别,声符表示语音的类别。具有相同声符的形声字称为谐声字①。具有谐声关系的字通常表现出明显的语音相似性。例如在现代普通话中,声符为"工"的形声字主元音相同或相似,韵尾同为-ŋ,具有类同的声母,中古音或为清不送气软腭塞音 k-,或为软腭浊擦音 ɦ-(见表 1.44)。

50

表 1.44　"工"声符的谐声字

工 gōng	贡 gòng	攻 gōng	江 jiāng	矼 jiāng	红 hóng	虹 hóng
k-	k-	k-	k-	k-	ɦ-	ɦ-

---

① 包括谐声声符本身在内,声符本身可能并非形声字。

从谐声字中得出的信息在上古音构拟中具有关键作用。《诗经》及其他古代文献中的诗歌押韵仅能提供音节的押韵部分即主元音和韵尾的语音信息,主元音之前音素的信息只能通过其他材料获取。

然而,应当注意的是,从谐声字中获取音韵信息存在一个方法论上的问题:历史上形声字是逐渐产生的,而且可能是基于语音不同的古代方言而造的。谐声字之间的音韵关系不一定来自一个单一的系统。然而,学者们却经常根据从谐声字中提取的信息碎片来构拟单一的语音系统。另外,来自谐声字和押韵材料的语音信息可能不构成同质的语音系统。

1.6　原始材料的可用性与可靠性

51　　　语音系统的信息本质上涉及音类对立及音值表现两个方面,语音系统的时代和地域信息也是至关重要的。不同材料在这些特性上存在差异,但学者在进行推论并得出结论时经常不加辨别地一起使用和讨论。例如诗歌押韵可以提供音类信息,但不能提供音值信息,虽然可以根据作者的信息确定时代和大致的地域范围,但这类信息往往很不系统。

不同的原始材料性质各异,它们反映语音信息的能力和可靠性也各有不同。在利用这些原始材料重建汉语音韵史之前,必须对它们进行分析解释,这是至关重要的。要更好地了解各种材料的性质,首先必须用统一的标准来衡量它们。在介绍和讨论语音信息时,我们把以下标准作为基本衡量标准:(1)音韵材料是否包含明确的时代信息;(2)音韵材料是否包含明确的地域信息;(3)音韵材料是否提供音类信息;(4)音韵材料是否提供音值信息;(5)音韵材料是否系统。

例如韵书通常能够提供有关音类的系统信息,但不包含这些音类的音值信息,它可能有相当明确的编纂时间,但缺乏其所据方言具体地域的信息。

任何语音系统的研究都需要两个基本信息:音类及其音值。对于表音文字系统的语言如英语、法语或西班牙语来说,这两种信息是同一枚硬币的两面。但汉语文字系统是表意文字,虽然可能有声符,但基本的书写单位——汉字并不反映精确的语音信息。由于汉字的这种表意文字的性质,我们无法简单直接地根据汉字获知其发音。

汉语韵书中的音类不反映任何音值信息。例如《切韵》中前两韵是东韵和冬韵,它们只是两个不同的语音类别。作为两个韵目,东和冬本身并不提供音值信息,这两个韵的音值必须通过构拟来确定,构拟的依据是现代方言的实际音值和外语的语音转写等。因此,《切韵》的音类和音值并非同等可靠,因为前者是韵书中已给出的,后者是现代学者构拟出来的。但其他一些音韵著作可能同时包含音类和音值信息。以十三世纪的《蒙古字韵》为例,《蒙古字韵》是一份汉字和八思巴字对照的汉语音节表。其中包含了汉语音类及其音值的系统信息。《蒙古字韵》中,汉字按照音类排列,每个音类都用拼音文字八思巴字注音。

　　不同材料在性质上有很大差异,但在进行推论和得出结论时经常一起使用和讨论。表 1.45 和表 1.46 大致概括了各种原始材料的质量,这里所说的“质量”只是笼统意义上的。需要注意的是,同一类别中不同材料的质量也可能有所不同。

表 1.45　根据历史音韵学的六个检测标准对不同原始材料所作的分级

	韵书	韵图	外语转写	诗歌押韵	谐声字
系统性	很好	很好	有差异	差	差
音类信息	很好	很好	差	好	差
音值信息	无	无	很好	无	无
时代信息	很好	好	好	好	差
地域信息	好	差	差	差	无
语音标准性	是[†]	是[†]	是[†]	是[†]	不详

注:原始材料分为如下几类:韵书、韵图、外语转写(包括域外汉字音)、诗歌押韵、谐声字。
[†] 表示就大多数情况而言是如此。

表 1.46　各主要历史时期音韵研究中不同原始材料的可用性

	韵书	韵图	外语转写	诗歌押韵	谐声字
上古汉语	−	−	−	+	+
早期中古汉语	+	+	+	+	−
晚期中古汉语	+	+	+	+	−
古官话	+	+	+	+	−

　　其他类型的原始资料也可用于研究某一历史时期的音韵。这些材料的性质将在下文提到时再做介绍。各时期可用的音韵信息的性质大致概括为表 1.47。

表 1.47　汉语音韵史各时期语音信息性质的概括

	上古汉语	中古汉语	古官话
来源	构拟材料	《切韵》	《蒙古字韵》
音类	构拟的	给定的	给定的
音值	构拟的	构拟的	给定的
系统性	是	是	是
语言标准性	非	是	是
时代确定	非	是	是
地域确定	非	非	非

由于不同历史时期原始材料的可用性和质量有很大不同,因此可靠程度也是不同的,一般来说,距离现代越近,语音信息越趋于一致和完整。

1.7　分期

汉语音韵史通常以 601 年的《切韵》和 1324 年的《中原音韵》这两部最重要的韵书为节点,分为四个时期。《切韵》之前是上古汉语,是最早的时期;《切韵》代表中古汉语的开端;《中原音韵》代表古官话的开端;现代汉语则是到目前为止的时期,没有固定的起始时间。当然,这种线性的表述经过大量简化,远非真实历史。汉语音韵史以及汉语标准音的历史,并不是少数几个连续时期就可以涵盖的。系统内部发展引起的纵向传播和外部影响引起的横向变化相结合,在同一系统中形成了复杂的历史层次。一个地区发生重大的语音变化,通常与该地区的人口变动有关,主要是战争和改朝换代引起的大规模移民。由于这种相对罕见的事件,一个音系可能会分裂成两个截然不同的系统,而不是逐渐演变成新的形式。这些复杂过程的许多方面超出了本书的研究范围,因此,接下来的章节主要介绍标准语在不同历史阶段的音系。

1.8　构拟

在研究不同历史时期的语音系统时,构拟方法常用以确定音类及其音值。语音构拟就是根据后代语言(包括现代的和古代的)重建祖先语言的实践。在文献中,构拟的语音形式通常前面加星号,以区别于已证明的语音形式。

　　在汉语历史音韵学的语境中,"构拟"这个术语的使用常常不够准确,含糊不清。它可能表示音类及其音值的构拟,也可能仅指为已知的音类赋予音值。上古汉语音系的构拟主要是前一意义上的构拟,中古汉语音系的构拟则是后一意义上的构拟。上古汉语时期没有材料能够提供一个完整的音韵系统,而中古汉语时期的《切韵》包含了中古汉语所有的音类信息,需要确定或构拟的是这些现成音类的具体音值。高本汉(Karlgren 1915—1926)的开创性著作《中国音韵学研究》(*Études sur la phonologie chinoise*)就是这种研究的一个很好的例子。他对中古汉语音值的构拟是一种半构拟。区分"全构拟"(full reconstruction)和"半构拟"(half reconstruction)是很有必要的,因为两者的可靠性明显不同。在上古汉语研究中,音类及其音值都需要构拟。这样,上古汉语和中古汉语的构拟就有本质上的不同。与音类和音值信息都具备的时期相比,研究仅具备音类信息时期的音韵,无疑更为困难;既没有系统音类信息也没有音值信息的时期比有音类信息的时期研究更加困难、更具挑战性。与上古汉语相比,中古汉语实际上是对已有音类的具体音值的半构拟。

　　音韵学研究的难度与原始材料的可用性及可靠性成反比。音值构拟需要专门的知识,而音类和音值的构拟则需要更为广泛和专门的知识。然而,尽管古音构拟工作的困难是公认的,但构拟"结果的可靠性"与为音类和音值提供直接证据的历史材料本身并不等同。因此,传统上构拟形式用星号(*)标记,构拟形式与已给定形式不同,这是不言自明的。

　　在本书中,只有上古汉语的构拟形式标星号(*)。直接从材料中获取的音值或根据给定音类构拟的音值不加星号标记。

55

1.9　转写

　　各种出版物中所使用的音标符号各异,因此有必要对它们进行统一的转写。在本书中,语音是用传统框架描写的,通常是发音语音学的框架,语音转写则使用国际音标(IPA)符号。尤其是:

　　(1)介音和韵尾用半元音符号而非元音符号表示,例如:kjaw 不标作 kiau。

　　(2)符号 h 用来表示辅音的送气,送气符号都作常规字形,不作上标,例如:khjaw 不标作 kʰjaw。

　　(3)根据汉语语言学中的常规用法,国际音标符号 tɕ、tɕh、dʑ、ɕ、ʑ 表示硬腭塞擦音和擦音。符号 Ø 表示所谓的"零声母"和其他零形式。

（4）中古汉语不标声调，如果涉及中古声调，就在文中说明，或在转写形式之后附上相应的声调标记来说明。（例如：luŋ 去）

以上第（1）条可以通过以下事实来理解：元音及其对应的滑音只是在是否具有音节性上有所不同，在音系上，-i- 可以理解为 -ji-，-u- 可以理解为 -wu-，-y- 可以理解为 -ɥy-。许多适用于半元音 -j-、-w-、-ɥ-音节的分类和条件音变也分别适用于元音 -i-、-u-、-y- 音节。

由于中古汉语语音具有重要地位，所有历史语音形式都将同时附上中古汉语和现代普通话的音值。历史语音信息用国际音标表示，现代普通话语音用拼音表示。如果历史语音形式为中古音，则仅附上现代普通话语音（见表 1.48）。

表 1.48　构拟语音形式的标写体式，以"落"字为例

上古汉语	*g·raag	> lɑk	> luò
中古汉语	lɑk	> luò	
古官话	lɑw	> luò	

符号">"前的形式只表示"前一时期的形式"，而不表示早期的形式演变为后期的形式。这样的符号定义表明，不同历史时期的两种形式在演变中可能有直接关系，也可能没有直接关系。

上古汉语

商（前 1600—前 1046）、西周（前 1046—前 771）、春秋（前 770—前 476）、战国（前475—前 221）

上古汉语是指秦代以前（先秦时期）的汉语，与后来的中古时期不同，上古时期没有系统记录整个音系的材料。因此，上古汉语音韵必须完全依靠各种互不相关的原始材料进行构拟才能明了。上古汉语构拟是汉语历史音韵学研究中最为困难的工作。还应注意的是，上古汉语原始材料所代表的特定方言或标准语的时代和地域信息往往是不明确的。

上古汉语音韵研究的原始材料主要包括古诗文押韵、谐声字、韵书所反映的完整的中古汉语音系以及现代方言语音。押韵材料主要来自中国最古老的诗歌总集——《诗经》。从十六世纪开始，中国学者就致力于上古韵部的研究，并逐渐取得了一些广泛接受的成果。上古时期押韵的字在中古韵书中可能不同韵，例如："歌" *kaal > kɑ，"加" *kraal > kɯa，"皮" *bral > bɯiɛ。对上古韵类和声母音值的构拟始于二十世纪，这是对早期上古诗歌韵部研究的延续和完善。

诗歌韵脚只能提供汉语音节押韵部分的信息，因此，关于声母辅音的信息只能通过其他材料获得。有些汉字包含可以提示发音的声符（即所谓谐声字，参 1.5.3 节）。有趣的是，在后代韵书中，谐声字与其所包含的作为独立汉字的声符，两者的声母辅音可能不同。例如根据最早的韵书，"洛" luò 及其声符"各" gè 的语音分别是 lak 和 kɑk，这两个声母分别为 l- 和 k- 的谐声字，表明在创造"洛"这个字时它们的声母一定更为相似。根据现代语音学及亲属语言的知识，这两个字的上古音可构拟为："洛" *ɡ·raaɡ（变为 lak）、"各" *klaaɡ（变为 kɑk）。上古诗文中押韵的字是有限的，谐声字也可以提供更多的例证。

上古音研究是最困难的挑战之一——上古汉语语音系统是通过拼凑不同种类的信息来构拟的，其结果无法独立验证。用于构建单一语音系统的原始材料不属于同一时期，也不出自同一地域。如《诗经》中的诗歌是从西周到春秋中期数百年间从不同方国搜集来的。汉字是在《诗经》时代之前经过漫长的时期在不同地域创造出来的。

尽管按照时代顺序必须首先介绍上古汉语音韵，但在阅读这一部分内容之前，最好先阅读第三部分（中古汉语）的内容，这样会大有裨益。因为古音学家是以中古汉语语音为主要参照来构拟上古音的。深入理解中古汉语音韵尤其是相关术语，将有助于阅读本部分内容。

第二章 上古汉语

2.1 概论

上古汉语没有确定的起始时间。有的学者主张上古汉语内部应当再分为更小的时期,如郑张尚芳([2003]2013)分为上古前期、上古中期、上古后期三个时期(见表 2.1)。

表 2.1 与朝代相关联的上古汉语分期

分期	朝代[a]	材料
上古前期	商、早周	甲骨、金文
上古中期	周	先秦文献
上古后期	秦、汉、魏	外语译音

[a]商(殷)(约前 1600—约前 1046)、周(前 1046—前 256)、秦(前 221—前 206)、汉(前 206—25,25—220)、魏(220—265)。

由于上古时期没有系统的音韵文献,这一时期的语音系统是根据不同材料的信息拼凑出来的。这些材料只能反映音系的某一侧面,在可靠性上也千差万别。早期的上古汉语音韵研究只是对上古押韵材料的研究。上古中期的音韵信息主要来自《诗经》,《诗经》中的诗歌据信作于西周和东周早期,不过其文本可能经过后来的编订。

上古汉语构拟中所使用的证据材料来源各异,因此构拟出的语音形式的地域和时代通常都无法清楚地确定。从更严格的意义上说,上古汉语不是"一种语言",因为构拟的上古汉语代表了来自不同世纪和不同方言的信息(Schuessler 2009)。为了重构更为自然的上古汉语系统,学者常常求助于与汉语相关的语言,从中获取信息,这种做法将上古汉语的构拟与汉语和其他语言亲属关系的研究紧密联系在一起。历史上与汉语或原始汉语相关的语言,通常具有相似的构拟形式。

中国学者一直认为汉藏语系(表 2.2)的语言之间存在亲属关系,汉藏语系包括汉语族(包括所有汉语方言,通常也包括白语)和藏缅语族,有的学者认为还包含侗台语族(Tai-Kadai)和苗瑶语族(Hmong-Mien)。西方学者认为汉藏语系只包括藏缅语族、白语和汉语。支持或反对某种亲属语言分类的论据是基于同源词的证据。但同源词数量很少,有时同源词的判定在很大程度上依赖于理论取向和识别方法。

表 2.2　汉藏语系的四个语族及其部分组成语言[a]

汉语族	藏缅语族	侗台语族	苗瑶语族
汉语	藏语	泰语	苗语
白语	缅语	壮语	瑶语
	羌语	老挝语	
	克伦语	侗语	
		仡央语	

[a] 普遍公认属于汉藏语系的只有前两个语族。

可用于分析语音规则演变模式的同源词数量有限,这就导致对语言亲属关系的讨论不那么令人信服。在不同语言中寻找关系词,进而确定其亲属关系,这种研究程序始终应当小心避免,因为这样很可能陷入循环论证。需要多少例证以及多规则的模式才足以构拟音系,这一点一直没有得到明确。不过,如果发现有多个单词经历了相同的语音变化,一般是作为非偶然相似来理解和看待的。

根据历史语言学的谱系树模型,如果这些语言确实与汉语有亲属关系,那么至少应该有一批同源词在所论及的亲属语言中都出现,而不是一组词显示与某种语言 A 有关系,另一组词显示与另一语言 B 有关系。这种同源词在侗台语和苗瑶语中还没有得到成功证明。

2.1.1　藏缅语的关系

汉语与藏缅语族存在亲属关系这一事实早已得到认识,其中最具影响力的一个汉藏语系分类方案是白保罗(Benedict 1972)提出的。在中国,学者们还致力于研究汉语与苗瑶语族、侗台语族之间的关系,但这些语言之间音义相似的词所体现的关系究竟是亲属关系还是语言接触的结果,尚无定论。尽管汉语和藏语之间的关系是确定的,但汉藏语系其他成员的身份仍然存在争议。

沙加尔（Sagart 1993a）认为汉语和南岛语系之间存在关系。汉语中许多单音节词可以与南岛语系多音节词的最后一个音节建立联系，但这些同源词是否与汉语和藏缅语族之间的同源词具有同等质量，一直存在争议。这些同源词在语音和语义上的相似性常常需要特别的解释。斯塔罗斯金（S. Starostin 1995）针对各种假设做了一个有趣的测试。他利用雅洪托夫最早提出的 35 个基本词来比较潜在的相关语言，包括藏缅语族、北高加索语族、南岛语系和台语支语言。发现其中 24 个词汉语与藏缅语族同源，13 个与北高加索语族同源，4 个与南岛语系同源。然而，所有支持或反对特定亲属关系模型的论点都是基于语言谱系假说，该假说认为语言的历史发展是一个不断分裂的过程，祖先语言分裂出更多子语言。这种模式是否适用于中国乃至整个亚洲的语言，目前还没有定论。这一地区在历史上存在更为长期而复杂的人口迁移，这使基于印欧语言的谱系树模型的有效性受到严重质疑。语言的历史不可能是一个简单的分裂过程。历史上各种类型的语言接触——特别是语言转换——产生了复杂的语言关系，这些复杂关系所提出的问题是谱系树假设无法解决的。

2.1.2　方法及工作原则

上古汉语构拟没有采用印欧历史语言学中久负盛名的比较法，主要有以下几个原因：周代押韵材料已经提供了现成的音类信息；汉语方言的语音信息无法追溯到汉代以前；汉语方言的发展可能并未遵循印欧语系语言的分裂模式。可以以中古汉语为例来说明，如果没有《切韵》，根据现代方言所作的任何构拟都不太可能得出接近《切韵》系统的音类。（高本汉只是利用方言信息来为现成音类确定音值。）如果用这种方法不能准确地构拟中古汉语，那么构拟上古汉语就更加困难了。

汉语与其他语言之间亲属关系的鉴定，深深植根于印欧语系历史语言学领域发展出的方法论和假设。上古汉语的构拟是一项仍在进行当中的工作，有必要对得出每个结论的步骤进行说明。此外，许多构拟仍然存在争议，因此需要常常参考特定学者的论著。这样看来，上古汉语音韵各方面的构拟就是一个不断调整和完善的过程。

为了减少可能出现的混乱，本书将始终使用同一构拟系统。如果没有特别说明，上古汉语根据郑张尚芳（［2003］2013）最近的构拟，《切韵》系统根据郑张尚芳和潘悟云的构拟（潘悟云 2000）。如果引用其他学者的著作，所用的音标符号与原作者所用的相同。在表格中，引用其他学者的构拟时，也同时在括号中附注郑张尚芳的构拟。

另一种重要的原始材料是谐声字，谐声字向语言学家提出了许多看似无法解决的难题,以及大量无法从音系学角度进行解释的证据。这种情况下,形态学——特别是屈折形态——可以用来回答谐声字所提出的难题。最近的研究中,学者在这一领域作出了很多努力,并取得了很大的进展。

2.2 研究材料

上古汉语主要以周代前期至中期的语言材料为基础。更早的材料包括商代甲骨文和青铜器铭文。但是,对于语音分析而言,商代材料的作用非常有限,因为确定的字符数量有限,而且缺乏押韵文本。根据已识的谐声字,可以推测出一些语音信息(何九盈[1998]2002、梅祖麟2008),但证据非常零散,只能用于验证来自其他材料的信息。而周代的语言材料非常丰富,足以构拟完整的语音系统。

最有用的材料是同声符的谐声和《诗经》中诗歌的韵脚字。但必须指出,这两种材料都有缺点:韵脚字只能揭示音节的部分信息,谐声字虽然可以用来研究整个音节的音韵信息,但这些字是在不同时期创造的,其中有很多比《诗经》中的诗歌还要早。

2.2.1 《诗经》押韵

《诗经》是中国最古老的诗歌总集,共收诗歌305首。《诗经》可能经过孔子的编订,因此它可能反映孔子时代(前551—前479)的语言。《诗经》中诗歌的押韵都很明显,例如表2.3中的诗(摘自《周南》部分)存在多种韵式,构拟的结果符合这种韵式(基于郑张尚芳[2003、2013]的构拟)。

表 2.3 《诗经》中的部分诗

		上古汉语		中古汉语		现代普通话
《关雎》第一章(AAXA)						
关关雎**鸠**	A	*ku	>	kiw	>	jiū
在河之**洲**	A	*tju	>	tɕiw	>	zhōu
窈窕淑**女**	X	*naʔ	>	ŋjɔ	>	nǚ
君子好**逑**	A	*gu	>	giw	>	qiú
《终风》第二章(AAAA)						
终风且**霾**	A	*mrɯɯ	>	mɰæj	>	mái
惠然肯**来**	A	*rɯɯ	>	ləj	>	lái

62

续　表

		上古汉语		中古汉语		现代普通话
莫往莫**来**	A	*rɯɯ>	>	ləj	>	lái
悠悠我**思**	A	*snɯ	>	sɨ	>	sī
《兔罝》第一章（ABAB）						
肃肃兔**罝**	A	*ʔsjaa	>	tsja	>	jū
椓之丁**丁**	B	*rteeŋ	>	ʈɯæŋ	>	zhēng
赳赳武**夫**	A	*pa	>	pjo	>	fū
公侯干**城**	B	*djeŋ	>	dʑjɐŋ	>	chéng

　　如果根据现代汉语方言,这些韵脚可能押韵,也可能不押韵,但由于《诗经》存在一定的押韵模式,这些字就可以归为不同的韵部。其他先秦文献中的押韵材料也可以用于音韵分析。

2.2.2　谐声字

　　谐声字是另一种重要的研究材料。它由两个成分组合成字,一个表示义类,另一个表示语音,用这种造字方法所造的字称为"形声字"。如"江"字由两部分组成,左边是表示义类的意符"水",表明这个词与水有关;右边是"工",表示这个词与"工"的语音相似。汉字"工"与其他以"工"为声符的字构成一个谐声系列。

　　大量汉字是通过这种方式创造的,因此存在相当多的谐声系列,相关示例参见表2.4。在众多谐声系列中,有些系列的语音关系相对容易识别。段玉裁（1735—1815）最早提出假设:在造字之时,谐声字的语音成分一定是相似的。由于《诗经》中的韵脚字数量有限,共用声符的谐声字可以提供重要的补充信息,包括无法从《诗经》押韵中获取的音节非押韵部分的语音信息。很明显,谐声字之间的语音相似性主要在于,它们的声首和韵基必须相似（郑张尚芳[2003]2013:55）。沈兼士《广韵声系》（1945）是研究谐声字的重要参考书。不过,从押韵和谐声材料中得出的语音信息的准确性总是值得怀疑的。现代语言中的类似材料表明,尽管谐声字的语音有很强的相似倾向,但其准确性并不完全可靠（陈其光2007:198—214、215—233）。也就是说,具有相同声符的字也可能听起来语音并不相似,即使是在历史上造字之时也是如此。因此,谐声字更适合用来验证基于押韵材料得出的假设,而不是相反。

表 2.4 "工""成""门""監""每"谐声系列的例字

工 gōng	攻 gōng	功 gōng	红 hóng	虹 hóng
成 chéng	城 chéng	诚 chéng	盛 shèng	晟 shèng
门 mén	闷 mēn	扪 mén	闻 wén	问 wèn
監 jiān	槛 jiàn	鑑 jiàn	藍 lán	覽 lǎn
每 měi	梅 méi	霉 méi	海 hǎi	悔 huǐ

注：各行字都具有相同的声符。

2.2.3 联绵词

上古汉语中存在不同类型的叠音词,许多学者对此做过研究(Baxter & Sagart 1998、孙景涛 2008)。双音节部分重叠词(称为"联绵词")的两个音节之间通常具有一定的语音关系。

表 2.5 中的联绵词可以分为两组,前三个为第一组,后三个为第二组。第一组联绵词的声母相同,韵母相似。似乎第一个音节的韵母没有圆唇特征,而第二个音节具有圆唇特征。第二组联绵词的韵母相同,但声母不同,第二个音节的声母总是流音 l-或 r-。显然,这些重叠是根据音节结构和音系规则产生的。因此,这种形态音位过程对于构拟语音关系及检验各种构拟结果是非常有用的。

表 2.5 联绵词的例子

		蒲立本	李方桂	郑张尚芳
辗转	zhǎnzhuǎn	*tranʔ trwànʔ	*trjanx trjuanx	*tenʔ tonʔ
踟蹰	chíchú	*dràj drà	*drjig drjug	*de do
契阔	qìkuò	*khát khwát	*khiat khwat	*kheed khood
蜉蝣	fúyóu	*bəw ləw	*bjəgʷ rjəgʷ	*bu lu
螳螂	tángláng	*dáŋ ráŋ	*daŋ laŋ	*daaŋ raaŋ
蟏蛉	mínglíng	*máŋʲ ráŋʲ	*miŋ liŋ	*meeŋ reeŋ

材料来源：蒲立本和李方桂的构拟来自孙景涛(2008),郑张尚芳的构拟来自郑张尚芳([2003]2013)。

2.2.4 《切韵》系统

65   601 年的《切韵》是最早完整记录汉语语音系统的材料。后来,到十世纪,《切韵》

的音类被编排成韵图,韵图使用独特的结构术语对《切韵》的音类进行了分类。学者通常用这些术语来确定《切韵》各韵的特征,在讨论上古汉语音韵时也使用这些术语。这里介绍部分结构术语:

> 声母　音节的节首辅音
>
> 韵母　音节中节首辅音之后的部分
>
> 韵　　音节的押韵部分,通常指从主元音开始的音段
>
> 等　　韵的类型,中古汉语中韵分为四等
>
> 开合　韵的类型,开口和合口指主元音是不圆唇的还是圆唇的,以及是否带 -w- 介音:开口表示没有 -w- 介音,合口表示有 -w- 介音
>
> 声调　也称为声或调,起区别作用的超音段的声调曲拱

需要注意的是,这些解释是针对中古汉语的。更详细的说明请参阅中古汉语的相关章节(3.4.3 节、3.5.5 节、3.5.8 节、3.6 节)。

2.3　构拟

上古汉语的构拟是按照经济原则解释所有相关数据的一种尝试,目标就是要在最大限度涵盖相关数据的同时,使所需的音节类型最少化。在构拟过程中,也常常通过与亲属语言的比较来检验构拟结果的自然性。

2.3.1　音节结构的构拟

现代汉语是单音节语言,即大多数语素都是单音节的。在上古汉语中,不仅大部分语素是单音节的,而且大部分词也是单音节的,因此音系分析自然是从单个词(或单个音节)开始进行的。现代汉语音节的结构可以分为三个基本单位:声调、声母和韵母,韵母可以进一步分为介音、主元音和韵尾①。

这种音节结构(如表 2.6 所示)仅适用于六世纪以后的汉语。新的上古汉语构拟认为,上古汉语的音节需要更多结构槽位。最近的构拟方案认为,单音节语素不能解释新发现的汉语和其他语言之间可能存在关系的证据。有些构拟在主要音节前面添加了半

---

① 这种结构有五个基本单位,而欧美常见的音节分析,音节分为声首(O, onset)、韵核(N, nucleus)和节尾(C, coda)三个部分。与此对照,声母和介音属于声首,韵尾是节尾的成员,主元音是韵核的成员。声调被分析为超音段特征,不属于上述三个部分中的任何一个。更详细的讨论请参阅 1.2.4 节。

音节（见 2.3.5.1 节）。根据最近的构拟（Baxter 1992，潘悟云 2000，郑张尚芳 1987、[2003]2013），上古汉语的音节结构可分为三个基本组成部分：主元音（V）、元音前音段和元音后音段（见表 2.7 和表 2.8）。元音前音段是音节的节首，传统上称为声母；元音后音段是音节的节尾，传统上称为韵尾。最近的研究认为，音节的元音前音段和元音后音段都需要不止一个结构槽位。对于声调的构拟，也有一种强烈的倾向，即倾向于不把声调视为独立的超音段特征，而将其视为元音前和元音后音段的成分，这些成分通过声调发生（tonogenesis）和音系重组（rephonologization）而成为超音段的声调。

表 2.6　汉语音节结构的两种分析方法

术语		成分	树状图
三分法			
音节（S）	>	声调（T），声母（I），韵母（F）	
韵母（F）	>	介音（M），主元音（V），韵尾（E）	
二分法			
音节（S）	>	声调（T），音段丛（S*，Segment cluster）	
音段丛（S*）	>	声母（I），韵母（F）	
韵母（F）	>	介音（M），韵基（R）	
韵基（R）	>	主元音（V），韵尾（E）	

表 2.7　上古汉语音节的一般分析方案

音节	>	声首音丛、主元音、韵尾音丛	
		声首音丛	>	声母前置音段、声基、声母后置音段
		主元音	>	主元音
		节尾音丛	>	韵尾、韵尾后置音段

表 2.8　上古汉语各类音节结构构拟举例，其中最全的结构 CCCVCC 具有六个音段

头	tóu	*doo	CV
父	fù	*baʔ	CVC
大	dà	*daals	CVCC

续　表

家	jiā	*kraa	CCV
马	mǎ	*mraaʔ	CCVC
位	wèi	*Gʷruɯbs	CCVCC
车	chē	*klja	CCCV
兽	shòu	*qhljus	CCCVC
少	shǎo	*hmjewʔ[a]	CCCVCC

来源：郑张尚芳（［2003］2013）。

[a] 在以 hm 表示清鼻音m的构拟中，该结构实际上是 CCVCC。详见 2.3.2.1 节。

　　上古汉语的词是否一定是严格单音节的，对此已有很多学者提出质疑（潘悟云 1999、2000，Baxter & Sagart 2014）。同现代汉语和中古汉语相比，与汉语系属相关或地理上相邻的语言（如藏缅语族和侗台语族）具有更为复杂的音节结构，并非严格的单音节。单个音节内部和外部结构槽位的增加，使上古汉语音节与其他亲属语言更为相像，也使上古音构拟具有更多可能性和灵活性。

2.3.2　声母的构拟

　　上古汉语的构拟基于中古汉语的语音信息。来自谐声字与《切韵》的信息表明，上古汉语的声母系统与中古汉语肯定有很大不同。

2.3.2.1　单辅音声母

　　上古汉语的声母可以由一个单辅音或辅音丛组成，比中古汉语要复杂得多。学者们提出过许多上古声母系统的构拟方案，有必要列出其中的一些，以见其异同。表 2.9 至表 2.12 展示了几种单辅音声母的构拟方案，单辅音声母即可以单独出现于声首音丛的声母。这些表格展示的是单辅音声母，必须注意有时多个字符序列只代表一个音。h+辅音组合（hm、hn、hŋ、hŋw、hj、hl、hr）是与浊响音（m、n、ŋ、ŋw、j、l、r）对应的清音。在不同的语音环境或方言中，这些组合会变为相应的浊响音或 -h- 形式，因此把它们视为辅音丛也是合理的。郑张尚芳（［2003］2013）将这些 h+辅音组合视为辅音丛，而白一平和沙加尔（Baxter & Sagart 2014）将它们视为清响音，其中不存在实际的［h］音[①]。喉

[①]　郑张尚芳（［2003］2013）主张，前人构拟的清鼻音、流音应分为两类：一类是带喉冠音 h- 的复辅音 *hm-、*hn-、*hŋ-、*hr-、*hl-，中古变清擦音晓母或书母；另一类是清鼻音、流音，写作 *mh-、*nh-、*ŋh-、*rh-、*lh-，这类音带轻送气，后来演变为送气清塞音。白一平和沙加尔（Baxter & Sagart 2014）不区分二者，认为只存在一套清鼻音、流音。——译注

咽音之后的 -w- 表示此类声母的唇化特征。

表 2.9　李方桂的构拟系统（三十声母）

p	ph	b	hm	m		
t	th	d	hn	n	hl	l, r
ts	tsh	dz				s
k	kh	g	hŋ	ŋ	h	Ø
kw	khw	gw	hŋw	ŋw	hw	Øw[a]

[a] 由于零声母不发音，所以 Øw 实际音值为 /w/。

表 2.10　白一平的构拟系统（三十七声母）

p	ph	b	hm	m	w	hw			
t	th	d	hn	n	j	hj	l	hl	r	hr
ts	tsh	dz		s	z				
k	kh	g	hŋ	ŋ	h	ɦ	ʔ		
kw	khw	gw	hŋw	ŋw			ʔw		

表 2.11　郑张尚芳的构拟系统（二十五声母）[a]

p	ph	b	m	mh		
t	th	d	n	nh	l	lh
s	sh/tsh	z/dz			r	rh
k	kh	g	ŋ	ŋh		
q/ʔ	qh/h	G/ɦ				

[a] 用分隔符"/"分隔的成对声母分别表示早期和晚期形式。

表 2.12　上古汉语构拟中共有的十九声母

p	ph	b	m			
t	th	d	n			l
ts	tsh	dz		s		
k	kh		ŋ	h	ɦ	ʔ

李方桂（1980：21）提出了一个三十声母的构拟系统（表 2.9）。白一平（Baxter

1992)提出的三十七声母的系统(表 2.10)与李方桂相似,只是声母数量更多。表 2.11
是郑张尚芳([2003]2013:70)提出的二十五声母的系统,他将 kw- 中的 -w- 视为声母
后垫成分。

根据中古汉语的声母系统和音系空格,有十九个声母可以确定是从上古汉语继承
而来的基本声母,因为它们可以与所有不同类型的韵母拼合。因此,大多数构拟系统都
包括了这十九个声母(如表 2.12 所示)。

上古汉语复辅音声母的构拟要复杂得多。各家提出的复辅音声母的数量和类型差
异巨大(参见:Baxter & Sagart 2014)。

2.3.2.2 复辅音声母

复辅音声母的研究是上古汉语构拟中最具挑战性的领域,因此引起了众多顶尖学
者的兴趣。具有相同声符的汉字语音大都非常相似,例如声符为"巴"的字声母都是双
唇塞音(见表 2.13)。

表 2.13 "巴"声符字的中古声母

p-	ph-	b-
笆犯疤把靶	葩	爬琶杷粑

有许多谐声字的韵母相同或相似,但声母不同,例如"各""格""阁"和"洛""落"
"络","监""槛""鑑"和"蓝""览""滥"。它们在中古音系中的语音对比非常明显
(表 2.14 展示了它们中古声母的差异)。

表 2.14 "各""监"声符的谐声字

各 kak	格 kak	阁 kak	洛 lak	落 lak	络 lak
监 kɯam	槛 ɦɯam	鑑 kɯam	蓝 lam	览 lam	滥 lam

这种现象使学者们相信,这些声母是从上古汉语的复辅音发展而来的。早在十九
世纪,英国汉学家艾约瑟(Edkins 1876)就提出,l-声母字与其他辅音声母字之间的关系
来自 Cl-复辅音。在艾约瑟观点的基础上,高本汉(Karlgren 1923)提出了他的理论,他
认为"各"和"络"之间的谐声关系是古代复辅音声母的证据。次年,中国学者林语堂
(1924)提出了更多古文献的证据,包括联绵词(如 2.2.3 节所示)、同字异读、谐声字等,
证明存在 kl-、pl-、tl-复辅音。陈独秀(1937)在汉语方言和亲属语言中发现了更多的证

据。经过几代学者的努力（李方桂 1971、Baxter 1992、潘悟云 2000、郑张尚芳［2003］2013），复辅音的构拟取得了很大进展。为了解释一些不规则的谐声关系，复辅音的类型变得越来越复杂，尽管学者已经提出了很多规则来限制复辅音中辅音的类型和顺序。另外值得注意的是，在过去几十年中，复辅音的研究逐渐从单纯的语音构拟发展到形态—音位构拟，同时也开始更多考虑汉语与其他语言之间的亲属关系。

根据周法高（1970）的统计，不同声组（主要是发音部位不同）之间谐声的字仅占所有汉字的不到百分之十。董同龢的《上古音韵表稿》（［1944］1948）中提供了一个不规则谐声关系表，可以参看。

2.3.2.2.1 带 l- 的复辅音声母

Cl- 和 Cr- 辅音丛是许多语言中最常见的类型。高本汉（Karlgren 1915—1926）提出了三种可能的构拟方案，来解释"各"和"洛"的谐声关系，它们具有同等的可能性：（1）各 kl-：洛 l-，（2）各 k-：洛 kl-/gl-，（3）各 kl-：洛 gl-。雅洪托夫（Jaxontov 1960）在辅音 l- 的谐声关系的研究上取得了重大突破。他的重要发现包括：（1）中古汉语中 l- 声母几乎不拼二等韵（只有"冷""莘""醶"三个例外字）；（2）与 l- 声母字有谐声关系的字有许多是中古二等字（如"监"k-、"柬"k-、"数"ṣ-、"洒"ṣ-）；（3）有些字有两读，一音为 l- 声母，另一音为二等韵（如"鬲"lek/kɯɛk，"乐"lɑk/ŋɯɔk，"率"liuɪt/ṣʷit①）。由此他得出结论：所有中古二等字的声母辅音后面都有一个 -l-（例如 kl-、pl-、ml-）。这就解释了为什么二等没有 l- 声母音节，因为这样的话二等字声母 l- 后面就会紧跟另一个 -l-，这是不可能的。雅洪托夫还提出了亲属语言中的一些同源词来支持他的构拟（例见表 2.15）。

表 2.15　雅洪托夫根据同源词构拟的上古汉语词

八 bā	*plet（*preed）[a]	藏语：	brgyad
百 bǎi	*plɑk（*praag）	藏语：	brgya
甲 jiǎ	*klap（*kraab）	藏语：	khrab
江 jiāng	*kloŋ（*krooŋ）	泰语：	khloŋ[b]

[a]郑张尚芳（［2003］2013）的构拟附于括号中。
[b]雅洪托夫指出，泰语词 khloŋ 的意思实际是"运河"，两者意义非常接近，以致随着时间的推移其含义发生了引申变化。

李方桂（1971）提出，二等音节的 -l- 应改为 -r-。他用二等 -r- 介音来解释表 2.16中"各""格""客""洛""略"之间的谐声关系。李方桂关于二等韵有 -r- 介音的构拟现

---

① 这里"率"字两音并非来母与二等韵，"率"《广韵》"所律切""所类切"，《集韵》"劣戍切"，都是合口三等。——译注

在已被广泛接受。他的构拟是基于中古汉语知照组声母卷舌化的过程(见表 2.17,其中也包括禅母 ʐ-)[1]。

表 2.16　李方桂对"各"声符谐声字的构拟

各	*klak (*klaag)		格	*krak (*kraag)
客	*khrak (*khraag)			
洛	*glak (*g·raag)		略	*gljak (*g·rag)

表 2.17　李方桂关于-r-介音导致卷舌化的解释

上古汉语		中古汉语	
*tr	>	ʈ-	知
*thr	>	ʈh-	彻
*dr	>	ɖ-	澄
*nr	>	ɳ-	娘
*tsr	>	tʂ-	照
*tshr	>	tʂh-	穿
*dzr	>	dʐ-	床
*sr	>	ʂ-	审
*zr	>	ʐ-	禅

他提出如下理由:

　　我想这些声母后面一定另有一套介音可以使它卷舌化,前面我们已经拟一个 *r-声母,这个 *r- 正可以当作这些声母后的介音,所以我们可以有以下演变:

　　上古 *tr-、*thr-、*dr-、*nr- >中古"知"ʈ-、"彻"ʈh-、"澄"ɖ-、"娘"ɳ-。

　　上古 *tsr-、*tshr-、*dzr-、*sr-、>"照二"tʂ-、"穿二"tʂh-、"床二"dʐ-、"审二"ʂ-。

　　(李方桂 1971:15)

这个构拟是对整个系统的重大改进,它解决了几个问题,并系统地提出了更有说服力的对声母、介音和韵的解释。郑张尚芳(1987)、许宝华和潘悟云(1994)提供了更多

---

① 李方桂《上古音研究》中 *tsr-、*tshr-、*dzr-、*sr- 分别演变为中古照二 tʂ-、穿二 tʂh-、床二 dʐ-、审二 ʂ-,不包括照三组声母,表 2.17 中的 *zr > ʐ- 禅母,当为俟母。李方桂没有构拟独立的中古俟母。——译注

关于 -r- 介音的证据,证据数量和质量的提高使他们的构拟更为可信。

2.3.2.2.2　带 s- 的复辅音声母

谐声字中,清擦音和鼻音之间谐声关系相当普遍。学者们提出了不同类型的模式来解释这种谐声现象。雅洪托夫(Jaxontov 1960)认为这是 sC- 辅音丛的表现(C = 鼻音或边音)(见表 2.18)。李方桂在 1980 年的方案中提出,只有中古汉语的齿龈音和软腭音与上古汉语的 s- 前缀有关。下面的表 2.19 只展示音节起始部分的构拟。

表 2.18　雅洪托夫构拟的不同类型的 sC-复辅音

*sm- > x^wm- > x(^w)			
忽 *sm-	(*hm-)	勿 *m-	(*m-)
徽 *sm-	(*hm-)	微 *m-	(*m-)
*sŋ- > xŋ- > x			
羲 *sŋ-	(*hŋr-)	義 *ŋ-	(*ŋr-)
许 *sŋ-	(*hŋ-)	午 *ŋ-	(*ŋ-)
*sn- > thn- > th, ṭh			
態 *sn-	(*nh-)	能 *n-	(*n-)
耻 *sn-	(*nh-)	耳 *n-	(*nj-)
*sɲ- > ʃɲ- > ʃ			
饢 *sɲ-	(*hnj-)	釀 *ɲ-	(*n-)
恕 *sɲ-	(*hnj-)	女 *ɲ-	(*n-)
*sl- > ṣl- > ṣ			
使 *sl-	(*sr-)	吏 *l-	(*r-)
森 *sl-	(*sr-)	林 *l-	(*g·r-)

表 2.19　李方桂构拟的"赐""楔"的上古音,声母分别为齿龈塞音和软腭塞音

赐 *st->s-	(*sl-)	(剔 *th->th-)
楔 *sk->s-	(*sqh-)	(契 *kh->kh-)

由于只有零星的证据材料,各家构拟的 sC- 复辅音声母的类型及其到中古汉语中的演变也有所不同,难以判定其有效性。为了使 sC- 复辅音的演变更为规则,郑张尚芳 (1990)建议将 sC- 与 hC- 分开,sC- 复辅音演变为中古汉语的 ts- 组和 tʂ- 组声母,hC- 复辅音演变为中古汉语的 h- 声母。郑张尚芳的构拟区分了 sC- 和 hC- 两类复辅音,分

73

别对应舌冠音（coronal）和舌背音（dorsal）两种不同的中古音反映形式（表2.20）。

表2.20　郑张尚芳构拟的 sC-和 hC-复辅音

sC->s-			
小 xiǎo	*smewʔ	缈 miǎo	*mewʔ
绥 suí	*snul	馁 něi	*nuulʔ
稣 sū	*sŋaa	鱼 yú	*ŋa
赐 cì	*sleegs	易 yì	*leegs
hC->h-			
悔 huǐ	*hmɯɯʔ	每 měi	*mɯɯʔ
漢 hàn	*hnaans	難 nàn	*naans
许 xǔ	*hŋaʔ	午 wǔ	*ŋaaʔ

2.3.2.2.3　hN-复辅音或清鼻音声母

鼻音与软腭或喉擦音之间的关系一直是学者关注的焦点。高本汉（Karlgren 1933）为"黑"和"悔"构拟了 *xm- 声母（黑 h-/墨 m-、悔 h-/每 m-）。董同龢（[1944]1948）把 *xm- 修改为清鼻音m̥-（郑张尚芳的构拟写作 mh-）。雅洪托夫（Jaxontov 1960）提出的 sC-复辅音包括 n- 和 th- 的谐声关系，如"難"和"灘"。李方桂（1971）的构拟与雅洪托夫不同，而与董同龢类似，他构拟了一组清鼻音 xN-（hN-）和清边音 xl-（hl-）声母，以便更为系统地解释谐声关系。如表2.21 所示，清双唇响音和软腭响音经过去口腔化（debuccalization）的过程，变为清擦音，清舌冠响音则变为爆发音。

表2.21　李方桂构拟的清鼻音和清边音

悔	*xm- > x-	（*hmɯɯʔ）	每	*m- > m-	（*mɯɯʔ）
忽	*xm- > x-	（*hmɯɯd）	勿	*m- > m-	（*mɯd）
嘆	*xn- > th-	（*nhaans）	難	*n- > n-	（*naans）
丑	*xŋ- > ʈh-	（*nhuʔ）	扭	*ŋ- > ɳ-	（*nuʔ）
许	*xŋ- > x-	（*hŋaʔ）	午	*ŋ- > ŋ-	（*ŋaas）
羲	*xŋ- > x-	（*hŋral）	義	*ŋ- > ŋ-	（*ŋrals）
獺	*xl- > th-	（*rhaad）	赖	*l- > l-	（*raads）
體	*xl- > th-	（*rhiiʔ）	禮	*l- > l-	（*riiʔ）

李方桂的构拟表明，存在一种由发音部位决定的条件音变。郑张尚芳认为，李方桂

构拟的 xC- 复辅音（郑张尚芳分析为 hC-）应该只存在于中古变为 h- 的音节中。在郑张尚芳的构拟中，没有包含 *xn- > th-和*xl- > th-，而是构建了 *nh- > th-和*rh- > th-的演变（参见表 2.21 中"嘆""丑""獭""體"四例）。演变规则可以构拟为：

$$^*hN > h\text{-}$$

$$^*Ch > th\text{-}$$

白一平（Baxter 1992）阐述了他处理谐声字之间关系的工作原则：

> 同声符的字通常具有相同的主元音和韵尾，并且其声母辅音的发音部位也必须相同。（另外，鼻音和阻塞音声母通常各自独立，互不谐声。）而声母前冠音、介音和后置韵尾以及声母的发音方法则可以有所不同。（第 348 页）

值得注意的是，白一平的研究方法完全是基于语音信息，与形态过程无涉，与李方桂（1971）的方法相同。

2.3.2.3　声基后垫成分

2.3.2.3.1　后垫音-r-与中古二等音节

如 2.3.2.2.1 节所见，雅洪托夫（Jaxontov 1960）提出了一些有力证据，首次将 -l- 与中古汉语二等音节联系起来，把关于 -l- 的研究推进了一大步。中古汉语中几乎没有带 l-声母的二等音节，这使得学者们相信，二等音节中存在一个特殊的类似-l-的流音介音或后垫音，这就可以解释为什么二等韵母几乎不拼 l- 声母，因为否则的话就会出现两个 l，即一个 l- 声母后再跟着一个流音。而大多数与 l- 声母音节有谐声关系的字都是二等字。雅洪托夫提出了三类例证来说明这种关系（见表 2.22）：第一类是谐声声符为 l- 声母；第二类是被谐字为 l- 声母；第三类是一字两读，其中一读为 l- 声母。

表 2.22　雅洪托夫提出的 l- 声母字与其他声母二等字之间关系的三类例证

第一类							
二等韵	k-	膠	ṣ-	数	p-	剥	m-	麥
l-声母	l-	翏	l-	娄	l-	录	l-	來
第二类							
二等韵	k-	柬	k-	監	m-	卯	k-	降
l-声母	l-	阑	l-	濫	l-	柳	l-	隆
第三类							
二等韵	k-	鬲	ŋ-	乐	m-	龙	ṣ-	率①
l-声母	l-	鬲	l-	乐	l-	龙	l-	率

---

① 生母"所律切""所类切"的"率"并非二等字，而是合口三等字。

雅洪托夫还指出,表 2.22 中带 -l- 介音的二等音节与其他语言中带流音 -l- 或 -r- 的音节也存在词源上的联系。现在学者已经基本达成共识,认为上古汉语中有一个 76
-r- ,演变为中古汉语的二等音节。这个 -r- 的弱化形式仍然保存在中古汉语音系中。

2.3.2.3.2 后垫音-r-与中古重纽三等音节

类似 l-声母音节与二等音节之间的这种联系,也存在于 l-与中古重纽三等音节之间。雅洪托夫发现并展示了一些重纽三等与 l- 谐声的例字(见表 2.23)。

表 2.23 雅洪托夫提出的 l- 声母字与其他声母重纽三等 B 类字谐声的例证

重纽三等	p- 變	k- 禁	k- 兼[a]	k- 京	ph- 品	m- 文
l-声母	l- 戀	l- 林	l- 廉	l- 凉	l- 臨	l- 吝

[a]译注:“兼”为四等添韵字。

这一发现为理解所谓“重纽”的性质以及中古汉语重纽三等 B 类音节的音值提供了一条非常重要的线索(重纽三等 B 类音节与三等 A 类音节的对立见 1.4.6 节)。这个构拟建议现已被广泛接受。

2.3.2.3.3 复辅音声母的结构

谐声字之间的语音关系并非只有少数简单的模式,而是要复杂得多。这就带来一个难以回避的问题:应该构拟多少种复辅音?早期关于 Cl-、sC- 和 hN-①型复辅音的构拟或多或少是基于辅音丛的自然性提出的,这几类辅音丛常见于各种语言中。但是,还需要其他的类型来解释谐声材料中更为复杂的关系。最近的研究中,系属相关和地理相邻的语言受到了特别的关注。

学者提出,复辅音须有一定的内部结构,应当具有一个基辅音(stem),以及充当前冠音(pre-stem)或后垫音(post-stem)的其他辅音(郑张尚芳[2003]2013)。参照亲属语言,郑张尚芳提出:只有-w-、-j-、-r-、-l- 四个辅音可以作后垫音。前冠音位置上可以出
现擦音、喉音、鼻音、流音和塞音五种辅音。 77

2.3.3 韵母的构拟

早期的汉语上古音研究主要聚焦于韵部归纳,作为传统语文学的一个分支,上古音研究起初是为了理解《诗经》及其他典籍中的押韵,这项工作主要是由乾嘉学派学者开展的,乾嘉学派是始于明末贯穿清代的学术流派。经过几代学者的努力,古韵分部不断修

① 根据李方桂(1980)的观点,h+ 响音组合也是复辅音。

订,渐臻完善。其中贡献最大的是顾炎武(1613—1682)、江永(1681—1762)、段玉裁(1735—1815)、戴震(1724—1777)、孔广森(1752—1786)及王念孙(1744—1832)等几位学者。到王力提出脂微分部以后,现代音韵学家对于古音三十部已经基本达成了共识(关于各家古韵分部的更多细节,请参阅:王力 1985、Baxter 1992)。

传统上每个韵部都取该部中的一个字为代表来命名,通常是《广韵》的韵目。上古韵部分为阴声韵、阳声韵、入声韵三类(参见 1.4.10 节,示例见表 2.24)。阴声韵、阳声韵用平声字标目,入声韵用相应的入声字标目。

表 2.24 上古韵部示例

阴声韵	入声韵	阳声韵
鱼	铎	阳
支	锡	耕
侯	屋	东

注:阴声韵用平声字"鱼""支""侯"标目,入声韵用入声字"铎""锡""屋"标目,阳声韵用平声字"阳""耕""东"标目。

2.3.3.1 各韵部的韵尾

中古《切韵》系统常被用作确定音类的主要参照,但《切韵》与《诗经》押韵及其他材料之间的遗传谱系尚未确立。学者普遍认为,从上古汉语到中古汉语,韵尾没有发生太大变化,只是韵尾后置成分导致中古声调产生(见 2.3.3.5.1 节"后置韵尾")。上古汉语的韵部可以根据阴(-∅, -G)、阳(-N)、入(-C)三类韵尾进行排列(Baxter 1992:562—564,见表 2.25)。

表 2.25 根据三类韵尾排列的上古韵部

阴声韵	脂 -j	微 -j	宵 -w	之 -∅	幽 -w	侯 -∅	鱼 -∅	支 -∅	歌 -j
阳声韵	谈 -m	侵 -m	真 -n	文 -n	元 -n	蒸 -ŋ	冬 -ŋ	东 -ŋ	阳 -ŋ	耕 -ŋ
入声韵	盍 -p	缉 -p	质 -k	物 -t	月 -t	祭 -t	职 -k	觉 -k	屋 -k	铎 -k
	锡 -k	药 -k							

2.3.3.2 各韵部之间的关系

韵部是主元音相同或相近、韵尾相同的音节的音类聚合,根据韵部可以确定所需元音的数量。清代学者根据他们的工作原则,发现不同韵部之间存在一定的关系。孔广森(1752—1786)提出了基于音类的阴阳对转理论,即阴声韵(开音节)与阳声韵(鼻音收尾的音节)之间存在通转关系(例见表 2.26),这实际上反映了具有相同主元音的相应韵部之间的关系(见王力 1956)。现代音韵学家经过一些修正后,为存在对转关系的相应韵部构拟了相同的主元音。戴震(1724—1777)在他的系统中提出了阴、阳、入三类韵部之间相配的关系(见王力 1956)。从表 2.27 中可以看出,无韵尾的阴声韵与带-g韵尾的入声韵主元音匹配得很好。

表 2.26　孔广森提出的具有阴阳对转关系的韵部及其拟音

| 脂 | -ii | 真 | -iiŋ | 之 | -ɯɯ | 蒸 | -ɯɯŋ | 幽 | -uu | 冬 | -uuŋ |
| 支 | -ee | 耕 | -eeŋ | 鱼 | -aa | 阳 | -aaŋ | 侯 | -oo | 东 | -ooŋ |

注:这里的所列的阳声韵都是收-ŋ韵尾的。采用郑张尚芳的拟音。

表 2.27　戴震提出的阴、入韵部的相配关系

| 脂 | -ii | 质 | -iig | 之 | -ɯɯ | 职 | -ɯɯg | (尤 | -ɯ | 沃 | -uug)[i] |
| 支 | -ee | 锡 | -eeg | 鱼 | -aa | 铎 | -aag | 侯 | -oo | 屋 | -oog |

注:采用郑张尚芳的拟音。
[i] 译注:戴震实际上尤与侯不分(都归"讴"部)、沃与屋不分(都归"屋"部)。

　　显然,这类信息对现代学者确定相配韵部的主元音非常有帮助。然而,这种构拟方法背后的理想系统观也强烈影响着现代学者,各种构拟的目标都是重建一个音系空格较少的系统,尽管这未必是语言的自然表现。

　　上古韵部研究的另一个重要材料是谐声字。谐声字研究的工作原则是"同声必同部"①。只要确定声符所属的韵部,其他具有相同谐声声符的字(尤其是非合体谐声字)就可以归入同一韵部。例如表 2.28 中列出了之、职、蒸部包含的部分谐声声符,具有这些声符的字都属于该韵部。

表 2.28　之、职、蒸三部的谐声声符

之部:	之、里、思、才、子……
职部:	直、北、则、革、黑……
蒸部:	登、曾、乘、朋、丞……

---

① 段玉裁《说文解字注》([1815]1981)。

　　运用"同声必同部"的理论可以对从未在押韵材料中用作韵脚的字进行归部。但是学者们也清楚地认识到,谐声字的时间深度与押韵材料不同,谐声字的时代比用来分析韵部的押韵材料的时代更早,也更多样化。这里需要注意的是,韵部与单个的韵或韵母不同,不能混淆(详细讨论见郑张尚芳[2003]2013、俞敏1984a)。俞敏以现代北京话的押韵系统为例对此作了说明。现代北京话共有 37 个韵母,但在北京曲艺中它们只构成 13 个韵部(十三辙)。-ən、-in、-un、-yn 韵母, -əŋ、-iŋ、-uŋ、-yuŋ 韵母,-ɤ、-o、-uo 韵母, -i、-ɿ、-ʅ、-y、-ɚ 韵母分别属于同一韵部。同样,上古汉语的韵部也应该视为押韵的韵群而非单个韵母,因此同一韵部可以包含多个具有不同元音的韵母。

2.3.3.3　介音的缺失

　　在上古汉语介音问题上,经过数十年的研究,学者们逐渐达成共识,认为上古汉语音节结构中没有介音槽位。中古汉语的声母和主元音之间有一个介音结构槽位,中古汉语介音系统如表 2.29 所示。

表 2.29　中古汉语的介音组合及其相应的开合与等第

	一等韵	二等韵	三等韵	四等韵
开口	-ø-	-ɰ-	-(ɰ)j-	-ø-
合口	-w-	-wɰ-	-w(ɰ)j-	-w-

　　中古汉语的音节结构可以简单概括为 IMVE,M =(w)(ɰ)(j)。高本汉(Karlgren 1915—1926)据此为上古汉语构拟了相应的 -w- 和 -j- 介音(在高本汉的时代,二等韵的介音尚未得到辨识)。实际上,虽然上古汉语的音节结构有更多的音段槽位,而且声母也可以是一个辅音丛,但就上古汉语来说,介音并不是一个必需成分。上古汉语音节可以描述为 IVE,I 和 E 都可以是辅音丛。在下面的章节中,我们将给出中古汉语介音在上古时期缺失的证据。

　　介音是一个结构上可以两属的成分,它可以是声母辅音的一部分,也可以是韵母的一部分,或者两者兼属。传统反切体现了这种介音两属的性质(参见 1.3.2 节)。在上古音构拟中,大多数研究者(Baxter 1992、郑张尚芳[2003]2013、Baxter & Sagart 2014)倾向于将后垫音(-r-、-j-、-w-)视为声母的一部分,主要是基于后垫音与声基之间的相互作用及其在语音和形态上的变化。中古汉语二等韵音节中的 -ɰ- 介音是上古汉语后垫音 -r- 的一种弱化形式。

2.3.3.3.1　中古 -w- 介音的缺失

上古汉语不存在中古的 -w- 介音,这个结论主要是基于以下两个信息得出的：一个是 -w- 音节基本上只与带钝音(即唇音和喉咽音)声母的音节有关,另一个是唇音声母后有无 -w- 的音节不构成音系对立。

雅洪托夫(Jaxontov 1960)对唇化音节(带圆唇元音或 -w- 介音)和普通音节(不带圆唇元音或 -w- 介音)这两种不同类型的音节的分布做了有趣的观察。他列出了四种押韵模式(见表 2.30)。

表 2.30　雅洪托夫列举的四种押韵模式

(a)	poŋ	toŋ	koŋ	
(b)	p(w)eŋ	teŋ	keŋ	kweŋ
(c)	p(w)en	twen	kwen	
(d)	p(w)en	ten	ken	kwen

声母 t- 代表锐音声母,k- 代表喉咽音声母,p- 代表唇音声母。元音 -o 代表圆唇元音,元音 -e 表示不圆唇元音。(w)表示 -w- 是一个非区别特征,因为在中古汉语音节中,不存在仅以 p- 和 pw- 对立的音节。

雅洪托夫指出,模式(c)和(d)不能押韵,这表明 twen 和 ten 在上古时期的区别不在有无介音 -w- 上,而在元音不同上。因此,模式(c)中的音节当是圆唇元音,模式(b)和(d)中喉咽音声母后的介音 -w- 应该是声母的修饰成分。唇音声母后的 -w- 不是一个区别特征(见表 2.31)。

表 2.31　雅洪托夫的构拟方案

(a)	poŋ	toŋ	koŋ	
(b)	p(w)eŋ	teŋ	keŋ	kweŋ
(c)	pon	ton	kon	
(d)	p(w)en	ten	ken	kwen

这样,上古汉语中就不存在 -w- 介音。雅洪托夫将 -w- 看作喉咽音声母的修饰成分,这种处理方法已被许多学者接受(李方桂 1971、Baxter 1992、郑张尚芳[2003]2013)。李方桂(1971)在系统中增加了一套唇化喉咽音声母,并在他的构拟中删除了 -w- 介音。白一平(Baxter 1992)采取了同样的处理。在郑张尚芳([2003]2013)的系统中, -w- 被视为一种后

垫音,而非额外增加的一组喉咽音声母特征。他也将 -w- 视为喉咽音声母的修饰特征(唇化),因此唇化的喉咽音后还可以有 -r-、-l- 和 -j- 等其他后垫音(例如:"瓜" *kwraa > kwɯɑ)。

2.3.3.3.2　短元音与中古汉语三等音节

中古汉语各等韵母的数量不均衡(见表 2.32),因此学者怀疑上古时期中古三等音节可能具有与其他各等不同类型的元音(郑张尚芳[2003]2013:171)。

表 2.32　《切韵》各等韵数及百分比(不计声调)

等第	一等韵	二等韵	三等韵	四等韵	总计
韵数	14	12	30	5	61
百分比	23%	20%	49%	8%	100%

从表 2.32 可以看出,三等韵几乎占到所有韵数的一半。在现代方言中,三等音节的主要特征是有硬腭介音 -j-。然而,根据语言共性,无介音的音节是无标记的,有介音的音节是有标记的(因为音素更多),因此有硬腭介音的音节应该比无介音的音节更少见。这种倾向在现代汉语中发生了逆转,学者们怀疑这是上古汉语较为均衡的分布发生变化的结果。

许多构拟方案试图用元音长短来解释这种音节类型的不均衡现象(元音长短的观点也常被声母是否咽化所取代,见 2.3.5.2 节)。二十世纪六十年代的论著中就已经出现了类似的设想。马学良和罗季光(1962)指出,中古汉语三等音节和四等音节之间的区别在于主元音的长短对立,四等音节为长元音,三等音节为短元音。蒲立本(Pulleyblank 1962—1963)认为三等音节为长元音,到中古汉语中发展出硬腭介音,他的这个的观点与其他人的构拟正好相反。郑张尚芳([2003]2013)接受了马学良和罗季光的观点,而反对蒲立本的提议,但认可三等韵硬腭介音是较晚发展出来的观点。

支持元音长短假说的证据来自许多不同方面,包括汉语方言、系属相关地理相邻的语言以及语音转写材料等。泰顺方言(一种闽方言)中古三等韵字的文读和白读存在明显差别(见表 2.33)。文读有 -j- 介音,白读没有。

表 2.33　泰顺方言三等韵字的读音

	长	秧	共	平	盟	饮	有	九	流
文读	tɕjã	ljɔ̃	kjəŋ	pjɪŋ	mjɪŋ	jɪŋ	jow	kjow	ljow
白读	tɔ̃	ɔ̃	kəŋ	pã	mē	ã	u	kaw	law

续　表

	别	尺	烛	绿	雨	晝	巾	船	林
文读	piʔ	tɕhjɪʔ	tɕyɔʔ	lyɔʔ	y	tɕjou	kyœŋ	syœŋ	lin
白读	pəʔ	tshœy	tsœy	lœy	hɔ	taw	kœŋ	sœŋ	lan

材料来源：潘悟云(2000：143—144)，声调符号略。

84

同样的现象也见于日语吴音和汉音(Karlgren 1915—1926)。日语吴音(*go-on*)的时代早于汉音(*kan-on*)，两者都保留了中古汉语的属性,但吴音三等韵字没有任何-j-介音的反映(汉音表现为-i-)。如表 2.34 和表 2.35 所示。

表 2.34　三等韵字的吴音和汉音

	秧	牛	猎	吕	竹	绿
吴音	o:	gu	ro:	ro	toku	roku
汉音	jo:	ɡju:	rjo:	rjo	tɕjoku	rjoku

表 2.35　更多三等韵字吴音无硬腭介音、汉音有硬腭介音的例子

	疆	良	共	今	音	九	曲
吴音	ko:	ro:	gu	kon	on	ku	koku
汉音	kjo:	rjo:	kjo:	kin	in	kju:	kjoku

文读音是在口语音之后形成的,日语汉音的时代晚于吴音。两者都显示了从没有硬腭介音到出现硬腭介音的演变。

83

为了解释三等韵从短元音到硬腭介音的发展,郑张尚芳([2003]2013)提出,在汉藏语系语言中元音长短对立是很常见的,侗台语族的多数语言、苗瑶语族的瑶语以及藏缅语族的独龙语(Drung)、格曼僜语(Kaman)和门巴语(Monpa)中都存在这种对立。某些汉语方言中,也有一些音节元音存在长短对立,同时音质也有不同(见表 2.36)。

85

表 2.36　汉语方言中的元音长短对立与音质差异

广州			
四等字(33)	跌 tit	结 kit	切 tshit	屑 sit
三等字(5)	质 tsɐt	吉 kɐt	七 tshɐt	失 sɐt

续　表

临川							
四等字(32)		跌 tjɛt		结 tɕjɛt		切 tɕhjɛt	屑 ɕjɛt
三等字(32)		质 tit		吉 tɕit		七 tshit	失 sit

注：括号中的数字表示调值，5 表示高短音，33 表示中长调。

但是，在研究这些信息时，必须注意汉语的时间顺序。如果这些方言是在《切韵》所代表的标准中古汉语系统之后形成的，那么必须回答的关键问题就是，这种元音长短的对立是否是中古汉语标准音的特征？郑张尚芳([2003]2013)构拟的汉语中古音，元音长短对立已经消失，介音已经形成(不同语音条件下有三类变体)。《切韵》的反切似乎表明三等韵音节中存在一个介音。关于反切与三等韵音节的关系将在 3.1.1 节进行更深入的讨论。反切上字和下字之间存在一致倾向，如果反切下字为三等韵字，反切上字通常也必须是三等韵字(如表 2.37 所示)。

表 2.37　三等韵音节的反切

被切字		反切上字		反切上字
IjV(E)	=	Ij(V(E))	+	(I)jV(E)

为转译梵语短元音而造的特殊汉字，到中古汉语中变成了三等韵字。东汉时期的佛经翻译中，带短元音 a 的音节，如 ka、kha、ga 等，是用专门发明的汉字"迦""佉""伽"等对译的(俞敏 1984a)。在后来的中古汉语音系中，这三个字都属歌韵三等，并已发展出硬腭介音 -j- [①]。东汉高诱在为《淮南子》[②]和《吕氏春秋》[③]所作的注中，用"急言"描述三等韵字，"缓言"描述四等韵字，这样看来，"急言"和"缓言"分别表示短元音和长元音。

2.3.3.4　主元音

上古汉语主元音音值的构拟得益于汉语词的外文转写以及外语中的汉语借词。汪荣宝(1923)在这方面做了开创性的研究，他利用梵文转写和日语借词材料成功地确定了中古韵在上古的音值。他证明了中古歌、戈韵在唐宋以前的音值是 -a 而不是 -o，鱼、虞、模

[①] 藏语带 -j- 的音节对应于藏缅语族独龙语的短元音。这并不一定意味着汉语中也发生了同样的演变，但确实表明这种演变是可能的。
[②] 《淮南子》是西汉刘安召集门客编撰的一部文集。
[③] 《吕氏春秋》是公元前 239 年吕不韦主持编纂的一部杂家著作。

韵在魏晋以前的音值也是 -a 而不是 -u 或 -y。在梵汉对音中，"陀"（歌韵）、"摩"（戈韵）和"婆"（戈韵）分别用于转译梵语词 buddha（"佛陀"）、mahat（"摩诃"）、diva（"提婆"）中带 -a 的音节。日语假名是在唐代晚期（九世纪）发明的。假名音节 a、ka、sa、ta、na、ha、ma、ya、ra、wa① 分别用汉字"阿""加""左""多""那""波""末""也""罗""和"表示，这 10 个字中有 7 个是歌、戈韵字。这些证据清楚地表明歌、戈韵在唐代或更早时期的音值是-a。

2.3.3.4.1　主元音的数量

上古汉语主元音的构拟，本质上是在保持所有音类区别的同时，尽量减少所需元音的数量。学者们基于不同的音韵学研究取向，提出了不同的主元音构拟系统。为了保持音类区别，通常存在一种权衡：主元音较少的系统会用更复杂的介音和/或韵尾系统进行补偿，反之亦然。

早期的构拟倾向于不用介音和音位变体来解释多重对立，因此通常需要大量的主元音，例如高本汉的构拟有 14 个主元音（见表 2.38）。这种构拟的不平衡性显而易见：后元音有五个开口度，而基本的前高元音 -i 甚至都没有用到。

表 2.38　高本汉构拟的 14 个主元音

			u	ŭ
			ω	w̆
e	ě	ə	o	ŏ
æ			ɔ	
a	ă		ɑ	

确定中古汉语四个等第的音节类型以后，对介音的识别就可以使所需的元音数量显著减少。学者提出的上古汉语二、三、四等韵的音节类型为：（1）四等音节没有介音（与一等音节相同），（2）二等音节有后垫音 -r-，（3）三等音节为短元音。其中每一项都会引发新一轮的构拟调整。

随着后垫音 -r- 的确认，中古汉语一等韵和二等韵之间的对立就从主元音对立转变为有无后垫音 -r-。这样，所需主元音的数量就大大减少了。这种元音简化方案的代表之一是李方桂（1971）的四元音系统。

2.3.3.4.2　四元音系统

李方桂构拟了一个新的四元音系统，大大减少了对立的主元音的数量。他的构拟

---

①　あ，か，さ，た，な，は，ま，や，ら，わ。

是基于(1)上古汉语韵类和(2)中古汉语音系(李方桂 1980:27)。李方桂在他的构拟中使用了 i、u、ə、a 四个单元音,以及 iə、ia 和 ua 三个双元音。表 2.39 展示了不同元音在各韵部的分布。李方桂的佳部和中部就是其他学者的支部和冬部。他选用不同的韵部名称是为了避免与同音的之部和东部相混淆。

表 2.39　李方桂的四元音系统

	-g/k	-ŋ	-gw/kw	-ŋw	-p/b	-m	-t/d	-n	-r
a	鱼	阳	宵	○	葉	谈	祭	元	歌
ia	鱼	阳	宵	○	葉	谈	祭	元	歌
ua	○	○	○	○	○	○	祭	元	歌
u	侯	东	○	○	○	○	○	○	○
i	佳	耕	○	○	○	○	脂	真	○
ə	之	蒸	幽	中	缉	侵	微	文	○
iə	之	蒸	幽	○	缉	侵	微	文	○

材料来源:李方桂(1971)。

　　李方桂构拟的一个显著特点是,一个韵部只能有一个主元音。因此,就需要使用双元音-iə、-ia 和 -ua 来区分 -ə 和 -a 韵部中的所有元音对立。

2.3.3.4.3　六元音系统

　　最近的构拟基本是建立在六元音系统基础上的。带 -ŋ 韵尾的对立韵部显然必须用不同的主元音来区别。上古带 -ŋ 韵尾的韵部共有六个(阳、耕、东、冬、真、蒸),因此就需要六个主元音。在白一平(Baxter 1992)的系统(见表 2.40)中,它们通过主元音来区别,而在李方桂的四元音系统中,六个 -ŋ 尾韵部是通过主元音及 -ŋ 韵尾后的一个滑音来区分的。

表 2.40　白一平的六元音系统

	-Ø	-k	-ŋ	-w	-wk	-p	-m	-j	-t	-ts	-n
a	鱼	铎	阳	宵	藥	盍	谈	歌	月	祭	元
e	支	锡	耕	宵	藥	盍	谈	(歌)	月	祭	元
o	侯	屋	东	○	○	盍	谈	歌	月	祭	元
u	幽	觉	冬	○	○	缉	侵	微	物	○	文
i	○	职质	蒸真	幽	觉	缉	侵	脂	质	○	真
ɨ	之	职	蒸	○	○	缉	侵	微	物	○	文

材料来源:Baxter(1992)。

郑张尚芳的构拟系统列于表 2.41,已做了重新排列,以便与李方桂和白一平的系统比较,并更清楚地展示各韵部名称之间的关系。郑张尚芳的队部和至部相当于其他学者的物部和质部。(-s)实际是一个后置韵尾,它使此类音节变为中古的去声。

表 2.41　郑张尚芳的六元音系统

	-∅	-g	-ŋ	-u	-ug	-b	-m	-l/-i	-d	(-s)	-n
a	鱼	铎	阳	宵	藥	盍	谈	歌	月	祭	元
e	支	锡	耕	宵	藥	盍	谈	(歌)	月	祭	元
o	侯	屋	东	宵	藥	盍	谈	歌	月	祭	元
u	幽	觉	终	○	○	缉	侵	微	物	队	文
i	脂	质	真	幽	觉	缉	侵	脂	质	至	真
ɯ	之	职	蒸	幽	觉	缉	侵	微	物	队	文

材料来源:郑张尚芳(1984、[2003]2013)。

主元音 o 的构拟可以解释许多演变,如 *oT > waT(T＝锐音韵尾 -j、-t、-n、-r),这也会导致唇化(labialization)音变 *k- > kw- 的发生,例如:“果” *[k]ˤo[r]ʔ > *kˤwarʔ> *kˤwajʔ > 中古汉语 kwaX(X＝上声) > guǒ(Baxter & Sagart 2014:282)。

六元音系统和四元音系统的一个主要区别是,六元音系统中一个韵部可以有多达三个主元音。例如白一平和郑张尚芳构拟的谈部都有三个主元音:-am、-em 和 -om;元部也有三个主元音:-an、-en 和 -on。应当提到的是,斯塔罗斯金(S. Starostin 1989)构拟的上古汉语音系也采用了六元音系统。

李方桂的四元音系统中,东部和冬部(李方桂把冬部称为中部) 不以主元音相区别,而以 -ŋ 韵尾后的滑音 w 相区别,冬部有滑音 w,东部没有。表 2.42 以带 -ŋ 韵尾的音节为例,比较郑张尚芳的六元音系统和李方桂的四元音系统。李方桂(1980)不区分真 b 和真 a 两类,这两类是后来的构拟系统才加以区分的(Baxter 1992、潘悟云 2000、郑张尚芳[2003]2013)。

表 2.42　李方桂的四元音系统与郑张尚芳的六元音系统对-ŋ 韵尾韵部构拟的比较

	阳	耕	东	冬	真 b	蒸
六元音	aaŋ	eeŋ	ooŋ	uuŋ	iiŋ	ɯɯŋ
四元音	aŋ	iŋ	uŋ	uŋw①	in	əŋ

---

① 李方桂构拟的冬(中)部为 əŋw。——译注

2.3.3.5　韵尾

上古汉语的韵尾不像声母和元音那么难构拟,因为中古汉语的韵摄及其音值已经确定。不同方案构拟的韵尾系统有所不同,但总体上与中古汉语类似,即为-m、-n、-ŋ、-p、-t、-k,-j、-w 和-∅。然而,对于具体的字而言,上古汉语到中古汉语韵尾的历史演变则需单独考察。中古汉语韵尾和上古汉语韵尾之间的关系不能自动对应到单字上。

2.3.3.5.1　韵尾后置音段与声调的发展

韵尾可能是音节中的最后一个音素,也可能不是。中古音系有平、上、去、入四个声调(非平声传统上称为仄声)。这些超音段的声调对立在上古汉语中是音段差异,四个声调的韵尾不同。除了有鼻音尾-m、-n、-ŋ 以外,中古的上声和去声音节在上古分别有-ʔ尾和-s 尾(郑张尚芳 [2003] 2013)。中古汉语的声调是由上古汉语的不同韵尾音丛简化而产生的。"泰" *thaads 的韵尾-ds 表明中古去声泰韵(以及祭、夬、废韵,详见2.3.3.5.4 节和 3.5.8.1 节)是以入声音节的 d(t)结尾。这就解释了为什么《切韵》中它们没有相配的平声和上声韵(见表 2.43)。

表 2.43　中古汉语声调与上古汉语韵尾音丛的关系

中古汉语	平	上	去	入
上古汉语	-∅	-ʔ	-s	-b -d -g
例字	同 *dooŋ	动 *dooŋʔ	洞 *dooŋs	独 *doog
	刀 *taaw	岛 *taawʔ	到 *taaws	
			泰 *thaads	

带后置韵尾-ʔ 和-s 的音节后来失去了这些音段,原本冗余的声调差异就变为区别特征(见下节)。韵尾后置成分的响度-∅ > -ʔ > -s > -p/t/k,这最终决定了中古汉语四声平、上、去、入的顺序。

2.3.3.5.2　从音段到超音段

在《诗经》《楚辞》等先秦押韵材料中,押韵的字通常属于同一中古调类。如表 2.44 所示,在一章诗中,可能连续使用多个同一中古调类的韵脚字,而不涉及任何其他声调的字。

表 2.44　《诗经》《楚辞》里的韵脚字

《诗经·大雅·公刘》第一章

康 kāng	疆 jiāng	仓 cāng	粮 liáng	襄 náng
光 guāng	张 zhāng	扬 yáng	行 háng	

以上韵脚字都是中古平声字。

《诗经·豳风·七月》第五章

股 gǔ	羽 yǔ	野 yě	宇 yǔ	户 hù
下 xià	鼠 shǔ	户 hù	处 chǔ	

以上韵脚字都是中古上声字。

《楚辞·九辩》

带 dài	介 jiè	慨 kài	迈 mài	秽 huì
败 bài	昧 mèi			

以上韵脚字都是中古去声字。

《诗经·鲁颂·閟宫》第九章

柏 bǎi	度 duó	尺 chǐ	舄 xì	硕 shuò
奕 yì	作 zuò	硕 shuò	若 ruò	

以上韵脚字都是中古入声字。

这样的押韵证据很容易让人得出上古汉语中存在声调的结论。然而,有一些相当有说服力的证据表明,这种押韵可能是基于相同的音段成分,而不一定只是基于超音段的声调。如下面几节所论,中古汉语的声调差异是从音节末尾的不同音段发展而来的。郑张尚芳([2003]2013)认为,在上古汉语中,音段和超音段的声调是并存的(见表2.45)。

表 2.45　郑张尚芳构拟的与不同韵尾共存的上古声调

	平	上	去	入
音段	-ø	-ʔ	-s	-C (-b, -d, -g)
声调	33	35	31	3

2.3.3.5.3　-ʔ 尾变中古上声

中古汉语的上声音节在上古有一个-ʔ尾,这形成了一个急促的高升调(Mei 1970)。这种语音特征到唐代仍然是中古汉语上声调的一个基本特征。许多关于调值的描述都显示上声调值较为特殊,如"上声者厉而举"[①]。在某些汉语方言如温州方言中,上声调带特殊的紧喉特征。温州方言有八个声调,其中阴上、阳上都是极高的短升

---

① 见 3.4.1 节。

调,两者调型相似(郑张尚芳 2014)。

与其他声调相比,上声字的总数是最少的,但郑张尚芳(1994、[2003]2013)指出大量的汉语基本词为上声调(见表 2.46)。他认为上声最初可能是一个小称后缀-q,后来弱化为-ʔ,而后成为一个声调特征(郑张尚芳[2003]2013)。上声字语义类聚的现象是无法用偶然性来解释的。中古汉语上声音节到现代汉语中变为第三声或第四声。

表 2.46 读上声调的基本词

许多意义相反的形容词,表小或少义的(后一字)是上声:

大小	dàxiǎo	遐迩	xiá'ěr
多少	duōshǎo	高矮	gāo'ǎi
深浅	shēnqiǎn	咸淡	xiándàn
奢俭	shējiǎn	众寡	zhòngguǎ
松紧	sōngjǐn		

许多意义相反的动词(动作和性质),表减损或消极义的(后一字)是上声:

增减	zēngjiǎn	勤惰	qínduò
胜负	shèngfù	生死	shēngsǐ
成毁	chénghuǐ	真假	zhēnjiǎ
安险	ānxiǎn	褒贬	bāobiǎn
续断	xùduàn		

很多亲属称谓为上声:

祖	zǔ	女	nǚ
考	kǎo	姐	jiě
姒	bǐ	弟	dì
父	fù	舅	jiù
母	mǔ	嫂	sǎo

很多身体部位名称为上声:

首	shǒu	颡	sǎng	指	zhǐ
脑	nǎo	颏	kē	肚	dù
眼	yǎn	颈	jǐng	股	gǔ
脸	liǎn	乳	rǔ	腿	tuǐ
口	kǒu	手	shǒu	踝	huái
齿	chǐ	掌	zhǎng	踵	zhǒng

最早构拟后置韵尾来解释中古声调起源的是奥德里古尔(Haudricourt 1954a、1954b)。他解释了越南语和东亚、东南亚其他许多语言的声调发生过程,即从韵尾音段到声调的语音演变,提出了构拟非声调上古汉语的可能性。[Haudricourt(1961)对声调系统的发展演化作了更全面的论述。]许多学者遵循奥德里古尔提出的关于声调产

生的构拟,用韵尾后置成分 -ʔ 表中古上声,-s 表中古去声。一些学者支持上声来自 -ʔ 尾的假说,并利用各种证据对此假说加以完善(Pulleyblank 1962—1963、Mei 1977、Sagart 1993a、郑张尚芳 1994)。但 -ʔ 尾的历史来源还有待解释。

2.3.3.5.4 　-s 尾与中古去声

　　与 -ʔ 尾和上声之间的联系相比,-s 尾与去声之间联系的证据更为有力、更令人信服。有许多证据指向中古汉语去声音节在上古时期有一个 -s 韵尾。从奥德里古尔(Haudricourt 1954b)以来,许多学者(Pulleyblank 1973,梅祖麟 1980,俞敏 1984a,郑张尚芳 1994、[2003]2013,Sagart 1999)通过各种外语转写材料证实了-s 尾和中古汉语去声之间的关系。朝鲜汉字词中有很多带 -s 尾的词,这些词是从上古汉语借来的,都是中古汉语去声(郑张尚芳[2003]2013)(见表 2.47)。早期的汉译佛经中,梵语的 -s 和 -ṣ 通常用去声音节进行转译(俞敏 1984a)(见表 2.48)。

表 2.47　朝鲜汉字词中带-s 尾的去声字

磨	mais	篦	pis
制	tsis	器	kɯrɯs
界	kas	味	mas

表 2.48　用汉语去声字转译的梵语-s 和-ṣ

-s	奈 nas	陛 pas	会 bhas	卫 vas	会 vas	
-ṣ(ṣ)	替 tiṣ	腻 niṣ	沸 puṣ	费 puṣ	赖 raṣ	奈 raṣ

　　最重要的证据是汉语内部的证据。在《切韵》系统中,有四个特殊的去声韵,即祭、泰、夬、废四韵,与其他去声韵不同,它们没有相配的平声和上声韵。在梵汉对音中,这些没有相应平、上声韵的去声韵字用来转译梵文带塞音尾的音节(郑张尚芳[2003]2013)。这表明这些音节不是开音节(见表 2.49)。去声和入声之间谐声关系也显示,《切韵》系统中这四个去声韵与入声音节之间存在密切的联系。一组去声和入声音节在文字形式上具有相同声符(见表 2.50 和表 2.51)。

表 2.49　梵汉对译中用来转译塞音韵尾音节的中古去声字

制 jet	逝 jet	世 sat	卫 pat	贝 pat	类 rod

表 2.50　去声字与入声字的谐声

去声	害 ɦɑj	鱖 kwjɛj	快 khɯwɛj	废 pwjaj
入声	割 kɑt	橜 gwjɐt	决 kwet	发 pwjɐt
去声	奈 nɑj	例 ljɛj	话 ɦwɰɛj	税 ɕwjɛj
入声	捺 nɑt	列 ljɛt	刮 kwɰɑt	悦 jwjɛt

表 2.51　祭、泰、夬、废韵字与入声谐声的更多例字

	去声	入声	去声	入声	去声	入声	去声	入声
祭	敝 -j	憋 -t	祭 -j	察 -t	世 -j	泄 -t	鱖 -j	厥 -t
泰	奈 -j	捺 -t	赖 -j	獭 -t	害 -j	割 -t	最 -j	撮 -t
夬	快 -j	决 -t	话 -j	活 -t				
废	废 -j	发 -t	肺 -j	芾 -t	袯 -j	拔 -t		

从中古汉语音值来看,这些去声音节历史上曾有辅音尾,其腭音韵尾是辅音韵尾的残迹,即 -ts > -j。郑张尚芳([2003]2013)将它们的上古音构拟为 -ds 韵尾。如表 2.52 所示,祭、泰、夬、废的早期形式构拟为带 -ts 或 -ds 韵尾的音节,最终变为 -js 韵尾。后来,-s 尾的失落导致去声的产生,这与其他带 -s 尾的音节一致(郑张尚芳[2003]2013:214)。郑张尚芳把祭、泰、夬、废韵从上古到中古的变化描述为 -ds > -j,他构拟的上古和中古汉语韵母反映了这种变化(见表 2.53)。

表 2.52　祭、泰、夬、废韵的早期构拟形式

-ts	>	-js	>	-j 去声

表 2.53　祭、泰、夬、废四韵的上古音和中古音构拟

	泰	夬	废	祭 A	祭 B
上古汉语	*-aads	*-raads	*-ads	*-eds	*-rads
中古汉语	-ɑj	-ɰaj	-jɐj	-jɛj	-ɰjɛj

在上古汉语语法中,-s 尾具有将动词变为名词的形态功能。蒲立本(Pulleyblank

1973) 和梅祖麟(1980) 的研究中列举了许多这种名物化功能的例子。这种形态功能在藏语中也存在, 因此它可能是汉藏共同祖语的一个特征(梅祖麟 1980)。表 2.54 给出了一些常见的 -s 尾作形态语素(morphological particle) 的例子。注意, 名词形式都是普通话第四声, 中古去声大致与之对应。动词/名词的"量" liáng(测量)/liàng(数量)在藏语中也有同源词: ɦgraŋ(动词)/graŋs(名词)。郑张尚芳([2003] 2013) 进一步举出了用不同汉字记录 -s 形态功能的例子, 与同字异读的情况不同(见表 2.55)。

表 2.54　形态语素 -s 尾示例

	动词		名词	
平声/去声	磨 mó	"研磨"	磨 mò	"石磨"
	量 liáng	"测量"	量 liàng	"数量"
上声/去声	数 shǔ	"计算"	数 shù	"数字"
	处 chǔ	"居住"	处 chù	"处所, 地点"

表 2.55　用不同汉字记录 -s 形态功能的例子

	动词		名词	
平声/去声	藏 cáng	"隐藏"	臓 zàng	"内脏"
	陈 chén	"陈列"	阵 zhèn	"军阵"
	称 chēng	"称量"	秤 chèng	"杆秤"
上声/去声	比 bǐ	"靠近"	笓 bì	"细齿梳"
	坐 zuò	"坐下"	座 zuò	"座位"
	负 fù	"背负"	背 bèi	"后背"
入声/去声	脱 tuō	"摆脱"	蜕 tuì	"蜕下的皮"
	结 jié	"打结"	髻 jì	"发髻"
	合 hé	"会合"	会 huì	"会议"

由于入声音节有一个塞音韵尾, 所以与入声相关的去声字韵尾实际上经过由 -Cs 简化为 -s 的过程(Baxter 1992: 317)。注意, 入声变来的去声名词"蜕""髻""会"除了声调变化外, 还产生了 -j 韵尾, 可能韵尾发生了 -ds > -js 的变化, 大多数学者构拟的中古音, 祭 -jɛj、泰 -ɑj、夬 -ɯaj、废 -jɐj 四韵都有 -j 韵尾(潘悟云 2000: 83—88)。表 2.56 总结

了韵尾和声调之间的关系。

表 2.56　韵尾与声调关系总结

	平	上	去	入
后置韵尾	-ø	-ʔ	-s > -h	-ø
鼻音韵尾	-m、-n、-ŋ	-mʔ、-nʔ、-ŋʔ	-ms、-ns、-ŋs	
塞音韵尾			-bs、-ds、-gs	-b、-d、-g
伴随声调	33	35	31	3

材料来源：郑张尚芳（[2003]2013）。

2.3.3.5.5　-r 韵尾

白一平和沙加尔（Baxter & Sagart 2014：252—268）最近的构拟中,除了-j 和-n 之外,还增加了一个 -r 韵尾来构拟清代学者所确立的存在"阴阳对转"关系的韵部,"阴阳对转"是指带元音性韵尾的韵部（阴声韵）与带鼻音韵尾的韵部（阳声韵）之间的通转关系。高本汉（Karlgren 1954）最初提出为阴声韵构拟-r 韵尾,来解释中古-n 尾和 -j 尾押韵的音节。如《诗经》中文部的"晨"dzin 与微部的"辉"hwɨi、"旂"gɨi 押韵。另外,在谐声上,文部的"斤"kɨn 作微部"旂"gɨi 字的声符。其他学者为阴声韵构拟了-d、-j、-δ（原文如此,代表[-ð]）或 -l 等韵尾来解释这种押韵现象。然而,斯塔罗斯金（S. Starostin 1989）指出,并非所有微部字都与文部字有关系,反之亦然。他另外构拟了第三种 *-r 韵尾来解释这种通转关系。白一平和沙加尔（Baxter & Sagart 2014）最近的构拟采纳了这种 -n、-r、-j 韵尾三向对立的构拟方案。与此平行,-r 韵尾也被用来解释传统元部和歌部之间的通转关系（见表 2.57）。

表 2.57　齿龈音韵尾二向对立与三向对立的比较

	巾	斤	旂	幾
韵部	文	[文?]	[微?]	微
高本汉	*kjɛn	*kjən	*gʻjər	*kjər
郑张尚芳	*krɯn	*kɯn	*gɯl	*kɯlʔ
斯塔罗斯金	*krən	*kər	*gər	*kəjʔ
白一平和沙加尔	*krən	*[k]ər	*C.[ɢ]ər	*kəjʔ

续 表

	反	燔	番	歌
韵部	元	［元?］	［歌?］	歌
高本汉	*pjwǎn	*b'jwǎn	*pwâr	*kâ
郑张尚芳	*panʔ	*ban	*paal	*kaal
斯塔罗斯金	*panʔ	*bar	*pār	*kāj
白一平和沙加尔	*Cə.panʔ	*[b]ar	*pˤar	*[k]ˤaj

材料来源：白一平和沙加尔（Baxter & Sagart 2014）。

2.3.4 音节结构和形态

中古汉语及大多数现代汉语方言的音节结构，可以概括为附带声调区别的 IMVE 结构。上古汉语中，每个结构槽位以及可出现于各槽位的语音成分都必须仔细探究。 学者已经清楚地认识到，中古汉语的音节结构与上古汉语有很大差异，因为 IMVE （CCVC）音节结构无法解释二十世纪以来积累的各种证据。

上古汉语和中古汉语一样为单音节［即音段成分最全结构只有一个声母，最多三个介音，一个主元音和一个韵尾（I）（M）V（E）］的假设受到了质疑。由于音系的构拟与形态的构拟也有关系，所以音节结构也必须考虑词干和词缀的相关问题（Sagart 1999）。不同声母之间的某些语音关系可以用形态音位过程来解释。郑张尚芳认为，表 2.58 中的几组代词对在形态上是相关的（潘悟云 2000：128）。其中上古汉语无-1 尾的形式或中古汉语平声的形式是普通式，上古汉语带-1 尾或中古汉语上声的形式为强调式。

表 2.58 形态相关的代词对

吾 *ŋaa	我 *ŋaalʔ	第一人称，单数
汝 *njaʔ	尔 *njelʔ	第二人称，单数
夫 *pa	彼 *pralʔ	指示词
胡 *gaa	何 *gaal	疑问词

还有很多词显示出常态形式与致使形式之间的关系。这些形态过程并没有反映在汉字书写形式上，两种形态可以用相同的汉字表示。许多学者（周法高 1962、王力

1965、周祖谟 1966b)都论证了这种形态关系。表 2.59 中的例子来自潘悟云(2000)。
这种形态模式是:常态形式为浊音声母,致使形式为清音声母。中国的许多非汉语
语言,如古藏语、珞巴语、普米语、羌语、彝语和拉祜语,都有类似的模式(孙宏开
1980、1981、1982)。不难看出,从浊音变为清音曾是藏缅语族语言中的一个相当普
遍的形态过程。

表 2.59 上古汉语浊清常态—致使形态变化的例子

	击败/使败	分离/使分离	断开/使断开	自坏/使毁坏
常态形式	败 *braads	别 *bred	断 *doon?	坏 *gruuls
致使形式	败 *praads	别 *pred	断 *toon?	坏 *kruuls

材料来源:潘悟云(2000)。

　　音韵学家一直致力于发现更多上古汉语中存在的屈折形态过程。有些语音现象实
际上是根源于形态的,只是这种形态后来变得固化而不再具有能产性,这就使得形态过
程仅表现为语音差异。学者正在努力揭示其中一些已消失的形态过程。

2.3.5 最新进展

　　近年来,学者们对上古汉语构拟的许多传统观点提出了挑战。白一平和沙加尔
(Baxter & Sagart)的《上古汉语新构拟》(*Old Chinese: A New Reconstruction* 2014)充分
展现了新的研究路径。白一平和沙加尔采取了一种更全面的研究方法,并且提供了更
多证据,包括现代方言,如闽方言;非汉语语言,如侗台语(Kra-Dai)、苗瑶语(Hmong-
Mien)、藏缅语(Tibeto-Burman)和越语(Vietic),这些语言保留了来自汉语的早期借词。
他们还利用了近几十年来出土的先秦文献,如郭店楚简等。由于证据种类繁多,因此必
须构拟一个更为复杂的系统来进行解释。正如我在第一章导言中所说,由于材料的性
质以及理论和方法问题,这些新的研究尚存在争议(G. Starostin 2015、Ho 2016、
Harbsmeier 2016)。

2.3.5.1 音节结构

白一平和沙加尔(Baxter & Sagart 2014)认为:

　　　上古汉语的词由一个词根加上可能存在的词缀组成。词根或是单音节,由一
　　个主要音节(Σ)组成;或是双音节,由一个主要音节前面加一个次要音节(σ)组

成,即为 σ.Σ 结构。与主要音节相比,次要音节 σ 所允许的结构位置及每个位置上存在对立的音位数量都要少一些。(第 50 页)

如图 2.1 所示,一个主要音节(Σ)包含一个必有的声母(Ci)、一个可选的介音-r-(Cm)、一个必有的元音(V)、一个可选的韵尾(Cc)和一个可选的喉塞音-ʔ(Cpc)。白一平和沙加尔不把后置韵尾-s 看作主要音节的成分,而是看作一个形态后缀,因此置于韵之外。韵尾 -s 通常是一个形态后缀(例如:"赐" *s-lek-s > sjeH > cì "给予")(Baxter & Sagart 2014：51)。次要音节包含一个前置辅音(Cpi)和一个前置元音(Vpi)。前置辅音位置可以出现辅音 p、t、k、r、s、m 和 N,其中 N 是 n- 或 ŋ- 在不同位置的音位变体,前置元音是混元音 -ə。所有这些成分中,只有主要音节的声母辅音和主元音是必需的。

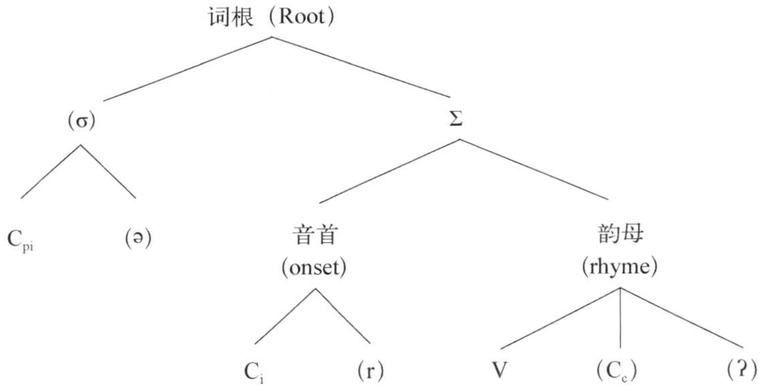

图 2.1　白一平和沙加尔对上古汉语词根结构的构拟

他们将上古汉语词根表示为一个次要音节(σ)加一个主要音节(Σ)的组合。

(来源：Baxter & Sagart 2014)

2.3.5.2　咽化

在声母方面,上古汉语词有一个必需的主要音节声母,有时还有一个前置声母,它们是由多种前置声母成分构成的。白一平和沙加尔(Baxter & Sagart 2014)对韵核元音之前语音成分的构拟包括:(1)音节前加成分可以包含多至两个辅音和一个可能存在的元音 *ə,(2)主要音节的声母,以及(3)介音 *-r-(例如:"落" *kə.rˤak[郑张尚芳 *ɡ·raaɡ]> lɑk > luò)。这种构拟形式是为了解释中古 k- 声母的"各、格"与中古 l-声母的"落、洛"之间的谐声关系。

白一平和沙加尔采纳了蒲立本提出的区分 A 型音节和 B 型音节的意见,把上古汉语的声母分为普通声母和咽化声母两种类型。A 型音节和 B 型音节的区别是基于中古汉语的等第,一、二、四等韵为 A 型音节,三等韵为 B 型音节(Norman 1994)。

与郑张尚芳([2003]2013)的构拟相比,不同之处在于,白一平和沙加尔(Baxter & Sagart 2014)将两类音节视为声母辅音的对立,而郑张尚芳将其视为主元音的对立。白一平和沙加尔采取了罗杰瑞(Norman 1994)的方法,将两类音节的声母辅音分别构拟为咽化声母(A 型音节)与普通声母(B 型音节)两种不同类型(见表 2.60)。而郑张尚芳认为两类音节的对立是主元音长短不同,A 型为长元音,B 型为短元音(见 2.3.3.3.2 节)。例如"纲"(一等)和"缰"(三等),郑张尚芳构分别拟为 *klaaŋ 和 *kaŋ,而白一平和沙加尔分别构拟为 *kˤaŋ 和 *kaŋ。

表 2.60   白一平和沙加尔对 A 型音节和 B 型音节的构拟

咽化声母(A 型)	pˤ	phˤ	bˤ	mˤ	m̥ˤ
普通声母(B 型)	p	ph	b	m	m̥

注:音标 ˤ 用于标记咽化声母。

他们用腭化、卷舌化和次生浊化来解释从上古汉语到中古汉语的各种音变。如表 2.61 所示,上古汉语非咽化的齿龈塞音和鼻音,到中古汉语中会变为硬腭塞擦音和鼻音,除非腭化被元音前的 *-r- 阻断(Baxter & Sagart 2014:76)。上古汉语辅音系统中没有卷舌声母,中古汉语的卷舌声母是上古带 *r- 声母或 *-r- 介音的声首紧缩的结果(Baxter & Sagart 2014:80)。大写字母 H 表示中古去声(见表 2.62)。从表 2.63 可以看出,并非所有的中古浊塞音和塞擦音都反映上古汉语主要音节中的浊声母。在某些情况下,中古汉语的浊音是次生的,反映上古紧密型前置鼻辅音或清塞音塞擦音的形式(Baxter & Sagart 2014:81)。

表 2.61   上古汉语非咽化的齿龈塞音和鼻音与中古汉语硬腭塞擦音和鼻音

*t-	>	tsy	真	*ti[n]	>	tsyin	>	zhēn
*n-	>	ny-	入	*n[u]p	>	nyip	>	rù

表 2.62   上古汉语带 *r 声母或介音的声首与中古汉语的卷舌音声母

镇	*t<r>i[n]-s	>	trinH	>	zhèn
沙	*sˤraj	>	srae	>	shā

表 2.63　上古汉语的前冠鼻音与中古汉语的浊塞音塞擦音

浊	*[N-tˤ]rok	>	*N-dˤrok			draewk	>	zhuó
净	*N-tseŋ-s	>	*N-dzeŋ-s			dzjengH	>	jìng
黄	*N-kwˤaŋ	>	*ŋgwˤaŋ	>	*gwˤaŋ >	hwang	>	huáng

2.3.5.3　小舌音

白一平和沙加尔（Baxter & Sagart 2014）的构拟采纳了潘悟云（1997）提出的上古汉语应有一组小舌音的主张。在许多语言中，软腭音、小舌音和声门辅音之间有着密切的相互作用。例如侗语支语言（侗语、水语、毛南语）中，"乌鸦"（上古汉语"乌"）一词的语音如下：侗语 ʔa、水语 qa、毛南语 ka。潘悟云（1997）认为其声母的原始形式应当是小舌塞音 *q-。小舌塞音可以更好地解释一些古老的地名，如"大宛"（吐火罗古国名），上古汉语：*dalsqon > 中古汉语：daj.ʔwjen，希腊文：Tahoroi，拉丁语：Tochari，梵文：Tukhara（潘悟云 1997）。用小舌塞音还可以解释某些声门塞音和软腭塞音语义相关的现象，如"景"kɰiaŋ、"影"ʔɯiaŋ、"公"kuŋ、"翁"ʔuŋ。中古影母上古为小舌音 *q-，后来中古演变为 ʔ-（本书作 ø-）。潘悟云提出的小舌音假设是针对整个小舌音组的，总结见表 2.64。

表 2.64　潘悟云的上古汉语小舌音构拟（小舌音和软腭音）与中古汉语反映形式的对应

上古汉语	条件		中古汉语
*q-	所有环境	>	ø-
*qh-	所有环境	>	h-
*g-	三等韵	>	gj-
*g-	一、二、四等韵	>	ɣ-
*G-	一、二、四等韵	>	ɣ-
*G-	三等韵	>	ɦj-

在潘悟云（1997）的构拟中，他倾向于排除上古汉语存在 *ʔ-、*h- 和 *ɦ- 声母的可能性，但并未最终确定。

2.4　上古汉语构拟示例

这里以《诗经》中的两章为例，展示约公元前六世纪至公元前五世纪左右这些诗歌被记录之时的上古音。表 2.65 和表 2.66 中的标音，第一行是上古汉语的构拟音值（郑张尚芳［2003］2013），第二行是中古汉语的构拟音值（潘悟云 2000），第三行是现代普通话的音值，第四行是汉语拼音。

静女（第一章）

佚 名

静女其姝，

俟我於城隅。

爱而不见，

搔首踟蹰。

表 2.65　各时期汉语的构拟读音——反映《诗经·静女》一章的上古音

静	女	其	**姝**	俟	我	於	城	**隅**
*zleŋʔ	*naʔ	*ɡɯ	*thjo	*sGrɯʔ	*ŋaalʔ	*qa	*djeŋ	*ŋo
dzjɛŋ	ɲjɔ	ɡi	tɕhjo	zɨ	ŋa	Øjo	dzjeŋ	ŋjo
tɕiŋ	ny	tɕhi	ʂu	sɨ	wo	y	tʂhəŋ	y
jìng	nǔ	qí	shū	sì	wǒ	yú	chéng	yú
爱	而	不	见	搔	首	踟	**蹰**	
*qɯɯds	*njɯ	*pɯd	*geens	*suu	*hljuʔ	*de	*do	
Øəj	ȵɨ	pjut	ɦen	saw	ɕiw	ɖje	ɖjo	
aj	ɚ	pu	ɕjen	saw	ʂəw	tʂhɨ	tʂhu	
ài	ěr	bú	xiàn	sāo	shǒu	chí	chú	

桃夭（第一章）

佚 名

桃之夭夭，

灼灼其华。

之子于归，

宜其室家。

表 2.66　各时期汉语的构拟读音——反映《诗经·桃夭》一章的上古音

桃	之	夭	夭	灼	灼	其	华
*lʼaaw	*tjɯ	*qrow	*qrow	*pljewG	*pljewG	*ɡɯ	*gʷraa
daw	tɕɨ	Øɯjew	Øɯjew	tɕjek	tɕjek	ɡi	hwɯa
thaw	tʂɨ	jaw	jaw	tʂwo	tʂwo	tɕhi	xwa
táo	zhī	yāo	yāo	zhuó	zhuó	qí	huá

之	子	于	归	宜	其	室	家
*tjɯ	*ʔslɯʔ	*Gwa	*klul	*ŋral	*gɯ	*hlig	*kraa
tɕɨ	tsɨ	ɦjo	kwɨj	ŋɯje	gɨ	ɕit	kɯɑ
tʂɨ	tsɨ	y	kwej	i	tɕhi	ʂɨ	tɕja
zhī	zǐ	yú	guī	yí	qí	shì	jiā

103

91

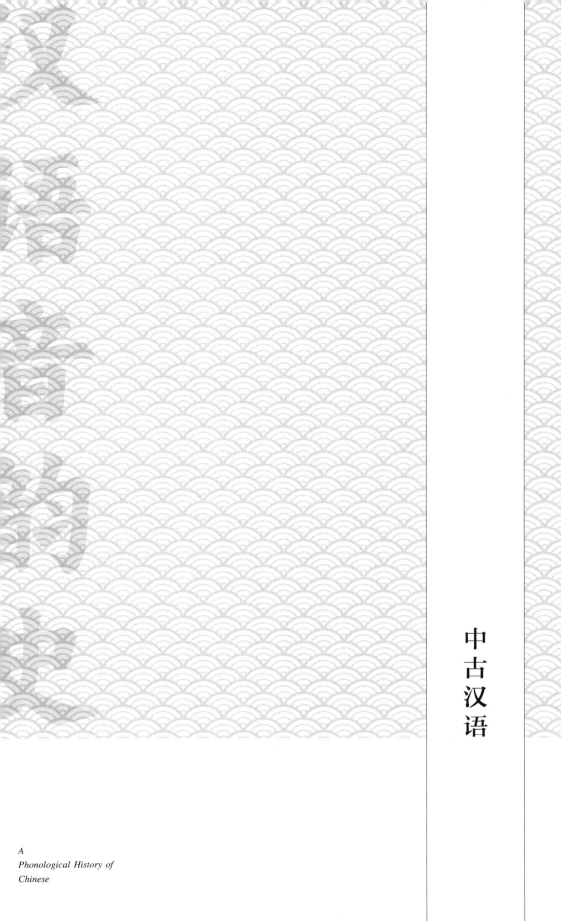

第 三 部 分

中古汉语

南北朝(420—589)、隋朝(581—618)、唐朝(618—907)、五代十国(907—960)、宋朝(960—1279)

与上古汉语相比,中古音韵研究的原始材料要系统得多。中古汉语音韵主要以隋代陆法言于公元 601 年编订的《切韵》音系为基础。千百年来,甚至直到现代,以《切韵》及其修订本为代表的文学语言标准音一直是诗歌押韵的依据。《切韵》成书于公元601 年的隋代,但它所代表的是南北朝时期的音系。在后来的科举时代,《切韵》系统不断调整修订。在唐代,王仁昫的《刊谬补缺切韵》(706)流行。而在宋代,陈彭年等编订的《广韵》(1008)、丁度等编订的《集韵》(1039)及其简编本《礼部韵略》等都是重要的韵书。这些韵书完整保存至今,成为研究中古汉语音韵的主要参考资料。

作为诗歌押韵的标准,《切韵》的语音系统与科举密切相关。由于中国方言众多,科举考试必须制定一个统一的官方押韵标准,现成的《切韵》很好地满足了这一需求。在科举考试背景下,语音标准一旦确立,考生和考官都不可能轻易改变它。《切韵》系统可以调整,但其基本结构必须保持不变。随着时间的推移,这个系统就变得与任何时期、任何方言的实际语音都越来越不相关,成为诗歌创作的人为规范。但是由于它是科举考试的标准,所以一直具有较高声望,并得以在全国范围内持续传承。

由于韵书中的许多语音区别在口语中已不再存在,诗歌押韵的文学标准就被简化了。《切韵》韵类的简化反映了人们认识到其中存在不合实际的、区分过细的韵类。唐初,在官方的努力下,开始合并韵类(见 4.1.2 节)。合并的结果见于《广韵》韵目小注,《广韵》目录中的韵目下标明"独用"或"同用"。同用的韵是当时的标准音基本无法区别的韵。到十三世纪,著名的 106 韵系统确立,并成为押韵的标准。

需要注意的是,与上古汉语音韵不同,中古汉语的音类信息如"等"以及"开口""合口"等,在韵图中已经得到彻底分析,韵图提供了《切韵》音系不同韵类之间关系的信息。重建中古汉语音系,只需要对已有的音类进行音值构拟。汉语中古音音值的构拟工作始于二十世纪初的西方学者,高本汉的巨著《中国音韵学研究》(1915—1926)是这个领域的先驱。所有语音构拟方案都严格保留《切韵》的音类对立,并一致遵循韵图中的音韵标注。

中古汉语音系也存在时间和地域变体。有学者提出,中古汉语应进一步分为早期中古汉语和晚期中古汉语,前者以《切韵》为代表,后者以《韵镜》等早期韵图为代表。

五代时期和宋代的口语呈现出一种新的语音系统的特征。根据十世纪《尔雅音图》中所用的汉字直音注音,可以确立许多新的语音特征。如它表现出了官话中所见的中古汉语浊音清化模式。邵雍(1011—1077)的《声音唱和图》反映的似乎也是"官话"的语音特征,尽管目前尚不清楚它所描写的是邵雍家乡的方言还是洛阳方言,抑或是包含两种方言的特征。

第三章 中古汉语:《切韵》

确切地说,中古音系的构拟就是为现成的音类拟测音值,一般认为这些音类是音位性的。《切韵》是严格区分音类的韵书,其音类不需要任何构拟。韵图的排列,尤其是"等"(division)/"等第"(rank)和"开口""合口"等结构术语,常用于确定《切韵》音系韵类之间的关系。许多构拟方案都完整保留了《切韵》中所有的音系对立,并严格遵循韵图中的音韵标注。然而,应当指出的是,这种普遍接受的做法实际上是相当有问题的。《切韵》的时代比韵图至少早了三个世纪,同时《切韵》是基于不同地域的语音系统而非根据各种韵图编成的。十世纪或更晚的韵图中的音类标记绝不能保证一定适用于《切韵》音系。

另一方面,《切韵》音类的音值很难确定,因为汉字是表意文字,不能直接提供语音信息。例如尽管我们知道《切韵》中东、冬两韵彼此不同,但它们的音值却无法直接确定。与《切韵》相比,现代汉语方言的音系较为简单,只保留了《切韵》中的部分音系对立。与大多数现代方言相比,《切韵》的声母系统、介音系统和韵核元音系统的音类都更为繁多。因此,构拟如此复杂的音系对音韵学家来说是一项非常具有挑战性的任务。从高本汉首次尝试构拟中古汉语音类的音值以来,学者提出了多种构拟方案。

大多数《切韵》音系的构拟方案都是基于这样的假设,即不论它代表的是口语还是文学语言,都是一个单一的语音系统,所有的对立都必须在语音上加以区分。奇怪的是,尽管现在大多数音韵学家意识到《切韵》音系的基础并非某种单一方言,但在实际构拟中,各种构拟方案都试图为《切韵》的所有音类赋予独立的音值。因此,构拟出的《切韵》系统不可避免地会包含一些存在疑问的语音区别。

由于《切韵》韵类数量众多,韵类音值的构拟一直是学者面临的挑战。在实践中,构拟主要是根据现代方言和域外汉字音的语音信息。如表 3.1 所示,通过比较多种汉语方言的语音,可以构拟出鼻音韵尾和塞音韵尾,方言语音表明,《切韵》系统中存在

-m、-n、-ŋ 和-p、-t、-k 韵尾。

表 3.1 《切韵》音系-m、-n、-ŋ 和-p、-t、-k 韵尾的证据

韵	唐	曾	庚	东	寒	真	覃	侵
字	唐	曾	庚	东	寒	真	潭	侵
北京	thaŋ	tsəŋ	kəŋ	tuŋ	xan	tʂən	than	tɕhin
苏州	dɒŋ	tsən	kaŋ	toŋ	ɦø	tsən	dø	tshin
广州	thɔŋ	tʃɐŋ	kɛŋ	tʊŋ	hɔn	tʃɐn	tham	tʃɐm
韵	铎	德	陌	屋	渴	质	合	缉
字	洛	德	陌	屋	渴	质	合	急
北京	luo	tɤ	mo	u	khɤ	tʂʅ	xɤ	tɕi
苏州	loʔ	tɤʔ	mɒʔ	uɤʔ	khɤʔ	tsɤʔ	ɦɤʔ	tɕiɪʔ
广州	lɔk	tɐk	mɐk	ʊk	hɔt	tʃɐt	hɐp	kɐp

3.1 《切韵》和反切的特别说明

在深入研究《切韵》系统和韵图的音值构拟之前,掌握《切韵》及其语音构拟中所使用的基本术语以及《切韵》和反切的一些详细信息,是很重要的。关于术语的问题,最好先阅读本书第一章(1.2.3 节至 1.4.6 节)。关于《切韵》和反切的详细信息,请参阅以下小节。

3.1.1 三等韵的反切

三等韵字的反切存在一种强烈的倾向,即反切上字和反切下字都倾向用三等字。表 3.2 给出了一些例子,说明被切字与反切上字之间的关系。被切字"居、墟、鱼、虚"都是三等字,它们的反切上字("举、去、语、朽")也是三等字。高本汉《中国音韵学研究》(1915—1926)据此推断,三等音节的声母是腭化的(更多信息请参阅 1.3.2 节),这个意见并未被广泛接受。赵元任(Chao 1941)、李荣(1956)等学者认为,这种现象可能是介音和谐造成的,表明硬腭介音 -j- 应当同时反映在反切上字和反切下字中。表 3.3 展示了高本汉和他的后继者对三等韵构拟的差异。注意高本汉构拟中存在腭化标记。关于三等音节是否有硬腭介音 -j- 的讨论,请参见 3.5.4.1 节。

108

表 3.2　以"居""鱼"为反切下字的中古三等字的反切及其构拟ᵃ

居	墟	鱼	虚
kjɔ	khjɔ	ŋjɔ	hjɔ
举鱼	去鱼	语居	朽居
kjɔ + ŋjɔ	khjɔ + ŋjɔ	ŋjɔ + kjɔ	hiw + kjɔ

ᵃ所有字都属鱼韵，"鱼"字本身为了避免自切而用"居"为反切下字。

表 3.3　高本汉及其后继者的构拟

	被切字		反切上字		反切上字
高本汉	IʲjV(E)	>	Iʲ-	+	-jV(E)
赵元任和李荣	IjV(E)	>	Ij-	+	-jV(E)

这里"IjV(E)"表示带硬腭介音 -j- 的三等音节,其中"(E)"表示可选的韵尾。在反切中,介音 -j- 同时反映在反切上字和下字中。用带有 Ij-(声母和硬腭介音)的反切上字和带有-jV(E)的反切下字来拼写三等 IjV(E) 音节。相比之下,一、二、四等音节很少用三等字作反切上字(见表3.4)。反切注音表明,韵图中的三等韵字具有硬腭介音。在反切创制时,这个介音一定是清晰可辨的,否则就难以解释对于反切上字的这种选择性。

表 3.4　三等字与非三等字的反切上字

被切字	三等	一、二、四等
反切上字	三等	非三等

3.1.2　《切韵》包含的信息

在考察韵图时会碰到一个问题：韵图所包含的语音信息如四等和韵母开合的类别是否与《切韵》音系一致？我们并不清楚韵图的作者是如何确定各韵的音韵类别的,他们怎么知道哪个韵是三等,哪个韵是四等？哪个韵是开口,哪个韵是合口？

一个可能的答案是,韵图的安排是根据反切、声韵拼合关系(见第1.4节)以及当时的实际语音做出的。因此,韵图实际上包含了两种不同的语音系统,一种是韵图制作时的语音系统,另一种是《切韵》或《广韵》的音类。两者的差异主要表现在各等音节的安排上(参见3.5.4节关于《切韵》介音及其构拟的讨论)。问题在于声母和介音。为了保持《切韵》/《广韵》系统中所有的语音区别,所有音节都必须安排在韵图的音系框架中,既要符合声母的类别也要符合韵母的等(见表 3.5)。

表 3.5 《切韵》的韵在韵图中的列等

《切韵》的介音	-ø-	-ø-	-ɯ-	-ɯj-	-j-
《七音略》的等	一等	四等	二等	三等	四等
	高	浇	交	骄	–
	kɑw	kew	kɯaw	kɯjew	
	褒	–	包	镳	飙
	pɑw		pɯaw	pɯjɛw	pjɛw

《切韵》音系中没有介音的音节(-ø-)放在一等或四等位置,其中元音为/e/的音节放在四等,其他元音的音节放在一等。这是由于《切韵》以后,带前元音/e/的音节产生了 -j- 介音。这种 -j- 介音与三等的 -ɯj- 介音不同。《切韵》中带 -j- 和 -ɯj- 介音的音节(所谓的"重纽"音节,参见 1.4.6 节和 3.5.6 节)在韵图中分别置于四等和三等。

中古汉语音韵研究的难点在于,韵图中"等"的概念被直接赋予《切韵》各韵,并且常被当作《切韵》系统本身的概念来使用,而实际上"等"是《切韵》之后几百年才出现的概念。在中古音韵研究中,"等"这个概念有时非常混乱。表 3.6 说明了《切韵》和《韵镜》之间的关系,展示了《切韵》三等韵在《韵镜》"等"的系统中是如何排列的。有时"等"的命名需要作一些修改,如表中最右列所示,这类术语在中古音韵研究文献中较为常用。

表 3.6 《切韵》三等韵在《韵镜》中的列等

《切韵》	条件	《韵镜》	其他名称
包含-ɯj-/-j-介音对立的三等韵			
	介音为-ɯj-	三等	重纽三等 B 类(Ⅲb)
	介音为-j-	四等	重纽三等 A 类(Ⅲa)
只含硬腭介音-j-的三等韵			
	tʂ-组声母	二等	
	ts-组声母	四等	
	ɦ-声母	三等	喻母三等(喻三)
	零声母(无声母)	四等	喻母四等(喻四)
	其他	三等	

110

　　从这个对应表中可以看出，韵图（《韵镜》）的等与《切韵》的韵之间的关系相当复杂。韵图有时会根据声母和介音的不同将《切韵》同一韵中的音节分别列于不同的等。但另一方面，韵图的列等又提供了关于《切韵》各韵的音节类型的重要信息。例如韵图把《切韵》东韵的音节置于一等（无介音）和三等（带 -j- 介音），把麻韵的音节置于二等（带 -ɰ- 介音）和三等（带 -j- 介音）。某些韵只能与特定的等相配，因此，在实际研究中，赋予《切韵》的等（本书中称为"等第"）通常用作描述和确定《切韵》各韵语音特征的依据。

3.1.3　关于《切韵》的几个重要问题

　　从反切注音看，《切韵》的语音系统与陆法言的《经典释文》（583）非常相似，与顾野王的《玉篇》（548）也非常相似。《经典释文》和《玉篇》都是在《切韵》之前编纂成书的，由此看来，《切韵》确实代表了六世纪的音韵标准，这一点毋庸置疑。

　　虽然自高本汉（Karlgren 1915—1926）的研究以来，《切韵》系统一直是汉语音韵学家关注的焦点，但这部韵书本身的性质也一直是争议的焦点，争议涉及《切韵》系统的一些基本问题，如：（1）它是单一系统还是综合系统，是否包含不同地域和不同时代的语音变体；（2）《切韵》的基本音类范畴——韵的性质是什么。

3.1.4　单一系统还是综合系统？

　　语音标准的实际含义是什么？这是一个值得讨论的问题。正确理解什么是语音标准，可以帮助我们理解《切韵》系统及其他同类韵书的性质。晚近时代之前，可能从未出现过严格地以某个时间点的单一方言为基础的标准音。相反，在古代，语音标准总是综合的，尽管它可能曾经是基于某种特定方言的。对古代语音标准的尊崇使得前代的语音特征在后代仍然被视为标准。这种理想的音系就是陈寅恪（1949）、周祖谟（1963）所谓的"文学语言"的语音。

　　这一直是汉语语音标准的传统，它贯穿于整个标准音语音史，甚至在相当晚近的1920 年编纂的《国音字典》中也有所反映。国音标准在北京音系的基础上增加了一些语音区别，包括前高元音或介音之前齿龈音与硬腭音的对立①。这样的语音系统是标准的，但不是任何地方的实际语音。

　　然而，还应当指出的是，《切韵》中所包含的不同音系——陆法言提到的五家韵书

---

　　①　即尖团音对立。——译注

的音系以及他本人的理解——是密切相关的。从《刊谬补缺切韵》看,这些系统之间的差异似乎并不大。我们难以想象,《切韵》序中提到的几位学者的音韵知识能够远超前代韵书的记录,或远超他们所处的时代和地域的方言,这是不合实际的。

这样一种理想的音系在历史演进中不断发展,以适应新的政治、社会和语言环境。但现代音韵学家开始尝试"构拟"标准音,并确定其时代和地域时,这种悠久的标准音传统就成为一个严重的问题。例如高本汉就试图将《广韵》/《切韵》音系认定为唐代长安方言(Karlgren 1954:212)。尽管他采用新的西方语言学方法构拟了古音音值,但他对中国音韵传统的理解不够深入,这显然是他的研究工作的一个盲点。

现有证据清楚地表明,所有可追溯的对立在《切韵》中都得到了保留。《刊谬补缺切韵》提供了来自原本《切韵》的韵目小注(周祖谟 1983:863—865、867—868、883),这些小注指明了不同韵书中存在哪些语音区别,这是这个版本的《切韵》中最有价值的信息。从中可以看出,《切韵》作者总是尽可能地保留前代韵书中的语音区别。

陆法言的《切韵》序①中提到了五家韵书:

> 吕静《韵集》
>
> 夏侯咏《韵略》
>
> 阳休之《韵略》
>
> 李季节《音谱》
>
> 杜台卿《韵略》

《广韵》中还列出了另外一部韵书,即周思言的《音韵》。但是这部韵书在更早的《切韵》序中没有出现,在说明各韵书之间差异的韵目小注中也没有提及。周思言的这部韵书可能是《广韵》编纂者加进去的。

如果所参考的五家韵书在是否区分两个韵类方面存在差异,那么《切韵》的作者总是倾向于从分不从合。例如脂韵小注:

> 吕、夏侯与之、微大乱杂,阳、李、杜别。今依阳、李、杜。

相应的上声旨韵和去声至韵下也有相同的小注。决定取舍的依据并不是谁的语音更正确或更标准,而是谁仍然能够保持区分。冬韵小注:

> 阳与锺、江同,吕、夏侯别。今依吕、夏侯。

---

① 陆法言《切韵》序的英译本,见拉姆齐(Ramsey)的《中国的语言》(*The Languages of China* 1987:116-117)。

这个例子的情况与上一个正好相反。因为吕静和夏侯咏仍然可以区分冬韵和锺、江韵,所以《切韵》作者就遵从他们的意见,而在脂韵就否决了他们的意见。很显然,陆法言是要将所参考的韵书中的所有区别都兼收并蓄。

有时陆法言也自己做出决定,而不提及其他韵书。例如,魂韵小注:

> 吕、阳、夏侯与痕同,今别。

这样,我们可以把陆法言的判别方法归纳如下:

$$A: R_a = R_b, \qquad B: R_a \neq R_b \qquad > \qquad R_a \neq R_b$$
$$A: R_c \neq R_d, \qquad B: R_c = R_d \qquad > \qquad R_c \neq R_d$$

所有的语音区别都必须得到承认、尊重和保持。这种崇古的做法反映了对所有曾经存在过的语音区别的尊重。基于这样一种区别最大化的标准,《切韵》就成为作者所知的所有语音区别的综合。学者称这种综合系统为"文学语言系统",因为它的语音区别不存在于口语中,只存在于诗歌创作实践中。在确定国家标准音时,崇古传统具有很强的影响力,直到近代,中国语言学家才开始熟悉基于单一活语言的现代标准音概念。传统韵书往往包含并非来自单一音系的语音对立。

从这些注释看,在陆法言的时代,《切韵》的所有区别不太可能共存于一个单一的语音系统中。但是,它们在历史上可能真正有过区别,这些区别可能来自一种早期方言,这种方言的年代要早于陆法言的时代,也早于《切韵》所引的五家韵书的时代。

这些韵书的作者所采取的编写原则可能与陆法言相同,即保留他们能够识别的所有可区分的音类。有些学者,如陈以信(Chan 2004),从以下观点出发对中古音进行构拟,即文学语言标准音系是以金陵(今南京)和洛阳、邺下(在今河南省)方言语音为基础的。但正如上面所指出的那样,这些语音区别实际上是以前代韵书为依据的,而这些韵书也是综合的,没有证据说明它们是基于某种单一共时方言的。陈以信构拟出的南京和洛阳两种方言并没有太大差别。也有可能它们并不是陆法言时代这两个地方的语音系统,因为陈以信对这两种方言的区分是根据《切韵》中关于前代韵书的注释(他在行文中没有明确说明这一点),而这些韵书是隋朝以前的南北朝时期编纂的。与其他韵书一样,这些韵书的作者不太可能根据某种单一方言来编纂韵书。早期韵书的性质很可能类似于《切韵》,是一种理想的,因而也是综合的音系。由此看来,这两种不同的"方言"实际上是两种稍有不同的综合系统,其综合程度比《切韵》略低一些,这样,它们非常相似也就不足为奇了。

作为一种文学语音标准,《切韵》并不是单一共时方言的记录。但是,这并不是说其中任何区别都是人为造成的。《切韵》中所有的音类在历史上的某个时期肯定存在过,并且可能存在于单一方言中。《切韵》所识别的音类要么在当时是真实存在的,要么在历史上是真实存在的,没有理由可以轻易排除其中任何一种可能。《切韵》对祖先语言的还原,其历史准确程度可能高于它所引用的任何韵书(见表 3.7)。

表 3.7 《切韵》分韵的性质

时代 Ⅰ	时代 Ⅱ	时代 Ⅲ
祖语:Ra≠Rb≠Rc	参考韵书 1:Ra=Rb≠Rc 参考韵书 2:Ra≠Rb=Rc	《切韵》:Ra≠Rb≠Rc

注:R 表示"韵",Ra、Rb 和 Rc 代表《切韵》中三个不同的韵。

《切韵》作者陆法言实际上是试图保留历史上存在过的所有传统音类,而不是根据自己或同时代人的语音来编写韵书。在《切韵》编纂之时,这些音类区别在其他不同韵书中保存得不完整。《切韵》代表着恢复所有已知历史音类的努力。学者们(如 Baxter & Sagart 2014:12)有时将《切韵》的语音系统称为文读系统。但是,《切韵》或稍后时代的人,包括陆法言本人,在实际语音中是否能够区分这个语音标准的所有对立,这是非常值得怀疑的。因为这些对立并非基于单一语音系统的实际语音。

应当注意的是,对《切韵》音系的分析经常涉及后来韵图中使用的音类术语。然而,《切韵》与早期韵图有几百年的时间间隔。这两个系统之间的语音很可能发生了显著的变化。例如韵图对韵母开合口的标记与五世纪或六世纪的实际语音可能相同,也可能不同。对《切韵》系统的解释在很大程度上依赖于韵图的音类信息。但是十世纪韵图的作者不太可能准确地重建五六世纪音类的音值。因此,在构拟《切韵》系统时完全依赖韵图的音类信息,会造成严重的问题。因此必须明确,韵图是对《切韵》的分析,而并不代表《切韵》本身。

3.1.5 《切韵》的韵及韵的性质

如 1.3.5 节所述,在《切韵》中,相应的平、上、去声韵的音值相同,入声韵与相应舒声韵的区别在于韵尾,入声韵尾是与相配的舒声韵鼻音韵尾发音部位相同的塞音。表 3.8 中的例子展示了平、上、去、入四声相承的韵的平行性质,表明在构拟时无须列出所有相配的韵。

表 3.8　四声相承韵的平行性质

平	上	去	入
1 东-(j)uŋ	1 董-(j)uŋ	1 送-(j)uŋ	1 屋-(j)uk
2 冬-woŋ	—	2 宋-woŋ	2 沃-wok
3 锺-joŋ	2 肿-joŋ	3 用-joŋ	3 烛-jok

为方便起见，不需要列出所有四声相承的韵。东(j)uŋ、董(j)uŋ、送(j)uŋ、屋(j)uk 四韵可以用"东(j)uŋ/k"或仅用"东(j)uŋ"代表，如表 3.9 所示，入声韵和舒声（非入声）韵的相配关系以《切韵》的顺序为依据。

表 3.9　王仁昫《刊谬补缺切韵》的 195 韵

-ŋ	1	东 uŋ/juŋ	2	冬 woŋ	3	锺 joŋ	4	江 ɯɐŋ
	37	阳 jɐŋ	38	唐 ɑŋ	39	庚 ɯaŋ/ɯjaŋ	40	耕 ɯæŋ
	41	清 jɛŋ	42	青 eŋ	49	蒸 iŋ	50	登 əŋ
-ø	5	支 jɛ/ɯjɛ[a]	6	脂 i/ɯi	7	之 ɨ	8	微 ɨi
	9	鱼 jɔ	10	虞 jo	11	模 wo	13	佳 ɯæ
	33	歌 ɑ/jɑ	34	麻 ɯa/ja				
-j	14†	泰 ɑj	12	齐 ej	13†	祭 jɛj/ɯjɛj	14	皆 ɯæj
	17†	夬 ɯaj	15	灰 woj	16	咍 əj	20†	废 jɐj
-n	17	真 in/ɯin	18	臻 in	19	文 jun	20	殷 in
	21	元 jɐn	22	魂 won	23	痕 ən	24	寒 ɑn
	25	删 ɯan	26	山 ɯæn	27	先 en		
	28	仙 jɛn/ɯjɛn						
-w	29	萧 ew	30	宵 jɛw/ɯjɛw	31	肴 ɯaw	32	豪 ɑw
	43	尤 iw	44	侯 əw	45	幽 ɨw		
-m	35	覃 əm	36	谈 ɑm	46	侵 im/ɯim	47	盐 jɛm/ɯjɛm
	48	添 em	51	咸 ɯæm	52	衔 ɯam	53	严 jɐm
	54	凡 jɐm						

注：根据潘悟云（2000）构拟，按韵尾类别排列。数字表示平声韵的韵序。祭、泰、夬、废四韵只有去声，用†标记（见 3.5.8.1 节）。不包括带 -w- 介音的合口韵母。

[a] 潘悟云把支韵构拟为 iᵉ/ɯiᵉ（2000：86）。本书中用 jɛ/ɯjɛ 代替。

这种构拟严格遵循一个原则，即不同的韵其主元音或韵尾必不同，或两者都不同

（唯一的例外是冬韵和鍾韵，这两韵一般构拟为相同的主元音和韵尾）。表 3.10 以元音韵尾配合表的形式列出潘悟云（2000）的构拟。请注意，这个构拟中，主元音在一定程度上暗示了该韵所属的等第。

表 3.10　列表展示的潘悟云（2000）的构拟

	ɒ	a	æ	ɛ	e	i	ɔ	o	u	ə	ɛ	ɨ
-∅	歌一三	麻二三	佳二	支三		脂三	鱼三	模一虞三	尤三			之三
-j	泰一	夬二	皆二	祭三	齐四			灰一		废三	咍一	微三
-w	豪一	肴二		宵三	萧四						侯一	幽三
-m/-p	谈一	衔二	咸二	盐三	添四	侵三				严三凡三	覃一	
-n/-t	寒一	删二	山二	仙三	先四	真臻三		魂一	文三	元三	痕一	殷三
-ŋ/-k	唐一	庚二	耕二	清三	青四		江二	冬一鍾三	东一	阳三	登一	蒸三
等第	I，III	II，III	II	III	IV	III	II，III	I，III	I，III	III	I	III

　　《切韵》的反切表明三等韵存在一个硬腭介音。最近学者们（郑张尚芳 2001、施向东 1983 等）提出了一些可信的证据，证明二等音节在唐代仍有介音。《唐蕃会盟碑》中"李绛"（人名）的"绛"转写为 kʜaŋ，这里的 ʜ 表示二等音节 kɯɒŋ（郑张尚芳拟为 kɣʌŋ）中的介音 -ɯ-。"检校尚书"的"检"转写为 kʜem，这里的 ʜ 表示重纽三等音节 kɯiɛm（郑张尚芳拟为 kɣiɛm）中的介音 -ɥ-（郑张尚芳 2001）。

　　这一信息在高本汉构拟中古汉语音系时还未被发现。以前的构拟方案，如表 3.10 的构拟中，二等韵和一等韵之间的对立只能是主要元音的差异。二等韵介音的确立会对新的构拟产生重大影响，因为在系统中为二等韵增加介音，二等音节与其他音节之间的元音对立就变为冗余了。为了便于比较，请参看表 3.11 和表 3.12，其中仅列出相应的主元音和介音（构拟音值依据潘悟云 2000）。从表 3.11 可以看出，潘悟云（2000）构拟的主元音（V）只能与有限数量的介音（M）相拼合；表 3.12 显示，通过介音看主元音的拼合关系，也可以看出复杂元音系统的冗余。有些韵之间的区别更可能在于介音不同，而并非介音和主元音都不同。

表 3.11　潘悟云（2000）构拟的主元音和介音

主元音	ɒ	a	æ	ɛ	e	i	ɔ	o	u	ə	ɛ	ɨ
介音	∅, j	j, ɥ	ɥ	j	∅	j	ɥ	∅, j	∅, j	j	∅	j

表 3.12 从介音看潘悟云（2000）构拟的主元音介音配合关系

-Ø-	ɑ	e	o	u	ə		
-ɯ-	a	æ		ɔ			
-j-	ɑ[a]	a	ɛ	i	o	u	ɐ	ɨ

[a] 歌韵是唯一的例外。

　　由于主元音和介音之间存在很强的相关性，就造成明显的冗余：所有的 -ɑ- 元音韵（歌韵除外）基本上没有介音，而所有的 -a- 元音韵都有 -ɯ- 或 -j- 介音；所有的 -æ- 元音韵都有 -ɯ- 介音，而所有的 -ɛ- 元音韵都有 -j- 介音，等等。导致这种冗余的原因可能有两个：主元音的差异可能不是音位性的，而只是音位变体性的；或者某些韵之间的对立可能仅在于介音不同。第一种可能表明构拟中牵涉太多的语音细节，第二种可能表明某些主元音的构拟是不必要的。未来的构拟必须考虑到这个问题。由于具有相同介音的韵所包含的元音数量最多是七个，因此早期构拟的元音开口度的四度对立可以降低为三度。

118

3.1.6 《切韵》的修订和分韵

　　需要说明的是，《切韵》有几种修订本。其中王仁昫《刊谬补缺切韵》的韵数从原本《切韵》的 193 韵增加到 195 韵，后来《广韵》增加到 206 韵。然而，分韵并不意味着韵母的增加；如李荣（1956：82）所指出的，在早期《切韵》中，不同的韵母被合在了同一韵中。表 3.13 列出了这些分韵的情况。

表 3.13 《切韵》《刊谬补缺切韵》和《广韵》的分韵情况

《切韵》（193 韵）		《刊谬补缺切韵》（195 韵）
严、业	>	严、广、严、业[a]
《刊谬补缺切韵》（195 韵）		**《广韵》（206 韵）**
真、轸、震、质（开合）	>	真、轸、震、质（开）
		谆、准、稕、术（合）
寒、旱、翰、末（开合）	>	寒、旱、翰、曷（开）
		桓、缓、换、末（合）
歌、哿、箇（开合）	>	歌、哿、箇（开）
		戈、果、过（合）

注：从《刊谬补缺切韵》到《广韵》分立的韵都是根据开合分韵。
[a]《刊谬补缺切韵》中，"严"有平声和去声两读，都用作代表韵目。

韵数从 193 个增加到 195 个,是为了保持平、上、去、入四声韵类的平行;而从 195 个增加到 206 个,是为了区分开口和合口音节。通常认为这三组韵分韵的原因是介音 -w- 后的主元音变成了圆唇元音。分韵表明它们的主元音构成对立。但是分韵的原因可以简单地归于介音 -w-。《刊谬补缺切韵》中属同一韵的韵,在《广韵》中被分立为不同的韵,这表明合口介音 -w- 之后的主元音可能(但不一定)发生了圆唇化(见表 3.14)。

表 3.14 从《刊谬补缺切韵》到《广韵》的分韵

V(E)	>	V[-round](E)
wV(E)	>	V[+round](E)

3.2 韵的本质

首先必须解决的一个关键问题是,是否每个韵的主元音都是独立的元音音位。从高本汉开始,构拟中古音的原则就是,不同的韵其主元音或韵尾必须有所不同,或两者都不同。在实践中,学者们不同程度地放宽了这一原则。需要注意的是,高本汉使用了相对易得的《广韵》来构拟中古汉语语音。同样值得注意的是,高本汉不喜欢美国结构主义语言学家,认为他们过分沉迷于“音位原则”[1](Ramsey 1987:132)。所以高本汉的构拟实际上是语音性的而非音位性的,没有检查语音变异和互补分布的情况。最近,学者们开始倾向于认为不同的韵可以具有相同的主元音和韵尾,只在介音上有所不同(麦耘 1995:96)。表 3.15 给出了两种不同构拟方法的一些示例(麦耘 1995、潘悟云 2000)。带 -w- 介音的合口音节不包括在内。为了便于比较,这里对构拟进行了一些修改,两种构拟中的介音和韵尾都统一用半元音符号表示。

表 3.15 两种不同构拟方法的示例(麦耘 1995、潘悟云 2000)

	四等韵					二等韵					
	齐	萧	先	青	添	佳	皆	肴	山	耕	咸
麦耘	ej	ew	en	eŋ	em	rɛ	rɛj	rɛw[a]	ran	rəŋ	rɛm
潘悟云	ej	ew	en	eŋ	em	ɰæ	ɰæj	ɰaw	ɰæn	ɰæŋ	ɰæm

---

[1] 音位原则的理念认为任何特定语言的语音系统都只是一套有限的语音(音位)的集合。语言中所有可能发出的语音都仅是一个小的音位集,对于特定语言只有这些音位是有意义的。美国结构主义语言学家一直以音位原则为工具,将原始语音数据简化为更少、更整齐的音位类别(Swadesh 1934)。

续　表

	重纽四等						重纽三等					
	支	祭[b]	宵	仙	清	盐	支	祭	宵	仙	清	盐
麦耘	je	jej	jew	jen	jeŋ	jem	rje	rjej	rjew	rjen	rjeŋ	rjem
潘悟云	jᴇ	jɛj	jɛw	jᴇn	jɛŋ	jᴇm	ɰjᴇ	ɰjɛj	ɰjɛw	ɰjɛw	ɰjᴇn	ɰjᴇŋ	ɰjᴇm

[a]麦耘的系统中宵韵也构拟为/raw/。

[b]祭(齐三)。

麦耘的构拟只用到一个元音(e),而潘悟云的系统中使用了较多的元音(e、æ、iᴇ、ɛ、a)。每个韵都有不同的主元音,显然是有冗余的。例如先韵 -en、山韵 -ɰæn 和仙韵 -(ɰ)jen 不仅主元音不同,而且介音也不同。关键的区别在于,麦耘的方法大致基于这样的假设,即介音是韵中导致差异的部分,因此,他把先、山、仙韵分别构拟为 -en、-ren、-(r)jen,主元音和韵尾相同,只是介音不同。这两种不同的方法都可以从韵书本身找到根据,在有些韵中,介音不被视为韵的一部分;而在另一些韵中,介音被视为韵的一部分。例如东韵有带 -j- 介音和不带 -j- 介音两种类型的音节。类似的情况也见于麻韵和庚韵,有两种带不同介音的音节合在同一韵中。表 3.16 展示了麦耘(1995)构拟的中古汉语韵的例子。有些是介音不同的两类韵母合在同一韵中,如东、麻、庚韵;其他音节则根据其介音分为不同的韵。

表 3.16　麦耘(1995)构拟的中古汉语韵的例子

东		麻		庚	
uŋ	juŋ	ra	ja	raŋ	jaŋ
先	仙	皆	祭	耕	清
en	jen	rej	jej	reŋ	jeŋ

根据构拟的音值,先韵 -en 和仙韵 -jen 的关系与东韵 -uŋ 和 -juŋ 两类韵母是平行的(麻韵和皆/祭韵、庚韵和耕/清韵之间的关系也是如此)。这就带来一个矛盾的问题:为什么 -uŋ 和 -juŋ 被认为是同一个韵,而 -en 和 -jen 是不同的韵?

一种可能的解释是,在语音上先韵和仙韵的元音不同,但在音位上它们可以作为同一音位的变体合在一起(麦耘 1995:101)。最近黄笑山(2002a、2002b、2004)也用同样的方法论证了构拟《切韵》音系所需的元音应减少到七个。这种新方法表明,假定不同的韵主元音或韵尾必须有音位上的差异,或者两者都有音位差异,这个基本的构拟假设发生了改变。对立的韵的语音差异可能在于介音不同,而且通常只是介音不同(尉迟治平 2007)。南北朝时期两位著名的文人、诗人谢朓(464—499)和沈约(441—513)就是仅根据介音来分别押韵的。然而,如陆法言在《切韵》序中所说①,这种押韵方法在诗歌创作中并不常见(尉迟治平 2007)。这两个标准之间的区别在于,押韵是否包含介音或是否区分主元音的音位变体差异。

3.2.1 新方法

问题的关键在于,同韵尾但不同韵的音节其主元音是否一定不同。随着最近关于韵的性质的讨论,学者对这个问题的认识变得更加明确(黄笑山 2007、尉迟治平 2007)。新的方法认为,这种音节的差异可能在于介音不同,两个不同的韵可能具有相同的主元音和韵尾。传统方法认为,如果两个韵的韵尾相同,不论是否存在介音,它们的主元音都一定不同。但改进的方法提出了一种新的可能性,即如果这两个韵母的介音不同,则主元音可能相同。表 3.17 比较了主元音区别与介音区别两种对韵的分析方法。请注意,介音区别法的结果是元音系统更简单,而主元音区别法的结果是韵不靠介音构成对立。

表 3.17　主元音区别与介音区别两种分析韵的方法

主元音区别法			介音区别法		
(M)V$_a$E	≠	(M)V$_b$E	M$_a$V$_a$E	≠	(M$_b$)V$_a$E
jɛn	≠	en	jen	≠	en
ən	≠	won	on	≠	won

介音区别法实际上是认为,韵书中的语音单位——韵并非仅由主元音和韵尾(VE)定义,还由介音或整个韵母(MVE)定义。这种解释实际上与南北朝的诗歌押韵传统是一致的。颜之推是对确定《切韵》韵类起主导作用的两位学者之一,周祖谟(1963)研究发现,颜之推本人的诗文用韵与《切韵》分韵有所不同。表 3.18 列出颜之推《观我生赋》的韵类。

---

① "欲赏知音,非广文路。"

表 3.18　颜之推《观我生赋》的韵类

阳唐(平)	缉(入)
文(平)	薛(入)
庚₋庚₌清(平)	豪(上)
先仙(平)	月没(入)
阳唐(去)	删仙(平)
模(去)	阳唐(上)
侵(平)	之脂(上)
屋(入)	真臻(平)

材料来源：周祖谟(1963：462—463)。
注：声调标注在括号中。

《切韵》中的某些韵在颜之推的用韵中不区分,这表明,他合用的那些韵可能仅是介音有别。例如阳韵和唐韵可以押韵,因为它们分别为-jaŋ 和-aŋ,具有相同的韵基(VE)。实际押韵与韵书韵类之间的这种差异通常被视为用韵宽松(汉语中称为"韵宽")。

然而,在《切韵》中带介音和不带介音的两类不同韵母可以属于同一韵。东韵有一等(无介音)和三等(带介音-j-)音节。麻韵和庚韵有二等(带介音-ɯ-)和三等音节(带介音-j-)。这就产生了不一致的问题,即介音不同的韵母有时属于同一韵,有时又属于不同的韵。麦耘(1995)和黄笑山(2002a、2002b、2004)都没有解释为什么不同韵母可以共存于同一韵中,如东韵、麻韵和庚韵的情况。

3.2.2　一个可能的解决方案

各种方法都未能对《切韵》分韵作出令人满意的解释,这是因为他们只是试图从语音上解释韵类。《切韵》与其音韵分析之间的这种不一致性问题,可以用陆法言所采用的分韵方法来解释。如前所述,陆法言在编纂《切韵》时参考了当时的五家韵书。对不同韵书之间分韵的差异,陆法言及其他参与论韵的学者采取的是从分不从合的方法;然而,他的工作仅是解决这五种韵书中的分韵差异,而不作更多的分韵。要认识到,陆法言的方法并非真正以语音为基础,这是很重要的。这就是为什么纯粹基于语音的分析会遇到无法解决的问题。这样来看,《切韵》的分韵本身就不是基于语音分析的原则建立的;前代韵书的传统韵类影响了《切韵》韵类的确定。

前面已经多次指出,陆法言并不是仅根据自己的分析编纂《切韵》的。他至少参考

122

123

了五种韵书,这些韵书的分韵没有完全相同的。因此,从逻辑上讲,一对具有相同主元音和(可选)韵尾但介音不同(或无介音)的韵母,两种韵书可能存在四种不同的分韵情况。我们把两个不同的韵母写作 VE 和 MVE,用 A 和 B 来代表两种韵书(陆法言也可能根据自己的认识来分韵,因此他也可以是 A 或 B 之一)。陆法言的判断可解读为表 3.19。这些韵母中,V 和 E 是相同的,唯一的区别在于是否存在介音 M。如果韵书 A 和韵书 B 的分韵有差异,如情况 II 和情况 III,陆法言会将 VE 和 MVE 分成不同的韵。但如果韵书 A 和韵书 B 都没有分韵(情况 I),那么就没有任何分歧需要陆法言去解决,VE 和 MVE 就会保持在同一韵中。如表 3.20 所示,对于每组仅在介音上存在差异的韵母,既有依据介音不同分韵的,也有不依据介音不同分韵的。

表 3.19　对陆法言判断的解读

情况 I	A：VE = MVE	B：VE = MVE	>	陆法言：VE = MVE
情况 II	A：VE = MVE	B：VE ≠ MVE	>	陆法言：VE ≠ MVE
情况 III	A：VE ≠ MVE	B：VE = MVE	>	陆法言：VE ≠ MVE
情况 IV	A：VE ≠ MVE	B：VE ≠ MVE	>	陆法言：VE ≠ MVE

表 3.20　介音不同分韵或不分韵的例子

	分韵	合韵
VE 与 wVE	哈／灰	真开／真合
jVE 与 VE	阳／唐	东三／东一
ɰVE 与 jVE	肴／宵	庚二／庚三
ɰjVE 与 jVE	庚三／清	支 b／支 a

这种情况也可以解释重纽 -ɰjVE 与 -jVE 的对立(见 1.4.6 节和 3.5.6 节),庚三韵和清韵、尤韵和幽韵分为不同的韵,而其他重纽音节都属同韵,如支、真、仙、宵、侵、盐、祭等韵。表 3.19 中所示的韵母 VE 和 MVE 分韵的四种情况,也适用于可能具有不同主元音的韵母,如(M)V$_a$E 与 (M)V$_b$E;或(M)VE 相同而声母不同的音节,如 I$_a$(M)VE 与 I$_b$(M)VE。这样,所有对于韵的音位结构分析理论都要以《切韵》本身的音类信息为基础。

由于陆法言的考查范围仅限于当时存在的五家韵书,因此在《切韵》中,具有相同音韵对立的韵母有些分属不同的韵,有些则属同韵。上文提出的情形可以解释为什么具有相同区别的几对韵母在《切韵》系统中有时分韵有时不分韵,如本节前面提出的问题: -en 和-jen 分属不同的韵,而-uŋ 和-juŋ 属同一韵。东韵、麻韵和庚韵中含有介音不同的两类韵母,这种现象不能成为证明"同韵尾但不同韵——如阳韵和唐韵——主元音必然不同"的充分条件。

全部 66 个韵目小注中,有 44 个指向不同等的分韵差异,7 个指向有无-w-介音(开合)的分韵差异,23 个指向重韵(MV$_a$E 与 MV$_b$E,具有相同介音、相同韵尾和相似主元音的韵,见 1.4.6 节和 3.5.7 节)的分韵差异。从这些小注中可以得出关于韵书之间差异的两个结论:(1)所有小注指向的分韵差异都是由介音(M)或主元音(V)造成的——没有因韵尾(E)而产生的差异;(2)大多数分韵差异是由于介音不同造成的。这种差异不需要为不同的韵构拟不同的元音。与现代方言的韵尾差异程度相比,这些韵书一定是基于相当相似的语音系统。

陆法言和他的同侪在讨论语音的时代和地域差异时[1],他们仅考虑了这五种韵书中的差异。这五种韵书或多或少都代表理想的标准音。《切韵》的语音信息并不比这五种韵书所包含的信息多多少,但仍然构成了一个更具包容性的理想标准音。

3.3　互补与近互补关系

从 1.4 节中韵图声母的分析可以看出,具有相同韵尾的韵之间的互补关系是构拟的一个关键。例如真韵与臻韵互补,它们不与同一声母相拼。这两个韵的韵尾、介音和主元音相似,所以它们可能是同一韵母在不同声母条件下的变体(见表 3.21)。相应的入声韵质韵和栉韵也是如此。

表 3.21　真韵与臻韵的互补分布

	p	ph	b	m	t	th	d	n	l	ʈ	ʈh	ɖ	ts	tsh	dz	s	z	j
真	+	+	+	+	−	−	−	+	+	+	+	+	+	+	+	+	+	+
臻	−	−	−	−	+	+	+	−	−	−	−	−	−	−	−	−	−	−

	tʂ	tʂh	dʐ	ʂ	ʐ	tʃ	tʃh	dʒ	ʃ	ʒ	ȵ	k	kh	g	ŋ	h	ɦ	∅
真	−	−	−	−	−	+	+	+	+	+	+	+	+	+	+	+	+	+
臻	+	−	+	+	+	−	−	−	−	−	−	−	−	−	−	−	−	−

---

① "因论南北是非,古今通塞。"

显然,这两个韵的音节不存在音系对立。《切韵》系统中其他的韵也有类似的互补情况,但只有一个或很少的音节形成对立。这些近乎互补的韵常常只有少数生僻字存在对立,这种对立可能是一种残余的异常现象。

三等韵有三种类型:

类型 1:只有一组钝音(唇音与喉咽音)声母。

类型 2:有两组钝音(唇音与喉咽音)声母(重组),以及一组锐音(齿龈音、硬腭音)声母。

类型 3:有一组钝音和锐音声母。

从表 3.22 的分析可以更清楚地看出三等韵的这种类型分布。

表 3.22　三等韵的类型分布

	类型 1	类型 2	类型 3
钝音声母的组数	1	2	1
锐音声母的组数	0	1	1

注:2 类韵所拼合的声母组数是 1 类韵和 3 类韵的和。

从这种分布来看,2 类韵像是 1 类韵和 3 类韵的组合。我们看一些韵之间的关系,假定它们的韵尾相同,似乎有些 1 类韵和 3 类韵可以合成 2 类韵。三等庚韵系(庚₌)和清韵系就是很好的例子(见表 2.23)。庚₌韵系和清韵系存在同声母的最小对立的音节。但是庚₌韵系是 1 类韵,清韵系是 3 类韵,它们可以合成一个 2 类韵,即重组韵。

表 3.23　庚₌韵系与清韵系的关系

	p	ph	b	m	t	th	d	n	l	ʈ	ʈh	ɖ	ts	tsh	dz	s	z	j
庚₌	+	−	+	+	−	−	−	−	−	−	−	−	−	−	−	−	−	−
清	+	+	+	+	−	+	+	+	+	−	−	−	+	+	+	+	+	+

	tʂ	tʂh	dʐ	ʂ	ʐ	tʃ	tʃh	dʒ	ʃ	ʒ	ȵ	k	kh	g	ŋ	h	ɦ	∅
庚₌	−	−	−	−	−	−	−	−	+	+	+	+	+	+	+	+	+	+
清	−	−	−	−	−	+	+	+	+	+	+	+	+	−	+	+	+	+

庚₌韵系和清韵系合成的韵系音节分布类似于含重组的韵。三等幽韵系和尤韵系是另一个例子,但它们只是接近于互补分布,还有少数音节形成对立(l-、ts-、ʂ-)。如表

3.24 所示,幽韵系和尤韵系存在同声母的最小对立音节,但因为一个是 3 类韵,一个是 127
1 类韵,所以它们也可以组合成一个 2 类韵(忽略幽韵中的 l-,ts-, ʂ- 声母音节)。

表 3.24　幽韵系与尤韵系的关系

	p	ph	b	m	t	th	d	n	l	ʈ	ʈh	ɖ	ts	tsh	dz	s	z	j
幽	+	−	+	+	−	−	−	−	−	−	−	−	+	−	−	−	−	−
尤	+	+	+	+	−	−	−	+	+	+	+	+	+	+	+	+	+	+

	tʂ	tʂh	dʐ	ʂ	ʐ	tʃ	tʃh	dʒ	ʃ	ʒ	ɲ	k	kh	g	ŋ	h	ɦ	∅
幽	−	−	−	−	−	−	−	−	−	−	+	+	+	−	+	+	−	+
尤	+	+	+	+	−	+	+	+	−	+	+	+	+	+	+	+	−	+

　　由于庚₃韵系与清韵系、幽韵系与尤韵系之间的这种关系,再加上其他证据,一些
学者认为它们与重纽韵音节的关系相同(李新魁 1984)。对音节分布进行更详细的分
析,可以使我们对各韵关系的本质有更深入的认识。

3.4　音节结构

　　《切韵》中音节明显是独立的音系单位,是语音分析的
自然起点。如表 3.25 和图 3.1 所示,《切韵》中的音节首先
根据声调分卷,然后根据押韵部分[(M)VE]分为不同的
韵。在每个韵中,音节再根据非押韵部分[I(M)]分为不同
的同音字组(关于音节结构的详细解释参见 1.2.4 节)。音
节的音段分为两部分:押韵部分和节首部分(非押韵部
分)。音节的介音是模棱两可的成分,它既可以是节首的组
成部分,也可以是韵的组成部分,也可以同时两属。最小的
音系分析单位是韵和节首,而非音段(辅音和元音)。

图 3.1　中古汉语(和现代
汉语)的音节结构　　128

表 3.25　《切韵》音节结构的基本轮廓

音节	>	声调和音丛(音段成分)
音丛	>	节首和韵(反切上字和反切下字)
节首	>	声母(和介音)
韵	>	(介音)、主元音和韵尾

从七世纪早期开始,汉语的音节结构就已经简化,因此即使在今天也可以辨识出是汉语(见表 3.26)。与上古汉语相比,《切韵》的音节结构看起来与现代汉语相当接近(中古汉语与上古汉语音节结构的比较参见 2.3.1 节)。音节的首尾部分都没有辅音丛,这一点也与现代汉语方言相同。

表 3.26　汉语音节结构的简化

声调	>	T
音段	>	(I) (M) V (E)

除介音以外的其他音节槽位只能出现一个音段,介音槽位可以有多达三个音素(-w-、-ɯ-、-j-,如"卷"kwɯjɛn)。

3.4.1　超音段的声调

如 1.3.4 节所述,中古汉语有平、上、去、入四个调类,每个音节都属于这四个调类之一。如其名称所示,四个调类的构拟调值分别是平调、升调、降调和短促调。调值根据潘悟云(2000)的构拟,这个构拟是对郑张尚芳(1987)构拟的修订。元音性的介音和韵尾转写为近音,不使用上标形式(本书使用的转写系统参见 1.9 节)。表 3.27 中,汉字按照中古调类排列,可以看出构拟的中古音值的平行性。实际上,平、上、去声音节仅以声调来区分,入声音节与其他三声音节的区别还在于其塞音韵尾不同,如表 3.27 所示。

表 3.27　构拟音值四声之间的平行性

平	上	去	入
掂 tem	点 tem	店 tem	跌 tep
藩 pwjɛn	反 pwjɛn	贩 pwjɛn	发 pwjɛt
空 khuŋ	孔 khuŋ	控 khuŋ	哭 khuk
刀 taw	岛 taw	到 taw	—
犁 lej	礼 lej	丽 lej	—

中古汉语声调的调值一直是现代学者感兴趣的问题(周法高 1956、周祖谟 1966a、Mei 1970、邵荣芬 1982、潘悟云 1982、尉迟治平 1986),他们利用佛经和文献中的描述来确定调值。这些材料显示四声存在时长区别:平声是长调,上、去、入是短调,上声尤其

短。慧琳（737—820）《一切经音义》中的梵汉对音，总是用汉语的平声音节来对译梵文的长元音，非平声（仄声）音节对译短元音（潘悟云 2000）（见表3.28）。

表3.28　慧琳《一切经音义》中的梵汉对音

	梵语	汉语	构拟			
长（ā）						
	śāriputra	奢利富多啰	ɕja li piw tɑ lɑ	奢	ɕja	平声
	puruṣāḥ	补噜沙	pwo lwo ʃɯa	沙	ʃɯa	平声
		布路沙	pwo lwo ʃɯa	沙	ʃɯa	平声
短（a）						
	śarīra	舍梨子	ɕja li tsɿ	舍	ɕja	上声
	puruṣaḥ	补噜洒	pwo lwo ʃɯa	洒	ʃɯa	上声
		布路杀	pwo lwo ʃɯæt	杀	ʃɯæt	入声

古人对声调的一些描述，如880年日本僧人安然的《悉昙藏》（见表3.29），也提供了有关调值的有用信息。根据安然的描述，当时有五种声调：平声有"轻""重"两种声调曲拱，还有上、去、入三声，这三声没有进一步分化。

表3.29　日僧安然《悉昙藏》中关于声调的描述

平声直低，有轻有重
上声直昂，有轻无重
去声稍引，无重无轻
入声径止，无内无外[a]

[a] "内""外"这两个术语可能与"轻""重"相同，并不是指外转和内转（尉迟治平 1986）。

3.4.2　音段

音节的音段部分有四个结构槽位，即声母（I）、介音（M）、主元音（V）和韵尾（E），这些结构槽位可以由音段成分（辅音和元音）充任。这四个成分中，只有韵核元音是必须的，其他则是可选的。音节成分可以概括为（I）（M）V（E），括号表示可选音段。

130

音节结构不是线性的，这就涉及音节的结构层次。音节分为节首（IM）和韵（VE）两部分；或分为声母（I）和韵母（MVE）两部分，韵母是介音和韵基（VE）的组合。韵书中的韵与现代音系学中的术语"韵基"可能等同,也可能有别。有些韵包含两个或两个以上的韵母。如东韵两类音节的韵相同(具有相同的主元音 u 和韵尾 -ŋ),但它们还存在有无 -j- 介音的差异,如"公"kuŋ 和"弓"kjuŋ、"笼"luŋ 和"隆"ljuŋ,都属于东韵。同一韵中的几个韵母仅介音有所不同(例如麻韵的三个韵母 -ɰa、-wɰa 和 -ja,以及庚韵的四个韵母 -ɰaŋ、-wɰaŋ、-ɰjaŋ 和 -wɰjaŋ)。

3.4.3 声母(I)

《切韵》分韵明确,但没有标明声母。每个韵中,同音字组都以随机方式排列。找不到按照声母顺序排列的线索(见表 3.30)。各韵中都包含类型不同、数量不等的同音字组,无法简单直接地确定声母。《切韵》对各韵声母的安排基本是凌乱的,无法从中得出有用的数据。

表 3.30 各韵中不同声母小韵的随机排序

韵	同音字组								
东一	东 t-	同 d-	空 kh-	公 k-	蒙 m-	笼 l-	洪 ɦ-	丛 dz-	翁 ∅- ……
东三	中 tj-	虫 dj-	终 tɕj-	仲 ʈhj-	崇 tʂhj-	嵩 sj-	戎 nj-	弓 kj-	融 j- ……
冬	冬 t-	彤 d-	賨 dz-	农 n-	恭 k-	螉 s-	枞 tsh-	攻 k-	碀 ɦ- ……
鍾	鍾 tɕ-	龙 l-	舂 ɕ-	松 z-	冲 ʈɕh-	容 j-	封 p-	胸 h-	顒 ŋ- ……

声母是根据《切韵》反切及后来韵图中的三十六字母的信息构拟的。前现代时期对《切韵》声母的研究以陈澧(1810—1882)的《切韵考》为代表。他系统地利用反切系联来确定《广韵》声母和韵母的类别。后来很多学者对陈澧的声母研究方法加以修正和改进,并运用于对《切韵》的研究中。

潘悟云(2000)构拟的三十七声母,与其他构拟一样,是在高本汉(Karlgren 1915—1926)的基础上,参考后来学者的研究所作的改订。包括李方桂(1971)和邵荣芬(1982)关于船、禅母的研究,李荣(1956)和邵荣芬(1982)关于娘母的研究,蒲立本(pulleyblank 1962—1963)关于日母的研究,周祖谟(1966c)关于云母的研究,罗常培(1931)、蒲立本(Pulleyblank 1962—1963)和麦耘(1991)关于知、庄组声母的研究,以及李荣(1956)关于俟母的研究等。在声母的发音部位和发音方法方面,学者大体能够达成一致意见。表 3.31 列出了潘悟云(2000)构拟的三十七声母。请注意它们与传统三十六字母的差异。根据一些学者(陆志韦 1947c、邵荣芬 1982)的观点,船、禅母的音值

131

应当互换,船母是浊擦音 ʑ-,禅母是浊塞擦音 dʑ-。

表 3.31　潘悟云(2000)构拟的《切韵》三十七声母

双唇音	帮 p-	滂 ph-	並 b-	明 m-	
齿龈音	端 t-	透 th-	定 d-	泥 n-	来 l-
卷舌塞音	知 ʈ-	彻 ʈh-	澄 ɖ-	娘 ɳ-	
齿音咝音	精 ts-	清 tsh-	从 dz-	心 s-	邪 z-
卷舌咝音	庄 tʂ-	初 tʂh-	崇 dʐ-	生 ʂ-	俟 ʐ-[a]
硬腭音	章 tɕ-	昌 tɕh-	禅 dʑ-	审 ɕ-	船 ʑ-　　日 ɲ-[b]
软腭塞音	见 k-	溪 kh-	群 g-	疑 ŋ-	
喉音	影 ʔ-[c]	晓 h-	匣 ɦ-	云 ɦj-[d]	以 j-

[a] 俟母根据李荣(1956)的构拟,只包含"俟""漦"两个小韵少数生僻字。

[b] 日母构拟为龈腭鼻音 ɲ- 而非卷舌近音 ɻ-,它显然是一个独立的声母,与相近的卷舌鼻音娘母 ɳ-不同。有"如汝而耳人日儒儿尔仍"十个反切上字拼写日母 61 个同音字组。

[c] 本书影母拟为 ø-,因为起首的阻音不像爆破音那么强烈。

[d] 云母 ɦj-实际与匣母 ɦ-相同,只是带一个 -j- 介音。

3.4.4　介音(M)

与声母辅音不同,介音(M)是一个相当复杂的结构槽位。最近的研究认为,中古汉语存在三种介音:(1) -w- 介音,开口和合口音节之间的对立或与主元音的圆唇特征相关,或与 -w- 介音的有无相关;(2) -j- 介音,它是三等韵的基本特征;(3) -ɯ- 介音,它是二等及重纽三等 B 类音节的介音,介音-ɯ-是与后高不圆唇元音 ɯ 同部位的近音,是从上古汉语的 -r- 演变来的。介音槽位(M)最多可以出现三个介音,如"干"kɑn、"冠"kwɑn、"惯"kwɯɑn、"卷"kwɯjɛn。介音的音值仍只是符号性的,介音丛 -ɯj-、-wɯ-、-wj-、-wɯj- 是否按照线性顺序发音,这个问题还不能确定。关于介音构拟过程的讨论,参见 3.5.4 节。

132

3.4.5　主元音(V)

自高本汉以来,中古汉语主元音(V)的构拟经历了数度修订。学者努力减少主元音的数量,并使元音系统在语言共性上更加自然。不计声调区别,《广韵》有五十八韵。构拟的工作原则是,不同的韵必须在主元音(V)或韵尾(E)上存在音系对立,而韵尾相对确定,因此构拟的重点就在主元音上,这意味着需要十二个或更多的元音才能区分所有的韵。

潘悟云(2000)构拟的元音系统,见表 3.32 所示,大体基于韵部对立为音位性对立的假设。除了声调,主元音、韵尾必须构成音位对立,或两者都存在对立。但是,如 3.2

133

节所论,其他学者对《切韵》元音的音位分析表明,有些元音是音位变体性质的,可以进行简化。

表 3.32　区别各韵(不含介音)所需的十二元音系统

i		ɨ		u
e				o
ɛ		ə		ɔ
æ		ɐ		
a				ɑ

来源:根据潘悟云(2000)。

表 3.32 的十二元音系统中,前元音和后元音在开口度上至少需要四度对立。但是,如果根据麦耘(1995)、黄笑山(2002a)等学者的观点,有些对立可以认为是不同介音之后的音位变体,这样就可以减少所需元音的数量。桥本万太郎(Hashimoto 1978—1979)、余廼永(1993)、麦耘(1995)、黄笑山(2002a)等多位学者提出了七元音系统来解释主元音的区别(如黄笑山构拟了 i、u、ə、e、o、a、ɒ 七元音)。然而,这两种方法都依赖于晚出的韵图的结构信息,都没有解决韵图的结构信息是否适用于《切韵》系统的音类区别这一基本问题。

3.4.6　韵尾(E)

韵尾(E)或为塞音或为近音。一般构拟 -m、-n、-ŋ、-p、-t、-k、-j、-w 八个韵尾,这个韵尾系统被较为普遍地接受。桥本万太郎(Hashimoto 1970)根据汉越语提出硬腭鼻音 -ɲ 韵尾的构拟,这个构拟并没有被广泛接受,因为(a)这种 -ɲ 韵尾是越南语音系的特征,(b)汉越语中 -ɲ 韵尾只出现于带前中低元音 ɛ 或 æ 的韵中,是一种音位变体(阮廷贤 2007)。

3.5　中古汉语的音系特征

3.5.1　塞音和塞擦音声母的三向对立

塞音和塞擦音声母有清不送气、清送气和浊三种发声态类型。表 3.33 中列出了每种发音部位和发音方法(横行)的三种发声态类型(纵列)的例字,另外标出了它们的中古调类。

134

表 3.33 不同发音部位(横行)塞音和塞擦音的三种发声态类型(纵列)

唇塞音(平声)	波 pwɑ	坡 phwɑ	婆 bwɑ
齿音塞音(平声)	低 tei	梯 thei	题 dei
卷舌塞音(入声)	竹 ţjuk	畜 ţhjuk	逐 ɖjuk
软腭塞音(平声)	疆 kjɛŋ	羌 khjɛŋ	强 gjɛŋ
齿音塞擦音(平声)	津 tsin	亲 tshin	秦 dzin
卷舌塞擦音(去声)	诈 tʂɯæ	岔 tʂhɯæ	乍 dʐɯæ
硬腭塞擦音(平声)	专 tɕwjɛn	川 tɕhjɛn	船 dʑwjɛn

3.5.2 唇音

《切韵》音系中只有一组唇音声母,唇音分化(帮组①分化出非组②)的音变在《切韵》时期还没有发生。表 3.34 中非组字与相应的帮组字声母相同。但请注意,非组字有 -j- 介音,这成为后来唇音分化的条件。唇音分化为双唇音和唇齿音是后来的发展。

表 3.34 分化前的唇音声母

帮组			
波 pwɑ	坡 phwɑ	婆 bwɑ	磨 mwɑ
非组			
分 pjun	芬 phjun	焚 bjun	文 mjun

3.5.3 卷舌塞音

中古汉语有一组卷舌塞音声母,高本汉最初构拟为硬腭音。后来,罗常培(1933、2004)利用梵汉对音材料证明知组声母③的发音部位应是卷舌而非硬腭。

佛教文献中有一种常见的圆形排列的梵文字母表——《圆明字轮》,其中表示梵文卷舌辅音 ţ、ţh、ḍ、ḍh、ṇ 的字母基本用中古知组声母(ţ-、ţh-、ḍ-、ṇ-)字来标音,不用照组(包括庄组 tʂ-、tʂh-、dʐ-、ʂ-、ʐ-和章组 tɕ-、tɕh-、dʑ-、ɕ-、ʑ-)字标音。从表 3.35 和表 3.36 可以看出。表 3.35 中用表示卷舌塞音和鼻音的梵文天城体字母,与知组声母的汉字对

135

---

① 帮 p-、滂 ph-、並 b-、明 m-。
② 非 pf-、敷 pfh-、奉 bv-、微 ɱ-。
③ 知 ţ-、彻 ţh-、澄 ḍ-、娘 ṇ-。

应,例字附上中古拟音。表 3.36 中列出佛典专名的梵汉对音,梵语的卷舌塞音和鼻音音节及相应的汉字用粗体标示,并附注相关汉字的中古拟音。

表 3.35　代表卷舌塞音和鼻音的梵文字母与对应的知组字

梵文	发音	例字	
ट	ṭa [ʈa]	吒 ʈṳa	咤 ʈṳa
ठ	ṭha [ʈha]	姹 ʈhṳa	侘 ʈhṳa
ड	ḍa [ɖa]	茶 ɖṳa	茶 ɖṳa
ढ	ḍha [ɖha]	茶 ɖṳa	茶 ɖṳa
ण	ṇa [ɳa]	拏 ɳṳa	儜 ɳṳæŋ

表 3.36　梵语的卷舌塞音和鼻音音节及对应汉字

梵语	汉语	
Aṭali	阿**吒**厘	吒 ʈṳa
Koṭi	俱**致**	致 ʈṳi
Ariṭṭha	阿栗**抽**	抽 ʈhiw
Kausṭhila	拘**缔**缇	缔 ʈhṳi
Caṇḍala	旃**茶**罗	茶 ɖṳa
Kunḍika	军**持**	持 ɖi
Āṣaḍha	阿沙**茶**	茶 ɖṳa
Virūḍhaka	毗卢**宅**迦	宅 ɖṳak
Aṇu	阿**拏**	拏 ɳṳa
Bhikṣūṇi	比丘**尼**	尼 ɳṳi

　　用来转译梵文卷舌声母音节的汉字绝大多数是中古知组字,这表明中古知组声母应是卷舌音。如表 3.37 所示,中古汉语中既有卷舌塞擦音和硬腭塞擦音,也有卷舌塞音。需要注意的是,卷舌音可以与硬腭介音相拼,这在现代普通话中是不可能的。

表 3.37　卷舌塞擦音、硬腭塞擦音与卷舌塞音并存

卷舌塞音	卷舌塞擦音	硬腭塞擦音
珍 ʈin	榛 tʂin	真 tɕin
张 ʈjaŋ	庄 tʂjɐŋ	章 tɕjaŋ

钝音声母和锐音声母的演变不同。锐音声母后的-r-融合到声母中,使锐音变为卷舌音,在钝音声母后 -r- 弱化, -r- > -ɰ-。如 3.38 所示,如果后接介音-r-,锐音声母(上古汉语齿龈音)变为卷舌音,而钝音声母(上古汉语舌背音和唇音)不变。介音-r-弱化为 -ɰ-, -ɰ-在三等锐音声母音节中消失。

表 3.38　上古汉语锐音声母和钝音声母及-r-介音的演变

	二等韵	三等韵
*tsr- > tʂ-	窗 tʂhɰɔŋ	庄 tʂjɐŋ
*tr- > ʈ-	桩 ʈɰɔŋ	张 ʈjɐŋ
*pr- > pɰ-	邦 pɰɔŋ	膘 pɰjɐw
*kr- > kɰ-	江 kɰɔŋ	骄 kɰjɐw

3.5.4　四等(等第)

韵图中每个音节大致根据韵母的不同分别置于四等格中。同等的音节或韵具有某些共同的特征,不同等的音节或韵一定互有区别(见表 3.39)。从高本汉构拟以后,对于韵图各等的差异以及相应的《广韵》等第的差异(“等”和“等第”两个术语见 1.4.4 节)的研究已经取得了显著进展。表 3.40 总结了高本汉关于四等的基本观点:(1) 一等韵和二等韵没有硬腭介音;(2) 二等韵的主元音相对更前、更高;(3) 三等韵和四等韵有一个硬腭介音;(4) 四等韵的介音是元音性的,三等韵的介音是辅音性的;(5) 四等韵的主元音比三等韵高。高本汉不区分重纽三等 B 类(Ⅲb)和三等 A 类(Ⅲa)两类音节(见 1.4.6 节)。

137

表 3.39　高本汉构拟的《广韵》四等之别——以效摄为例

等第	一等韵	二等韵	三等韵	四等韵
韵	豪-ɑu	肴-au	宵-jɛu	萧-ieu

来源: Karlgren (1915—1926)。

表 3.40　高本汉对介音和主元音的构拟

等第	一等韵	二等韵	三等韵	四等韵
介音	-∅-	-∅-	-j-	-i-
主元音	ɑ	a	ɛ	e

除三等韵以外,学者对其他各等韵的基本特征的认识都有较大修改。早在 1981
年,郑张尚芳就提出二等韵有 -ɣ- 介音,二等韵经历了 Cr- > Cɣ- > Cɯ- > Ci- 的历史
演变(许宝华、潘悟云 1994),这个构拟得到一些有力证据的支持。三等韵有三等 A
类和三等 B 类两种音节(即所谓的重纽对立),高本汉的构拟没有区分重纽。俞敏
(1984a)根据梵汉对音材料提出,重纽三等 B 类和三等 A 类分别具有 -r- 介音和 -y-
(-j-)介音。施向东(1983)的研究表明,这种区别在唐代早期的译经中仍很明显。
郑张尚芳(1987)把重纽三等 B 类(Ⅲb)构拟为 -ɣi- 介音,重纽三等 A 类(Ⅲa)构
拟为 -i- 介音。四等韵实际与一等韵一样没有介音,但与一等韵不同的是,四等韵
有一个前元音-e(李荣 1956)。这些构拟方案已被广泛接受,只是在具体音值上有
一些差异。

四个等第的韵中,一等韵和四等韵没有介音,二等韵有一个 -ɯ- 介音,三等韵有一
个 -j- 介音。一等韵和四等韵的区别在于主元音。最后但同样重要的是,重纽三等 B
类音节需要构拟 -ɯ- 和 -j- 介音。从表 3.41 可见,除一等韵和四等韵的对立以外,四等
音节的区分标准存在明显的冗余,在有无 -ɯ- 介音和主元音的音质上都存在差异。仅
通过主元音进行区分会得到相同的结果,只有一等韵和四等韵元音存在最小对立。根
据与介音 -ɯ- 和 -j- 关联的四等之间的关系(见表 3.42),在音位上,主元音的构拟可以
更加简化(见表 3.43)。四个主元音可以减少为两个,这样的话,整个系统所需的主元
音数量就可以大大减少,主元音系统也会更加自然。

表 3.41　四等音节区分标准的冗余性

等第	一等韵	二等韵	三等 B 韵	三等 A 韵	四等韵
介音	-Ø-	-ɯ-	-ɯj-	-j-	-Ø-
主元音	ɑ	a	ɛ	ɛ	e
例字	褒 pɑw	包 pɯaw	镳 pɯjɛw	飙 pjɛw	—
	高 kɑw	交 kɯaw	骄 kɯjɛw	—	浇 kew

表 3.42　与介音 -ɯ- 和 -j- 关联的四等之间的关系

	-Ø-	-j-
-Ø-	一四等	三等 A
-ɯ-	二等	三等 B

表 3.43　更为简化的主元音音位构拟

等第	一等韵	二等韵	三等 B 韵	三等 A 韵	四等韵
语音构拟	ɑw	ɯaw	ɯjɛw	jɛw	ew
音位构拟	aw	ɯaw	ɯjɛw	jɛw	ɛw

三等韵的地位

《切韵》系统中三等韵是否有硬腭介音-j-,这是一个需要证明的关键音系特征。有学者指出,外语译音中没有明确的证据支持三等韵存在硬腭介音。但这可能是由于借入语言的音节结构中没有介音。

在《切韵》中,三等音节有一种非常强烈的倾向,即倾向于用三等字作反切上字(见表 3.44)①。这种趋势表明,三等韵的区别特征是在音节的节首部分。换句话说,这个证据表明,三等音节一定有一个硬腭介音,反切形式为 CjVE > Cj + jVE(更多信息见3.1.1 节)。

表 3.44　《切韵》三等字反切上字的分布趋势

反切上字	一等韵	二等韵	三等韵	四等韵	总计
作三等韵字反切上字的次数	30	9	1 825	7	1 871
占总数的百分比	1.6%	0.5%	97.5%	0.4%	100%

来源:黄笑山(2002b)。

另一个可以观察到的现象是,有些三等字用含有 -ɯ- 介音的三等字作反切上字。这种现象表明,有些三等音节(重纽三等)中还另有一个介音 -ɯ-,反切形式为C(w)ɯjVE > C(w)ɯj + jVE(如重纽三等字"别,皮列切","皮"bɯjɛ +"列"ljɛt,bɯj- + -jɛt > bɯjɛt)。参见 1.3.2 节对反切系统的总结以及 3.1.1 节对三等音节反切的讨论和示例。

140

3.5.5　开合

开口和合口的对立有两种类型,一种为主元音是否具有圆唇特征,另一种为是否具有介音 -w-。因此,前者是不同韵之间的对立,后者是同韵中不同韵母的对立。例如"登"音 təŋ 开口,"东"音 tuŋ 合口,它们分别属登韵和东韵;而"计"音 kei 开口,

① 如三等字"居,九鱼切",反切上字"九"和下字"鱼"都是三等字。这种现象表明,反切上字(声母+介音)与反切下字(介音+韵基)的介音必须一致。这个介音通常构拟为硬腭音-j-(Karlgren 1915—1926、Chao 1941)。"居"kjɔ 的音由"九"kju 和"鱼"ŋjɔ 相拼而成,kj- + -jɔ > kjɔ。

"桂"音 kwei 合口,但它们都属于霁韵。值得一提的是,唇音声母后没有开合口的对立。①

如果同一韵中既有开口又有合口,那么唇音声母字只出现于其中的一类,不会同时出现。如果开口韵有带唇音声母的音节,相对的合口韵就不会出现带唇音声母的音节,反之亦然。表 3.45 中的例子是带 -n 韵尾的韵,寒韵为开口韵,桓韵是与寒韵相对的合口韵。山、删、仙、元、先等韵都是既有开口又有合口。

表 3.45　-n 尾韵中唇音音节的互补分布

	寒	桓	山	删	仙	元	先
等第	一等韵	一等韵	二等韵	二等韵	三等韵	三等韵	四等韵
唇音开口	−	−	+	+	+	−	+
唇音合口	−	+	−	−	−	+	−
非唇音开口	+	−	+	+	+	+	+
非唇音合口	−	+	+	+	+	+	+

注:"+""−"分别表示是否存在此类特定声母、开合和韵的音节。

3.5.6　重纽对立

所谓"重纽"音节是指三等韵中重出的唇音和喉咽音声母音节。重纽两类音节属于同一个三等韵(VE),声母(I)相同,开合也相同(或同属开口,或同属合口),但却彼此对立。这种看似不应存在对立的重纽数十年来一直是中古音研究的焦点问题。重纽音节存在于支、脂、真、仙、宵、侵、盐、祭八个韵系。

重纽的音系对立问题数十年来一直是个难题。最近学者逐渐达成共识,认为重纽音节的对立是由于介音位置增加了音素。重纽对立的两个音节,分别称为重纽三等 A 类和重纽三等 B 类。梵汉对音证据表明,重纽三等 B 类有一个附加的介音,来源于历史上的 -r-(见表 3.46)。在《切韵》系统中,它可能已经弱化为一个软腭浊擦音 -ɣ-,或半元音 -ɯ̯-,-ɯ̯- 与后高不圆唇元音 ɯ 舌位相同。表 3.47 给出了涵盖重纽八韵系的例字。所有重纽三等 A 类音节都有一个 -j- 介音或 -i- 主元音,重纽三等 B 类音节多了一个 -ɯ̯- 介音,除此之外与重纽三等 A 类音节相同。表 3.47 中的重纽对立在现代普通话

---

① 这里所说的"唇音声母后没有开合口的对立"仅指有无 -w- 介音的开合对立。——译注

中已经没有区别。

表 3.46　梵汉对音中重纽 B 类音节存在介音 -r- 的证据

		梵语	汉语	构拟音值	拼音
重纽 A 类	非卷舌	khya	企	khjɛ	qǐ
		mit	蜜	mit	mì
重纽 B 类	卷舌	r(i)	乙	ʔwit	yǐ
		grān	乾	gwjen	qián

来源:施向东(1983)、刘广和(1984)。

表 3.47　8 个重纽韵系中重纽对立的例字

韵	支	脂	真	仙
重纽 A 类	岐 gjɛ	比 pi	频 bin	便 bjɛn
重纽 B 类	奇 gwjɛ	鄙 pwi	贫 bwin	汴 bwjen
韵	宵	侵	盐	祭
重纽 A 类	邀 ∅jɛw	愔 ∅im	魇 ∅jɛm	艺 ŋjej
重纽 B 类	妖 ∅wjɛw	音 ∅wim	掩 ∅wjɛm	劓 ŋwjej

　　有些学者认为,尤韵和幽韵、庚₃韵和清韵之间的对立实际上也是重纽对立。还有的学者(李新魁 1984)根据相同的对立模式,把更多的三等韵纳入重纽对立的范围。

3.5.7　重韵对立

　　作为传统音韵学术语,"重韵"是指韵图中类别相同的一组韵。如表 3.48 所示,重韵在韵图中被列于同摄、同等。根据韵图,这些韵的音系分类是相同的,所以这些"重韵"的音系对立是相当难构拟的。

表 3.48　传统的重韵

一等	东₁、冬	咍、灰、泰
	覃、谈	
二等	皆、佳、夬	山、删
	庚₂、耕	咸、衔

续　表

三等	东₃、鍾	支、脂、之、微
	鱼、虞	祭、废
	真、欣	谆、文
	仙、元	庚₃、清
	幽、尤	盐、严

　　然而,需要指出的是,韵图的分类系统可能不能反映《切韵》的音系特征,因为韵图是在《切韵》之后几个世纪才出现的。由于时间上的间隔,《切韵》中这些重韵的语音特征已经发生了变化,在韵图编纂的时代,有些重韵已经合并。除了时代差异,《切韵》本身的综合性质也使这些重韵的构拟成为中古音韵研究中的一个重大问题。例如东₁(东韵一等)和冬韵都属于通摄(带圆唇主元音和软腭鼻音韵尾 -ŋ)一等韵(没有介音)。它们之间唯一可能的区别在于主元音。其他重韵的情况与此相同,区别一定在于主元音不同。表 3.49展示了部分重韵的构拟音值。很明显,不同的构拟方案重韵的音值都是相似的。

表 3.49　部分重韵韵对的构拟音值

	高本汉	李荣	王力	邵荣芬	蒲立本	郑张尚芳	潘悟云
东₁	ung	uŋ	uŋ	uŋ	uŋ	uŋ	uŋ
冬	uong	oŋ	uoŋ	oŋ	uoŋ	uoŋ	uoŋ
覃	âm	êm	ɒm	ɒm	əm	ʌm	əm
谈	âm	âm	ɑm	ɑm	am	ɑm	ɑm
鱼	iwo	iå	ĭo	ɔ	iou	ɨʌ	ɔ
虞	i̯u	io	ĭu	io	io	ɨo	jʊ
庚₃	i̯ɒng	iɐŋ	ĭɐŋ	iaŋ	iaŋ	ɣiæŋ	ɰiaŋ
清	i̯äng	iäŋ	ĭɛŋ	iæŋ	ieŋ	iɛŋ	iɛŋ
幽	iĕu	iĕu	iəu	ieu	jiw	iɪu	ɨu
尤	i̯ə̆u	iu	ĭəu	iəu	i̯u	ɨu	iu

来源:根据潘悟云(2000:83—88)。

3.5.8　韵母类型

　　带鼻音韵尾的音节与带塞音韵尾的音节在音节类型上关系非常密切,这两种音节允许出现的音位组合是平行的：带鼻音韵尾的音节通常有一个对应的塞音韵尾音节。

表 3.50 中，每对例字除韵尾部分以外音素完全相同，韵尾一个是鼻音，另一个是口塞音。如 1.4.10 节所指出的，根据韵尾的区别，韵可以分为阴声韵、阳声韵、入声韵三种基本类型，阴声韵无韵尾或有一个半元音韵尾(-ø,-G)，阳声韵有一个鼻音韵尾(-N)，入声韵有一个塞音韵尾(-C)（见表 3.51）。在《切韵》系统中，带鼻音韵尾的音节和带塞音韵尾的音节之间存在一对一的平行关系。

表 3.50　韵尾发音方法不同的最小对立对

耽 təm	答 təp	监 kɰam	甲 kɰap
尖 tsjɛm	接 tsjɛp	掂 tem	跌 tep
干 kɑn	割 kɑt	肩 ken	结 ket
官 kwɑn	括 kwɑt	帮 pɑŋ	博 pɑk
江 kɰɔŋ	角 kɰɔk	弓 kjuŋ	菊 kjuk
经 keŋ	击 kek		

表 3.51　阴声韵、阳声韵和入声韵

平	上	去	入
豪 ɑw	皓 ɑw	号 ɑw	
齐 ej	荠 ej	霁 ej	
模 wo	姥 wo	暮 wo	
侵 im/ɰim	寝 im/ɰim	沁 im/ɰim	缉 ip/ɰip
寒 ɑn	旱 ɑn	翰 ɑn	末 ɑt
唐 ɑŋ	荡 ɑŋ	宕 ɑŋ	铎 ɑk

如上文所论（见 3.2 节），《切韵》中的韵包括介音部分，这使得《切韵》的韵不同于通常理解的"韵"或"韵基"，它们的定义中不包括介音部分。这种差异要求我们对《切韵》音系的构拟进行重新审视，但这一任务超出了本书的范围。

祭、泰、夬、废韵

在《切韵》音系中，鼻音韵尾音节的平、上、去声与带塞音韵尾的入声音节存在一对一的平行关系。开音节只有平、上、去声，没有相应的入声。1.3.5 节"韵系"部分已简单提及，带-j 韵尾的祭、泰、夬、废四个去声韵例外，它们只有去声。如表 3.52 所示，祭、泰、夬、废四韵不仅没有相应的入声韵，也没有相应的平、上声韵。

表 3.52　没有相应平、上声韵的去声祭、泰、夬、废四韵

平	上	去	入
侵 im/ɯim	寝 im/ɯim	沁 im/ɯim	缉 ip/ɯip
寒 an	旱 an	翰 ɑn	末 ɑt
唐 ɑŋ	荡 ɑŋ	宕 ɑŋ	铎 ɑk
豪 ɑw	皓 ɑw	号 ɑw	
齐 ej	荠 ej	霁 ej	
模 wo	姥 wo	暮 wo	
		祭 jɛj/ɯjɛj	
		泰 ɑj	
		夬 ɯæj	
		废 jɐj	

这种现象可以从上古汉语的历史发展角度进行解释,与上古汉语去声和入声韵尾后置成分之间的关系有关(详见 2.3.3.5.4 节)。

3.6　音系对立的现代证据

作为一种语音标准,《切韵》所代表的音系具有无可替代的重要性。它为研究其前后历史时期的汉语语音提供了主要参考,也为研究现代方言提供了框架。除闽方言外,所有现代方言中的音系对立都可以在《切韵》中找到。换句话说,大多数现代方言中的音系对立是《切韵》中音系对立的子集。

《切韵》中的许多音系对立在现代官话或北京话中已经消失,但在其他各种现代方言中得以保存。没有哪种现代方言能够保留《切韵》中全部的语音对立,但是通过比较所有现代方言中的语音对立,《切韵》中的大多数对立都能够得到解释。

现代方言中存在音系对立的语音音值为确定中古汉语音类的音值提供了有价值的信息。这基本上就是高本汉(Karlgren 1915—1926)的研究所依据的材料。有些对立被系统地保存下来,但有些只是零星地保存。有些对立的音值很容易确定,有些则非常困难,因为音值发生了变化,而且变化的方式非常复杂。

3.6.1　发声态类型的三向对立

中古韵书和韵图中,相同发音部位的塞音和塞擦音存在三向对立。现代方言中,有些为两向对立,有些为三向对立。现代普通话与其他许多方言一样是两向对立。塞音

和塞擦音的三向对立主要出现在现代吴方言和部分湘方言中（见表 3.53）。保持三向对立的方言的音值是确定中古汉语音值的最大证据。

表 3.53　北京、苏州、温州、双峰方言的比较，凸显
吴语和湘语发声态类型的三向对立

	官话	吴语		湘语
	北京	苏州	温州	双峰
波	po/pho	pu	pu/pøy	pʊ
坡	pho	phu	phu/pu	phʊ
婆	pho	bu	bøy	bʊ/bu
刀	taw	tæ	tɜ	tɤ
滔	thaw	thæ	thɜ	thɤ
桃	thaw	dæ	dɜ	dɤ
栽	tsaj	tsE	tse	tsue
猜	tshaj	tshE	tshe	tsha
材	tshaj	zE	ze	dze

来源：比较基于北京大学《汉语方音字汇》（第二版，2003）的材料。
注：声调符号略。

　　参考其他材料的信息，可以确定中古汉语音系存在类似的对立，即存在清不送气、清送气和浊三种不同的发声态类型。用国际音标表示，分别为：p-、ph-、b-、t-、th-、d-、ts-、tsh-、dz- 等。

3.6.2　韵尾系统

　　韵书和韵图的安排表明，中古汉语音系中存在三个鼻音韵尾和三个平行的塞音韵尾。有些现代方言仍然保留这样的韵尾系统，而有些则表现为简化的韵尾系统，有些则失去了鼻音韵尾之间以及塞音韵尾之间的对立（见表 3.54）。

表 3.54　北京、苏州、广州、阳江方言的比较，凸显源于中古汉语的不同的
韵尾系统，有的方言保持对立，有的方言发生了合并

	官话	吴语	粤语	
	北京	苏州	广州	阳江
林	lin	lin	lɐm	lɐm
邻	lin	lin	løn	lɐn

	官话	吴语	粤语	
	北京	苏州	广州	阳江
零	liŋ	lin	lɪŋ/lɛŋ	lɪŋ
立	li	liɪʔ	lɐp/lap	lap
栗	li	liɪʔ	løt	lɐt
力	li	liɪʔ	lɪk	lɪk

3.6.3　重纽对立

现代方言中已经很难找到重纽对立(参见 3.4.4 节和 3.5.4.1 节)的证据。只能识别出一些零星的重纽对立的残余(见表 3.55)。

表 3.55　重纽对立现代反映之一例

	中古汉语	官话	吴语	赣语		湘语	
	中古汉语	北京	苏州	温州	南昌	长沙	双峰
一	Øit	i	iɪʔ	iai/i	it	i	i
乙	Øɯit	i	iɪʔ	iai	it	ie	e/ia

	客家话	粤语		闽语			
	梅县	广州	阳江	厦门	潮州	福州	
一	it	jɐt	jɐt	it	ik	ei̯ʔ	
乙	iat	jyt	jit	it	ik	ei̯ʔ	

在《切韵》中,"一"和"乙"都属于入声质韵,声母都是零声母(影 Ø-),它们构成一对重纽音节。它们不同音,因为韵图中"一"列在四等格,"乙"列在三等格。它们在音系上有对立。湘语的长沙话、双峰话,客家方言的梅县话,粤语的广州话、阳江话,都保留着这两个字音的对立。

需要注意的是,普通话中这两个字的声调不同,"一"是第一声,"乙"是第三声。而在中古汉语中,它们都是收-t 尾的入声字。粤语中"一"和"乙"的声调也不同(粤语广州话:"一"为 5 调,"乙"为 2 或 3 调)①,客家方言和吴语中它们的声调是一样的(客家方言苗栗话都是 2 调,吴语上海话都是 55 调)。

3.6.4　重韵对立

重韵对立的残留在各种方言中都可发现。如"戴"是代韵(哈韵系去声韵)字,而"带"是泰韵字。大多数方言中它们的对立都消失了,但在厦门和潮州闽语的白读音(表 3.56 中分隔符"/"前为白读音)中仍然保留。

表 3.56　一等重韵哈、泰韵对立的例子

| | 中古汉语 | 官话 | 吴语 | 闽语 | | |
	中古汉语	北京	苏州	厦门	潮州	建瓯
哈韵:戴	təj	taj	tɒ/tɛ	te/tai	to/tai	tuɛ
泰韵:带	tɑj	taj	tɒ/tɛ	tua/tai	tua/tai	tuɛ

来源:王洪君(1999)、北京大学(2003)。
注:分隔符"/"分隔的两音,如 X/Y,X 是白读音,Y 是文读音。

在江浙地区的吴语中,三等重韵鱼、虞两韵系的对立有所保留(陈忠敏 2003)。表 3.57 中"鼠""输"的对立、"去""区"的对立还涉及声调的不同。吴语中鱼韵有些字存在文白两读,文读音与虞韵同音,白读音表现出中古鱼、虞对立的残留。

表 3.57　吴语中重韵鱼、虞韵系的对立

| | 中古汉语 | 官话 | 吴语 | | | |
	中古汉语	北京	苏州	松江	温州	丽水
鱼韵:猪	ţjɔ	tʂu	tsɻ/tsɥ[a]	tsɻ/tsy	tsei	ti/tɕy
虞韵:蛛	ţjo	tʂu	tsɥ	tsy	tsɻ	tɕy
鱼韵:鼠	ɕjɔ	ʂu	tsʰɻ/tsʰɥ	tsʰɻ/tsʰy	tsʰei	tɕʰi /tɕʰy
虞韵:输	ɕjo	ʂu	sɥ	sy	sɻ	ɕy

---

① 广州粤语中"乙"有/jy:t2/和/jy:t3/两读。

	中古汉语	官话	吴语			
	中古汉语	北京	苏州	松江	温州	丽水
鱼韵：锯	kjɔ	tɕy	kɛ/tɕy	kɛ/tɕy	kei/tɕy	kɯ/tɕy
虞韵：句	kjo	tɕy	tɕy	tɕy	tɕy	tɕy
鱼韵：去	kʰiɔ	tɕʰy	tɕʰi/tɕʰy	tɕʰi/tɕʰy	kʰei/tɕʰy	kʰɯ/tɕʰy
虞韵：区	kʰio	tɕʰy	tɕʰy	tɕʰy	tɕʰy	tɕʰy

注：分隔符"/"分隔的两音，如 X/Y，X 是白读音，Y 是文读音。

149

ᵃ 音标符号 ɿ 在汉语和朝鲜语音系中常用，相当于国际音标中的 ɨ。ʅ 和 ʉ 的关系也是如此。

3.6.5　三四等韵的对立

　　现代汉语方言中，中古同摄三等韵与四等韵的对立虽然不多见，但也能找到。据报告，在浙江吴语的一些方言中，带-n 或-m 韵尾的中古三等韵与四等韵字仍然存在音系对立（金有景 1982）。表 3.58 以"碾""年"之间的语音差异为例，展示吴语中三等韵与四等韵的对立。

表 3.58　吴语中三等韵与四等韵的对立

	官话	吴语			
	北京	永康	浦江	桐庐	青田
三等韵	碾	njɛn	ȵje	ȵjɪ	ȵje	ȵje
四等韵	年	njɛn	ȵja	ȵjɑ	ȵja	ȵjɑ

3.7　中古汉语音系实例

　　本节以周兴嗣（470—521）的《千字文》和萧纲（503—551）的《北渚》诗为例，展示中古汉语的音值，大致反映六世纪汉语的音系。标音第一行是中古汉语构拟音值，第二行是现代普通话的音值，第三行是拼音。韵脚字用粗体表示。表 3.59 所示为《千字文》

前四句的中古汉语拟音及其在不同时期的反映。

千字文(前四句)

周兴嗣

天地玄黄,宇宙洪荒。

日月盈昃,辰宿列张。

根据《切韵》系统,"黄""荒"属于唐韵(一等),"张"属于阳韵(三等),但在《千字文》中,这些字在一起押韵,这表明它们的差异可能仅在于介音-j-的有无。

150

表 3.59　《千字文》中古汉语拟音

天	地	玄	黄	宇	宙	洪	荒
then	di	ɦiwen	ɦiwaŋ	ɦijo	ɖiw	ɦiuŋ	hwaŋ
thjɛn	ti	ɕɥɛn	xwaŋ	y	tʂəw	xuŋ	xwaŋ
tiān	dì	xuán	huáng	yǔ	zhòu	hóng	huāng

日	月	盈	昃	辰	宿	列	张
ȵit	ŋwjet	jɛŋ	tʂɨk	dʑin	siw	ljet	ʈjeŋ
ʈ	ɥɛ	iŋ	tsɤ	tʂhən	ɕjəw	lje	tʂaŋ
rì	yuè	yíng	zè	chén	xiù	liè	zhāng

《北渚》诗中古汉语构拟语音及其在不同时期的反映见表 3.60。

北　渚

萧　纲

岸阴垂柳葉,平江含粉堞。

好值城旁人,多逢荡舟妾。

绿水溅长袖,浮苔染轻楫。

表 3.60　《北渚》诗中古汉语拟音

岸	阴	垂	柳	葉	平	江	含	粉	堞
ŋan	Øɰim	dʑwjɛ	liw	**jɛp**	bɨjaŋ	kɯŋ	ɦəm	pjun	**dep**
an	in	tʂhwej	ljəw	**jɛ**	phiŋ	tɕjaŋ	xan	fən	**tjɛ**
àn	yīn	chuí	liǔ	**yè**	píng	jiāng	hán	fěn	**dié**

续　表

好	值	城	旁	人	多	逢	荡	舟	**妾**
hɑw	ɖɨ	dʑjɛŋ	bɑŋ	ȵin	tɑ	bjoŋ	dɑŋ	tɕiw	tshjɛp
xaw	tʂɨ	tʂhəŋ	phaŋ	ɻəŋ	two	fəŋ	taŋ	tʂəw	tɕhjɛ
hào	zhí	chéng	páng	rén	duō	féng	dàng	zhōu	qiè

绿	水	溅	长	袖	浮	苔	染	轻	**楫**
ljok	ɕwi	tsjɛn	ɖjæŋ	ziw	biw	dəj	ȵjɛm	khjɛŋ	tsjɛp
ly	ʂwej	tɕjɛn	tʂhaŋ	ɕjəw	fu	thaj	ȵan	tɕhiŋ	tɕi
lǜ	shuǐ	jiàn	cháng	xiù	fú	tái	rǎn	qīng	jí

根据《切韵》系统，"葉""妾""楫"属于葉韵（三等），"蝶"属于帖韵（四等），但萧纲的《北渚》诗中它们一起押韵，因此这两个韵之间的差异可能不是主元音不同，而是介音不同。

第四章 中古汉语：唐宋时期

作为汉语语音史的一个时期,中古汉语音韵也存在不同的时空变体。有学者提出中古汉语应进一步分为早期中古汉语和晚期中古汉语两个时期。前者以《切韵》为代表,后者以《韵镜》等早期韵图为代表(Pulleyblank 1984),可能反映了唐代都城长安(今西安)的音韵。中古汉语存在方言变体的证据也很清楚,如 4.2 节所示,藏文材料所反映的唐代西北方言明显表现出与标准音不同的特点(罗常培 1933、Takata 1988、Coblin 1991)。

4.1 唐代(618—907)

唐代是中国历史上最繁荣的时期之一。唐代的科举制度需要一个官方的押韵标准(官韵),因此《切韵》被采纳为标准。后来随着时间的推移,又出现了包括王仁昫《刊谬补缺切韵》在内的一系列修订本。由于唐代强大的社会和文化影响力,汉语被借入到朝鲜、日本和越南等邻国。这些国家语言中的汉语借词语音形成了所谓的朝鲜汉字音、日本汉字音(汉音)和越南汉字音。

4.1.1 玄奘译音

玄奘(602—664)是初唐时期的著名高僧、学者和翻译家。629 年,他前往印度学习佛教。历时近十六载,645 年,他带着六百多部佛教经典回到唐都长安(今西安),退居到一所寺院,致力于翻译佛经,直至 664 年去世。

玄奘把众多印度佛经译成了汉语,他的翻译既多且精,因此闻名于世。他出生于洛阳地区,所以他翻译的梵文专有词(人名、地名、佛教术语)的译音反映了当时洛阳方言的语音。分析表明,玄奘的译音是非常准确的,梵文音节与汉字的对应非常规则且一致(施向东 1983)。

表 4.1 展示了根据玄奘译音构拟的主元音,以平声韵赅上、去、入声韵。需要注意的是,并非《广韵》每个韵的字在玄奘译音中都有出现。

表 4.1　玄奘译音的构拟

	-Ø	-n	-m	-ŋ	-w	-j
ɒ	歌 戈 元 凡	寒 (桓)	谈 覃 严	唐 阳	豪	哈 泰 灰 废　(14)
a	麻 佳	(山) 删 仙	咸 衔 盐	庚 耕 清	(肴) 宵	皆 (夬) 祭　(14)
u	模 虞	文 魂		东		(5)
i	支 脂 之 微	真 臻 殷 (谆)	侵			(8)
o	鱼	痕		(冬) 锺	侯 尤	(6)
e	齐	先	添	青	萧	(5)
ɔ				江		(1)
ə				登 蒸	(幽)	(3)

来源:根据施向东(1983),介音 -r- 、-w-、-j- 略。
注:译音中没有出现的韵放在括号中。

4.1.2　简化和同用标记

1008 年问世的《广韵》中,有些韵标记为"独用",另一些韵标记为"同用"。显然,同用的韵是那些使用当时标准音的人基本无法区分的韵。也可能有的韵字数较少,在诗歌创作中单独押韵比较困难，所以与其他韵同用。这种"同用""独用"标记在宋代著名韵书《广韵》中出现，这是众所周知的，但其首次出现则可追溯到唐代，这是对《切韵》分韵的调整。九世纪封演的《封氏闻见记》记录了许敬宗（592—672）合并韵类的提议，这是一条很有价值的史料：

> 隋朝陆法言与颜、魏诸公定南北音，撰为《切韵》。凡一万二千一百五十八字，以为文楷式。而"先、仙""删、山"之类分为别韵，属文之士共苦其苛细。国初，许敬宗等详议，以其韵窄，奏合而用之。（《封氏闻见记》）

从唐代科举考试的诗歌用韵看，押韵模式在 717 年前后有明显的区别（王兆鹏1998、2004）。717 年以后，这些诗歌的押韵几乎完全遵循"独用""同用"的类别：5 112 个韵脚字，只有 43 个（0.84%）违反"独用""同用"的类别，这清楚地表明，这些类别实际上是在唐朝出现的，后来被纳入到《广韵》中。717 年以前科举考试诗歌韵脚的例字见表 4.2，根据《广韵》同用的规定，真韵字和文韵字不能押韵。

154

表 4.2　公元 717 年以前科举考试诗歌中的韵脚字

年代	士人	真韵	文韵	
713 年	李蒙	臣、人	淳[i]	押韵
714 年	李昂	廛	勳、文、雲	押韵

[i]译注："淳"字属谆韵，非文韵。《广韵》真谆同用，"臣""人"与"淳"押韵符合同用规定。王兆鹏（1998）原文即把李蒙"臣、人"与"淳"押韵认作真文通押。

这一押韵体系很大程度上也反映在唐代关中地区（包括唐都城长安）诗人的押韵实践中（储泰松 2005）。

4.1.3　新的标准

这种"同用"标注表明《切韵》的韵发生了合并，这是八世纪早期语音系统的一个非常重要的信息。《切韵》系统需要至少 12 个元音来区分所有音系对立（冯蒸1998、黄笑山2002a）。例如有 12 个不同的 -ŋ 尾韵，因此就需要同样数量的元音才能区分这些韵，直到最近把介音纳入韵母进行音系分析以后，元音音位数量才有所减少。这 12 个韵列在表 4.3 中。根据"同用"的标注，这 12 个韵可以归纳为 7 组，如表 4.4 所示。收 -n 尾的韵也可以做类似的观察（见表 4.5）。文韵和殷韵（也作欣韵）同用，是在宋代 1037 年新增加的（见表 4.6）。

表 4.3　《切韵》中的 12 个-ŋ 尾韵

东	冬	鍾	江	阳	唐	庚	耕	清	青	蒸	登

表 4.4　根据"同用"标注所分的七个组

东	冬 = 鍾	江	阳 = 唐	庚 = 耕 = 清	青	蒸 = 登

表 4.5　《切韵》中的 12 个-n 尾韵

真	臻	文	殷	元	魂	痕	寒	删	山	先	仙

表 4.6　根据"同用"标注所分的七个组[《礼部韵略》(1037 年)又增文、殷同用]

真 = 臻	文	殷	元 = 魂 = 痕	寒	删 = 山	先 = 仙

通过检查所有同韵尾的韵(带"同用"标记的子系统)可以发现,很明显,任何子系统需要区别的韵类都不超过 7 个,因此整个系统只需要 7 个元音。这是一个与《切韵》系统所需元音不同的系统。表 4.7 按韵尾排列所有同用的韵,并附构拟元音。

表 4.7　按韵尾排列的同用的韵

-ŋ

东	冬 = 鍾	江	阳 = 唐	庚 = 耕 = 清	青	蒸 = 登
uŋ	oŋ	ɔŋ	aŋ	ɛŋ	eŋ	əŋ(iŋ)

-n

真 = 臻	文	殷	元 = 魂 = 痕	寒	删 = 山	先 = 仙
in	un	ɨn	ən	ɑn	an	ɛn

-m

覃 = 谈	侵	盐 = 添	咸 = 衔	严 = 凡
ɑm	im	ɛm	am	əm

-j

泰	废	夬 = 皆 = 佳	齐 = 祭	灰 = 咍
ɑj	əj	aj	ej	ɔj

续 表

-w				
豪	肴	宵＝萧	侯＝尤＝幽	
ɑw	aw	ɛw	əw	
-∅				
支＝脂＝之	微	鱼	虞＝模	歌 麻
i	e	o	u	ɑ a

《集韵》中所有同用的韵,有 13 个是在宋代新增加的(平、上、去、入分别计算)。钱大昕(1728—1804)《唐宋韵同用独用不同》指出,殷(中古音：-in)与文(中古音：-jun)、严(中古音：-jɐm)与盐/添(中古音：-jɛm/-em)、凡(中古音：-jɐm)与咸/衔(中古音：-ɰæm/-ɰam)、废(中古音：-jɐj)与对(队)/代(中古音：-woj/-əj)[①],是贾昌朝在 1037 年提出改为同用的。换句话说,除此之外,其余的同用应是从唐朝继承下来的。这个观点可以从唐代科举考试诗赋用韵中得到证实。表 4.8 是一张根据同用标记排列的韵表。《切韵》的拟音显示同用韵的音值存在相似性。同一组的韵被标记为同用的韵。

表 4.8 根据"同用"标记排列的韵表

	i	e	ɛ	a	ɨ	ə	ɑ	ɔ	o	u
-∅	<u>支脂之</u>	微		麻			歌		鱼	<u>虞模</u>
	jɛ, i, ɨ	e		ɰa, ja			ɑ		jɔ	jo, wo
-j		<u>齐</u>祭		**夬皆佳**		废	泰		<u>灰哈</u>	
		ej, jɛj		ɰaj, ɰɛj, ɰæ		jɐj	ɑj		woj, əj	
-w			宵萧	**肴**		<u>侯尤幽</u>	豪			
			jɛw, ew	ɰaw		əw, iw, ɰi	ɑw			
-m	侵	**盐添**		咸衔		**严凡**	<u>谈覃</u>			
	im	jɛm, em		ɰæm, ɰam		jɐm, jɛm[a]	ɑm, am			
-n	真臻	<u>先仙</u>		删山	**殷**	<u>元魂痕</u>	寒			文
	in, ɪn	en, jɛn		ɰan, ɰæn	ɨn	jɐn, won, nə	ɑn			jun
-ŋ	青		<u>庚耕清</u>			<u>蒸登</u>	<u>阳唐</u>	江	<u>冬锺</u>	东
	iŋ		ɰ(j)aŋ, ɰæŋ, jɛŋ			iŋ, ŋə	jɐŋ, ɑŋ	ɰɔŋ	woŋ, ioŋ	uŋ

注：从 717 年(开元五年)至 901 年(光化四年)科举考试押韵中同用的韵加下画线表示。
[a] 潘悟云(2000)的构拟不区分严韵和凡韵,都为 -jɐm。

---

① 殷、严、凡韵赅上、去、入声韵。

　　这个同用的简化系统也是一个理想的标准音。同用信息可能来自不同的方言,但从《切韵》的性质来看,这些区别也可能是历史的,而不是方言的。有些合并的韵字数很有限,通常不足以用于诗歌创作。根据同用信息,标准音的元音系统在八世纪甚至七世纪已经显著减少。表 4.9 给出了《切韵》和 717 年以后唐诗诗韵的音值。合并的结果是唐诗的押韵方式发生了改变。

表 4.9　《切韵》和 717 年以后唐诗诗韵的音值

	《切韵》韵		717 年以后诗韵		《切韵》韵		717 年以后诗韵
侵	-im	—	-im	支	-jɛ	>	-i
盐	**-jɛm**	**>**	**-ɛm**	脂	-i		
添	**-em**			之	-ɨ		
咸	-ɰæm	>	-am	微	-ɨj	—	-e
衔	-ɰam			麻	-ɰa/-ja	—	-a
严	**-jɐm**	**>**	**-əm**	歌	-ɑ		
凡	**-jɐm**			鱼	-ɔ	—	-o
谈	-ɑm	>	-ɑm	虞	-jo	>	-u
覃	-am			模	-wo		
真	-in	>	-in	齐	-ej	>	-ej
臻	-ɪn			祭	-jɛj		
先	-en	>	-ɛn	**夬**	**-ɰaj**	**>**	**-aj**
仙	-jɛn			**皆**	**-ɰæj**		
删	-ɰan	>	-an	**佳**	**-ɰæ**		
山	-ɰæn			废	-jɐj	—	-əj
殷	**-ɨn**	**—**	**-ɨn**	泰	-ɑj	—	-ɑj
元	-jɐn	>	-ən	灰	-woj	>	-ɔj
魂	-won			咍	-əj		
痕	-ən			宵	-jɛw	>	-ɛw
寒	-ɑn	—	-ɑn	萧	-ew		
文	-jun	—	-un	肴	-ɰaw	—	-aw
青	-iŋ	—	-eŋ	侯	-əw	>	-əw
庚	-ɰ(j)aŋ	>	-ɛŋ	尤	-iw		
耕	-ɰæŋ			幽	-ɨw		
清	-jɛŋ			豪	-ɑw	—	-ɑw
蒸	-ɨŋ	>	-əŋ				
登	-əŋ						

	《切韵》韵		717 年以后诗韵	《切韵》韵		717 年以后诗韵
阳	-jɐŋ	>	-aŋ			
唐	-ɑŋ					
江	-ɔm̥	—	-ɔŋ			
冬	-woŋ	>	-oŋ			
鍾	-ioŋ					
东	-uŋ	—	-uŋ			

这个系统需要开口度四度对立的元音。然而,有些韵(殷、盐添、央皆佳及相应的上、去、入声韵)由于字数很少,从未用于诗歌押韵(在表 4.8 和 4.9 中用粗体字表示)。东韵和鍾韵有一次例外押韵。表 4.10 显示了唐代中古汉语的语音、音位和押韵系统之间的关系。

表 4.10 唐代中古汉语语音、音位和押韵系统的关系

语音			音位			十六摄系统		
i	ɨ	u	i		u	i		u
e	ə			ə			ə	
ɛ		ɔ	ɛ		ɔ	ɛ		ɔ
a	ɒ		a	ɒ		a		

> 符号 > 出现在音位列之间和十六摄列之间

这个系统与韵图的十六摄系统非常接近,十六摄系统中-a 和-ɒ 两个低元音合并。其音值可与 4.1.1 节的玄奘译音相比较。

4.1.4 浊塞音塞擦音的清化

唐代不空和尚的译音反映出浊塞音、塞擦音变成了清送气音(刘广和 1984)。著名的敦煌藏经洞中发现了一些汉藏对音写本,它们原是为了帮助藏族人学习汉语而作的。对音不限于单个术语,因为这些材料并不仅是术语表。从这些写本发现的地区来看,它们可能代表了唐五代时期的西北方言(罗常培 1933)。在西北地区的方言中,浊音清化倾向于先从擦音开始,到塞擦音,再到塞音(见表 4.11)。这些对音材料包括《阿弥陀经》《金刚经》《大乘中宗见解》《千字文》及《唐蕃会盟碑》。前四种是敦

煌石窟发现的未注明日期的写本,最后一种是石碑,建造于唐代长庆年间的 823 年。根据文本中所包含的历史信息和语音信息,前四种材料的时代估计为八至九世纪(罗常培 1933)。

表 4.11　唐代西北汉语方言浊音清化的过程

	並	奉	定	澄	床	禅	从	邪	群	匣
《阿弥陀经》	b	b, mb	d, nd	dẓ	ç	ç	dz	—	g	h
《金刚经》	b	b, mb	d	dẓ	ç	ẓ,ç	dz	s	g	h
《大乘中宗见解》	ph	b, ph	d, th	dẓ, tçh	ç	ç	tsh	s	kh	h
《唐蕃会盟碑》	b	b	d	tç	ç	ẓ,ç	z	—	k	h
《千字文》	b	b, ph	d	dẓ	tçh, ç	ç	dz, dẓ	s	g	h

这些汉藏对音材料介绍如下(罗常培 1933):

《阿弥陀经》	藏文译音汉文佛经《阿弥陀经》残卷
《金刚经》	藏文译音汉文佛经《金刚经》残卷
《大乘中宗见解》	行间加注藏文译音的《大乘中宗见解》残卷
《唐蕃会盟碑》	藏汉对照《唐蕃会盟碑》拓片
《千字文》	行间加注藏文译音的《千字文》残卷

表 4.11 中的声母 mb 是鼻化的塞音,这是唐代西北方言的一个基本语音特征(罗常培 1933,更多信息参见 4.2 节)。这一特征仍然存在于现代晋方言中(乔全生 2004)。

4.1.5　轻唇化

黄淬伯([1970]2010)的研究表明,在慧琳(737—820)的佛经音义著作《一切经音义》中,双唇音和唇齿音明显有别。慧琳的反切是根据元廷坚的《韵英》(724—726)和张晋戈的《考声切韵》(684—704)而作的。根据对慧琳反切的分析,黄淬伯提出,慧琳时代有三个唇齿音声母,如表 4.12 所示(黄淬伯[1970]2010:18—19)。出现在 -j- 介音之前时,唇音声母从四向对立减少到三向对立,这表明已经发生了唇齿化,pj- 和 phj- 已经变为 f-。表 4.13 是一个对应表,显示了唐代汉语 -j- 介音前双唇音的唇齿化。后来的韵书中,这些以 -j- 为条件的唇齿字仍被认为是三等字。如表 4.13 所示,原本 pj- 和 phj- 音节的声母已经无法区分。

160

表 4.12　唐代汉语唇齿音的三向对立，分别构拟为 f、v 和 ɱ

f-	夫 fū < pjo	非 fēi < pwɨj	敷 fū < phjo	峰 fēng < phjoŋ
v-	扶 fú < bjo	肥 féi < bwɨj	奉 fèng < bjoŋ	房 fáng < bwjɐŋ
ɱ-	武 wǔ < mjo	微 wēi < mwɨj	文 wén < mjun	芒 máng < mwjɐŋ

表 4.13　唐代汉语 -j- 介音前双唇音的唇齿化

中古汉语	条件	唐代汉语	例字			
p	-j- 前	f	夫	pjo	>	fjo
	其他	p	崩	pəŋ	>	pəŋ
ph	-j- 前	f	峰	phjoŋ	>	fjoŋ
	其他	ph	判	phwɑn	>	phwɑn
b	-j- 前	v	房	bwjɐŋ	>	vjɐŋ
	其他	b	白	bɯak	>	bɯak
m	-j- 前	ɱ	文	mjun	>	ɱjun
	其他	m	母	məu	>	məu

来自汉越语的证据也可以证明唇齿化已经发生。据历史记载，这种语音系统是在唐代中期传入越南的（王力 1948）。如表 4.14 所示，在汉越语中，唇齿擦音实现为/f/和/v/（王力 1948：26—27）。传统三十六字母名称置于括号中，例字后是汉越语语音，方括号中为国际音标读音。

表 4.14　唇齿擦音在汉越语中实现为/f/和/v/

p-	（非）	法 pháp	发 phát	分 phân	弗 phất	讽 phúng
		［fap］	［fat］	［fəŋ］	［fət］	［fʊŋ͡m］
ph-	（敷）	忿 phẫn	拂 phất	芬 phân	肺 phế	覆 phúc
		［fəŋ］	［fət］	［fəŋ］	［fe］	［fʊk͡p］
b-	（奉）	伐 phạt	愤 phẫn	房 phòng	扶 phù	服 phục
		［fat］	［fəŋ］	［fawŋ͡m］	［fu］	［fʊk͡p］
m-	（微）	万 vạn	物 vật	望 vọng	微 vi	武 vũ
		［vaŋ］	［vət］	［vawŋ͡m］	［vi］	［vu］

非、敷、奉母之间没有区别，这也暗示出它们是唇齿擦音，在借入越南语时就合并了。

4.1.6 晚期中古汉语

蒲立本(Pulleyblank 1984)指出,《韵镜》语音系统的基础是秦音(长安音)。这一观点的主要证据来自《一切经音义》,它的语音系统是基于秦音的。蒲立本根据《一切经音义》与《韵镜》语音上的相似性,将二者联系起来。张麟之修订版《韵镜》作于南宋(1127—1279),但其中的命名和分类,如等和声母,可追溯到十世纪。唐代守温和尚的韵学残卷中包含了"等"和"五音"(声母的五种类别)等结构术语,这些术语与韵图中所用的相似。

唐代文化具有强大的影响力。蒲立本认为,《韵镜》中使用的结构术语反映了长安方言,这是一种与《切韵》不同的标准。汉语的词借入邻国语言,结果使标准唐音反映在朝鲜语、日语和越南语的汉字音中。这些域外汉字音很可能源自《韵镜》所代表的晚期中古汉语。为了区别早期中古汉语和晚期中古汉语,蒲立本考察了各种域外汉字音,他的构拟中减少了一些语音对立(见表4.15)。

表 4.15　蒲立本构拟的早期和晚期中古汉语的区别

等第	一等韵:豪皓号	二等韵:肴巧效	三等韵:宵小笑	四等韵:萧篠啸
早期中古汉语	aw	arw, ɛrw	iaw, jiaw	ɛw[a]
晚期中古汉语	aw, uaw	jaaw, aaw	iaw, jiaw	iaw, jiaw

等第	一等韵:侯厚候		三等韵:尤有宥	三等韵:幽黝幼
早期中古汉语	ow		uw	jiw
晚期中古汉语	əw		iw, əw	jiw

[a] 这里蒲立本写作 ɛu,而不是 ɛw(Pulleyblank 1984:234),可能是一个印刷错误。

不过,今本《韵镜》的音类与《广韵》相同,206韵都分别列出。当然,如果在构拟中把所有的音类都区别开来,那么早期中古汉语和晚期中古汉语之间的差异就只是语音层面上的了。

值得注意的是,蒲立本对早期中古汉语的构拟并不受制于韵图的结构术语。如他把尤韵构拟为 uw。而韵图中尤韵被列入三等,需要构拟硬腭介音或前高元音。在晚期中古汉语构拟中,蒲立本取消了三等韵和四等韵之间的区别。

域外汉字音材料反映的音值是经过借入语言调整改变的,因此无法确定这些变化是由于借入语言音系的差异还是汉语音系自身的变化。一般来说,如果域外汉字音材料反映汉语中的语音区别,就可以证明这种区别是存在的;而如果汉语中的某个语音区别在域外汉字音中没有反映,并不一定说明汉语中这种区别已消失。

162

显然，现有的语音信息不足以为《韵镜》中的所有音类提供音值，蒲立本认为《韵镜》是基于晚期中古汉语的。这使得构拟结果不能令人满意，然而非常重要的一点是，在没有充分理由的情况下，不应自动将诸如"等"之类的结构术语应用于《切韵》系统。

4.2　五代十国（907—960）

从唐朝灭亡到宋朝建立，中间有五十多年的时间，这段历史时期被称为五代十国时期。这是一个动荡的时代，中国分裂为中原王朝和众多割据政权，它们之间互相角逐，争夺权力。因此，这一时期没有任何新的语音标准可以跨越当时不断变化的领地边界而被普遍使用或接受。但有一部音韵文献——《尔雅音图》揭示了这个时期一些重要的语音特征。

4.2.1　《尔雅音图》（十世纪）

《尔雅音图》可能是五代后蜀（933—965）时期高官毋昭裔所作（冯蒸 2007），根据其中所注的直音（参见第 1.3.3 节），可以发现许多语音特征。

为便于说明，表 4.16 中在声母音值后列出中古字母。例如在声母 p- 之后列出中古汉语字母帮和并_仄：表示中古 b- 并母仄声（非平声）与中古 p- 帮母混同。在声母 ph- 之后列出中古汉语字母滂和并_平：表示中古 b- 并母平声与中古 ph- 滂母混同。表 4.16 前两列中其他声母对如 t- 和 th-、ts- 和 tsh-、tʂ- 和 tʂh-、tʃ- 和 tʃh-、k- 和 kh- 等也是如此。

表 4.16　《切韵》声母在《尔雅音图》中的分布

p	帮并仄	ph	滂并平	m	明	ʋ	微	f	非敷奉
t	端定仄	th	透定平	n	泥娘	l	来		
ts	精从仄	tsh	清从平					s	心邪俟
tʂ	知二澄二仄 庄崇仄	tʂh	彻二澄二平 初崇平			r	日	ʂ	生禅
tʃ	知三澄三仄 章禅仄	tʃh	彻三澄三平 昌禅平					ʃ	书船
k	见群仄	kh	溪群平	ŋ	疑			x	晓匣	ø	影云以疑

注：一些浊音声母字根据声调的平仄发生不同的合并。

《尔雅音图》是反映官话浊阻塞音清化模式的最早证据材料之一。这种清化模式是浊塞音和塞擦音根据声调分别变为相应的清送气音和清不送气音。在平声音节中变

163

为清送气音,在非平声音节中变为清不送气音。表 4.17 展示了《尔雅音图》中的浊音清化模式。中古汉语塞音和塞擦音有三种发声态类型,分别是浊音(如並 b-、定 d-、群 g-)、清送气音(如滂 ph-、透 th-、溪 kh-)和清不送气音(如帮 p-、端 t-,见 k-)。在《尔雅音图》所反映的汉语中,所有的浊塞音和塞擦音都失去了浊音性,根据声调分别变为清送气音和清不送气音,平声浊音节变为清送气音,仄声浊音节变为清不送气音①。

表 4.17　《尔雅音图》中的浊音清化模式

中古汉语	条件	《尔雅音图》	例字			
[+浊]	平声	[-浊,+送气]	床	dʒ-	>	tʃh-
			瞧	b-	>	ph-
			琴	g-	>	kh-
			才	dz-	>	tsh-
	仄声	[-浊,-送气]	状	dʒ-	>	tʃ-
			部	b-	>	p-
			近	g-	>	k-
			在	dz-	>	ts-

来源: 音值依据冯蒸(2007)。

这个声母系统中,中古汉语知组也根据等的不同分别与中古庄、章组声母合流(参见 1.4.4 节的比较)。也有迹象表明一些软腭鼻音声母消失。

4.2.2　西北方言

这一时期,诗歌创作仍采用唐代的标准,但值得注意的是,当时的西北方言[罗常培(1933)称为唐五代西北方言]存在唐代标准语中没有的语音特征。

根据罗常培(1933)的研究,与《切韵》系统相比,唐五代方言声母和韵母的语音特征非常显著。声母方面,唐五代西北方言具有以下特点:

(1) 中古浊阻塞音声母清化。据《大乘中宗见解》,中古汉语 b-、d-、g-、dz- 等声母,除少数例外,都被用来转译清送气声母(例如平声音节:菩 phu[罗常培的语音转写这里改为国际音标]< bwo、同 thoŋ < duŋ;仄声音节也是如此:别 phar < buɨjet、独 thog < duk)。

(2) 所有材料中,中古汉语的卷舌塞音声母 ʈ-、ʈh-、ɖ- 均分别与卷舌塞擦音声母 tʂ-、tʂh-、dʐ- 及硬腭塞擦音 tɕ-、tɕh-、dʑ- 合流(如:知 tʃi<ʈiɛ、超 tʃhe'w<ʈhjɛu、治 tʃhi < ɖi)。

---

① 浊擦音也受到影响发生清化,但由于擦音发声态类型只有两向对立(清音和浊音),浊擦音清化变为清擦音,不存在按声调分化的现象。

（3）中古汉语浊擦音声母 ʐ-、z-、ɦ-分别变为清音 ʃ-、s-、h-（如：市 ʃi < ʐɨ/dʐɨ、谢 sja < zja、河 ha < ɦɑ）。

（4）中古汉语的鼻音声母 m-、n-、ŋ-，有时被用来转译浊塞音 b-、d-、g-，表明它们是带前鼻化的塞音 mb-、nd-、ŋg-（如：每 mbe < mwoj、泥 nde < nej、五 ŋgo < ŋuo）。

韵母方面，唐五代西北方言具有以下特点：

（1）在《千字文》中，元音-ɑ、-a、-ɛ 后的软腭鼻音韵尾-ŋ 消失（如：傍 bo < bɑŋ、床 tʃho < dzʑiɐŋ、兵 pe < pɯiaŋ、清 tshye < tshjɐŋ、星 sje < seŋ、横 hwe'e < ɦiwɯaŋ），但是元音 u、o、ə 后的 -ŋ 仍保留（如：东 toŋ < tuŋ、增 tseŋ < tsəŋ、鍾 tʃuŋ < tɕioŋ）。

（2）有些对音材料显示塞音韵尾 -p、-t、-k 消失（如：释 ʃi < ɕjek、没 ma < mwot、薛 se < sjɛt）。

所有这些特征在现代西北方言中都有所体现。

4.3　北宋（960—1127）

北宋早期，诗歌押韵的标准没有太大变化，仍然沿用《切韵》各修订版本的传统，包括 1008 年编定的著名的《广韵》、1039 年编定的《集韵》及其简编本《礼部韵略》等。但更为口语化的语音材料显示出一些创新特征，这些特征是元代古官话乃至现代普通话的基本特征。这些变化最明确的反映之一可以在邵雍的《声音唱和图》中找到。

4.3.1　《广韵》（1008）

《广韵》是最著名的韵书之一（见图 4.1），它是北宋真宗皇帝钦定编纂的，出版于 1008 年，主编是陈彭年和丘雍。《广韵》以《切韵》音系为基础，因其实用、易得而被用作中古汉语音韵研究的主要参考材料，高本汉影响深远的中古汉语构拟就是以《广韵》为依据的。

与《切韵》一样，《广韵》也分为五卷：平声韵两卷，上、去、入声韵各一卷。平、上、去、入四声分别有 57 韵、55 韵、60 韵、34 韵，共 206 韵，收 26 194 字。由于它具有官方地位，《广韵》成为诗歌创作尤其是科举考试的标准参考书。但是，由于它的音系框架仅是《切韵》的重复，所以它对汉语音韵史创新特征研究的价值是相当有限的。很明显，《广韵》并不能反映那个时代的音韵。因此，在《切韵》的早期修订本发现以后，现代学者的注意力就转移到 706 年王仁昫的《刊谬补缺切韵》上，开始以《刊谬补缺切韵》为中古汉语音韵研究的主要参考。

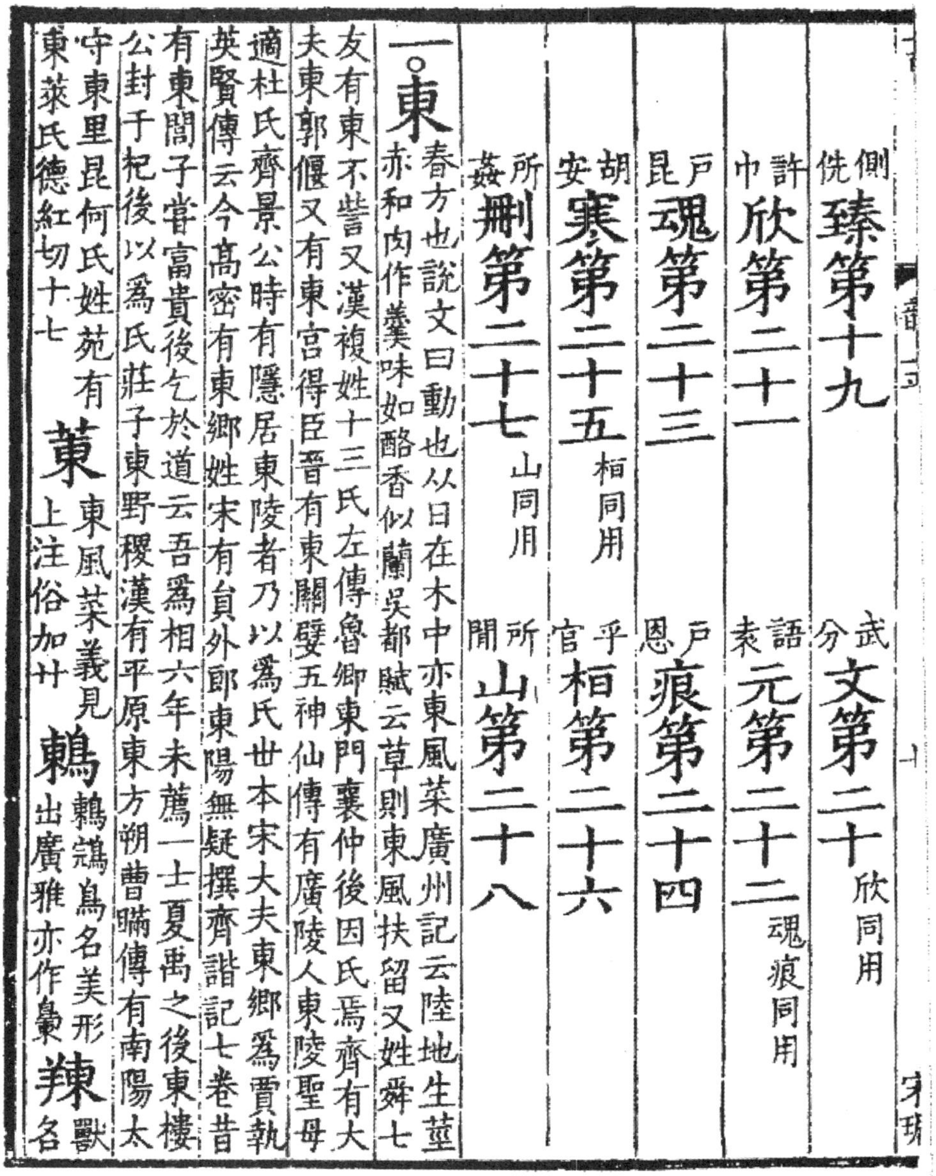

一。東　春方也。說文曰動也。从日在木中。亦東風菜廣州記云陸地生菫，赤和肉作羹味如酪香似蘭。吳都賦云草則東風扶留。又姓舜七友有東不訾。又漢複姓十三氏，左傳魯卿東門襄仲後因氏焉。齊有大夫東郭偃，又有東宮得臣。晉有東關嬖五。神仙傳有廣陵人東陵聖母，適杜氏。齊景公時有隱居東陵者，乃以爲氏。世本宋大夫東鄉爲賈執。英賢傳云今高密有東鄉姓。宋有貟外郎東陽無疑，撰齊諧記七卷。昔有東閭子嘗富貴，後乞於道云吾爲相六年未薦一士。夏禹之後東樓公封于杞，後以爲氏。莊子東野稷。漢有平原東方朔，曹瞞傳有南陽太守東里昆。何氏姓苑有東萊氏。德紅切十七

菄　東風菜義見上注俗加艸

鶇　鶇鵍鳥名美形出廣雅亦作彙

涷　獸

蝀　東風菜義見

辣　名

側詵切　臻第十九

武分　文第二十　欣同用

許欣　欣第二十一

中　元第二十二　魂痕同用

語袁　元第二十二

戶昆　魂第二十三　痕同用

胡恩　痕第二十四

安　寒第二十五　山同用

戶官　桓第二十六

所姦　刪第二十七　山同用

所閒　山第二十八

图 4.1　泽存堂本《广韵》的一页

纵向从右到左排版，"东"是东韵第一个同音字组的首字，"东"字注释的末尾"德红切 十七"分别标明反切和同音字数量两个重要信息。

4.3.2 《集韵》(1039) 和《礼部韵略》(1037)

1039 年出版的《集韵》是对《广韵》的扩充和修订，它也是宋代的官修韵书，是宋仁宗皇帝敕命制定的宋代国家标准。《集韵》共收 53 525 字（不计不同韵中的重复字，共有 32 381 字），收字数量几乎是《广韵》的两倍。丁度是《集韵》及其简编本《礼部韵略》的主编，《礼部韵略》在《集韵》出版前两年即 1037 年出版。由于《集韵》卷帙浩繁（共十卷），它的印刷和发行数量都非常有限。

与《广韵》一样，《集韵》也继承了《切韵》的音系框架。它的韵数与《广韵》完全相同，但是其中一些新制的反切注音反映了当时的实际语音。例如用唇齿鼻音声母字替代原来的双唇鼻音字作唇齿鼻音声母字的反切上字。《集韵》序中"韵例"论及反切用字的改易时，提到以"武"(ɱ-)代"某"(m-)、以"亡"(ɱ-)代"茫"(m-)的问题。①

《礼部韵略》的出版主要是为科举考试服务的，科举考试的内容包括诗歌创作。《礼部韵略》有不同的版本，景德年间（1004—1007）刊行的称为《景德韵略》，它是《广韵》的简编本。三十年后的 1037 年，《集韵》的编者丁度等奉仁宗皇帝之命，对《景德韵略》作了修订，作为《礼部韵略》颁行。它收字 9 590 个，都是当时最常用的字。字数比《广韵》（26 194 字）《集韵》（53 525/32 381 字）少了很多。

这种文学标准音与科举制度共存。《礼部韵略》的修订版包括：1229 年在金国境内出版的王文郁的《新刊韵略》、元代刘渊的《壬子新刊礼部韵略》（参见第七章）、明代的《诗韵辑略》、清代的《佩文诗韵》等。它们都继承了相同的作为科举考试文学标准音的音韵系统。由于存在这种文学传统，文学语言的音韵系统，就 206 韵而言，从十一世纪开始就固定下来了。

168

4.3.3 《声音唱和图》

《声音唱和图》是邵雍（1011—1077）《皇极经世书》中的一套音韵表，《皇极经世书》本身是一部与音韵学无关的神秘学著作。在这些音表中，邵雍试图用音类范畴来解释他的哲学思想。由于《声音唱和图》中反映了一些音韵的创新特征，所以引起了许多学者的兴趣（周祖谟 1942、陆志韦 1946a、李荣 1956、Jaxontov 1980）。

---

① 《集韵》"韵例"："凡字之翻切，旧以'武'代'某'、以'亡'代'茫'，谓之类隔，今皆用本字。"是指旧反切双唇鼻音字用唇齿鼻音字为反切上字，《集韵》把反切上字由唇齿鼻音改为双唇鼻音。如《广韵》"明，武兵切"，《集韵》改为"眉兵切"。——译注

邵雍的故乡在范阳(今河北涿州,今与北京西南部相邻),他在三十岁时迁居洛阳。周祖谟(1942)认为《声音唱和图》的基础方言是洛阳方言,但雅洪托夫(Jaxontov 1980)指出,其中中古-k尾音节的反映形式表明它实际上是北京方言。雅洪托夫(Jaxontov 1980)还明确指出,北方方言彼此之间差别不大。

虽然《声音唱和图》的语音信息并不完整,但这部准音韵学著作提供了许多重要的信息,揭示了北方汉语的特点,这种北方汉语后来发展为普通话。所有音韵信息都包含在两个图表中,音图排列声母,声图排列韵母。

4.3.3.1　声母

声母排列于十二音图中,音图中的音节分为四列,这四列与韵图中常见的四等有很强的关联。奇数行和偶数行分别标记为"清"和"浊"。传统上"清"表示不带声的声母,"浊"表示带声的声母(参1.4.2节)。根据赵荫棠(1957)和雅洪托夫(Jaxontov 1980)的研究,同一音表中第一行和第二行的字声母相同,第三行和第四行的字声母也相同;但周祖谟(1942)有不同的解释:关键的区别在于如何理解响音的排列。例如表4.18的"音二"中,中古软腭鼻音声母字分别排在"清""浊"两行,周祖谟把这种区别处理为不同声母,而雅洪托夫认为这是声调之别。如表4.19所示,声母系统有21个声母,每个声母从音图中取两个字作为代表。

表4.18　十二音图,声母拟音标注于各行之后

音一	音二	音三	音四
古甲九癸 k-	黑花香血 x-	安亚乙一 Ø-	夫法□飞 f-
□□近揆 k-	黄华雄贤 x-	□爻王寅 Ø-	父凡□吠 f-
坤巧丘弃 kh-	五瓦仰□ ŋ-	母马美米 m-	武晚□尾 υ-
□□乾虬 kh-	吾牙月尧 ŋ-	目貌眉民 m-	文万□未 υ-

音五	音六	音七	音八
卜百丙必 p-	东丹帝■ t-	乃妳女■ n-	走哉足■ ts-
步白葡鼻 p-	兑大弟■ t-	内南年■ n-	自在匠■ ts-
普朴品匹 ph-	土贪天■ th-	老冷吕■ l-	草采七■ tsh-
旁排平瓶 ph-	同覃田■ th-	鹿荦离■ l-	曹才全■ tsh-

音九	音十	音十一	音十二
思三星■ s-	■山手■ ʂ-	■庄震■ tʂ-	■卓中■ tʂ-
寺□象■ s-	■士石■ ʂ-	■乍□■ tʂ-	■宅直■ tʂ-
□□□■	■□耳■ ɻ-	■叉赤■ tʂh-	■坼醜■ tʂh-
□□□■	■□二■ ɻ-	■崇辰■ tʂh-	■茶呈■ tʂh-

　　注:空心方块□表示音系上可能存在的音节,但缺乏含相关韵母的汉字;实心方块■表示不可能存在的音节或音系空档。

表 4.19　《声音唱和图》的 21 个声母

唇音	卜步 p-	普旁 ph-	母目 m-	夫父 f-	武文 ʋ-
齿龈音	东兑 t-	土同 th-	乃内 n-		老鹿 l-
	走自 ts-	草曹 tsh-		思寺 s-	
卷舌音	庄乍 tʂ-[a]	叉崇 tʂh-[b]		山士 ʂ-	耳二 ɻ-
软腭音	古近 k-	坤乾 kh-	五吾 ŋ-	黑黄 x-	(安爻 ∅-)

[a] "卓宅"也代表 tʂ-。
[b] "坼茶"也代表 tʂh-。

　　这个声母系统与元代《中原音韵》乃至现代普通话的声母系统很接近。普通话型的声母系统在十一世纪就已经基本确立起来了，这很值得注意。与中古汉语系统相比，以下特点是这个声母系统中的显著变化。

4.3.3.1.1　浊阻塞音的清化

　　邵雍音图的排列为中古汉语浊阻塞音的清化提供了强有力的证据，浊阻塞音包括浊塞音、塞擦音和擦音。在《声音唱和图》中，表面上浊阻塞音似乎仍然存在。但进一步的分析表明，浊阻塞音已经失去了浊音成分，变为清音。

　　表 4.18 中音一、音五、音六、音八、音十一和音十二的塞音和塞擦音字排列成四行，这可能是受了梵文的影响，表 4.20 以音五为例进行说明。但在中古汉语音系中，塞音和塞擦音只有三向对立。邵雍音图的这种四向对立实际上反映了一种双向对立，这是中古汉语浊阻塞音声母清化的结果。邵雍用来代表 bh- 声母的"旁排平瓶"是中古并母平声字，代表 b- 声母的"步白葡鼻"是中古并母仄声字。这种分化与《尔雅音图》(5.1.7 节)完全相同。

表 4.20　邵雍对 bh- 声母的安排与梵语音系类似

	邵雍的排列	中古汉语音值		实际发音	现代普通话
卜百丙必	p	p	>	p	p
步白葡鼻	b	b	>	p	p
普朴品匹	ph	ph	>	ph	ph
旁排平瓶	bh	b	>	ph	ph

　　这种 bh- 声母的安排实际上表明平声音节中的浊塞音已经变成了清送气塞音，仄声音节的浊塞音变成了清不送气塞音。如果没有浊音清化，浊塞音就不会有送气不送气之别[李荣(1956)认为它们仍是浊音，其他学者(周祖谟 1942、陆志韦 1946a、赵荫棠

1957、Jaxontov 1980)都认为它们已经是清音]。表 4.21 更具体地展示了浊平声和浊仄声音节与清音音节的合并关系。契丹文字材料的证据可以很好地支持这种浊音清化模式,因为契丹小字是拼音文字(更多细节见 5.1 章)。

表 4.21　浊平声和浊仄声音节的关系

p	卜百丙必	=	b > p	步白葡鼻	音五
ph	普朴品匹	=	b > ph	旁排平瓶	
t	东丹帝	=	d > t	兑大弟	音六
th	土贪天	=	d > th	同覃田	
ts	走哉足	=	dz > ts	自在匠	音八
tsh	草采七	=	dz > tsh	曹才全	
tʂ	庄震/卓中	=	dʐ > tʂ	乍/宅直	音十一、音十二
tʂh	叉赤/坼醜	=	dʐ > tʂh	崇辰/茶呈	
k	古甲九癸	=	g > k	近揆	音一
kh	坤巧丘弃	=	g > kh	乾虬	

这种浊音清化模式是官话类型的,至今在方言分类中仍被用作官话的判断特征之一。

4.3.3.1.2　双唇音的唇齿化

表 4.18 音四中,"夫法飞"(中古音:pjo/piɐp/pwɨj)与"父凡吠"(中古音:bjo/bjɐm/bwjɐj)分列两行。根据中古汉语的语音,"夫法飞"是清音(p-),"父凡吠"是浊音(b-)。进一步的考查表明,这两组字在声调上是互补的(见表 4.22),因此浊音特征在系统中已经消失。这样,这两组字的声母辅音之间应该没有清浊对立。

表 4.22　唇齿音字在不同声调的互补分布

阴平	阳平	上声	去声	入声
夫飞	—	—	—	法
—	凡	父	吠	—

邵雍用声调对立来表示他的清/浊对立(Jaxontov 1980)。这两组字的声母都应是f-。同一图中的"武晚尾"(中古音:mio/mwiɐn/mwɨj)和"文万未"(中古音:mjun/mwjɐn/mwɨj)之间也是声调对立,与其他辅音的声调对立一样。这两组字都是中古微母(m- > ɱ-),它们的声母都应是ʋ-。ʋ- 是与唇齿擦音 f- 相应的近音,而非浊音。这个声母不是与 f- 相对的浊音 v-,因为根据整个系统我们知道,中古汉语的奉母 v- 已经变为 f-。如果把这个系统中的中古微母构拟为 v-,就是错误的。表 4.23 给出了唇齿音在

《声音唱和图》中的分布情况，按中古汉语的声母和声调分类。

表 4.23　唇齿音在《声音唱和图》中的分布，按中古声母和声调分类

中古声母	平	上	去	入
p-	夫$_1$飞$_1$			法$_1$
ph-				
b-	凡$_2$	父$_2$	吠$_2$	
m-	文$_4$	武$_3$晚$_3$尾$_3$	万$_4$未$_4$	

注：下标数字表示它们在《声音唱和图》中的行序。

172

　　这个系统与现代普通话的唇音系统非常接近。唯一的区别是微母，在《声音唱和图》的系统中，它仍然与合口的影母 ∅-、疑母 ŋ-对立。在普通话中，这些音节都合并为带-w-介音的零声母音节。表 4.24 比较了《切韵》（3.5.2 节）、《七音略》（1.4.1 节）、《一切经音义》（4.1.5 节）、《声音唱和图》（4.3.3 节）和现代普通话的唇音声母。

表 4.24　不同材料中双唇音和唇齿音构拟的比较，表现从中古汉语到现代普通话的演变

	《切韵》	《七音略》[a]	《一切经音义》	《声音唱和图》	现代普通话
帮	p-	p-	p-	p-	p-
滂	ph-	ph-	ph-	ph-	ph-
並	b-平	b-平	b-平	ph-	ph-
	b-仄	b-仄	b-仄	p-	p-
明	m-	m-	m-	m-	m-
非	pj-	pf-	f-	f-	f-
敷	phj-	pfh-	f-	f-	f-
奉	bj-	bv-	v-	f-	f-
微	mj-	mj-	mj-	ʋ-	w-

　　[a]《七音略》大约作于 1161 年之前。尽管产生于宋代，但它的音系具有保守性质，大致介于《切韵》和《一切经音义》之间。

4.3.3.1.3　中古知照组声母的地位

　　唯一在《声音唱和图》中存在而在《中原音韵》中消失的音系对立是中古汉语知组和照组声母的对立。它们分别列在表 4.18 的"音十一"和"音十二"中。但是，如果这表明直到十一世纪，知、照两组声母还没有合流，那么这两组声母的音值就很难构拟了。周祖谟（1942）不区分这两组声母，依据是"音十二"排在"音十一"卷舌塞擦音之后；而不排在"音六"齿龈塞音之后，他的理由是，如果知组声母仍是卷舌塞音（ʈ-、ʈh-、ɖ-），区别于照组（tʂ-、tʂh-、dʐ-），它们就应当排在"音六"齿龈塞音（t-、th-、d-）之后。既然知组排在"音十一"卷舌塞擦音之后，就说明它已经变为塞擦音。

4.3.3.1.4　中古日母鼻音性的消失

表 4.18 的"音十"第三行和第四行分列"耳""二"两字。这两个字中古都是日母，为硬腭鼻音 ɲ-。它们与卷舌擦音 ʂ- 声母字列在同一图中，这表明日母的鼻音性已经消失，变为卷舌近音 ɻ-。这个材料与契丹文字材料（5.1 节）都是证明中古日母音值变化的证据。这个音值与现代普通话中日母的音值一致，因此，它为构拟日母在官话音韵史中各时期的音值提供了关键信息。

4.3.3.2　韵母

韵母列在声图中（见表 4.25），声图总共有十个，但后三图无字，因此这里省略。每个图中，两行构成一组。第一行为"辟"，第二行为"翕"，"辟""翕"大体与传统术语"开""合"相应，四列分别为平、上、去、入四个声调。

表 4.25　七个非空的声图，各行的韵母拟音列于行后

声一	声二	声三	声四
多可个舌 -a, -ja	良两向○ -aŋ, -jaŋ	千典旦○ -an, -jɛn	刀早孝岳 -aw, -jaw
禾火化八 -wa	光广况○ -waŋ	元犬半○ -wan, -ɥɛn	毛宝报霍 -waw
开宰爱○ -aj	丁井亘○ -əŋ, -iŋ	臣引艮○ -ən, -in	牛斗奏六 -əw, -jəw
回每退○ -waj	兄永莹○ -wəŋ,-ɥəŋ	君允巽○ -uen, -yn	○○○玉 -ɥəw

声五	声六	声七	
妻子四日 -i, -ɨ	宫孔众○ -uŋ	心审禁○ -im	
衰○帅骨 -wi, -wə	龙甬用○ -yŋ	○○○十 -i(p)	
○○○德 -əj	鱼鼠去○ -y	男坎欠○ -am, -jɛm	
龟水贵北 -wəj	乌虎兔○ -u	○○○妾 -jɛ(p)	

来源：根据周祖谟（1942），有调整。

根据所用汉字的音类，每行可以有多个韵母。对于有两个韵母的行，一般的排列模式是，有硬腭特征的韵母排在没有硬腭特征的韵母之前。声六和声七中，汉字韵母的音值似乎没有遵循其他声图的一般模式。

4.3.3.2.1　塞音韵尾的消失

声图显示中古汉语入声音节的塞音韵尾已经消失。收 -t 尾的音节与单元音音节排在一起（表 4.25 声一、声五）。有趣的是，收 -k 尾的音节与双元音音节排在一起（声

四、声五)。而 -p 尾音节单独与 -m 尾音节列在同一图中(声七),第二行和第四行是入声韵,而且只有入声。

原本带 -k 尾的音节,"岳、霍、六、玉、德、北"等,与双元音音节列在同一行,而不与声二和声六带 -ŋ 尾的音节列在一起(见表4.25)。通过观察声四中音节的中古音值,我们可以确定 -k 尾音节在宋代前后开始与 -w 尾音节合并。同一行中的音节具有相同的主元音和韵尾,由此可知,这些入声音节的韵尾已经由 -k 变为 -w(见表4.26)。

表 4.26　带 -k 韵尾和后元音的音节与带 -w 韵尾的音节合流

声四	-(j)aw	刀 taw	早 tsaw	孝 huaw	岳 ŋɯɔk
	-(w)aw	毛 maw	宝 paw	报 paw	霍 hwɑk
	-(j)əw	牛 ŋiw	斗 təw	奏 tsəw	六 ljuk
	-jəw	○	○	○	玉 ŋjok

带 -k 韵尾和后元音的音节失去了 -k 韵尾,增加了 -w 韵尾,韵母变为双元音。这是北方汉语中此种音变的最早例证之一。带 -k 韵尾和非后元音的音节失去了 -k 韵尾,增加了 -j 韵尾。同一行中的音节主元音和韵尾相同,由此可知,这些入声音节的韵尾已由 -k 变为 -j(见表4.27)。

表 4.27　带-k 韵尾和非后元音的音节与带-j 韵尾的音节合流

声五	-əj	○	○	○	德 tək
	-uj	龟 kwɯi	水 ɕwi	贵 kwij	北 pək

中古 -k 尾音节的语音变化实际上是一致的,即 -Vk > VG(G=w,j)。双元音化过程的后滑音是由中古音系中的主元音决定的,如果主元音是后元音,韵尾就是 -w;如果主元音是非后元音,韵尾就是 -j(见表4.28)。

表 4.28　生成 -w 韵尾和 -j 韵尾的语音条件

中古汉语	条件	宋代汉语	例字		
-k	后元音之后	-w	岳 ŋɯɔk	>	-w
			霍 hwɑk	>	-w
			六 ljuk	>	-w
			玉 ŋjok	>	-w
	非后元音之后	-j	德 tək	>	-j
			北 pək	>	-j

这种演变与后来的韵图《切韵指掌图》《四声等子》等一致,与韵书《蒙古字韵》《中原音韵》也一致。这类音节在现代官话方言中的分布情况表明,-Vw 形式限于包括北京话在内的北方官话,但 -Vj 形式在更南边的包括洛阳话在内的中原官话中也可以找到。

表 4.25 中,中古带 -t 尾的音节与无鼻音韵尾的音节一起列在声一、声五中,而不与声三带-n 韵尾的音节列在一起。声一的第一、二行及声五的第一行都是单元音。声五的第一行和第二行分别是中古汉语的 i/it 和 wi/wit。"妻子四"是中古蟹、止摄开口字,"衰帅"是止摄合口卷舌音字。合口音节不像《蒙古字韵》和十四世纪的《中原音韵》那样变双元音-aj 韵。"衰帅"这两个音节之所以列于此处,似乎是因为它们的主元音音质不同,可能比同韵中的其他音节更低和(或)更央化(见表 4.29)。

表 4.29　宋代汉语"衰帅"的主元音

		晚期中古汉语		宋代汉语		现代普通话
衰帅	ş-	-wi	>	-wɨj	>	-waj
谁水	ç-	-wi	>	-wi	>	-wej

中古带 -p 韵尾的"十""妾"两个音节列在表 4.25 的声七,但是与韵尾为 -m 的音节不在同一行。中古音"十""心""审""禁"属同一摄(实际上也属同一韵系),"妾""男""坎""欠"也属同一摄。现在尚不清楚为什么"十"和"妾"会分别独立排在不同行中。音韵学家(周祖谟 1942、陆志韦 1946a、Jaxontov 1980)把这种现象视为-p 尾存在的证据。

4.3.3.2.2　元音系统的简化:中古曾梗摄的合并

声图中显然没有列出所有可能的韵母,但可以观察到,主元音系统已经发生简化。声图(表 4.25)中声二的第三行和第四行的音节来自中古曾、梗摄。这些音节的混列表明梗摄已经并入曾摄,-ŋ 韵尾前的前中元音 -ɛ 消失,(w)(j)ɛŋ > (j)əŋ。收 -ŋ 尾的江摄音节没有出现在声图中,而收 -k 尾的二等音节"岳"与一等音节"刀早"、二等音节"孝"列在同一行。表 4.30 是中古汉语与《声音唱和图》-ŋ 尾韵的比较,不包括带 -w- 介音的中古合口音节。

表 4.30　中古汉语与《声音唱和图》-ŋ 尾韵的比较

中古汉语-ŋ 尾韵摄			《声音唱和图》	
曾摄	əŋ	iŋ	əŋ	iŋ
梗摄	ɛŋ	jɛŋ	əŋ	iŋ

中古汉语-ŋ 尾韵摄			《声音唱和图》	
江摄	ɯɔŋ		—	jaŋ（waŋ）
宕摄	aŋ	jaŋ	aŋ	jaŋ
通摄	uŋ	juŋ	uŋ	juŋ

如果 -ŋ 尾音节与-k 尾音节的演变平行,可以推测中古江摄可能已并入宕摄,或者说 -ŋ 韵尾前的后中元音 -ɔ 已消失,ɯɔŋ >（w）（j）ɑŋ。因此,这种简化的结果就是 -ɛ 和 -ɔ 两个中元音与其他元音合并(见表 4.31)。

表 4.31　-ŋ 尾韵的简化,形成元音四向对立

-ŋ	i		u		i		u
	ɛ	ə	ɔ	>		ə	
		a				a	

4.3.3.2.3　元音央化,i > ɨ

表 4.25 声图的声五中,四个含高不圆唇元音的音节(“妻、子、四、日”)列在同一行,“妻”的韵母应当是一个前高不圆唇元音,而“子、四、日”是否是央化元音还不确定。但《声音唱和图》的音九(表 4.18)显示存在央化高元音,音九中“思”“寺”排在左边第一列,这是一等的位置,而这两个字都是中古三等之韵字,这种安排表明三等元音的前舌位特征消失。后来十二世纪末产生的韵图《切韵指掌图》中也可以观察到非常类似的现象,其中“兹、雌、慈、思、词”都被置于一等的位置。后来在《中原音韵》中这些带央化元音的字收在“支思”韵。表 4.32 是《声音唱和图》的韵母结构表,其中包含央高元音-ɨ。

177

表 4.32　《声音唱和图》韵母结构表

介音	-j-, -w-, -ɥ-			
主元音	-Ø：	a, o, i, y, u, ɨ	-m：	a（ɛ）, i
	-n：	a（ɛ）, ə, i, y, u	-ŋ：	a, ə, i, u, y
	-j：	a, ə	-w：	a, ə
韵尾	-m, -n, -ŋ, -j, -w, -p			

4.3.3.3　声调

表 4.25 声图中区别四种声调,带浊阻塞音声母的上声音节变为去声。平、去、入声分

高低两调域,传统上分别称为阴调和阳调。这种系统与现代杭州方言相同,杭州方言在北宋(960—1127)末年深受汴洛方言的影响,与周边的吴语相当不同(Norman 1997)。吴语中响音声母的上声音节通常为低调域(阳调),而雅洪托夫(Jaxontov 1980)指出,《声音唱和图》中,中古响音声母的上声音节与现代杭州方言一样,为高调域("清")。

表 4.18 音图中列在"清"行的响音声母字都是上声字(音二第三行"五瓦仰□"、音三第三行"母马美米"、音四第三行"武晚□尾"、音七第一行和第三行"乃妳女■""老冷吕■"、音十第三行"■□耳■"),而列在"浊"行的都是非上声字(音二第四行"吾牙月尧"、音三第四行"目貌眉民"、音四第四行"文万□未"、音七第二行和第四行"内南年■""鹿荤离■"、音十第四行"■□二■")。因此,它们一定存在声调差异。上声是高调或高调域声调,因此响音声母的上声调被认为属"清"(高域调),其他声调被认为属"浊"(低域调)。这明显是官话语音一个非常典型的特征。换言之,中古汉语响音和清阻塞音声母的上声变为普通话第三声,而带浊阻塞音声母的上声在现代北京官话中变为第四声①。表 4.33 展示了中古汉语上声音节依据不同类型声母在后代语言中的反映,声调用数字符号表示(对应的声调见表 4.34 或 1.4.3 节)。表 4.33 中用粗体数字标明声调与中古汉语不同之处。表 4.35 是"短""巨""满"三字在中古汉语、《声音唱和图》和现代普通话中的声调对应表。

表 4.33　中古汉语上声音节依据不同类型声母在后代的演变

	中古汉语	吴语	《声音唱和图》	杭州	北京
清阻塞音	Ⅱa	Ⅱa	Ⅱa	Ⅱa	Ⅱ
浊阻塞音	Ⅱb	Ⅱb	**Ⅲb**	**Ⅲb**	**Ⅲ**
响音	Ⅱb	Ⅱb	**Ⅱa**	**Ⅱa**	**Ⅱ**

表 4.34　中古汉语上声音节依据不同类型声母在后代的演变(声调全称)

	中古汉语	吴语	《声音唱和图》	杭州	北京
清阻塞音	阴上	阴上	阴上	阴上	上声
浊阻塞音	阳上	阳上	**阳去**	**阳去**	**去声**
响音	阳上	阳上	**阴上**	**阴上**	**上声**

_____

① 即全浊上声字变去声(阳去),次浊上声字与清上声字一起变上声(阴上),这是官话方言的特征之一。——译注

表 4.35　中古汉语、《声音唱和图》和现代普通话声调对应表

中古汉语	条件	《声音唱和图》	例字		
上声	清阻塞音声母	阴上	短 twan（上）	>	阴上
	浊阻塞音声母	阳去	巨 giɔ（上）	>	阳去
	响音声母	阴上	满 mwan（上）	>	阴上

中古汉语	条件	北京话	例字		
上声	清阻塞音声母	上声	短 twan（上）	>	duǎn[a]
	浊阻塞音声母	去声	巨 giɔ（上）	>	jù
	响音声母	上声	满 mwan（上）	>	mǎn

[a]普通话中"短""满"是"第三声"，"巨"是"第四声"，这种表示声调的数字系统与中古汉语音系中所用的不相对应。本书使用声调全称的原因之一就是为了避免这种可能的误解。进一步解释见 1.4.3 节。

4.3.4　小结

毫无疑问，《声音唱和图》反映出许多近似"官话"的语音特征。尽管目前尚不清楚《声音唱和图》描写的是邵雍家乡的方言还是洛阳方言，抑或是同时包含这两种方言特征的系统，但其显然已经显现出现代官话的基本语音特征。这些特征包括中古浊阻塞音清化的官话模式、中古塞音韵尾的消失（或部分消失）、元音央化（元音舌尖化）、中古浊阻塞音声母上声音节变为去声，以及北方官话最典型的特征：中古汉语 -k 尾音节的双元音化。

4.4　南宋（1127—1279）

迫于北方女真人的军事压力，宋朝撤退到淮河以南，并将首都从汴京（今河南开封）迁到临安（今浙江杭州）。宋人南迁使得现代杭州方言表现出明显不同于周边吴语的特征。这种差异最初是由北宋都城移民带到杭州的语言形成的。现代杭州方言的特殊语音特征可以为我们提供有关南宋标准音——开封语音的重要信息。

不同于早期韵图，《四声等子》《切韵指掌图》《切韵指南》这三种韵图是与南宋杭州方言同时期的材料，反映了其产生时期的语音特征，尽管它们在很大程度上仍然基于之前韵图的框架。从这些韵图中韵的安排，可以观察到一些创新的语音特征。大体上说，在韵图设计上，《四声等子》《切韵指掌图》《切韵指南》彼此之间的相似度比它们与《韵镜》《七音略》等早期韵图之间的相似度更高①。

---

① 《切韵指南》实际刊行于元代，但由于它的保守性质，以及它与《四声等子》《切韵指掌图》的相似性，因此把它放在南宋部分进行讨论。

这三种韵图的一个共同点是,中古入声韵不仅与相应的带鼻音韵尾的阳声韵配列,也与无鼻音韵尾的阴声韵配列。这类入声音节不只出现于一张图中。这种现象应解释为中古入声音节 -p、-t、-k 韵尾消失,同时保持入声调,音段上变得与不带鼻音韵尾的音节相同或相似。例如中古带 -k 韵尾的入声音节与带 -w 韵尾的音节列在一起。这实际上表明发生了-ak > -aw 的音变,这种音变是北方官话的一个明确特征(参 6.1.1 节)。由于某些固定排列的设计,韵图无法显示某些语音和音类的变化,如音节中声母的变化、等的变化和声调的变化。

4.4.1 杭州方言

明代郎瑛(1487—1566)的《七修类稿》记录了一些杭州方言的特殊语音现象,其中的"杭音"条描述了少数杭州方言的特点。他对杭州语音的总体评论是:"(杭州语音)至今与汴音颇相似。"而后他举了几个例子:"如呼玉为玉(音御),呼一撒为一(音倚)撒,呼百零香为百(音摆)零香,兹皆汴音也。"根据这三对同音字,可以推知北宋晚期和南宋早期的一些语音特征。表 4.36 列出郎瑛提及的三对同音字,并列出它们的中古音及现代普通话音以作比较。

表 4.36　郎瑛提及的同音字

	中古汉语		现代普通话	
玉	ŋjok		yù	[y⁵¹]
御	ŋiɔ		yù	[y⁵¹]
一	Øit		yī	[i⁵⁵]
倚	Øɯjɛ		yǐ	[i²¹⁴]
百	pɯak		bǎi	[paj²¹⁴]
摆	pɯæ		bǎi	[paj²¹⁴]

三个中古入声字"玉""一""百"分别与非入声字"御""倚""摆"同音。这表明(1)这些音节的辅音韵尾已经消失,-t、-k > -Ø;(2)入声以声母为条件与不同的非入声音节合并,清阻塞音声母入声 > 上声,响音入声 > 去声。这种声调演变模式与《中原音韵》(7.4.4 节)中记录的声调演变完全相同。

由于南宋迁都杭州时带来的移民,杭州的人口急剧增加。这些移民也把来自故都汴京的语言带到了杭州。在现代吴语中,杭州话具有许多独特的音韵特征。这些特征源于北宋都城汴京地区,因此,杭州方言与其他吴语的比较可以为我们提供南宋初年北方方言的信息。

中古汉语带响音声母的上声音节变为阴上,4.3.3.3 节已经对此问题作了讨论。中古响音声母上声与浊阻塞音声母上声的演变不同,这是杭州方言的一个特点。中古汉语上声音节的合并方式在历史和地理上都有不同(见表 4.37)。杭州方言、普通话及《声音唱和图》之间的相似性,与其他吴语形成对比,显示了北宋和南宋都城方言之间的关系。

表 4.37　中古汉语上声音节的合并方式在历史和地理上差异

	杭州	《声音唱和图》	普通话	吴语
带清阻塞音	阴上	阴上	阴上(3)	阴上
带响音	阴上	阴上	阴上(3)	阳上
带浊阻塞音	阳去	阳去	去声(4)	阳上/阳去

杭州方言缺乏文白异读,赵元任(1928：83)指出："别处吴语有文白两读的字(家、问、交、江、樱、角、甲、耳,等等),在杭州大都一律取文派的音。"文读音应该是北宋移民尤其是来自首都汴京的移民带到杭州的语音层次。赵元任所列举的字包括杭州音系中的以下特征：(a)中古开口二等喉牙音字有一个硬腭介音,(b)中古汉语唇齿鼻音 ɱ-声母消失,(c)中古汉语止摄开口日母消失,(d)中古梗摄二等元音高化,(e)中古蟹、止摄三等韵母双元音化。表 4.38 列出了杭州方言语音特征的例字。以苏州方言为吴语的代表,与杭州方言对比。

表 4.38　杭州方言的特征(据钱乃荣 1992)

	a	b	c	d	e
	江	问	耳	樱	龟
杭州	tɕiaŋ	uən	ɚ、əl	in	kuei
苏州	kɒŋ/tɕioŋ	mən/vən	ȵi/l̩	aŋ/in	tɕy/kuɛ

杭州的这些音韵特点很可能来自北宋末年首都汴京的方言。

4.4.2　《四声等子》

《四声等子》(图 4.2)中提到了《广韵》的 206 韵,现存版本的《四声等子》很可能是在《广韵》刊行的 1008 年之后编制的。但是由于在修订时,收字和音类特征可能改换,所以原本《四声等子》并不一定是在《广韵》或《集韵》之后才产生的。《四声等子》有二十张图,反映出《广韵》中某些韵的合并。例如《韵镜》中东韵独立为一图,冬韵和鍾韵一起构成另一图,而在《四声等子》中,东、冬、鍾韵合并列于同一图。

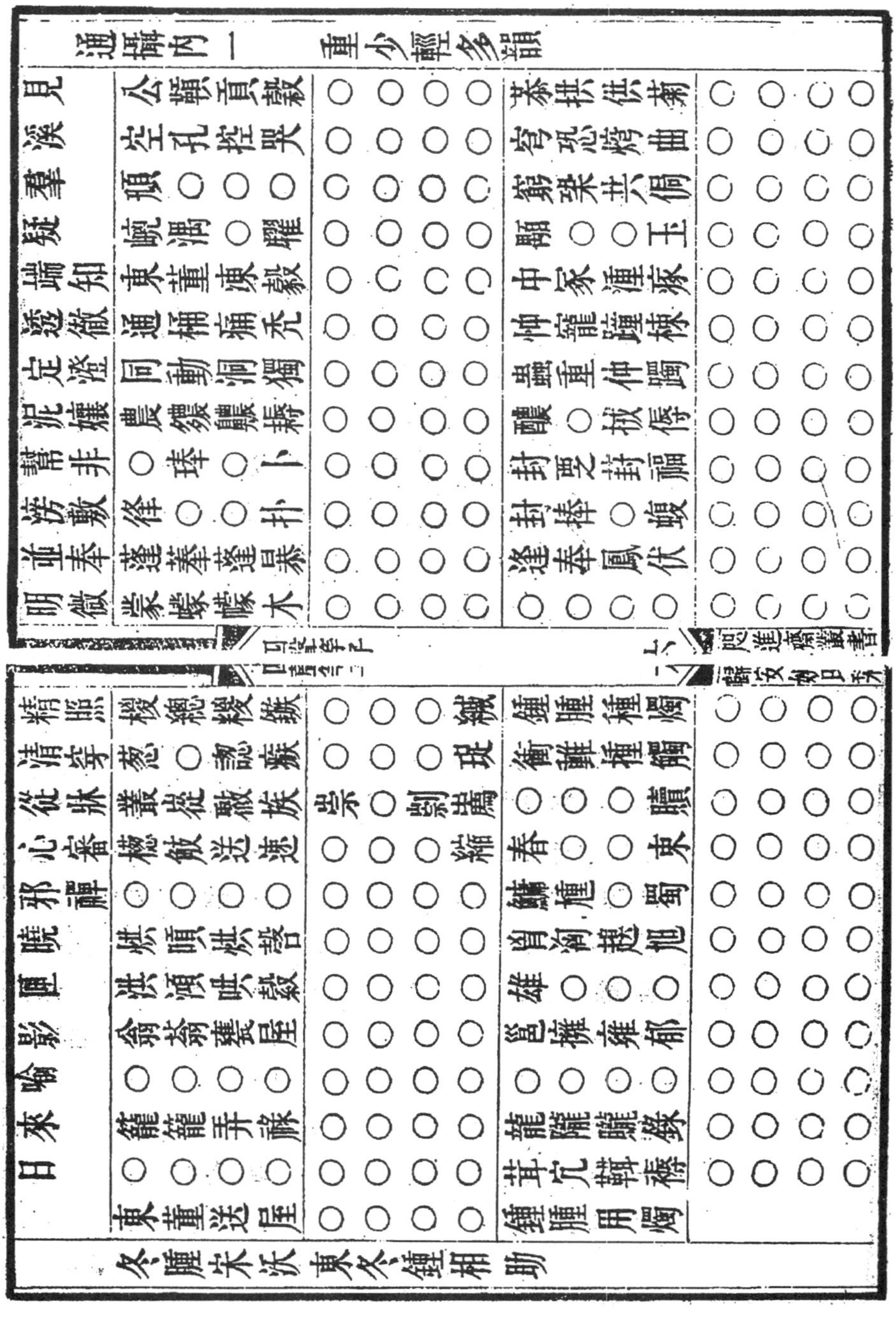

图 4.2 《四声等子》中的两张图，显示东、冬、钟韵系音节的合并

左图最左边左边两列列出了所有涉及的韵。左边第二列列列"东、董、送、屋"和"钟、肿、用、烛"韵，左边第一列"冬、肿、宋、沃"韵，下面注明"东冬钟相助"。这种安排与《韵镜》《七音略》等东、冬、钟韵系分图的早期韵图不同。这清楚地表明这三韵已经合并。

　　这些曾经独立的韵的合并，表明《四声等子》并非简单地对《切韵》和《广韵》的韵进行重新编排，而是在保持《切韵》传统的基础上，反映了当时的一些语音特征。各韵的代表字显示其与《广韵》关系密切，而与《集韵》关系更为密切。因为它代表了一种新的音系分析，所以《四声等子》出版后就成为一部有影响力的著作，其音系分析后来被视为一种参考标准。

　　《四声等子》中的许多安排反映了语音的变化。如江韵（及相应的上、去、入声韵）与唐韵（及相应的上、去、入声韵）列在同一图。江韵原本是开口独韵，唐韵有开合对立。《四声等子》中江韵字或列在开口图，或列在合口图。中古知组和照₂组声母字列在合口图中，其他声母字列在开口图中。表 4.39 以"幢""双""庞"为例展示中古汉语到《四声等子》江韵系开合的分化。

表 4.39　江韵系开合的分化

中古汉语	条件	《四声等子》	例字			
江韵系	知组声母	合口	幢	ɖɯŋ	>	-waŋ
	照₂组声母	合口	双	ʃɯŋ	>	-waŋ
	其他	开口	庞	bɯŋ	>	-aŋ

　　这种安排反映了江韵字语音变化的重要信息。首先，江韵与唐韵列在一起，说明它们的主元音相同。江韵音节分化为开口和合口两类，说明它们的韵母分别为-aŋ 和 -waŋ。这种开合差异在同时期其他材料及现代普通话中也都有所反映。表 4.40 展示了中古汉语江韵系到现代普通话的开合分化，"幢""双"有圆唇介音-w-，"庞"没有圆唇介音。

表 4.40　江韵音节在现代普通话中的反映

中古汉语	条件	现代普通话	例字			
江韵系	知组声母	合口	幢	ɖɯŋ	>	tʂwaŋ
	照₂组声母	合口	双	ʃɯŋ	>	ʂwaŋ
	其他	开口	庞	bɯŋ	>	phaŋ

　　韵图排列上的另一个明显区别是，《四声等子》是先按等列代表字，然后再分声调。早期韵图《韵镜》《七音略》的代表字是先分声调然后再分等排列。表 4.41 是《韵镜》和《四声等子》声调和等次序的比较；《韵镜》声调的层级在等之上，《四声等子》等的层级在声调之上。《切韵指掌图》遵循《韵镜》的模式，《切韵指南》承袭《四声等子》的模式。

表 4.41　《韵镜》和《四声等子》声调和等的次序的比较

《韵镜》	平				上			
	Ⅰ等	Ⅱ等	Ⅲ等	Ⅳ等	Ⅰ等	Ⅱ等	Ⅲ等	Ⅳ等
	去				入			
	Ⅰ等	Ⅱ等	Ⅲ等	Ⅳ等	Ⅰ等	Ⅱ等	Ⅲ等	Ⅳ等
《四声等子》	Ⅰ等				Ⅱ等			
	平	上	去	入	平	上	去	入
	Ⅲ等				Ⅳ等			
	平	上	去	入	平	上	去	入

最显著的区别是入声音节的重出。在早期韵图中,所有代表字都只在一张图中出现一次。例如《韵镜》中入声字"脚"-jak 与相应的平、上、去声字"薑""繢""彊"(中古韵母都是-jaŋ)列在同一纵列。而在《四声等子》中,"脚"-jak 不仅与相配的平、上、去声字出现在同一纵列,还与效摄字列在同一纵列。表 4.42 展示《四声等子》中入声字的重出现象,注意效摄是阴声韵(无韵尾或带滑音韵尾,见 1.4.10 节),因而中古汉语没有相应的入声韵,所以"脚"填补了此前韵图中的空格。

表 4.42　《四声等子》中入声字的重出

宕摄	姜	锵	殭	脚
	-jaŋ	-jaŋ	-jaŋ	-jak
效摄	娇	矫	骄	脚
	-jaw	-jaw	-jaw	-jaw

这清楚地表明,中古汉语的-(j)ak 音节已经变为-(j)aw,正如契丹文字材料和《中原音韵》中所见的那样(参见 5.1.2 节和 7.1 节)。总体来说,《四声等子》仍然遵循早期韵图的基本安排。声母和等的类别没有变化。最重要的变化是韵的合并和代表字的选择。

4.4.3　《切韵指掌图》

《切韵指掌图》(见图 4.3)成书年代不详,序言中题为北宋著名学者、政治家司马光(1019—1086)所作,但学者们并不相信此说。这部著作的年代存在争议。尽管在声母的顺序和音韵术语的使用上存在一些差异,但相比于早期韵图,《切韵指掌图》更接近于《四声等子》。与《四声等子》一样,《切韵指掌图》也是共有二十张图。《切韵指掌图》的声母仅列为一行,这一点不同于其他韵图。

在表格的排列方式上《切韵指掌图》有一些重大变化。一是它把许多三等和四等的

图 4.3　《切韵指掌图》的第一张图

效摄前移成为第一图，在早期韵图及《四声等子》中，图表的顺序是依据《切韵》和《广韵》中的韵序。韵书中东韵是第一韵，所以东字就列于第一图。这种顺序的变化凸显了中古汉语中-(j)aw 音节-(j)ak 音节变为-(j)aw，这是普通话音系的另一个特征。

韵合并在一起,作为相同的韵列在三等格中。这表明这些三等韵和四等韵的对立已经消失。四等音节被列为三等,这表明是四等音节的音值变得与三等音节相同,而不是相反。

另一个显著的区别是,之、支韵系的照组、精组字被列于一等,而非三等。之、支韵系以声母照组、精组为条件发生了音位变体分化(见表 4.43)。这种排列变化应解释为高前元音的央化(或所谓的舌尖化),i > ɨ(ɿ,ʅ)。这种变化在契丹文字材料中也可以观察到(参见 5.1 节)。

表 4.43　之、支韵系的音位变体分化

中古汉语	条件	《切韵指掌图》	例字			
之韵系	照组声母	-ɨ	辎	tʂhɨ	>	-ɨ
	精组声母	-ɨ	思	sɨ	>	-ɨ
	其他	-i	其	gɨ	>	-i
支韵系	照组声母	-ɨ	纸	tɕjɛ	>	-ɨ
	精组声母	-ɨ	斯	sjɛ	>	-ɨ
	其他	-i	陴	bjɛ	>	-i

4.4.4　《切韵指南》

《切韵指南》(全名《经史正音切韵指南》)的作者是刘鉴。根据作者的自序,这本著作成书于元代 1336 年。由于它在结构上与《四声等子》和《切韵指掌图》相似,所以本书把它放在这里进行介绍。《切韵指南》与韩道昭(生活于十二世纪末十三世纪初)编纂的韵书《改并五音集韵》关系密切,其序言说《切韵指南》是对《五音集韵》的分析,韵图中的代表字均取自《五音集韵》(忌浮 1994)[①]。

与《四声等子》和《切韵指掌图》相比,《切韵指南》(图 4.4)的格式更接近前者。如它们都是先按等列代表字,然后再分声调。根据甯忌浮(2016)的研究,其中十六摄的名称与 160 韵的韵目几乎与《五音集韵》完全相同,甚至也沿袭了《五音集韵》中的一些错误。《切韵指南》共有二十四张图。

《切韵指南》韵图前后有注释,韵图前的注释辨析了一些概念,如"分五音"(区别五种类型的声母)、"辨清浊"(区别清浊声母)、"明等第"(明确等的区别)等。注释每行七个字。韵图后附"门法玉钥匙",这是对韵图基本原理的详细总结(见图 4.5)。十三条门法主要解释代表字的反切与其在表格中的位置之间的关系。

---

① "与韩氏《五音集韵》互为体用,诸韵字音皆由此韵而出也。"

見	溪	群	疑	端	透	定	泥	幫	滂	並	明
通攝内一				知	徹	澄	孃	非	敷	奉	微
公	空	○	肒	東	通	同	○	○	○	蓬	蒙
顈	孔	○	濔	董	侗	動	曩	琫	○	菶	蠓
貢	控	○	燿	涷	痛	洞	○	○	○	撲	幪
穀	哭	○	○	穀	禿	獨	耨	卜	扑	暴	木
○	○	○	○	○	○	○	○	○	○	○	○
○	○	○	○	○	○	○	○	○	○	○	○
○	○	○	○	○	○	○	○	○	○	○	○
○	○	○	○	○	○	○	○	○	○	○	○
侗門				中	蟲	重	醲	封	峯	逢	礱
恭	銎	蛩	顒	冢	寵	重	○	覂	捧	奉	○
拱	恐	共	○	湩	蹱	重	醲	諷	葑	俸	朦
供	恐	共	○	潼	楝	躤	傅	蝮	蔀	幞	娟
輂	曲	局	玉	瘃	○	○	○	○	○	○	○
○	○	○	○	○	○	○	○	○	○	○	○
○	○	○	○	○	○	○	○	○	○	○	○
○	○	○	○	○	○	○	○	○	○	○	○
○	○	○	○	○	○	○	○	○	○	○	○

图 4.4　《切韵指南》的第一张图

韵图格式与《四声等子》相似：先分等，然后各等之中再按声调排列汉字。第一张图列通摄字，与《四声等子》相同。

191

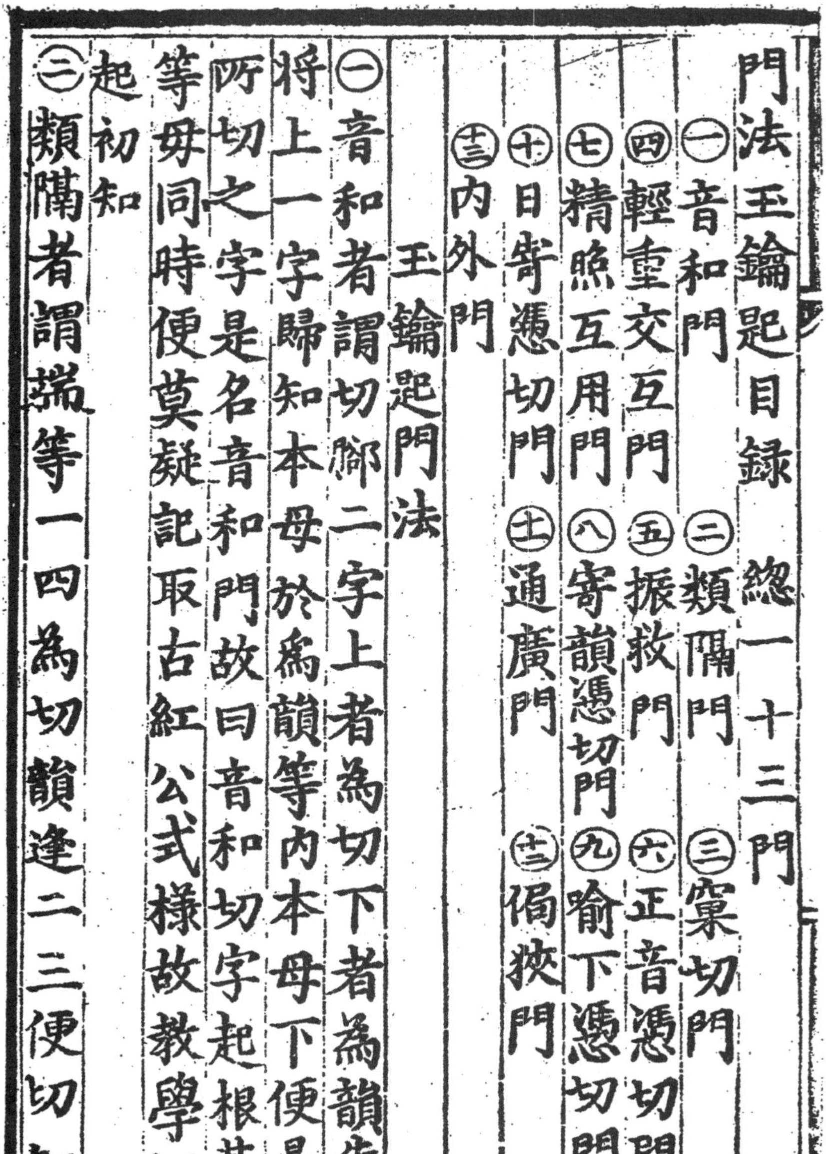

門法玉鑰匙目録　總一十三門

一音和門　　　二類隔門　　三窠切門
四輕重交互門　五振救門　　六正音憑切門
七精照互用門　八寄韻憑切門　九喻下憑切門
十日寄憑切門　十一通廣門　十二侷狹門
十三内外門

玉鑰匙門法

一音和者謂切鄰二字上者為切下者為韻先
将上一字歸知本母於為韻等內本母下便是
所切之字是名音和門故曰音和切字起根基
等母同時便莫疑記取古紅公式樣故教學切
起初知
（二）類隔者謂端等一四為切韻逢二三便切知

图 4.5　《切韵指南》"门法玉钥匙"的一页

这是韵图后附录的第一页。右起第一列是整个列表的标题,题名
"门法玉钥匙目录"。十三条门法的名称列在第二列至第六列。从
第七列开始是这些门法的详细内容。

在没有现代音韵学知识的情况下,这些门法确实是理解传统韵书和韵图格式的"钥匙"。对这些门法的研究是传统音韵学中的一个特殊领域,被称为等韵学。现代历史音韵学研究仍有赖于《切韵指南》及《四声等子》《切韵指掌图》提供的"五音""轻重""等""摄"等音类的信息。

《切韵指南》《四声等子》《切韵指掌图》这三种韵图与《韵镜》《七音略》这两种早期韵图的排列不同。"摄"这个概念的运用代表了新的语音标准的共同基础,这种新的语音标准相对于《切韵》和《广韵》音系是大大简化了。

4.5　唐诗的例子

本节以下面这两首诗为例,展示六世纪的语音系统。传统诗歌创作中,音节根据中古声调分为"平""仄"两类。"平"代表平声调,"仄"代表非平声(上、去、入声)调。这种对立是基于调值的对立,是平调对非平调(见1.3.4 节)。正确运用平仄是创作传统诗歌的基本格律要求。下面两首诗都是四行,每行五个音节。标音的第一行是构拟的音值,第三行是现代普通话的国际音标音值,第四行是拼音。韵脚字用粗体表示。此外,第二行提供了现代广州方言的音值(北京大学 2003),第五行是平仄的信息(见表4.44 和4.45)。

鹿　柴

王　维

空山不见人,但闻人语响。

返影入深林,复照青苔上。

《鹿柴》这首诗中的两个韵脚字"响"和"上",在现代北京话中分别为上声和去声,但在中古汉语中都属于上声。唐诗要求韵脚字的声调相同,因此尽管"响"和"上"在现代普通话和杭州方言中不押韵,但在中古汉语和现代广州话中它们的确是押韵的。

表4.44　中古汉语拟音,反映《鹿柴》诗的唐代汉语语音

空	山	不	见	人	但	闻	人	语	响
khuŋ	ʂɯæn	pjut	ken	ȵin	dɑn	mjun	ȵin	ŋiɔ	hjɐŋ
huŋ	ʃan	pɐt	kin	jɐn	tan	mɐn	jɐn	jy	hœŋ
khuŋ	ʂan	pu	tɕjɛn	ʐəɪ̯	tan	wən	ʐəɪ̯	y	ɕjaŋ
kōng	shān	bú	jiàn	rén	dàn	wén	rén	yǔ	xiǎng
平	平	仄	仄	平	仄	平	平	仄	仄

返	影	入	深	林	复	照	青	苔	上
pwjɐn	ʔʉɯjaŋ	ɳip	ɕim	lim	bjuk	tɕjɛw	tsheŋ	dəj	**dʐjɐŋ**
fan	jɪŋ	jɐp	ʃɐm	lɐm	fʊk	tʃiw	tʃhiŋ	thɔj	**ʃœŋ**
fan	iŋ	ɻu	ʂən	lin	fu	tʂaw	tɕhiŋ	thaj	**ʂaŋ**
fǎn	yǐng	rù	shēn	lín	fù	zhào	qīng	tái	shàng
仄	仄	仄	平	平	仄	仄	平	平	仄

193

辛 夷 坞

王 维

木末芙蓉花，山中发红萼。

涧户寂无人，纷纷开且落。

表 4.45　中古汉语拟音，反映《辛夷坞》诗的唐代汉语语音

木	末	芙	蓉	花	山	中	发	红	萼
muk	mwat	bjo	joŋ	hwɰa	ʂɰæn	tjuŋ	pwjɐt	ɦuŋ	**ŋak**
mʊk	mut	fu	jʊŋ	fa	ʃan	tʃʊŋ	fat	hʊŋ	**ŋɔk**
mu	mo	fu	ɻuŋ	hwa	ʂan	tʂuŋ	fa	xuŋ	**ɤ**
mù	mò	fú	róng	huā	shān	zhōng	fā	hóng	**è**
仄	仄	平	平	平	平	平	仄	平	仄

涧	户	寂	无	人	纷	纷	开	且	落
kɰan	ɦwo	dzek	mjo	ɳin	phjun	phjun	khəj	tshjæ	**lak**
kan	wu	tʃɪk	mow	jɐn	fɐn	fɐn	khɔj	tʃhɛ	**lɔk**
tɕjɛn	xu	tɕi	wu	ɻən	fən	fən	khaj	tɕhje	**luo**
jiàn	hù	jì	wú	rén	fēn	fēn	kāi	qiě	**luò**
仄	仄	仄	平	平	平	平	平	仄	仄

　　《辛夷坞》这首诗的韵脚字"萼"和"落"从中古汉语到现代北京话发生了很大变化，
194　"萼"ŋak > ɤ，"落"lak > luo（见表 4.45）。

官话的开端

辽代（907—1125）、西夏（1038—1227）、金代（1115—1234）

"官话"（Mandarin）之名始见于明代（1368—1644），但官话的音韵特征可以追溯到辽代和宋代（960—1279）。这里我们用"官话"作为现代普通话祖语的名称。在研究官话音韵的历史时，必须提出的一个基本问题是：哪些音韵特征使得官话成为"官话"？民间俗词源认为 Mandarin 一词来源于"满大人"（满族官吏），"官话"这种语言也因此得名。事实上，这个词来自葡萄牙语 *mandarium*，它是从梵语 *mantrin* 一词发展而来的，意思是"顾问"。这个名词在 1589 年传入英语，它的形容词用法大约在 15 年后出现。后来 Mandarin 在西方被用来指称中国的官方语言或"官吏"所说的语言。

《切韵》音系作为一种国家标准在科举考试和诗歌创作中被人为地保持下来，与此同时，一种以口语为基础的标准音系统在中国北方得到发展。这个系统成为现代普通话的直接祖语，它可以追溯到公元十世纪。从十世纪开始，中国部分或整体由非汉族人统治，直至明朝建立。早期官话时期存在过以下几个不同的政权：

汉语	阿尔泰语系[a]	藏缅语族
北宋 960—1127	辽（契丹）907—1125	西夏（党项）1038—1227
南宋 1127—1279	金（女真）1115—1234	
	元（蒙古）1206—1368	

[a] "阿尔泰语系"这个概念本身是存在争议和问题的。阿尔泰语系是一个拟议的语系，包括突厥语族、蒙古语族和满-通古斯语族，有时也包括朝鲜语和日语。虽然并没有足够的证据确定这些语言之间存在亲属关系，但由于地理、文化和语言上的相似性，这个名称至今仍经常使用。女真语被认定属满-通古斯语族，蒙古语属蒙古语族，而契丹语尚未确定属何种语族，很可能是蒙古语族或满-通古斯语族。

由于这一时期说汉语的地区并不统属于任何单一政权，所以各个政权的语音标准并不一致。宋朝推广以《切韵》为代表的唐朝标准音，同时辽、金、西夏地区出现并使用了新的语音标准，与宋的标准共存。实际上，这是一个非常重要的时期，以《广韵》《集韵》为代表的保守的中古音系继续被用作文学标准音，而非汉族统治地区出现了其他语音标准。西夏汉语的语音标准具有唐代西北方言的许多基本特征，但在辽国境内产生了不同的标准。

这一时期，契丹人、女真人和蒙古人等阿尔泰民族统治着今天中国北部和东北部地区。随着他们的领土逐渐向宋朝领土扩张，辽国境内的汉语语音标准逐渐成为所有汉语地区的新的国家标准。后来到元代，这一新的语音标准最终确立，并以系统韵书的形式出版。官方标准从隋唐中古汉语向元代古官话的转变，不仅是语音系统时间上的变化,更重要的是地域方言的变化。从十世纪开始,以现代北京地区方言为代表的北方方言逐渐获得标准地位。元代的新语音标准是辽金地区汉语语音标准的延续。认识到这一时期存在多重标准语音的状况,是非常重要的。

196

第五章　辽、金、西夏时期的汉语

5.1　辽（907—1125）

由于种种原因,辽代通常不被列为汉语史的一个时期。其中一个原因是没有多少汉语材料可资利用。但契丹文字,尤其是契丹小字中,有许多可识别的汉语借词。出人意料的是,仅利用契丹语中的汉语借词,就可以恢复整个语音系统。这个音系的细节为官话的早期历史提供了关键信息。辽代经常被排除在汉语历史语言学讨论范围之外的另一个原因是,非汉族统治的辽与汉族统治的宋共存,许多语言学家更倾向于使用汉族统治下的、标准化的、更"合法"的汉语材料,而不是汉族统治地区之外的语言材料。但是汉语的语音标准不应局限于汉族统治的地区,非汉族统治地区所使用的汉语同样值得关注。

传统汉语方言学研究中,包括普通话在内的汉语方言都是根据语音特征进行分类的。最近对十至十三世纪阿尔泰民族古代文字的研究(Shen 2011)表明,汉语官话音系的起源至少可以追溯到辽代。这些语音特征是以《切韵》为代表的中古汉语到现代普通话语音的历史阶段性发展。从辽代的契丹文字材料中,可以辨识出官话的一些基本语音特征。

5.1.1　契丹文字材料

契丹文字是辽代契丹人发明和使用的文字。契丹人发展了两种文字,契丹大字和契丹小字。前者是一种类似汉字的表意文字,后者是一种拼音文字,两者在结构上都与汉字相似。根据《辽史》记载,契丹小字是耶律迭剌在 924 年创制的。保存至今的契丹文字材料主要是皇帝、皇后和高级官员的墓志铭(见图 5.1)。这些墓志铭通常有相当准确的日期和地点信息,这些信息对历史音韵学研究是非常宝贵的。自 1922 年契丹小字发现以来,人们一直在尝试破解其基本字形,即所谓的契丹小字"原字",其中最具影响力的成果是清格尔泰等所著的《契丹小字研究》(1985)。此后,又发现了十多件用契

197

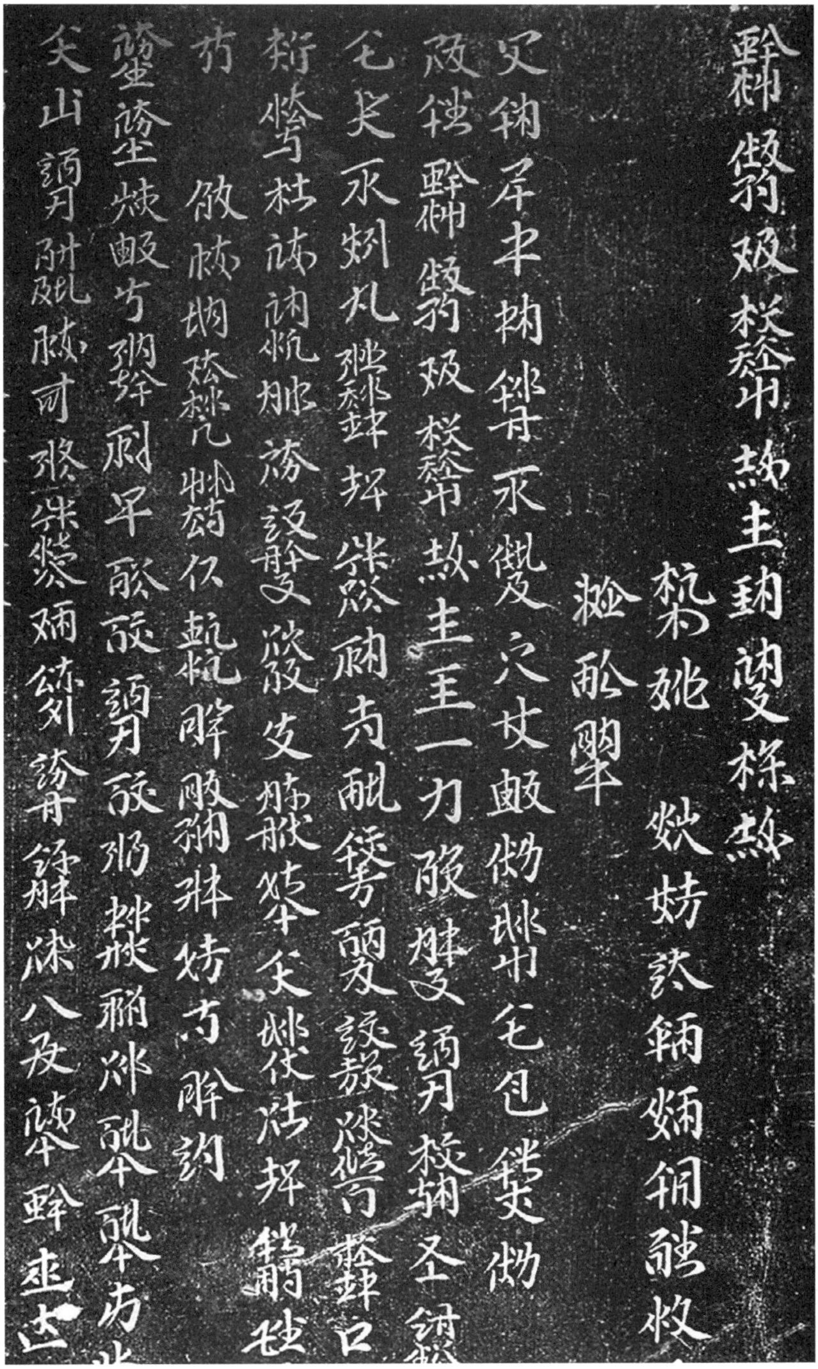

图 5.1　《道宗哀册》拓本
公元 1001 年《道宗哀册》(道宗皇帝墓志铭)的拓本。

199

丹小字刻写的墓志铭(或完整或残缺)(清格尔泰 2002、刘凤翥 2014)。这些新材料为确定原字字形的音值提供了新的重要证据。有了这些新材料,就有可能重建整个汉—契丹语音系(Shen 2007)。

用契丹小字书写的文本基本上仍然无法通读,因为它们记录的是尚未破译的契丹语。然而,其中许多源自汉语的专有名词,如官名、地名和人名,都已得到令人信服的释读。通过系统分析音译汉语词所使用的契丹小字,可以构拟汉—契丹语音系(Shen 2007)。汉—契丹语音系反映的汉语是迄今为止最古老的北方汉语记录形式。尽管与其他记录相比,汉—契丹语音系的年代非常古老,但它与 1324 年元代的《中原音韵》及现代北方官话音系并无显著差异。最重要的是,契丹小字是拼音文字,可以提供直接的语音信息,这是无法从汉字材料中获得的优势。有了这个清晰的语音证据,许多原本含糊不清的问题现在可以得到直接的答案。

契丹文字材料名称缩写:

DL ＝ 韩敌烈墓志铭(1101)

GF ＝ 宋魏国妃墓志铭(1110)

GS ＝ 耶律(韩)高十墓志(1076 年后的某个时期)

GY ＝ 故耶律氏铭石(1115)

HS ＝ 萧特每阔哥夫人韩氏墓志铭(1078)

HT ＝ 海棠山契丹小字墓志残石(无日期)

JS ＝ 萧居士墓志铭(1175)

LJ ＝ 郎君行记(1134)

RX ＝ 耶律仁先墓志铭(1072)

SZ ＝ 皇太叔祖哀册(1110)

TL ＝ 耶律迪烈墓志铭(1092)

TS ＝ 萧太山和永清公主墓志(1095)

WN ＝ 萧奋勿腻图古辞墓志铭(1068)

XW ＝ 许王墓志(1105)

ZJ ＝ 耶律宗教墓志铭(1053)

ZX ＝ 耶律智先墓志铭(1094)

5.1.2　中古汉语 -k 韵尾音节的双元音化

汉语借词的契丹文拼音清楚地反映出双元音化的音变。中古汉语带-k 韵尾的入声音节"洛"和"药"的韵母用契丹原字**夬**和**㞢**转写(见表 5.1)。契丹原字**夬**也用来转写带 -w 韵尾的非入声音节,如 gāo < kaw"高"、cáo < dzaw"曹"、shǎo < ɕjɛw"少";契丹原字**㞢**用来转写-u 元音的音节,如 wǔ < ŋwo"五"、bù < bwo"部"、nú < nwo"奴"。入声-k 韵尾字和非入声-w 韵尾字之间没有区别,这种现象表明,中古汉语带-k 韵尾的音节已经发生了双音化音变。注意,表 5.1 及后续表格中的第三列是契丹文字的罗马化转写。表 5.1 及后续表格中还给出了相关汉字的现代汉语拼音、原始材料和该字在原始材料中的位置,以及从中古汉语到现代普通话的演变(中古汉语 > 现代普通话)等信息。

表 5.1 契丹文字材料显示的-k 尾音节的双元音化

	契丹文	转写	上下文	拼音	来源	演变		
洛	+**夬㞢**	-aw.u	洛京留守	Luòjīng Liúshǒu	XW1[a]	-ɑk	>	-aw
药	+**夬㞢**	-aw.u	药师奴	Yào-shī-nú	TL31	-jɐk	>	-aw
略	+**㞢㞢**	-ɛw.u	经略	Jīnglüè	LJ1	-jɐk	>	-ɛw
国	+**夬**	-uj	越国王	Yuèguó Wáng	XW50	-wək	>	-uj
水	+**夬**	-uj	漆水县	Qīshuǐ Xiàn	GY2	-wi	>	-uj
洛 luò < lɑk、药 yào < jɐk、略 lüè < ljɐk、国 guó < kwək、水 shuǐ < ɕwi								

注:+表示字符前后相邻的位置上还有其他原字。
[a] 墓志铭名称缩写后面的数字表示行数。

表 5.1 中第三行"略"字出自十二世纪金代的碑刻《郎君行记》。由于女真文字材料中没有发现带-w 尾的双元音化的例子,金代契丹文字材料①中的"略"字可以用来证明这种非常重要而独特的带-w 尾的双元音化形式的存在。

表 5.1 中第四、五行的"国"和"水"提供了另一个明确的双元音化的例子,中古带-k 韵尾的入声字"国"与无塞音韵尾的"水"韵母的转写相同。

5.1.3 中古汉语浊阻塞音的清化

契丹文字材料非常清楚地表明,中古汉语的浊阻塞音已经清化。浊塞音的演变模式与现代普通话相同:平声送气,仄声不送气(见表 5.2)。

---

① 需要注意的是,金与西辽是共存的,辽以外的契丹民族仍然使用契丹语。虽然这些文字是在辽朝开始时创制的,但它们的使用并不限于其朝代的时间和疆域。

表 5.2　契丹文字显示的官话型浊音清化模式

	契丹文	转写	上下文	拼音	来源	演变		
都	冂	tu	都监	Dūjiān	TL19	t-	>	t-
度	冂	tu	节度使	Jiédùshǐ	TL1	d-	>	t-
徒	为	thu	司徒	Sītú	GS5	d-	>	th-
统	为+	thu-	知院都统	Zhīyuàn Dūtǒng	XW24	th-	>	th-
同	为+	thu-	混同郡王	Hùntóng Jùnwáng	XW2	d-	>	th-

都 dū < two、度 dù < dwo、徒 tú < dwo、统 tǒng < thwoŋ、同 tóng < duŋ

中古汉语音系中,"度"和"徒"声母都是浊塞音 d-。"度"是仄声字,它被转写为 <tu>,与中古声母为清不送气塞音 t-的"都"相同;而平声"徒"的声母变为送气塞音 th-。"统"和"同"的转写可以进一步证明这种变化。"同"的声母由 d-变为 th-,变得与中古清送气 th-声母的"统"相同。契丹文字材料是反映汉语浊音清化的最早证据,它的浊音清化模式显然是官话型的。

契丹文字材料中有明确的证据表明浊阻塞音声母已经清化(见表 5.3)。这一音变还暗示声调平分阴阳已经发生,因为浊音清化以后,声调分化的音韵条件,即声母辅音的清浊对立,就不复存在了。因此,音变的顺序必须是平分阴阳在先,然后才是浊音清化。

表 5.3　契丹文字材料反映的浊音清化

			条件
Ⅰ. 平声	>	阴平	清声母
	>	阳平	浊声母
Ⅱ. 浊阻塞音	>	清送气	阳平
	>	清不送气	非阳平

因为这种音变的顺序不能逆转,浊音清化一定是在平分阴阳之后发生的。所以根据辽代的浊音清化模式可以推断,中古汉语的平声已经分化为阴平和阳平两个不同的声调。

5.1.4 唇齿化

原字 夰 用来表示汉语的音节 fu。但汉语 fu 音节在契丹语中很可能被感知为相同发音部位的双唇送气塞音和元音 phu（见表 5.4）。原字 夰 通常单独用来转写汉语的音节 fu，有时与其他原字一起用作一个声母。

表 5.4　汉—契丹语中 phu 的唇齿化

	契丹文	转写	上下文	拼音	来源	演变	
府	夰	phu	率府副率	Shuàifǔ Fùshuài	GY10	p-	>	*f-
副	夰	phu	副部署	Fù Bùshǔ	XW9	ph-	>	*f-
驸	夰	phu	驸马	Fùmǎ	GF8	b-	>	*f-

府 fǔ < pjo、副 fù < phiw、驸 fù < bjo

这里应该明确的是，在汉—契丹语中，这些词的发音很可能是 ph-，但 p-、ph-、b- 这三个中古汉语声母已经合并，标志着这些地区所说的汉语官话中这些声母已经唇齿化为 f-，因此构拟的官话声母是 f-，而不是 ph-。

5.1.5 中古汉语知照组声母的合流

中古知组和照组声母无别（见表 5.5）。中古知组声母是塞音（知 t-、彻 tʰ-、澄 ḍ-、娘 ŋ-），照组声母是塞擦音或擦音（照 tʃ-、穿 tʃh-、床 dʒ-、审 ʃ-、禅 ʒ-）。在契丹文字材料中，知组声母被转写为塞擦音，与相应的照组声母没有对立①。

表 5.5　汉—契丹语中知组和照组的合流

	契丹文	转写	上下文	拼音	来源	演变	
中	朩+	tʃ-	中京	Zhōngjīng	WN9	t-	>	tʃ-
主	朩+	tʃ-	公主	Gōngzhǔ	WN17	tʃ-	>	tʃ-
春	朩+	tʃ-	富春郡王	Fùchūn Jùnwáng	RX6	tʃh-	>	tʃ-

---

① 知组声母有鼻音，没有摩擦音；而照组声母没有鼻音，但有摩擦音。知组的爆破音对应于照组相同发声类型的塞擦音。

	契丹文	转写	上下文	拼音	来源	演变		
楚	朮+	tʃ-	楚国王	Chǔguó Wáng	RX2	tʃh-	>	tʃ-
持	朮+	tʃ-	使持节	Shǐchíjié	GF2	ɖ-	>	tʃ-
知	左	tʃi	同知	Tóngzhī	WN9	t-	>	tʃ-
政	左+	tʃi-	政事令	Zhèngshìlìng	DL2	tʃ-	>	tʃ-

中 zhōng < ţjuŋ、主 zhǔ < tɕjo、春 chūn < tɕhwin、楚 chǔ < tʂhjɔ、持 chí < ɖɨ、知 zhī < tjɛ、
政 zhèng < tɕjɐŋ

这里需要指出的是，契丹文字转写中不区分清不送气塞擦音和清送气塞擦音。送气音通常由代表擦音的字母转写。

5.1.6　中古汉语入声-**p**、-**t**、-**k** 韵尾的消失

入声塞音韵尾消失。5.1.2 节中已经分析了带-k 韵尾的音节。表 5.6 举例说明-k 韵尾字及-p、-t 韵尾字的变化。虽然大多数情况下辅音尾已经消失，但仍有一些词保留了塞音韵尾，如表 5.6 第 7 行和第 8 行"腊"和"十"两字。这少数几个例子可能来自契丹语中保存的较早汉语借词层次。-p 韵尾的保留与同时期邵雍的《声音唱和图》（见 4.3.3 节）一致。

表 5.6　汉—契丹语中塞音韵尾的消失

	契丹文	转写	上下文	拼音	来源	演变		
密	+关	-i	枢密院	Shūmìyuàn	XW12	-Vt	>	-i
漆	+关	-i	漆水县	Qīshuǐ Xiàn	GF2	-Vt	>	-i
积	+关	-i	积庆宫	Jīqìng Gōng	GS15	-Vk	>	-i
督	门	tu	督军	Dūjūn	RX6	-Vk	>	-u
察	甬	tʃha	观察使	Guānchá shǐ	GY2	-Vt	>	-a
腊	+为	-a	腊月	Làyuè	RX61	-Vp	>	-a
腊	+为䇂	-a.p(u)	腊月	Làyuè	HS34	-Vp	>	-p
十	+关	-ap	高十	Gāo Shí	GS13	-Vp	>	-p

密 mì < mɯit、漆 qī < tshit、积 jī < tsjɛk、督 dū < twok、察 chá < tʂhɰæt、腊 là < lɑp、十 shí < dʑip

5.1.7　中古汉语软腭鼻音声母 ŋ- 的地位

中古汉语疑母 ŋ 用原字 **仸** 转写。原字 **仸** 也用来转写软腭鼻音韵尾 -ŋ，如"圣""丞""诚""永""彭"等。在现有的数据中，软腭鼻音声母并没有消失。传统上，声母的演变会因等的不同而有所不同，因为声母的演变通常是由介音触发的。然而，如表 5.7 所示，在契丹文字材料中，中古汉语各等的 ŋ- 声母都没有显示出任何变化的迹象。

表 5.7　汉—契丹语声首位置上的软腭鼻音

	契丹文	转写	上下文	拼音	来源	演变		
一等和三等开口								
牛	**仸**+	ŋ-	千牛卫	Qiānniúwèi	ZJ21	ŋ-	>	ŋ-
银	**仸**+	ŋ-	银青	Yínqīng	GF2	ŋ-	>	ŋ-
仪	**仸**+	ŋ-	仪同三司	Yítóngsānsī	XW1	ŋ-	>	ŋ-
娥	**仸**+	ŋ-	娥瑾	Éjǐn	TS14	ŋ-	>	ŋ-
牛 niú < ŋiw、银 yín < ŋɰin、仪 yí < ŋɰje、娥 é < ŋɑ								
一等和三等合口								
吾	**仸**+	ŋ-	左金吾卫	Zuǒjīnwúwèi	GF7	ŋ-	>	ŋ-
元	**仸**+	ŋ-	元妃	Yuánfēi	GY17	ŋ-	>	ŋ-
御	**仸**+	ŋ-	防御使	Fángyùshǐ	GF2	ŋ-	>	ŋ-
魏	**仸**+	ŋ-	宋魏国妃	Sòngwèiguó Fēi	GF4	ŋ-	>	ŋ-
吾 wú < ŋwo、元 yuan < ŋwjɐn、禦 yù < ŋjɔ、魏 wèi < ŋwɨj								
二等和四等								
乐	**仸**+	ŋ-	乐节郡主	Yuèjiéjùn Zhǔ	JS4	ŋ-	>	ŋ-
尧	**仸**+	ŋ-	尧舜	Yáo Shùn	ZX3	ŋ-	>	ŋ-
乐 yuè < ŋɰɔk、尧 yáo < ŋew								

5.1.8　中古汉语的双唇鼻音韵尾 -m

汉语的三个鼻音韵尾在契丹文字转写中区分明显（见表 5.8）。三个不同的原字 **乃**、**夬**、**𢔐** 分别用来转写汉语的 -am、-an、-aŋ 三个韵母。与后来的元代的八思巴字拼音一致，"监""江""兰"的韵母构成典型的三向最小对立。

表 5.8 汉—契丹语中鼻音韵尾的三向对立

	契丹文	转写	上下文	拼音	来源	演变		
监	+乃	-am	兵马都监	Bīngmǎ Dūjiān	GY11	-m	>	-m
江	+夈	-aŋ	静江军	Jìngjiāngjūn	XW11	-ŋ	>	-ŋ
兰	+夭	-an	兰陵郡	Lánlíng Jùn	XW9	-n	>	-n

监 jiān < kɯam、江 jiāng < kɯɔŋ、兰 lán < lɑn

5.1.9 中古汉语的麻韵三等字

古官话音系的一个判定特征是存在 -jɛ 和 -ɥɛ 两个韵母，即《中原音韵》的车遮韵（参见7.4.6.4 节）。这些音节有两类不同的历史来源：中古麻韵系三等音节和带 -p、-t 韵尾的咸山摄三四等入声音节。这两类音节的合并表明：（1）麻韵系三等的音节发生了规则音变：a > ɛ/j_，硬腭滑音之后元音高化，（2）相关入声音节的 -p、-t 韵尾消失。《中原音韵》是第一部将这类音节独立为一个韵部的韵书，而这类音节存在的证据可以追溯到辽代（见表 5.9）。

表 5.9 汉—契丹语中硬腭滑音后元音的高化

	契丹文	转写	上下文	拼音	来源	演变		
射	丙文	j.ɛ	右仆射	Yòu Púyè	SZ	-ja	>	-jɛ
谢	+文	-ɛ	谢家奴	Xiè Jiānú	HT	-ja	>	-jɛ
节	+文	-ɛ	使持节	Shǐchíjié	GF	-et	>	-jɛ

射 yè < ja、谢 xiè < zja、节 jié < tset

5.1.10 官话的基础

表 5.1 至表 5.9 所示的证据表明，辽国境内所说的北方汉语方言已经具备现代官话的许多基本特征。这些特征包括：

1. 中古汉语 -k 尾音节的双元音化
2. 中古汉语浊阻塞音的清化
3. 中古汉语双唇声母的唇齿化
4. 中古汉语知照组声母的合流
5. 中古汉语入声 -p、-t、-k 韵尾的消失

6. 麻韵三等音节主元音的高化

契丹文字材料表明,官话的许多基本语音特征在那时已经存在。因此不难理解,官话的起源可以追溯到辽代,比普遍认为是官话音系最早证据的《中原音韵》早大约三个世纪。

5.1.11 拟音举例

图 5.2 是《宣懿哀册》(1101)拓片的局部,展示了其作者耶律固的一些官衔(官衔的翻译根据:Hucker 1985)。

(a)　　　(b)　　　(c)

图 5.2 契丹文字记录的耶律固的官衔

《宣懿哀册》(1101 年)拓片中契丹文字记录的耶律固的官衔。

从由左至右(a)(b)(c)三张拓片中可以很清楚地看出,拓片(c)中"检校国"三个契丹文字的声母原字都是 **兂**(k-),"子祭酒"三个契丹文字的声母原字都是 **伞**(ts-)。表 5.10 的示例中,在汉字和契丹文字下提供了四种语音,第一行是中古汉语音,第二行是汉—契丹语音(据 Shen 2007),第三行是《中原音韵》音(据杨耐思 1981),第四行是现代普通话音,最后一行是拼音。

206

表 5.10 耶律固官衔的多种语音

拓片(a)				
	御	院	通	进
	安灬	尖芀	令火	伞雨
中古汉语	ŋjɔ	ɦiwjɛn	thuŋ	tsin
汉—契丹语	ŋy	ɥen	thuŋ	tsin
《中原音韵》	y	ɥen	thuŋ	tsin
现代普通话	y	ɥen	thuŋ	tɕin
拼音	yù	yuàn	tōng	jìn

续　表

拓片（b）						
	银	青	崇	禄	大	夫
	安雨	仐冋	丙屮	屮久	久卉	仐
中古汉语	ŋɰin	tsheŋ	dʑjuŋ	luk	daj	pjo
汉—契丹语	ŋin	tshiŋ	tʂhuŋ	lu	taj	fu
《中原音韵》	in	tshiŋ	tʂhuŋ	lu	taj	fu
现代普通话	in	tɕhiŋ	tʂhuŋ	lu	taj	fu
拼音	yín	qīng	chóng	lù	dài	fū

拓片（c）						
	检	校	国	子	祭	酒
	兄夾	兄芀	兄火	仐夻	仐关	仐丙
中古汉语	kɰjem	kɰau	kwək	tsɨ	tsjej	tsiw
汉—契丹语	kjem	kjew	kuj	tsɨ	tsi	tsjəw
《中原音韵》	kjem	kjew	kuj	tsɨ	tsi	tsjəw
现代普通话	tɕjen	tɕjaw	kwo	tsɨ	tɕi	tɕjəw
拼音	jiǎn	jiào	guó	zǐ	jì	jiǔ

与中古汉语相比，汉—契丹语的音韵表现出一些重要的创新特征，如"禄""国"的 -k 韵尾失落、"崇"的浊阻塞音声母清化。然而，与现代普通话相比，汉—契丹语还保留了一些古老的特征，如"银""御"存在软腭鼻音声母 ŋ-；"检"保存 -m 韵尾；"进""青""祭""酒" -j- 或 -i 前保存齿龈塞擦音和擦音。

5.2　金（1115—1234）

金朝是女真人于 1115 年在今吉林和黑龙江地区建立的政权。与契丹人一样，女真人也是使用阿尔泰语系语言的族群。对于女真人来说，这种语言称为女真语是恰当的。金朝与宋朝结盟，驱逐了辽朝的契丹人。宋虽然被辽打败，但他们的抵抗削弱了辽的实力，使女真人得以将契丹人向西驱赶。辽王朝西迁进入中亚，重新建立了西辽国，也被称为哈剌契丹，但他们对中国历史的影响再也没有恢复。金朝继续向南扩张，占领吞并了许多说汉语的地区。

207

5.2.1　《改并五音集韵》（1212）

韩道昭的《改并五音集韵》是十二世纪四十年代荆璞《五音集韵》的改并重编本，出版于 1212 年。它是一部韵书，包含 160 韵，按照传统三十六字母的顺序排列同音字组。每个韵都注明等第，开口韵与合口韵分列。各韵标明同用（或作"通用"）和独用。但与

《广韵》中的同用、独用不同,这些同用、独用韵应是与《广韵》系统(见 4.3.1 节)不同的独立分析。荆璞的《五音集韵》及韩道昭的增补似乎试图把韵图的语音信息纳入韵书中,这是很重要的尝试。

将最具声望的《广韵》的 206 韵减少到 160 韵,也是一个重要的修订。这是最早对 206 韵标准进行修订的韵书(宁忌浮 1992),它导致新的更为简化的押韵标准产生,这种新的押韵标准以《新刊韵略》106 韵(王文郁编,出版于 1229 年)和《平水韵》107 韵(全名《壬子新刊礼部韵略》,刘渊编,出版于 1252 年)为代表。《改并五音集韵》是明显偏离《切韵》和《广韵》传统的韵书,但它仍然基本遵循韵书的传统,或多或少仍是一种理想的押韵标准。

5.2.1.1 韵的合并

在《改并五音集韵》中,以下的韵已经合并(见表 5.11)(列举平声韵赅括相应上、去、入声韵的合并),其中许多是《广韵》标为同用的韵。例如《广韵》覃 -əm、谈 -ɑm 二韵合并为覃韵。

表 5.11 《改并五音集韵》中合并韵的例子

	《改并五音集韵》的韵		《切韵》/《广韵》的韵		
一等	覃	<	覃 -əm	谈 -ɑm	
二等	皆	<	皆 -ɰæi	佳 -ɰæ	夬 -wɰæ
	山	<	山 -ɰæn	删 -ɰan	
	庚	<	庚 -ɰaŋ	耕 -ɰæŋ	
	咸	<	咸 -ɰæm	衔 -ɰam	
三等	真	<	真 -in	臻 -ɪn	
	脂	<	支 -jɛ	脂 -i	之 -ɨ
	尤	<	尤 -iw	幽 -ɨw	
	凡	<	严 -jæm	凡 -ɰæm	
三等＝四等	仙	<	仙 -jɛn	先 en	
	宵	<	宵 -jɛu	萧 -eu	
	盐	<	盐 -jɛm	添 -em	

有些合并的韵是传统的"重韵"(见 1.4.6 节),根据韵图,这些重韵属于同一等第,开合相同①。在十二世纪的标准音中,这些重韵已经合并。还有一些是三等韵和四等韵的合并,即使在保守的押韵标准中,这些韵也不需单独分列。

5.2.1.2 重纽音节

《改并五音集韵》中重纽音节开始显示出与《切韵指掌图》《四声等子》《切韵指南》等韵

---

① "开合无异,等第俱同。"

图一致的模式。一些重纽四等韵字与四等韵合并,重纽三等韵字与三等韵合并(见表 5.12)。

表 5.12　金代汉语重纽韵与不同等韵的合并

重纽四等	=	四等	重纽三等	=	三等
脂支			脂支	=	之
祭			祭	=	废
仙	=	先	仙		
宵	=	萧	宵		
盐	=	添	盐	=	严

在《切韵指掌图》和《四声等子》之类的韵图中,这种重排已经完成。这种合并模式是短暂的。如表 5.13 所示的《中原音韵》的情况,在元代三等韵与四等韵完全合并时,重纽四等和重纽三等之间的区别就消失了(见第 7 章)。

表 5.13　金代之前、金代和金代以后三种文本中三四等韵合并的情况

《切韵》	《切韵指掌图》	《中原音韵》
三等	重纽三等＝三等	
重纽三等		三等＝重纽三等＝重纽四等＝四等
重纽四等	重纽四等＝四等	
四等		

结果是,在《改并五音集韵》中,《广韵》的 206 韵减少到 160 韵。平、上、去、入四声分别有 44 韵、43 韵、47 韵、26 韵。根据《五音集韵》的第二篇序文①,其中共收 53 525 字。

5.2.2　女真文字材料

女真文字是女真人谷神创制的,谷神的汉化名字完颜希尹更为人所知。他是女真萨满兼皇帝的首席谋士,在金代第一位皇帝金太祖的敕命下,他于 1119 年创制了女真文字。这种文字在金代及其后用于记录女真语。作为一种表意文字系统,它的基本书写单位是字符,代表整个单词。但在转写汉语时,它们被用作表音的记音字。在研究金代汉语的音韵时,只有以金代的女真文字材料(Shen 2012)——主要是碑刻——作为主要证据,才能确保所研究的汉语是当时在金国境内使用的汉语方言。

女真文字材料中记录的汉语词非常有限。但是一些重要的语音特征还是可以识别

---

①　至元本《五音集韵》,全名为《至元庚寅重刊改并五音集韵》。

的,尤其是结合现有的契丹文字材料。

女真文字材料名称缩写:

DS = 大金得胜陀颂碑(1185)

JF = 九峰石壁纪功碑(1196)

JJS = 女真进士题名碑(1224)

JY = 奥屯良弼饯饮碑(1206)

5.2.2.1　中古汉语 -k 韵尾音节的双元音化

少数中古曾、梗摄入声字显示为双元音化的形式。例如"策"是梗摄二等入声字,它的女真文拼写中的第二个字符与"楷"字的第二个字符帀相同。这个字符在女真语材料《女真译语》(简称为 YY)中也有出现,用汉字"哀"来转译。"楷"是蟹摄二等字,"哀"是蟹摄一等字,这两字都是带 -j 韵尾的。如表 5.14 所示,这些字都用字符帀表示韵母。这样,女真字符帀代表的音值就是 aj,表明"策"的韵母是双元音 -aj,而非 -k 韵尾。

表 5.14　女真文字材料显示的 -k 韵尾音节的双元音化

	女真文	转写	上下文		来源	中古音		
策	+帀	-aj	策	cè	JJS3	tʂhuɰæk	>	-aj
楷	+帀	-aj	楷书	kǎishū	JJS22	kuɰæj	>	-aj
哀	帀	aj	哀	āi	YY	Øəj	>	-aj

注:+表示女真字符不是单独使用的,并表明该字符与其他字符的相对位置。

另外两个例子也可以说明双元音化过程(见表 5.15)。"北"是中古入声字,它是用女真文字毛转写的。在《女真译语》中,字符毛用汉字"背"转译,"背"是带-j 韵尾的蟹摄字。与"北"平行的合口例字"国"也是曾摄一等字,女真文拼写中的第二个字符是朴,在《女真译语》中用汉字"贵"转译,"贵"是无塞音韵尾的止摄三等字。

表 5.15　-k 韵尾音节的双元音化导致入声与非入声音节的合并

	女真文	转写	上下文		来源	中古音		
北	毛	buj	河北	Héběi	JJS16	pək	>	-uj
背	毛	buj	背	bèi	YY	pwoj	>	-uj
国	朴	kuj	兼修国史	Jiān Xiūguóshǐ	JJS8	kwək	>	-uj
贵	朴	kuj	贵	guì	YY	kwɨj	>	-uj

现有材料中未发现中古宕、江、通摄入声字，但在几种金代诸宫调的押韵中可以发现此类中古入声音节双元音化，成为带 -w 韵尾音节的证据。诸宫调是一种讲唱文学形式。在《刘知远诸宫调》和董解元《西厢记诸宫调》中，中古汉语带 -k 韵尾的入声音节与原本为 -w 韵尾的音节押韵。这与契丹文字材料以及后来元代韵书中的变化相同，元代韵书中的表现更为系统。

《刘知远诸宫调》第十二则，中古 -k 韵尾入声字"学"（中古音：ɦɯɔk）与中古 -w 韵尾的"闹"（中古音：ŋɯaw）、"道"（中古音：daw）、"到"（中古音：taw）、"醪"（中古音：law）、"宝"（中古音：paw）、"恼"（中古音：naw）、"老"（中古音：law）等字押韵。《西厢记诸宫调》第二卷中，中古 -k 韵尾入声字"壳"（中古音：khɯɔk）、"落"（中古音：lak）、"度"（中古音：dak）、"著"（中古音：tjak/djɐk）都与中古 -w 韵尾的"道"（中古音：daw）、"盗"（中古音：daw）、"了"（中古音：lew）、"叫"（中古音：kew）、"要"（中古音：Øjɛw）、"搅"（中古音：kɯaw）、"告"（中古音：kaw）、"逃"（中古音：daw）、"剿"（中古音：dzɯaw/tsjew）、"靠"（中古音：khaw）、"恼"（中古音：naw）、"孝"（中古音：hɯaw）、"了"（中古音：lew）、"表"（中古音：pɯjɛw）、"条"（中古音：dew）押韵。因此，在金代，中古汉语 -k 韵尾音节的双音化与契丹文字材料中的演变模式一致。

5.2.2.2　中古汉语浊阻塞音的清化

表 5.16 中"同""通""东"三字拼写的比较，明确显示"同"的声母辅音已经变为清送气塞音。中古汉语中"同""通""东"的声母分别为浊、清送气和清不送气音（d-、th-、t-）。因为"同"是平声字，浊音声母清化以后，"同"的声母变为清送气音。所以在女真文字中，"同"和"通"都用 朿 <thu> 转写。与此相对，"东"的声母用 乏 <tu> 转写。

表 5.16　汉—女真语中的浊音清化模式——平声字的比较

	女真文	转写	上下文		来源	中古音		
同	朿	thuŋ	同知	Tóngzhī	DS2	duŋ	>	th-
通	朿	thuŋ	通奉大夫	Tōngfèng Dàifū	JJS8	thuŋ	>	th-
东	乏	tuŋ	东平府	Dōngpíngfǔ	JJS20	tuŋ	>	t-

5.2.2.3　中古汉语双唇音声母的唇齿化

如表 5.17 所示，字符东用来转写中古声母为清不送气塞音的"傅""府"及浊塞音的"凤""奉",表明这些字的声母已经没有区别。如果它们没有合并,就应当区别开来。它们都是三等音节,但没有一个显示出存在硬腭介音,硬腭介音是三等音节的显著特征。因此,**东**转写的是汉语声母为唇齿擦音 f- 的音节。换句话说,在金国境内所使用的汉语中存在唇齿音声母。正如契丹人用代表 ph- 音值的字符转写汉语的 f- 一样,女真人也是如此。

表 5.17　汉—女真语中的唇齿化过程

	女真文	转写	上下文		来源	中古音		
凤	**东**+	phu-	丹凤门	Dānfèng Mén	JJS12	bjuŋ	>	f-
奉	**东**+	phu-	通奉大夫	Tōngfèng Dàifū	JJS8	bjoŋ	>	f-
傅	**东**	phu	英王傅	Yīngwángfù	JJS10	pjo	>	f-
府	**东**	phu	大名府	Dàmíng Fǔ	JJS19	pjo	>	f-

5.2.2.4　中古汉语入声 -p、-t、-k 韵尾的消失

女真材料中,除 5.2.2.1 节讨论的 -k 韵尾音节外,其他中古带塞音韵尾的例字不多。没有发现 -p 韵尾或 -t 韵尾的例字,因此没有数据可供分析。表 5.18 列出两个非双元音形式的 -k 韵尾音节的例子。

表 5.18　汉—女真语中塞音韵尾的消失

	女真文	转写	上下文		来源	中古音		
卜	羑	pu	卜修洪	Bǔ Xiūhóng	JY3	-Vk	>	-u
部	羑	pu	礼部侍郎	Lǐbù Shìláng	JJS10	-u	>	-u
石	昊	ʃi	石盏	Shí Zhǎn	JJS8	-Vk	>	-i
失	昊	ʃi	失	Shī	YY	-Vt	>	-i

中古汉语入声字"卜"与非入声字"部"都用女真文羑转写,这表明入声 -k 韵尾已经消失。在《女真译语》中,"失"-t 被用来转写女真文昊,而昊本身用来转写"石"-k。这种现象也可以说明塞音韵尾的消失。

5.2.2.5　中古汉语软腭鼻音声母 ŋ- 的保留

通过比较中古汉语疑母 ŋ- 音节和影母零声母音节,可以确定中古软腭鼻音声母的存在。汉—女真语中软腭鼻音在声首位置仍保持不变(见表 5.19)。

表 5.19　汉—女真语声首位置的软腭鼻音

	女真文	转写	上下文		来源	中古音		
原	秖+	(ə)ŋ-	太原	Tàiyuán	DS17	ŋ-	>	ŋ-
元	秖+	(ə)ŋ-	宗元	Zōngyuán	DS30	ŋ-	>	ŋ-
宛	+	Ø-	宛平县	Wǎnpíng Xiàn	JJS17	Ø-	>	Ø-

女真文秖也用来转写汉语的韵母 -əŋ,如"政"(JJS11)、"丞"(JJS8)、"应"(DS2)等,它代表的音值是软腭鼻音,这是显而易见的。"原""元"本是软腭鼻音疑母字,"宛"是零声母影母字。这三个音节拼写的对比,表明软腭鼻音声母没有消失。

5.2.2.6　中古汉语双唇鼻音韵尾 -m 的保留

金代的碑刻中,秉、列、夂 三个字符分别用来转写 -im、-in、-iŋ 三个韵母。表 5.20 展示了几个例字,这三种鼻韵尾非常一致地分别由三个不同字符转写。

表 5.20　汉—女真语中鼻音韵尾的三向对立

	女真文	转写	上下文		来源	中古音		
林	+秉	-im	翰林	Hànlín	DS1	-m	>	-m
进	+列	-in	进士	Jìnshì	JJS0	-n	>	-n
平	+夂	-iŋ	宛平县	Wǎnpíng Xiàn	JJS17	-ŋ	>	-ŋ

女真语中,只用列来表示 -in(如 alin 比 列 ali.in"山"JF9)。转写汉语时一致使用三种字符,表明系统中存在三种不同的鼻音韵尾。

5.3　西夏（1038—1227）

西夏王朝于公元 1038 年至 1227 年存在于今天中国的西北部(今中国西北部的宁夏、甘肃西北部、青海东北部、陕西北部和内蒙古一部分地区),其政治中心位于今宁夏银川市。西夏语属藏缅语族。从十一到十三世纪,西夏王朝与北宋、辽、金王朝共存并接壤。

5.3.1　西夏文字

西夏王朝建立时,皇帝李元昊的近臣——西夏学者野利仁荣发明了西夏文字。西夏文字与汉字一样,是一个表意文字系统,代表语素单位。二十世纪初,西夏文字为学者所知。《掌中珠》(全称《番汉合时掌中珠》,见图5.3)的发现使学者可以追溯十二世纪末西北汉语方言的信息。《掌中珠》是西夏学者骨勒茂才于1190年编纂的一本西夏语—汉语双语对音词典。该书用西夏文字转写汉语词的语音,同时用汉字转写西夏文字的语音,据此可以通过考察双向转写来构拟汉字的音值。这种双向转写对历史语言学家来说是一个非常重要的工具,它能够确保语音的合并与分化都是历史演变的结果,而不是由于正字法的限制。

215

根据龚煌城(1981、1989、1994、2004)的构拟,西夏文字材料中反映的汉语方言音韵显示出许多与契丹和女真材料所反映的汉语方言不同的特征。

5.3.1.1 基本语音特征

在汉—西夏语语音中,西夏语的浊塞音和鼻音都用于转写汉语的鼻音声母。这一现象表明,中古汉语的鼻音声母在汉—西夏语中既可以发为鼻音,也可以发为鼻化塞音,m/mb、n/nd、ɡ/ŋɡ、ɳ/ɳdʐ。经过仔细检查,龚煌城(2004:263)没有发现这些变异存在明确的语音条件,他认为,最好的解释应该是鼻音和鼻化塞音是自由变体。他构拟的声母系统包含22个声母,如表5.21所示。

表5.21 汉—西夏语的声母系统

p-	ph-	m-/mb-	f-		w-
t-	th-	n-/nd-		l-	
k-	kh-	ɡ-/ŋɡ-	x-		
ts-	tsh-		s-		
tɕ-	tɕh-	ɳ-/ɳdʐ-	ɕ-	ʐ-[a]	j-

来源:龚煌城(2004:280)。

[a] 根据预测的语音变化规律,这个音应该是近音(ɻ-),而不是浊擦音。

这个系统唯一的问题是硬腭浊擦音ʐ-。既然所有的中古浊塞音、塞擦音和擦音都已经清化了,音系中就不应该再有浊擦音。硬腭浊擦音用于转写中古日母。中古汉语音系中日母构拟为鼻音,在今北京话中实现为卷舌近音。中古日母在外文转写中经常被音译为浊擦音(如ʒ-或ʐ-),这是因为它们的系统中没有类似的辅音。这种现象不应解释为汉语方言中有这样一个浊擦音。这个辅音很可能是近音(ɻ-)而不是浊擦音(参7.3.1.1节)。

216

217

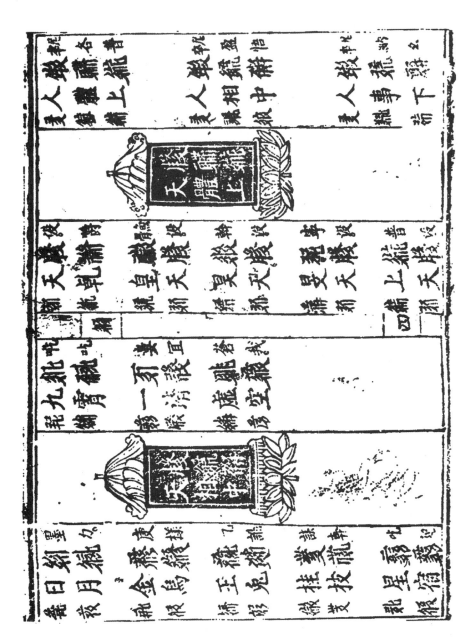

图 5.3 《掌中珠》(1190) 的一页
每一同条都有四项纵列,(从右至左)分别为:西夏语对应词的汉字语音转写,西夏文字,西夏文字的汉译,汉语对应词的西夏语音转写。

元音系统存在口腔元音和鼻化元音的音系对立。有七个口腔元音和四个鼻化元音,如表 5.22 所示。

表 5.22 汉—西夏语的元音系统

口腔元音			鼻化元音	
i	ɨ	u	ĩ	ũ
e	ə	o		ə̃
	a			ã

西夏文字材料中反映的汉语元音存在开口度的三度对立,这与邵雍《声音唱和图》(4.3.3 节)以及契丹、女真文字材料(5.1 节和 5.2 节)中所见的语音系统一致。

5.3.1.2 中古汉语浊阻塞音的清化

西夏文字材料清楚地反映了中古汉语浊阻塞音的清化。在所有的声调环境中,浊塞音和塞擦音全部与相应的清送气音合并,这与契丹材料反映的与现代标准普通话一致的浊音清化模式不同。表 5.23,同一行中的汉字都用于转写相同的西夏文字,因此在汉—西夏语中为同音字。例如第一行中的西夏文 散 音值为 phu(龚煌城 2004:253),用中古声母为 ph- 的"普""铺"来转写,同时也用中古声母为 b- 的"菩""部""薄""泊"来转写,它们的声调分别为平、上、去、入声。这一现象表明,中古汉语 b- 声母的字声母都已经清化,变成了送气的 ph-。

表 5.23 汉—西夏语中不同声调浊阻塞音的清化

		中古	平	仄		中古	平	上	去	入
phu	散	>>	ph-	普	铺	=	b-	菩	部	薄[a]	泊
phê	緂	>>	ph-	拍	—	=	b-	—	—	—	白

普 pǔ < phwo、铺 pù < phwo、菩 pú < bwo
部 bù < bwo、薄 bò < bwɑ、泊 bó < bɑk
拍 pāi < phɯak、白 bái < bɯak

| thɪe | 羽 | >> | th- | 天 | — | = | d- | 田 | — | 电 | — |
| thɪn | 菁 | >> | th- | 听 | 铁 | = | d- | — | — | 定 | 蝶 |

天 tiān < then、田 tián < den、电 diàn < den
听 tīng < theŋ、铁 tiě < thet、定 dìng < deŋ、蝶 dié < dep

续　表

			中古	平	仄		中古	平	上	去	入
khi	籤	>>	kh-	—	器	=	g-	其	—	—	—
khɪn	觑	>>	kh-	—	庆	=	g-	茄	—	—	—

器 qì < khɯi、其 qí < gɨ
庆 qìng < khɯjaŋ、茄 qié < gja

tshɪe	厰	>>	tsh-	清	—	=	dz-	情	—	净	—
tshɪə	骹	>>	tsh-	—	七	=	dz-	—	—	—	集

清 qīng < tshjɛŋ、情 qíng < dzjɛŋ、净 jìng < dzjɛŋ；
七 qī < tshit、集 jí < dzip

来源：龚煌城 2004：253—255。
注：A>>B 表示 A 用来转写 B。
ᵃ 出现于《掌中珠》"薄荷"一词。

218　　　从表 5.24 中可以看出，浊擦音也发生了清化，变得与相应的清擦音相同。

表 5.24　汉—西夏语中浊擦音与清擦音的合并

			中古				中古
si	薤	>>	西	s-	=	夕	z-
swi	燩	>>	岁	s-	=	随	z-

西 xī < sej、夕 xī < zjɛk；
岁 suì < swjej、随 suí < zwjɛ

çie	纚	>>	世	ç-	=	石	ʑ-
çên	纆	>>	身	ç-	=	辰	ʑ-

世 shì < çjej、石 shí < dʑjɛk；
身 shēn < çin、辰 chén < dʑin

来源：龚煌城（2004：256—257、260）。

　　这一特点可以追溯到九世纪。李肇（约九世纪上半叶）《唐国史补》："今荆襄（今湖南、湖北地区）人呼'提'（d-）为'堤'（t-），晋绛（今山西地区）人呼'梭'（s-）为'莝'

219　　（ts-），关中（今陕西地区）人呼'稻'（d-）为'讨'（th-），呼'釜'（b-）为'付'（p-），皆讹谬所习……""呼'稻'（d-）为'讨'（th-）"正是西北方言的特点。"呼'釜'（b-）为'付'（p-）"反映唇齿化的音变，将在 5.3.1.3 节讨论。

5.3.1.3　唇齿化

在西夏材料中,中古汉语非、敷、奉三个声母合而为一,如表 5.25 第一行所示。这是唇齿化的一个明显标志,因为中古汉语中这三个声母是不同的。

表 5.25　汉—西夏语中的唇齿化过程

xwên	藜	>>	p- 风	=	ph- 蜂	=	b- 奉
风 fēng < pjuŋ、蜂 fēng < phjoŋ、奉 fèng < bioŋ							
xi̯we	陾	>>	p- 飞	=	ph- 肺	=	x- 挥
飞 fēi < pwɨj、肺 fèi < phwjej、挥 huī < hwij							
xi̯on	畨	>>	p- 方	=	b- 房	=	x- 香
方 fāng < pwjeŋ、房 fáng < bwjeŋ、香 xiāng < hi̯eŋ							
·u	慵	>>	m̩- 无	=	ŋ- 吾	=	ø- 乌
无 wú < mjo、吾 wú < ŋuo、乌 wū < øuo							

来源:龚煌城(2004:270—271、274—275)。

西夏语不区分 *f 和 *x,因此在汉语的西夏文转写中,唇齿擦音和软腭擦音无区别。这种正字法上的合并见于表 5.25 的第二行和第三行。这是证明唇齿化发生的很好的证据,因为西夏语中存在 *p 和 *ph 的转写,因此只有在发生唇齿化后,中古汉语的非、敷、奉母才可能被解释并转写为< x >。

西夏语不区分 *f 和 *x,这使人们对西夏王朝所说的汉语以及外文语音转写的可靠性产生了一些疑问。有人可能会问:西夏人所说的汉语是否也没有 *f 和 *x 的区别?把它们构拟成两个独立的音位是否正确? 虽然在历史构拟中,有时很难将正字法上的限制与语言的实际音位区分开来,但《掌中珠》不仅提供了汉语词的西夏文语音转写,还提供了西夏语翻译和汉语语音转写。所有带 x-声母的西夏语词都只用声母为 x-的汉字转写,而完全不用非、敷、奉母字转写。所以,虽然转写为西夏文字时没有区别,但转写回汉字时有区别。很可能是西夏文字的正字法限制(没有< f >)导致了这种"合并",而并非实际音位发生了合并。

中古微母 m̩- 的地位可以通过表 5.25 最后一行的语音转写来推断。同一个西夏文字被用来转写不同中古声母的汉字,唯一的解释是,中古汉语的鼻音声母 m̩- 和 ŋ- 消失,变得与零声母 ø- 或 ʔ- 相同。

5.3.1.4　中古知照组声母的合流

与汉—契丹语中的知照组声母合并一样,汉—西夏语中知组塞音声母(知 ṭ-、彻

ʈh-、澄 ɖ-) 与照组塞擦音声母 (照 tɕ-、穿 tɕh-、床 dʑ-) 也没有分别。举例见表 5.26。

表 5.26 汉—西夏语中知照组声母的合流

tɕie	玅	>>	t-知	=	tɕ-枝
知 zhī < ʈje、枝 zhī < tɕje					
tɕio	繝	>>	t-长	=	tɕ-掌
长 zhǎng < ʈjeŋ、掌 zhǎng < tɕjeŋ					
tɕiu	丽	>>	t-猪竹	=	tɕ-珠粥
猪 zhū < ʈiɔ、竹 zhú < ʈjuk、珠 zhū < tɕjo、粥 zhōu < tɕjuk					

来源:龚煌城(2004:250、252)。

5.3.1.5 塞音韵尾的消失

从表 5.27 可见,中古汉语塞音韵尾 -p、-t、-k 的消失是很明显的。带不同塞音韵尾的中古汉语音节用相同的西夏文字转写,而且中古带塞音韵尾的音节与无辅音韵尾的音节用相同的西夏文字转写。更明显的是,同一个西夏文字可以用无韵尾的中古汉语音节(-Ø)转写,也可以用带塞音韵尾的中古汉语音节(-p、-t、-k)转写,这是中古塞音韵尾消失的结果。这些音节变得与相应的开音节同音。

表 5.27 汉—西夏语中塞音韵尾的消失

bu	繡/綴	谋 -w > -Ø	=	沐 -k > -Ø		
si	羡/薤	西 -j > -Ø	=	息 -k > -Ø		
谋 móu < miw、沐 mù < muk、西 xī < sej、息 xī < sɨk						
mɪu	猿	么 -Ø	=	没 -t > -Ø		
tha	絆	他 -Ø	=	达 -t > -Ø		
么 me < mwɑ、没 mò < mwot、他 tā < thɑ、达 dá < dɑt						
ki	觉	鸡 -j > -Ø	=	击 -k > -Ø	=	急 -p > -Ø
tshɪ	瓶	贼 -k > -Ø	=	七 -t > -Ø	=	集 -p > -Ø
sɪ	稀	锡 -k > -Ø	=	悉 -t > -Ø	=	习 -p > -Ø
鸡 jī < kej、击 jī < kek、急 jí < kɯip;						
贼 zéi < dzək、七 qī < tshit、集 jí < dzip;						
锡 xī < sek、悉 xī < sit、习 xí < zip						

来源:龚煌城(2004:288—294)。
注:-Ø 表示龚煌城转写中的开音节。

5.3.1.6 鼻音韵尾的消失

汉—西夏语中,中古鼻音韵尾的性质不像塞音韵尾那样明确。由于西夏语音系中没有 -Vŋ 音节,所以西夏语 -V 用来转写汉语的 -V 和 -Vŋ 音节,这并不能说明汉语的 -ŋ 韵尾已经消失。

如 5.3.1.3 节所述的观点,如果西夏文转写可能因为缺乏书写手段而缺少一个软腭鼻音韵尾,不一定表明这个鼻音韵尾在汉语中已经不存在了。因为西夏音系只有 -V 音节,所以中古汉语的 -V 和 -Vŋ 都用同一类型的音节转写。仅凭这样的转写还不能证明中古汉语的 -V 和 -Vŋ 已经合并。

但是,有足够多的例子表明,中古汉语的 -V 和 -Vŋ 音节都用来转写相同的西夏语音节。根据表 5.28 中汉语的西夏文转写,结合表 5. 29 中西夏语的汉语音节转写,无疑可以证明西夏汉语中,中古的 -ŋ 韵尾已经消失。

表 5.28 汉—西夏语转写中软腭鼻音韵尾的缺失

西夏文			汉语				
xwâ	嬔	>>	-Ø	花	=	-ŋ	项
xwo	嬔	>>	-Ø	河	=	-ŋ	黄
花 huā < hwʊɑ、项 xiàng < ɦɨʊɔŋ;							
河 hé < ɦɑ、黄 huáng < ɦiwaŋ							

来源:龚煌城(2004: 297)。

表 5.29 西夏语词同时用带和不带软腭鼻音韵尾的汉语音节转写

汉语							西夏语	
-Ø	果	=	-ŋ	刚	>>	ko	嬔	
-Ø	炉	=	-ŋ	笼	>>	lu	嬔	
果 guǒ < kwɑ、刚 gāng < kaŋ;								
炉 lú < lwo、笼 lóng < luŋ								

来源:龚煌城(2004: 298—299)。

如果嬔代表西夏语的 V,就意味着中古汉语的 -Vŋ 在西夏汉语中变成了-V。如果嬔 = 西夏语 Vŋ,那么就意味着中古汉语的 -V 在西夏汉语中变成了-Vŋ。由于中古汉语 -V 仍然是 -V(并未变为-Vŋ),而中古汉语 -Vŋ 的表现是未知的(或为 -V 或为-Vŋ),因此可以肯定是中古汉语 -Vŋ 变成了-V,而不是相反。

鼻尾韵尾 -n 和 -m 同样也消失了。如表 5.30 所示,同一个西夏语音节可以用来转写中古汉语带不同韵尾的音节。西夏语没有鼻化元音,为转写汉语音节,创造了独特的字符。这些音节并不代表西夏人的本土实际语音,而是代表说西夏语的人对汉语的感知。既然中古汉语 -m 尾和 -n 尾音节在西夏文转写中没有区别,那么他们所接触的汉语方言很可能已经失去了鼻音韵尾发音部位的区分,-Vm 和-Vn 音节合并了。根据现代西北汉语方言,合并的结果是鼻化元音-Ṽ,而不是合并为一个鼻音韵尾。在具有代表性的西北官话——现代西安方言中,“淡”dɑm > tæ̃ =“但”dɑn > tæ̃、“甜”dem > thjæ̃ =“田”den > thjæ̃。因此,正如龚煌城(1989、2004:321)指出的那样,虽然这些音节失去了-n 和 -m 韵尾,但它们的主元音是鼻化的。

表 5.30　汉—西夏语中鼻音韵尾的消失

			-∅	-ŋ > Ṽ	-n > Ṽ	-m > Ṽ
tɹe	𗤻	>>	爹	顶	典	—
tshɹe	𗍁	>>	—	清	前	—
kâ	𗵤	>>	家	—	间	监
çâ	𗦜	>>	沙	—	产	衫

爹 diē < ʈja、顶 dǐng < teŋ、典 diǎn < ten;
清 qīng < tshjɛŋ、前 qián < dzen;
家 jiā < kɰa、间 jiān < kɰæn、监 jiān < kɰam;
沙 shā < ʂɰa、产 chǎn < ʂɰæn、衫 shān < ʂɰam

来源:龚煌城(2004:304、309)。

5.3.1.7　前高元音的央化

表 5.31 展示元音的央化音变,i > ɨ,这个音变只发生在齿龈咝音(中古精组声母)和卷舌咝音(中古照二组声母)后。它们用 1.27 𗼮 和 1.28 𗓽 两个字符转写(这两个数字是龚煌城使用的基于《夏汉字典》的西夏文编号)。但是中古知三和照三组声母后仍然为高前元音,因为它们是用相同的西夏字符 1.10 𗢤 转写的,该字符也用来转写其他声母与主元音 -i 相拼的音节。

表 5.31　中古汉语支、脂、之韵系前高元音在汉—西夏语中的有条件央化

	支	脂	之		
精	此 𗼮 (1.27)	自 𗼮 (1.27)	寺 𗼮 (1.27)	>>	ɨ
照二	— —	狮 𗓽 (1.28)	史 𗓽 (1.28)	>>	ɨ

223

续　表

	支	脂	之		
知三	知 獥 (2.9)	——	持 獥 (2.9)	>>	i
照三	枝 獥 (1.10)	指 獥 (2.9)	之 獥 (2.9)	>>	i

此 cǐ < tshjɛ、自 zì < dzi、寺 sì < zɨ；
狮 shī < ʂi、史 shǐ < ʂɨ；
知 zhī < tjɛ、持 chí < ɖɨ；
枝 zhī < tɕjɛ、指 zhǐ < tɕi、之 zhī < tɕɨ

来源：龚煌城（2004：260—261、352—354、367）。

然而,在西夏材料中,西夏文字与汉语音类之间的关系相当复杂,很难确定简单的一对一关系。这可能是由多种因素造成的,包括西夏语对西夏地区汉语的影响,以及西夏控制区域内不同地区和不同人群之间的差异。

5.3.2　北方汉语方言的音系特征与区别

西夏文字材料中所反映的汉语方言的许多基本语音特征,都可以确定是西夏地区所说的汉语方言的特征,而不是由西夏语或西夏文正字法导致的变异。在西夏或其邻近地区的现代方言中仍能找到反映这些特征的证据。

西夏材料反映的汉语方言的主要特征包括：中古浊塞音和塞擦音全都变为清送气塞音和塞擦音,韵尾 -p、-t、-k 消失。这些语音特征曾是西北方言的共同特征,分布在晋南（山西南部）、豫西（河南西部）、关中（陕西中部）和陇西（甘肃）等地理区域。历史上西北方言的特征逐渐被占主导地位的中原官话和北方官话所取代,但至今这些特征在这些地区仍然存在（李如龙、辛世彪 1999）。

东北方言和西北方言是中国北方共存的两种相当不同的方言,它们有许多鲜明的特点。最显著的区别是中古浊塞音和塞擦音的清化模式。东北方言的浊音清化模式是现代官话最基本的特征之一。相比而言,西北方言的语音特征只存在于西北地区官话的白读音中。据报告,十一世纪西北方言的浊音清化模式存在于今山西、陕西和甘肃地区（李如龙、辛世彪 1999,王临惠 2003）。如表 5.32 所示,中原官话汾河片中可以很清楚地观察到这种浊音>清送气音的变化（王临惠2003）。

表 5.32　汾河片五个方言的比较

	中古汉语	临汾	襄汾	侯马	稷山	河津
声母的清化						
婆	b-平声	phɔ	pə/phə	phə	phə	phə
棋	g-平声	tɕhi	tɕhi	tɕhi	tɕhi	tɕhi
在	dz-上声	tshaj	tshaj	tshaj	tshaj	tshaj
道	d-上声	taw	thaw/taw	thaw/taw	thaw/taw	thaw/taw
坐	dz-上声	tshɔ/tsɔ	tshwə	tshwə	tshwə	tshwə
大	d-去声	thɔ/ta	thə/ta	thə/ta	thə/ta	thə/ta
轿	g-去声	tɕjaw	tɕhjaw	tɕhjaw	tɕhjaw	tʂhaw/tɕhjaw
白	b-入声	phɣ/paj	phej	phej	phja/paj	phjɛ
软腭韵尾的失落						
狼	-ŋ	lɔ/laŋ	lə/laŋ	lə/ləŋ	lwə/laŋ	lwə/ləŋ
落	-k	lɔ	lə	lə	lwə	lwə
骡	-ø	lɔ	lə	lə	lwə	lwə
尝	-ŋ	ʂɔ/ tʂhaŋ	ʂuə/ tʂhaŋ	ʂə/ tʂhəŋ	ʂə/ tʂhaŋ	ʂə/ tʂhəŋ
勺	-k	ʂɔ	ʂə	ʂə	ʂə	ʂə

注：分隔符"/"分隔的两个音，如 X/Y，X 是白读音，Y 是文读音。

　　在该地区的现代方言中还可以发现其他一些明显的音系特征。例如口语音中存在软腭塞音 -k 和鼻音 -ŋ 韵尾消失的现象（王临惠 2003）。因此，中古汉语带 -k 韵尾和 -ŋ 韵尾的音节都变为开音节，与中古汉语 -ø 韵尾音节的音段成分相同。表 5.32 的示例表明，以"狼""落""骡"为代表的中古音节在这些方言中声韵母都相同。由于中古入声已经与其他声调合并，中古汉语带 -k 韵尾和 -ŋ 韵尾的音节可能最终变为同声调的同音词。表 5.32 中最后两个字"尝"和"勺"在除襄汾以外的其他四个方言中都同音。这两个字都是阳平调，与普通话相同。

225

　　西夏王朝灭亡后，该地区成为元、明两朝领土的一部分。这时在首都地区更具声望的北方官话持续传播到西北方言区，在初期形成了一个文读层次，并逐渐在许多方面取代了当地方言，这个进程至今仍在持续。这些地区的方言如今被归为官话的次方言（李荣 1985，熊正辉、张振兴 2008）。但是，其浊音清化模式及其他许多特征明显是非官话的。通过与历史材料的比较可以清楚地发现，这些非官话特征是继承而来的，而不是移民带来的创新或变化，因为这些特征可以明确地追溯到西夏时期该地区所说的汉语方言。

两种北方方言的比较

　　西夏、契丹和女真之间存在明确的地理界线，通过对十到十三世纪这些北方方言的

共时比较,可以发现当时北方汉语的基本语音差异。这些特征可以进一步为我们提供 226
有关语音历时演变的信息,以及标准官话地理扩散的信息。

　　表5.33中北方方言和西北方言音变的比较表明,这两种方言的音系在许多方面都
存在差异,其中最具判定意义的是浊音清化模式特征。轻唇化模式的相似性以及中古
汉语知、照组声母的合并,表明这两个音变发生得较早,在北方方言和西北方言分化之
前就发生了。

表 5.33　北方方言与西北方言音变的比较

	中古汉语		北方方言	西北方言
平声的浊音清化	b-	>	ph-	ph-
仄声的浊音清化	b-	>	p-	ph-
三等合口音节的唇齿化	p-	>	f-	f-
-ŋ 韵尾的状态	-ŋ	>	-ŋ	-ø, -Ṽ
-m 韵尾的状态	-m	>	-m	-Ṽ
-p 韵尾的消失	-p	>	-ø	-ø
-t 韵尾的消失	-t	>	-ø	-ø
-k 韵尾的消失	-k	>	-ø, -j, -w	-ø, -j
t-和 tɕ-的合并	t- ≠ tɕ-	>	tʂ-	tɕ-

227

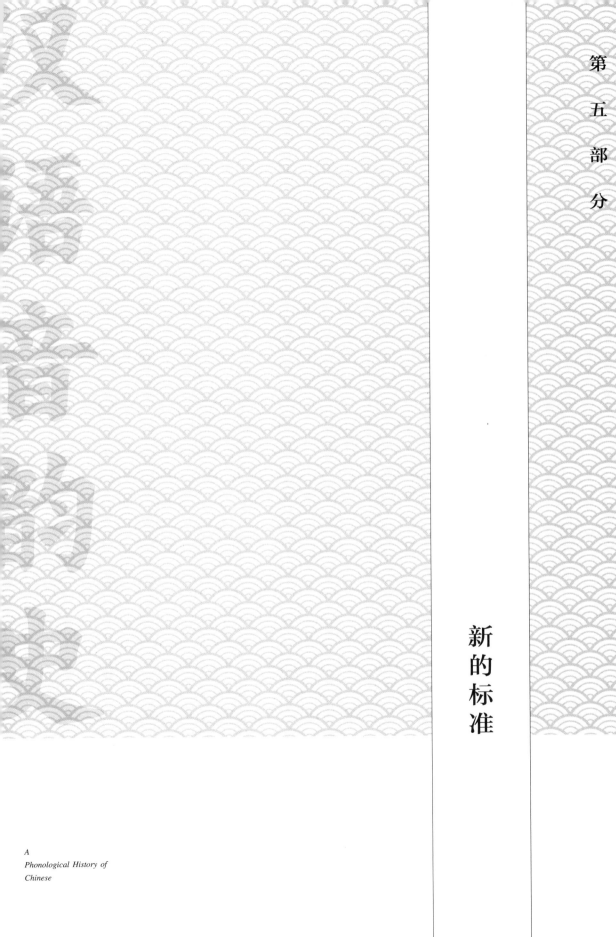

第五部分

新的标准

元代（1206—1368）

经过北宋与辽的南北对峙，以及后来女真的金、党项的西夏与汉族南宋政权的对峙，到了元代，在蒙古人统治下，先前这些政权的统治区域实现了统一。元朝的首都大都在今北京地区，今天的北京地区曾是辽代的南京（五京之一）和金代的中都（也是五京之一）。

出于统治的需要，元朝建立之初就在皇帝敕命下创制了"国字"。元代以后，这种文字以其创制者八思巴喇嘛的名字命名，称为八思巴字。八思巴字的拼写系统完整地保存在《蒙古字韵》中。《蒙古字韵》是十三世纪下半叶八思巴字发明后不久编纂的一部韵书。它代表了元朝统治者为推广新字并制定译写汉语的正字法标准所作的努力。对于现代音韵学家来说，这一材料的重要意义在于，它首次用拼音文字系统地转写了汉语的语音，单个语音和音节都被清晰而系统地拼写出来。由于标准音系的音类和音值都已给出，因此不需要进行传统意义上的构拟，许多重要音类的音值，如三等韵和四等韵的对立、重纽音节的对立以及二等韵的腭化，都可以直接进行观察研究。

1324 年，元朝统一全国约五十年后，韵书《中原音韵》出版问世，其语音系统与《切韵》完全不同，许多基本语音特征与现代官话有共同之处。因此，在历史音韵学研究中，《中原音韵》反映的汉语被称为古官话。这一新标准代表了汉语语音史的一个重要转折点。如其书名所示，《中原音韵》提供了以中原方言为基础的标准语的完整音系。在《中原音韵》中，官话语音特征已完全确立，这表明官话音系的起源还可以追溯到更早的时期。

蒙古帝国波斯地区产生的波斯文献中保存了相当系统的汉语译音材料。以下两种著作中可以找到很多音译汉语词：一种是拉施特（Rashid al Din）的《中国史》（*History of China*），这是他编纂的世界史《史集》（*Tārīkh-i Chīn az Jāmi'al-Tavārīkh*）的一部分；另一种是《脉诀》，这是一篇中医歌诀的波斯语注释翻译文本。这些音译是根据汉语口语语音而作的，因此可以为我们提供从汉语音类材料中无法获知的语音信息。

波斯文版《脉诀》反映了一些非常有趣的个人口音变异。有的与首都方言的特征十分接近，有的则只表现出官话方言的某些特征，却保留了明显的南方方言中的非官话特征。

第六章　古官话:《蒙古字韵》

　　《蒙古字韵》(图6.1)编纂于十三世纪六十年代,无署名作者。它可能是早期《蒙古字韵略》或《蒙古韵略》的简编本,十五世纪朝鲜的《洪武正韵译训》中已经提及《蒙古韵略》(Shen 2008a、沈钟伟 2015)。《蒙古字韵》与当时其他韵书不同,只列汉字,没有释义。1308 年朱宗文校订时加上了少数释义,朱宗文校订本是现存唯一的版本。

　　传统韵书只提供音类信息,而外文转写通常可以提供单字的语音信息。《蒙古字韵》在分别音类的同时,系统地展示了整个音系所有音类的语音拼写。正因如此,《蒙古字韵》不仅在元代音韵研究中,而且在整个汉语音韵学史上都有着特殊的地位。遗憾的是,它常被简单地当成众多传统韵书的一种来研究。《蒙古字韵》语音信息的重要性在很大程度上被忽视了。毫无疑问,它应该得到学者更多特别的关注。值得注意的是,虽然《蒙古字韵》通常被认为是元代的著作,实际上它的音类结构反映的是元代以前中国北方的语音标准,而其语音转写则接近元代时期的语音。《蒙古字韵》保守的音系结构很可能是依据韵图的格式建立的,特别是《古今韵会举要》中提到的已经亡佚的韵图《七音韵》(宁忌浮 1997)。音值必须以真实的语音为基础,这种基于真实语音的音值被用于标写保守的音类。因此,就像以前的标准一样,这个语音标准仍是一个理想的系统。也就是说,《蒙古字韵》的编纂方式表明它反映的是比自身拼音系统更古老的语音。

　　有证据表明,《蒙古字韵》的编纂可能是按以下三个程序进行的:(1)先采用一个现成的语音系统为基础,这个语音系统可能是《七音韵》的系统(杨耐思 1997;宁忌浮 1997)。《七音韵》是一种韵图,每个音系有区别的音节只用一个汉字表示,其中列出的汉字数就等于可区别的音节数。(2)在每个同音字组上标注八思巴字,为汉字提供标准转写。同一个同音字组中的汉字,不考虑声调,都用一个相同的八思巴字转写。(3)原来的韵图中每个单独的音节只用一个汉字表示,因此需要增加同音字,以便对

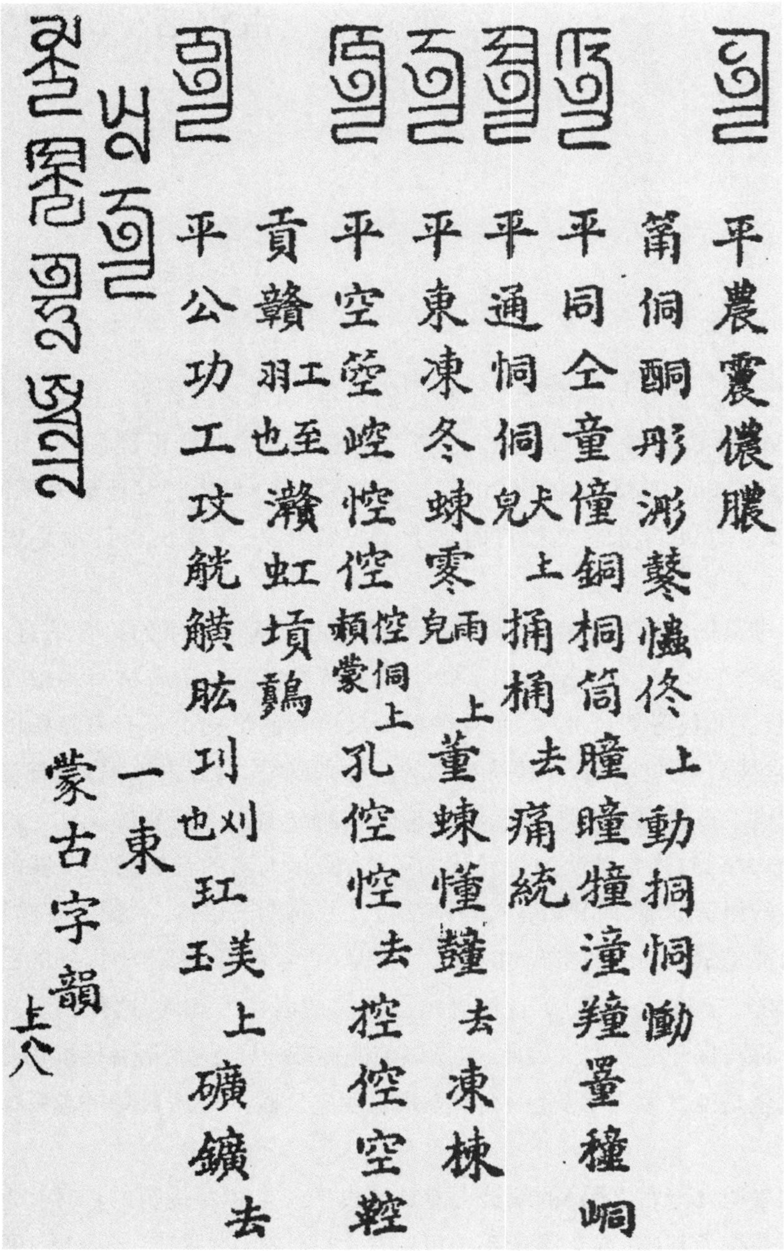

图 6.1 《蒙古字韵》的一页

它的行款是上下成列，各列从左往右读。最左边第一列第三、第四个八思巴字 ꡏꡡꡃ ꡂꡡꡙ 是下面两个汉字"字韵"的拼音。前两个八思巴字 ꡏꡡꡃ ꡂꡡꡙ ［moŋ ɣol］，是蒙古语中"蒙古"一词的记音。

232

每个汉字进行完整的转写。这些汉字基本上来自十三世纪初王文郁编写的韵书《新刊韵略》。因此,从严格意义上讲,《蒙古字韵》中唯一真正的新信息是八思巴字拼音。这种关系总结于表6.1。

表6.1 融合前代著作而成的《蒙古字韵》

《蒙古字韵》	音系结构	来自	《七音韵》
	韵字	来自	《新刊韵略》
	拼写系统		新创作

《蒙古字韵》的这种编纂方式使所有汉字的音值都以非常规则的方式呈现,无一例外。这种简洁而整齐的音系给人的印象是,其中汉字的音值是根据以前的音类来确定的,这个音类系统本身就是一种理想的标准,而不是任何实际方言或个人口语,因为实际方言或个人口语有很大可能存在不规则之处。

显然,《蒙古字韵》并不打算对八思巴字的字母系统进行分析介绍,而是采取了一种捷径,直接建立汉字与八思巴字音节的对应。《蒙古字韵》提供了一份声母表,其中八思巴字声母与传统的中古汉语三十六字母相匹配。虽然三十六字母可能是人们易于辨识并乐于接受的,但是它无法准确反映八思巴字母的音值。更成问题的是,《蒙古字韵》没有列出提示元音字母发音的对应汉字。因此,无从获知元音字母的音值。需要学习和记忆的是所有音节的字形,而不是单个字母。这样,学习这种新文字显然十分不便,因为不同音节的字形有900多个,而字母只有42个。《蒙古字韵》中缺乏字母表和音节表,这清楚地表明在推广这种文字的过程中对字母表的基本功能存在误解。

233

6.1 八思巴字

八思巴字创制于十三世纪,后来以其创制者八思巴喇嘛(1235—1280)的名字命名。八思巴是一位藏族学者、宗教领袖,他原名罗追坚赞(Blo-gros rgyal-mtshan),"八思巴"是其尊称,藏语意为"圣者"。他被蒙古朝廷尊为"国师",后又被尊为"帝师"。这种新文字旨在成为"译写一切语言"的通用文字。在历史语境中,"一切语言"是指被蒙古帝国征服的国家所使用的语言。这份语言清单很长,但最重要的是蒙古语、汉语、回鹘语、波斯语、藏语和鞑靼语等几种。

这种文字起初被称为"蒙古新字",这是相对于蒙古人最初学习和使用的老回鹘文而言的,回鹘文是 1206 年畏兀儿大臣、学者塔塔统阿(Tatatunga)传授给蒙古人的。后来,这种新字改称为"蒙古字",再后来进而改称为"蒙古国书"或"蒙古国字"。1271 年后,又称为"元国书""元国字"。元朝灭亡后,这种文字被称为"八思巴字",沿袭至今。

八思巴字与藏文之间的联系是显而易见的,也是众所周知的。其中一个明显的相似之处是声母字符的排列顺序。八思巴字的前三十个原始字母的顺序与藏文字母的顺序完全相同。八思巴字是在藏文的基础上修改而成的,字形上的相似性非常明显,以至于现今还被认为只是一种用于制作印章的特殊风格的藏文字体(王尧 1979)。图 6.2 比较了这两种文字,字母按照八思巴字和藏文顺序排列,这里的语音实现表示每个藏文字母的发音,藏文字母的发音在时间和地域上有所变异(现代拉萨藏语经历了浊音清化和声母合并)。八思巴字和藏文之间最明显的区别之一是它们的书写方向。藏文的书写顺序是从左到右横行书写,而八思巴字的书写方向是从上到下竖行书写,然后从左到右排列,这种书写顺序显然是从蒙古人当时使用的回鹘文字继承而来的。

语音实现				藏文	八思巴字
ka	kha	ga	ŋa		
tʃa	tʃha	dʒa	ɲa		
ta	tha	da	na		
pa	pha	ba	ma		
tsa	tsha	dza	wa		
ʒa	za	ɦa	ja		
ra	la	ʃa	sa		
ha	a				

图 6.2 藏文和八思巴字的比较

6.1.1 八思巴字对藏文的调整

藏文是根据当时印度使用的类似文字,尤其是克什米尔地区所用的字体创制的。这些文字,以及作为子文字的藏文,都属于元音附标文字(abugida)。元音附标文字与"全音素文字"(true alphabets)的不同之处在于,全音素文字中,元音和辅音都有字母标示,而元音附标文字只允许辅音字母单独出现,元音则是置于辅音字母之上或附近的变

234

音符号,通过变音符号修改调整以产生音节。元音附标文字通常用于记录多音节且音节结构较为简单的语言。主要分布在西藏、南亚和东南亚、埃塞俄比亚和加拿大北部。

在藏文中,单个辅音字母的发音为其自身语音加上元音/a/,任何加于此字母的变音符号都会改变元音,但不会改变辅音。不同的元音附标文字会用不同的元音作为其"基础"元音。八思巴字虽然在很大程度上是根据属于元音附标文字的藏文设计的,但它实际上是一种全音素文字。虽然它仍然保持单个字母发音带一个隐含/a/元音的特性,但其他元音不是通过修改字母来产生的,而是通过额外添加一个字母实现的。表6.2通过藏文和八思巴字的比较说明这一点,用带不同元音的音节显示两者的不同。前五列带声母辅音 k-,接着后五列是单个元音。在许多其他印度文字中,单个元音有自己的字母,而在藏文中则是用非辅音字母ཨ表示 a,前面没有任何辅音,添加的变音符号会将其音值更改为另一个元音。① 八思巴字具有音素文字的性质,体现为单个元音用自己的专用字母表示,而非用调整后的< a >来表示。

表 6.2 藏文与八思巴字音节生成的比较

	ka	ke	ki	ko	ku	a	e	i	o	u
藏文										
八思巴字										

虽然字母从不代表单个声母,但表6.2后五列中的五个元音字母,以及两个代表介音-w-和-j-的滑音字母,在《蒙古字韵》中被统称为"喻母"。表6.3列出这些字母的纵向字形(实际使用中即是如此),以及前面无声母时这些字母的变体形式。

表 6.3 非辅音字母及其变体

	a	e	i	o	u	-w-	-j-
无声母形式						–	– [a]
有声母形式	–						

[a]字母ཧ和ཨ被视为声母或属于声母槽位,因此不在本表中列出。

① 传统认为藏文ཨ是代表喉塞音 ʔ 的辅音字母,带有隐含元音 a,实际发音为 ʔa。藏文有独立的元音符号,只是不能单成音节,必须与辅音字母拼合。——译注

在接下来的表格和行文中，八思巴字拼写采用水平方式呈现，即将字母原形逆时针旋转 90 度。虽然对于许多语言来说，八思巴字足以代表其元音系统，但有些语言，包括元代的古官话，元音的数量超过了八思巴字字母表所能容纳的数量。解决这一问题的办法是引入前特征（fronting feature，简称 FT）字符。两个前特征字符ꡦ <¨>和ꡜ <ħ>①加在元音前可以改变元音音值，分别显著增加或减少元音的前特征，或使元音央化（见表 6.7）。表 6.4 列出了每种可能的 FT/元音组合，以及它们的拉丁文转写和所产生的音位形式。

表 6.4　八思巴字中不同 FT/元音组合的实现形式

	Ø/ꡖ		ꡠ		ꡞ		ꡡ		ꡟ	
Ø	< a >	-a	< e >	-e	< i >	-i	< o >	-o	< u >	*u
ꡦ	< ä >	-ɛ	< ë >	-e	< ï >	-i[a]	< ö >	-ø	< ü >	*y
ꡜ	< ħa >	-ɒ[b]			< ħi >	-ɨ ~ ə				

[a] ꡦ加在元音 *i、*e 之前时，表示前面的喉咽音（软腭音、小舌音等）声母的硬腭化。
[b] ꡜ < ħa >只出现在软腭鼻音韵尾前。*ɒ 与 *a 形成对立，如ꡆꡃ *tʃaŋ 和 ꡆꡜꡃ *tʃɒŋ 之间。

为了使音节组块结构更好地反映汉语音节，八思巴字的设计采取了汉语传统的音节分析方法。在汉语传统语音分析中，声母与音节的其他部分二分。音节中除声母以外其余部分在英语中被称为“final”，对应于传统音韵学中常见的音系单位“韵

236 母”。与声母不同，韵母不一定是单个音段，可以再细分为介音、主元音和韵尾。因此，韵母不像声母那样容易转写。字母表中的七个“喻母”虽然代表了韵母的介音和主元音部分，但不足以代表所有的汉语韵母。还有五个声母和一个“喻母”被指定用于转写辅音韵尾。

表 6.5 展示了古官话中重新分配用于表示韵尾的声母字符。鼻音韵尾 -m、-n、-ŋ 用相应的声母字符ꡏ< m >、ꡋ< n >、ꡃ< ŋ >表示，滑音韵尾 -w 和 -j 用相应的声母字符ꡓ< w >和ꡗ< j >表示，-j 韵尾或用元音ꡠ< e >表示。需要注意的是，用于表示韵尾 -w 的字符在声母位置的实际音值为 ʋ-，这类音节的声母来自中古汉语的唇齿鼻音微母 ɱ-。在《蒙古字韵》中，“务”ʋu 和“污”Øu、“妄”ʋaŋ 和“汪”Øwaŋ 存在对立。这些音节在《中原音韵》中仍然保留 ʋ-声母，不与相应的零声母 -w-

① < ħ >代表元音性的 h，ꡁꡜꡞꡋ 的罗马化转写形式是< kħin >，代表的语音是 kən；ꡁꡞꡋ 的罗马化转写形式是< khin >，语音为 khin，ꡁ 是送气的 k，写作< kh >。

介音音节合并。

表 6.5　八思巴字韵尾字母在不同位置上的语音实现

八思巴字	᠊ᠣ	᠊ᠣ	ᠰᠣ	ᠴᠣ	᠌ᠵ	᠌ᠯ
声母	m-	n-	ŋ-	ʋ-	j-	—
单独出现	ma	na	ŋa	ʋa	ja	e
主元音	—	—	—	—	—	e
韵尾	-m	-n	-ŋ	-w	-j	-j

　　两个表示韵尾 -j 的字符在拼写上是不同的字母,但在音系上都表示硬腭韵尾 -j。它们出现在不同的语音环境中,呈互补分布:元音 a、ɘ 后的韵尾 -j 由 ᠌ᠵ 表示,元音 u 后的韵尾 -j 由 ᠌ᠯ 表示(参见 6.2.3 节表 6.14)。这样,用于转写所有韵母的八思巴字拼音就是七个非声母字符与六个韵尾字符的组合。

237

6.1.2　音节组块

　　八思巴字正字法将单个字母组合成音节组块。字母是一个接一个垂直书写的(在本书中,为了节省空间,八思巴字的音节改为水平方向)。在记录汉语和蒙古语时,这种音节组块文字都是很明显的,这种传统可以追溯到藏语文字系统。在汉语音韵中,音节是口语和书面语中显著的感知单位。因此,很容易确定应以音节组块来拼写汉语音节或汉字。八思巴字的单个书写单位与相应的汉字相匹配(参见图 6.1)。音节组块内的字母必须垂直相连,连接在一起。由于八思巴字正字法的原因,汉字与八思巴字拼音之间的对应关系是在音节层面上给出的,《蒙古字韵》就是很好的例子。每个拼写组块用一到四个字母组合来表示一个音节。但是八思巴字母与音节的结构槽位之间并不是简单的一对一的关系。汉语(中古汉语和古官话)音节中的音段不超过四个,占据声母、介音、主元音和韵尾四个槽位。由于有些元音是用两个八思巴字符表示的,因此所用字符不能超过四个这个限制就成为一个需要解决的有趣的技术问题。表 6.6 显示了所有可能出现的音节槽位组合的拼写示例。这些字母根据其功能分为五种类型,分别是:声母字符、滑音字符、前特征字符、韵核字符和韵尾字符。前三列分别是:八思巴字拼写、汉字和拉丁文转写。最后一列是该拼写所需要的八思巴字符数量。

表 6.6 转写汉字的八思巴字首音节组块类型

	汉字	转写	声母	清音		前特征		韵核		韵尾		
ꡊ	答	< da >	t	–	–	–	–	†ɨ	a	–	–	1
ꡒ	牙	< ja >	j	–	–	–	–	†ɨ	a	–	–	1
ꡁꡟ	蛙	< wa >	ø	ʋ	w	–	–	†ɨ	a	–	–	2
ꡢꡟ	孤	< gu >	k	–	–	–	–	ʊ	u	–	–	2
ꡢꡞ	嘉	< gja >	k	ʋ	j	–	–	†ɨ	a	–	–	2
ꡢꡟ	瓜	< gwa >	k	ʋ	w	–	–	†ɨ	a	–	–	2
ꡢꡞꡋ	间	< gjan >	k	ʋ	j	–	–	†ɨ	a	ɪ	n	3
ꡢꡟꡋ	关	< gwan >	k	ʋ	w	–	–	†ɨ	a	ɪ	n	3
ꡢꡠꡋ	建	< gen >	k	–	–	–	–	ɛ	e	ɪ	n	3
ꡢꡟꡋ	坚	< gän >	k	ʋ	–	–	–	†ɨ	a	ɪ	n	3
ꡒꡜꡞ	留	< dʒhi >	tʃ	–	–	ʑ	ɦ	ɿ	i	–	–	3
ꡒꡜꡃ	庄	< dʒhaŋ >	tʃ	–	–	ʑ	ɦ	†ɨ	a	ꠃ	ŋ	3
ꡢꡟꡋ	涓	< gwän >	k	ʋ	w	ʊ	∷	†ɨ	a	ɪ	n	4
ꡢꡜꡞꡋ	根	< ghin >	k	–	–	ʑ	ɦ	ɿ	i	ꠃ	n	4

表 6.7 列出了它们所代表的音值。拼音 1 至 7 很简单,无须解释。拼音 8 至 12 涉及调整元音的前特征字符,因此也显示了拼写和音值之间的关系。

表 6.7 正字法—语音接口的差异

	八思巴字	汉字	转写	语音实现	元音调整
1	ᡕ	答	< da >	ta	
2	᠊ᠣ	孤	< gu >	ku	
3	᠊ᠧ	嘉	< gja >	kja	
4	᠊ᠣ	瓜	< gwa >	kwa	
5	᠊ᠧᠣ	间	< gjan >	kjan	
6	᠊ᠣᠣ	关	< gwan >	kwan	
7	᠊ᠣᠣ	建	< gen >	ken	
8	᠊ᠣᠣ	坚	< gän >	kɛn	ä > ɛ
9	᠊ᠣ	蕾	< dʒhi >	tʃɨ	ħi > ɨ
10	᠊ᠣᠣ	庄	< dʒhaŋ >	tʃɑŋ	ħa > ɑ
11	᠊ᠣᠣᠣ	涓	< gwän >	kɥœn	wä > wœ > ɥœ
12	᠊ᠣᠣᠣ	根	< ghin >	kən	ħi > ɨ

6.1.3 八思巴字的问题

在某些情况下,两个不同音节之间的对立无法反映在拼写上,这时两个不同的音节用相同的八思巴字拼写。东韵部与庚韵部之间就存在这种情况。东韵部的第二个韵母与庚韵部的第三个韵母相同,两者都拼写作ᠣᠣ < üŋ >。在《蒙古字韵》中这两个韵母是分别独立的,因此它们的音值不同,根据其历史演变应当分别为 -yŋ 和 -ɥəŋ,但它们的八思巴字拼音相同。

这两个不同音节的拼音相同,其原因是:根据八思巴字拼写规则,音值-ɥəŋ 无法拼写。八思巴字一个音节最多只能用四个字符拼写。韵母为-ɥəŋ 的音节,声母必须使用一个字符,韵尾 -ŋ 也必须使用一个字符。这样,就只剩下两个字符可以用来拼写音节的中间部分。但是实际上仅用两个字符无法拼写 -wjə-或 -ɥə-。因为单是韵核 ə 就需要两个字符的组合,即< ħi >ᠣᠣ来拼写。这样,滑音 -wj- 或 -ɥ- 就无法表示。

与这个音值最为接近的近似拼音为ᠣᠣ < ü >。从语音上看,ᠣ和ᠣ这两个字母分别表示前特征和高、圆唇特征。如果按这种方式拼写,滑音的特征——高、前和圆唇——会得到很好的体现。但这个拼写有两个问题,一个是韵核元音 ə 的语音特征没有表示出来,另一个是滑音特征成了韵核特征。如表 6.8 所示,结果是 -ɥəŋ 的拼写与 -yŋ 完全相同,圆唇和高特征应用于韵核元音。这两个韵母的拼写相同,并不代表它们的语音合流(Shen 2008a)。

表 6.8　东韵部和庚韵部的转写

韵部	汉字	八思巴字拼音	拼音的音值	汉字的音值
东韵部	萦营荣	ꡝꡦꡃ	< üŋ >	-yŋ
庚韵部	肩倾琼	ꡝꡦꡃ	< üŋ >	-ɥeŋ

6.1.4　八思巴字无法反映的语音对立

为现成语音系统的同音字组加注八思巴字拼音,这是一项困难的任务。有些语音信息可以从语音系统本身获知。作为韵图,《七音韵》包含了以下信息:(a)可能出现的声韵拼合(音节)的数量,(b)声母的数量和类型,(c)韵部,(d)每个韵部中的韵母划分。当然,所有这些信息都是音类信息,本身并没有揭示任何音值信息。要拼写所有音节,就必须获得音值信息。由于它依赖于此前已有的区别音类的韵图,所以八思巴字拼音的基本功能似乎不是转写汉语音节,而是标记语音类别。八思巴字的性质是拼音文字,它必须与音类的音值相匹配,用自身音值为 p 的字母来转写音值 k 是完全不可接受的。但另一方面,使用相似的语音或组合来替代本身无法用字母直接表示的语音,如用< d >转写 t 或用< wj >转写 ɥ[①],则是一种合乎逻辑的方法。所以,字母转写语音能有多接近,这是必须仔细研究的问题。

6.2　《蒙古字韵》的语音系统

《七音韵》的语音系统是元代的一种理想标准。这个系统不仅适用于《蒙古字韵》,也适用于元代熊忠编纂的韵书《古今韵会举要》(1297)[②]。《七音韵》并不是某种单一方言的记录,这不足为奇。作为一种理想化的标准,它包含了大都方言中可能已不存在的历史语音对立。有些音系对立可能基于当时的方言,有些则可能基于前代的音韵文献。在历史音韵学研究中,对同一时期的音韵标准和活方言进行明确区分是很重要的。

---

①　< w >表示圆唇,< j >表示近腭,它们组合产生圆唇近音 *ɥ。
②　《古今韵会举要》是韵书传统的一个重要转折。它实际上包含两个语音系统,一个是《切韵》传统,另一个是以《七音韵》为依据的新标准音(宁忌浮 1997)。

《蒙古字韵》遵循《七音韵》的框架，仍使用四声和三十六字母系统。从十世纪到十三世纪的早期材料看（如 5.1.6 节、5.2.2.4 节和 5.3.1.5 节所示），这两个系统很明显都是人为保持的。三十六字母的音值参照八思巴字母表列于表 6.9 中。

表 6.9　三十六字母及其对应的八思巴字字符

字母顺序	1	2	3	4	5	6	7	8
字母	见	溪	群	疑	端	透	定	泥
字母音值	k	kh	g	ŋ	t	th	d	n
八思巴字								

字母顺序	9	10	11	12	13	14	15	16
字母	知	彻	澄	娘	帮	滂	並	明
字母音值	ţ (tʃ)	ţh (tʃh)	ḑ (dʒ)	ɳ	p	ph	b	m
八思巴字								

字母顺序	17	18	19	20	21	22	23	24
字母	非	敷	奉	微	精	清	从	心
字母音值	pf (f)	pfh (f)	bv (v)	ɱ	ts	tsh	dz	s
八思巴字								

字母顺序	25	26	27	28	29	30	31	
字母	邪	照	穿	床	审	禅	晓	
字母音值	z	tʃ	tʃh	dʒ	ʃ	ʒ	h	
八思巴字								

字母顺序	32a	32b	33a	33b	34a	34b	35	36
字母	（合）	匣	影	（幺）	（鱼）	喻	来	日
字母音值	ɦ	(ɦj)	Ø	(j)	(Ø)	j	l	ɹ
八思巴字								

表 6.9 的字母表实际上代表了一个新的声母系统。"知" t-、"彻" th-、"澄" ḑ-和"照" tɕ-、"穿" tɕh-、"床" dʒ- 用相同的字符转写（两组都分别作Ⴑ、Ⴌ、Ⴒ），"非""敷"都转写作Ⴟ。在元代的方言中这些区别或者已经消失，或者被认为是不标准的。与此相反，传统的匣母、影母和喻母都被一分为二，分别形成 Ⴎ ɦ-/Ⴏ ɦj-、Ⴑ Ø-/Ⴛ j-、Ⴘ Ø-/ Ⴛ j- 六母。 242

如表 6.10 所示，这三对字母中，每一对都是互补分布的。Ⴑ Ø-和Ⴘ Ø都是零声母，Ⴑ是高调域的，Ⴘ是低调域的。Ⴛ j- 和 Ⴛ j- 之间的区别与此相同。低调域声母下加下画线表示，如Ⴘ Ø-、Ⴛ j-。结果是，《蒙古字韵》的 35 个声母字符实际上代表 32 个声母。此外，硬腭化的喉咽音声母用元音字符Ⴖ < i >和Ⴗ < e >前加Ⴘ< ¨ >的方式来标记（如表 6.4 所示），这类声母不是用单个字母表示的，而是通过加前特征字符修改而成的。表 6.9 中未显示这一组硬腭化的喉咽音声母。

表 6.10　匣、影、喻母音位变体的条件分化

原始字母		匣		影		喻	
原始字母音值		ɦ		Ø		j	
《蒙古字韵》字母	合	匣	影	幺	鱼	喻	
《蒙古字韵》字母音值	ɦ	ɦj	Ø	j	Ø̲	j	
八思巴字	ꡜ	ꡣ	ꡤ	ꡗ	ꡝ	ꡗ	

6.2.1　十五韵部

　　《蒙古字韵》的主体是主元音和韵尾组合构成的十五韵部（"摄"），这十五韵部如表 6.11 所示，另可参考表 6.14。《蒙古字韵》之前的韵书没有采用"摄"的概念来排列韵部 的。不仅是《广韵》（1008）、《集韵》（1037）或《礼部韵略》（1037）等传统官修韵书，即使 是相对较新的、领先时代的韵书，如革命性的《改并五音集韵》（1212）也是如此。《蒙古 字韵》问世以后，韵部的概念变得极为流行。《蒙古字韵》以后的韵书，如《中原音韵》 （1324）、《中州乐府音韵类编》（1351）及《韵略易通》（1442）都是采用韵部的概念来组 织韵母。在这方面，《蒙古字韵》代表了音节关联的一个重要环节。十五韵部的编排不 仅仅是对韵母的改进，也反映了新的以官话为基础的汉语语音标准。

表 6.11　《蒙古字韵》的十五韵部

1	东	2	庚	3	阳	4	支	5	鱼
6	佳	7	真	8	寒	9	先	10	萧
11	尤	12	覃	13	侵	14	歌	15	麻

　　在各韵部内部，音节首先按韵母排列，然后按声母排列。表 6.12 举例说明了这种 安排方式。声母严格按固定的顺序排列，与韵图的排列方式相同。不同的韵母（有些 包括用前特征标记的喉咽音声母的硬腭化特征）也根据元音字母严格按顺序排列。

表 6.12　《蒙古字韵》中声母排列模式的示例

东韵部：

uŋ：	k-公	kh-空	t-东	th-通	d-同	n-农	tʃ-中	tʃh-仲	dʒ-崇
yŋ：	k-弓	kh-穹	g-穷	dʒ-虫	ts-纵	tsh-枞	dz-从	s-嵩	z-松

6.2.2 八思巴字母的音值

虽然八思巴字是拼音文字，但拼音的实际音值却并非完全透明的。实际音值难以呈现是由于以下原因：（1）从根本上说，这个语音系统仍是一个人为的系统——许多音类并不存在实际的音值；（2）八思巴字母与汉语音韵之间存在拼写问题。表 6.13 是《蒙古字韵》32 个声母的列表。

表 6.13 《蒙古字韵》32 个声母的语音

p	ph	b	m	f	v	ʋ
(八思巴字)	(八思巴字)	(八思巴字)	(八思巴字)	(八思巴字)	(八思巴字)	(八思巴字)
t	th	d	n	l		
(八思巴字)	(八思巴字)	(八思巴字)	(八思巴字)	(八思巴字)		
tʂ	tʂh	dʐ	ɳ	ʂ	ʐ	ɻ
(八思巴字)	(八思巴字)	(八思巴字)	(八思巴字)	(八思巴字)	(八思巴字)	(八思巴字)
ts	tsh	dz		s	z	
(八思巴字)	(八思巴字)	(八思巴字)		(八思巴字)	(八思巴字)	
k	kh	g	ŋ	h	ɦ	j	∅[a]
(八思巴字)	(八思巴字)	(八思巴字)	(八思巴字)	(八思巴字)	(八思巴字)	(八思巴字)	(八思巴字)

来源：Shen（2008a）。

[a] j- 和 ∅- 都分别用两个字母表示，这取决于不同语言中音节是高调域还是低调域（参见表 6.10）。

6.2.3 韵母的拼写

元音字符 ꡞ < i > 和 ꡠ < e > 之前的八思巴字 ꡁ < ˙ > 只表示喉咽音声母的腭化，不表示后接元音音值的变化，所以并非所有的韵母拼音都表示不同的韵母。因此，带有此字母组合的八思巴字拼音（ꡁ < ˙ > 处于 ꡞ < i > 和 ꡠ < e > 之前）代表的是一个单独的声母，而非与相应的不带前特征字符的拼音不同的韵母（见 6.1.1 节和 6.2 节）。

八思巴字母 ꡁ < ˙ > 和 ꡜ < ħ > 的用法需要进行解释。ꡞ < i > 和 ꡠ < e > 之前的 ꡁ < ˙ > 实际表示喉咽音声母的腭化，而非后接元音音值的变化。并非所有的韵母拼写都代表韵母存在差异，如支韵部中，ꡀꡞ < ki > 和 ꡀꡞ < kï > 作为两个不同的韵母列出。但实际上这两个音节代表的语音分别为 ki 和 ci，区别仅在于声母辅音 k- 和 c- 不同。

另一方面，ꡜꡞ < ħi > 组合中元音性的 ꡜ < ħ > 在喉咽擦音后被删除（ꡜꡜ < ꡜꡞ、

244

᠊᠊᠊᠊᠊），例如拼音ᡞᠯᡳᠢ< ɦiw >和ᠯᡳᠢ< lhiw >分别作为不同的韵母列出，但它们代表的实际语音分别是 həw 和 ləw，韵母是相同的。表 6.14 中列出的韵母按《蒙古字韵》的原始顺序排列，不同八思巴字拼音（见表 6.15）所代表的相同韵母置于括号中。

表 6.14　十五韵部中各韵母的音值

1	东	uŋ	yŋ					
2	庚	iŋ	əŋ	ɥəŋ	(iŋ)	(ɥəŋ)	wəŋ	(iŋ)
3	阳	aŋ	jaŋ	waŋ	ɑŋ	(waŋ)	ɥaŋ	
4	支	i	ɨ	(i)	wej	ɥej	(ɥej)	wi
5	鱼	u	y					
6	佳	aj	waj	jaj	əj	(əj)		
7	真	in	un	yn	ən	(in)	win	
8	寒	an	on	wan	jan			
9	先	jɛn	(jɛn)	ɥɛn	(ɥɛn)	(jɛn)		
10	萧	aw	jew	(jew)	waw	jaw	ɥɛw	
11	尤	jəw	wəw	əw	(jəw)	wəw		
12	覃	am	jɛm	(jɛm)	jam	(jɛm)		
13	侵	im	əm	(im)				
14	歌	o	wo					
15	麻	jɛ	wa	ja	ɥɛ	(ɥɛ)	(jɛ)	a

表 6.15　表 6.14 中韵母的八思巴字拼音

1	东	□	□					
2	庚	□	□	□	□	□	□	□
3	阳	□	□	□	□	□	□	
4	支	□	□	□	□	□	□	□
5	鱼	□	□	{□}				
6	佳	□	□	□	□	□		
7	真	□	□	□	□	□	□	
8	寒	□	{□}	□	□	□		
9	先	□	□	□	□	□		
10	萧	□	□	□	□	□	□	
11	尤	□	□	□	□	□		
12	覃	□	□	□	□	□		
13	侵	□	□	□				
14	歌	□	□	{□}				
15	麻	□	□	□	□	□	□	□

6.2.4 韵母的变体系统

《蒙古字韵》的主元音构成一个舌位高度为三度的系统(见表 6.16)。元音 -ɛ 有-ɛ 和 -e 两个条件变体,元音 -i 有-i 和 -ə 两个条件变体。主元音根据韵尾的不同产生变异。这种变体系统可分析如表 6.17。就元音高度而言,可以有多达七个元音形成三向对比。大多数元音对立出现于 -n 和 -Ø 韵尾前。这种系统与现代普通话的元音系统非常接近。介音和韵尾系统也与现代普通话基本相同(只是多了一个 -m 韵尾):介音 -j-、-w-、-ɥ-,韵尾 -m、-n、-ŋ、-j、-w。总的来说,韵母与普通话的模式非常符合。

表 6.16 《蒙古字韵》的元音

i · y	ɨ	u
ɛ		o
a		ɑ

表 6.17 《蒙古字韵》的元音—韵尾子系统

-Ø:	i ɛ y u o ɨ a	-m:	i ɛ ɜ a
-j:	ə a	-n:	i ɛ y u o ə a
-w:	ɛ ə a	-ŋ:	i ɛ y ɑ a

6.2.5 声调标记

八思巴字转写没有标记声调,但《蒙古字韵》遵循传统的四声系统,使用平、上、去、入来标记所有同声韵音节的声调。表 6.18 给出了几个示例。《蒙古字韵》的调类与传统的《切韵》调类相同,汉字声调的分配与《切韵》没有差异,因此无法从中获得实际的声调信息。

表 6.18 八思巴字转写不反映声调信息

八思巴字	转写	平	上	去	入
ꡊꡦ	< di >	低氐	邸底	帝谛	的適
ꡂꡦ	< gü >	居裾	举莒	据锯	菊鞠
ꡐꡓ	< dzaw >	糟醩	早澡	灶躁	作凿
ꡑꡞ	< tsiŋ >	情晴	静靖	净穿	—[a]

[a]此时入声韵已经失去了辅音韵尾,所以< di >、< gü >、< dzaw >这样音节可以用于转写入声韵,而入声韵从不以-ŋ 收尾。

6.3　声母系统的音变

以北方方言为基础的新的语音标准显示出声母的一些创新特征。

6.3.1　浊阻塞音的消失

在《蒙古字韵》中人为保留了中古汉语的阻塞音三向对立。这是由于它采取的是与传统的三十六字母声母系统相适应的音系框架,这是其保守特征之一。虽然藏语的塞音和塞擦音仍然保持着浊音、清送气音和清不送气音的对立,但元代的汉语口语只有两向对立,清不送气塞音、塞擦音与浊塞音、塞擦音对说汉语的人来说是没有区别的,因此在《蒙古字韵》的编写中,这两类音发生了意外的交替。传统《切韵》的浊塞音、塞擦音用表示藏语清不送气塞音、塞擦音的相应字母表示,反之亦然(Shen 2008a:112—116)。这种有趣的清浊交替现象在任何现代方言中都不存在,而且是不太可能发生的音变,它暗示语言中已经发生了浊音清化,同时也显示了音系框架的保守性。这种清浊交替现象见表6.19。

表 6.19　塞音声母的清浊交替

中古汉语	帮		p-	滂		ph-	並		b-
《蒙古字韵》	帮	ꡎ	b-	滂	ꡎ	ph-	並	ꡎ	p-
中古汉语	端		t-	透		th-	定		d-
《蒙古字韵》	端	ꡊ	d-	透	ꡊ	th-	定	ꡊ	t-

6.3.2　中古汉语双唇音声母的唇齿化

唇齿擦音用字母 ꡜ < ɦ >加滑音字母 ꡧ < w >的组合表示。中古清音非母和敷母合并,拼写为 ꡤ < f >,浊音奉母在八思巴字中拼写为 ꡤ < v >(见表6.20)。这两个字母在字形上非常相似。

表 6.20　《蒙古字韵》中的唇齿化

风	p-			ꡤꡟꡃ	fuŋ	夫	p-			ꡤꡟ	vu†
丰	ph-	>				敷	ph-	>			
逢	b-	–		ꡤꡟꡃ	vuŋ	符	b-	–		ꡤꡟ	fu†

风 fēng < pjuŋ　　丰 fēng < phjuŋ　　逢 féng < bjoŋ
夫 fū < pjo　　敷 fū < phjo　　符 fú < bjo
注:† 表示这里拼写 f- 和 v- 的八思巴字母误倒了。

八思巴字拼音没有很好地区分清擦音和浊擦音，有时会颠倒（Shen 2008a：92—96）。在现存孤本《蒙古字韵》中，表示三个唇齿擦音声母的字符常常混淆。虽然它们字形经常互倒，但它们在《蒙古字韵》中的顺序是固定的，因此可以根据声母的顺序恢复声母的实际音值。这种现象还表明，虽然唇齿化现象很明显，但清浊对立在语言中并不存在，是人为造成的。

6.3.3 中古汉语疑母 ŋ- 的消失

中古汉语疑母 ŋ- 在一定条件下消失，根据《蒙古字韵》，所有合口音节以及二等和四等开口音节中的疑母 ŋ- 都已经消失，疑母消失后产生的无声母音节用喻母 j-（及其新产生的音位变体鱼母 Ø-）标记。表 6.21 展示了新的喻母 j- 分配于原疑母 ŋ- 音节的情况。二等和四等开口音节都是喻母 j-，二等和三等合口音节都是鱼母 Ø-。

表 6.21　中古汉语声母 ŋ- 的有条件消失

中古汉语的等	一等		二等		三等		四等	
	开	合	开	合	开	合	开	合
疑母 ŋ-	ŋ	Ø	j	Ø	ŋ	Ø	j	–
	᠊	᠊	᠊	᠊	᠊	᠊	᠊	᠊
	疑	鱼	喻	鱼	疑	鱼	喻	

6.4　韵母系统的音变

韵母系统也显示出官话语音的一些典型特征。

6.4.1　介音

由于各种拼写限制，八思巴字对汉语不同类型音节中的介音的处理有所不同。表 6.22 中所举的中古音节说明了不同等第和开合介音的差异。

表 6.22　不同等第和开合音节中介音表现的差异

	开				合			
一等	干		< gan >	[kan]	官		< gon >	[kon]
二等	间		< gjan >	[kjan]	关		< gwan >	[kwan]

续　表

	开				合			
三等	鞬	ꡂꡠꡋ	< gen >	[kjɛn]	卷	ꡂꡡꡋ	< gön >	[kɥøn]
四等	坚	ꡂꡠꡋ	< gän >	[kjɛn]	涓	ꡂꡍꡋ	< gwän >	[kɥœn]

干 gān < kɑn　　　　官 guān < kwan
间 jiān < kɥæn　　　关 guān < kwɯan
鞬 jiān < kjɛn　　　卷 juǎn < kwɯjen
坚 jiān < ken　　　　涓 juǎn < kwen

249　　　　在拼写时,喉咽音声母后、默认元音 a 前的介音 -j- 明确标示,而前元音 -e 和 -ɛ 前的介音 -j- 省略,这种省略不会造成语音混淆,因为 -j- 和前元音(-e 和 -ɛ)总是共现的。

介音 -w- 在拼写中总是标明的。介音 -ɥ- 用两种方式表示:(1)省略 -ɥ- 介音——其前特征和圆唇特征均由主元音表示;(2)用 -w- 介音表示——其前特征与 -j- 介音一样由主元音表示。当与 -w- 同时出现时, -j- 和 -w- 就合成为单介音-ɥ-。这种隐含的 -j- 与新加的 -w- 结合而成介音 -ɥ- 的过程见于“卷”和“涓”两例,特别是与“鞬”和“关”比较可以发现,“鞬”带隐含的 -j- 但没有-w-,“关”有一个-w-,但由于它的元音不是前元音,所以没有隐含的 -j-。-w- 介音只出现在非前元音之前,所以 -w- 和 -ɥ- 可以很容易地彼此区分。

这种介音系统反映了从中古汉语向官话系统的转变。二等韵开口和合口仅以介音 -j- 和 -w- 相区别。从历史演变看,这应该看作两个不同的演变过程:二等介音 -ɥ- 在开口音节中前化为硬腭介音 -j- ,而在合口音节中消失。如表 6.23 所示。

表 6.23　中古汉语介音 -ɥ- 在不同语音环境中的变化

中古汉语	条件	《蒙古字韵》	例字
介音 -ɥ-	与 -w- 介音结合	Ø	关 kwɯan > kwan
	其他	-j-	间 kɥan > kjan

虽然二等韵和三等韵之间的区别,-ja(-)与 -je(-),仍然存在,但二等韵特有的-ɥ-介音的消失意味着中古汉语的介音系统已转变为-w-、-j-、-ɥ- 三介音系统。由于韵母系统中缺失了一个介音,就形成了后来被称为“四呼”的系统(详见 1.4.7 节)。

6.4.2　元音系统的简化

与中古音系相比,《蒙古字韵》的元音系统已经相当简化。中古韵图中,十六摄中

的五摄用于总括带 -ŋ 韵尾的韵母，即通、梗、曾、江、宕摄。《蒙古字韵》-ŋ 韵尾韵部的
数量减少为东、庚、阳三个。表 6.24 根据韵部列出了-Vŋ 音节的主要元音。

表 6.24　从中古汉语到《蒙古字韵》韵母系统元音的减少

十六摄系统				合并				《蒙古字韵》系统	
曾		通		曾/梗		通/曾/梗		庚	东
梗	曾	江	>		曾/梗		>	庚	
	宕				宕/江			阳	
i		u		曾/梗		通/曾/梗		i	u
ɛ	ə	ɔ	>		曾/梗		>	ə	
	a				宕/江			a	

如表 6.25 所示，带中元音的韵部已并入其他韵部。经过这种合并，尤其是 -ŋ 韵尾
之前元音的合并，形成了与现代普通话非常相似的元音系统。

表 6.25　从中古汉语到《蒙古字韵》及现代普通话 -Vŋ/-Vk 韵母的音值

中古汉语	条件	《蒙古字韵》	例字	中古汉语		《蒙古字韵》		普通话
-ɛŋ , -æŋ	-j-之后	-iŋ	並	pjɛŋ	>	piŋ	>	bìng
	-w-之后	-uŋ	轟	hwɯæŋ	>	huŋ	>	hōng
	其他	-əŋ	耕	kɯæŋ	>	kəŋ	>	gēng
-ɔŋ	所有情况	-aŋ	邦	pɯɔŋ	>	paŋ	>	bāng
-ik	所有情况	-i	极	gɨk	>	gi	>	jí
-uk	所有情况	-u	谷	kuk	>	ku	>	gǔ
-ak	所有情况	-aj	百	pɯak	>	paj	>	bǎi
-ək	所有情况	-əj	刻	khək	>	khəj	>	kè
-ɔk	所有情况	-aw	剥	pɯɔk	>	paw	>	bō
-ɑk	所有情况	-aw	各	kɑk	>	kaw	>	gè

6.4.3　《蒙古字韵》中重纽的反映

中古汉语的重纽对立在《蒙古字韵》中仍部分保留，是否保留取决于韵核元音的舌
位高度。A 类韵部主元音为ᠵ< i >或ᠤ< u >，B 类韵部元音为除此之外的其他元音，

各韵部所属的类型列于表 6.26。

表 6.26　A 类韵部和 B 类韵部

A 类韵部	东	庚	支	鱼	真	尤	侵
B 类韵部	阳	佳	寒	先	萧	覃	歌	麻

　　根据表 6.27 中所示《蒙古字韵》中重纽的反映，可以得出两个结论：（a）重纽三等 A 类和三等 B 类存在对立，（b）重纽三等 B 类和三等 A 类分别与三等韵和四等韵合流。这些例子显示，重纽三等 A 类"弃"（中古音：khi）与三等 B 类"器"（中古音：khɯi）对立，四等字"契"（中古音：khej）与三等字"气"（中古音：khij）对立；同时也显示，重纽三等 A 类"弃"（中古音：khi）与四等"契"（中古音：khej）同音，重纽三等 B 类"器"（中古音：khɯi）与三等"气"（中古音：khij）同音。合口音节中也存在同样的模式。表 6.28 中给出了更多重纽三等 A 类和三等 B 类之间对立的例字。《蒙古字韵》支韵部中的重纽反映模式进一步总结为表 6.29。

表 6.27　三等韵和四等韵保留的重纽对立

韵部					韵部			
开口		例字					例字	
脂	重纽 A 类：	弃	凹ᡠ	khji	≠ 脂	重纽 B 类：	器	凹ᡠ	khi
齐	四等：	契	凹ᡠ	khji	≠ 微	三等：	气	凹ᡠ	khi
脂	重纽 A 类：	弃	凹ᡠ	khji	= 齐	四等：	契	凹ᡠ	khji
脂	重纽 B 类：	器	凹ᡠ	khi	= 微	三等：	气	凹ᡠ	khi
合口								
脂	重纽 A 类：	季	ᠬᠣᠯ	kyj	≠ 脂	重纽 B 类	愧	ᠬᠣᠯ	kuj
齐	四等：	桂	ᠬᠣᠯ	kyj	≠ 微	三等：	贵	ᠬᠣᠯ	kuj
脂	重纽 A 类：	季	ᠬᠣᠯ	kyj	= 齐	四等：	桂	ᠬᠣᠯ	kyj
脂	重纽 B 类：	愧	ᠬᠣᠯ	kuj	= 微	三等：	贵	ᠬᠣᠯ	kuj

弃 qì < khi　　　器 qì < khɯi
契 qì < khej　　　气 qì < khij
季 jì < kwi　　　愧 kuì < kwɯi
桂 guì < kwej　　　贵 guì < kwij

表 6.28 重纽三等 A 类和三等 B 类音节对立的更多例字

韵部						韵部				
开口		例字						例字		
支	重纽 A 类	卑	᠊ᠷᠢ	pi	≠	支	重纽 B 类	碑	᠊ᠷᠥᠢ	puj
支	重纽 A 类	岐	᠊ᠷᠢ	gji	≠	支	重纽 B 类	奇	᠊ᠷᠢ	gi
脂	重纽 A 类	比	᠊ᠷᠢ	pi	≠	脂	重纽 B 类	鄙	᠊ᠷᠥᠢ	puj
合口										
支	重纽 A 类	窥	᠊ᠷᠢ	khyj	≠	支	重纽 B 类	亏	᠊ᠷᠥᠢ	khuj
脂	重纽 A 类	葵	᠊ᠷᠢ	gyj	≠	脂	重纽 B 类	逵	᠊ᠷᠢ	guj

卑 bēi < pjɛ　　碑 bēi < pɯjɛ
岐 qí < gjɛ　　奇 qí < gɯjɛ
比 bǐ < pi　　鄙 bǐ < pɯji
窥 kuī < khwjɛ　　亏 kuī < khwɯjɛ
葵 kuí < gwi　　逵 kuí < gwɯji

表 6.29 支韵部重纽反映模式的总结

	P	G	Gʷ
三等 A 类	i	ji	yj, *wi[a]
三等 B 类	uj	i	uj

[a] *wi 只出现于影、喻声母后。

在考察全部重纽对立例字的基础上，表 6.30 列出了所有语音条件下重纽对立的情况。这里 P、G 和 Gʷ 分别代表《蒙古字韵》中的唇音、喉咽音和唇化喉咽音声母。喉咽音包括所有软腭部位或口腔中更靠后的部位所发的音（软腭音、小舌音、会厌音、咽音、声门音）。总的来说，重纽对立在 A 类韵部中保留得更为系统。根据表 6.30 中给出的数据，可以观察到以下现象：

表 6.30 《蒙古字韵》A 类韵部和 B 类韵部的重纽反映

	阴			阳			入		
A 类韵部	-∅	-j	-w	-m	-n	-ŋ	-p	-t	-k
P	+	+	−	/	−	−	/	+	+
G	+	+	+	+	+	+	+	+	+
Gʷ	+	+	/	/	+	−	/	+	/
B 类韵部									
P	/	/	−	/	−	/	/	−	/

续 表

	阴			阳			入		
G	/	/	+	+	(+)	/	(+)	/	/
Gʷ	/	/	/	/	/	+	/	/	/

注：+表示存在对立；(+)表示对立少量保留；–表示对立消失；/表示存在音系空格，即此前就不存在对立。

A 类韵部：

253

1. 重纽对立在 -n、-ŋ、-w 韵尾音节的唇音声母后消失。

2. 重纽对立在普通喉咽音声母后保持得很好。

3. 唇化喉咽音声母后保持重纽对立，但带 -ŋ 韵尾的音节除外。

B 类韵部：

1. 重纽对立在唇音声母后消失。

2. 重纽对立在普通喉咽音声母后保持，但在带 -n 韵尾的阳声韵以及中古本带 -p 韵尾的入声韵中仅少量保留。

3. 唇化喉咽音声母后保持重纽对立，表现在 -n 尾音节中。

就八思巴字拼音而言，四等和重纽三等 A 类音节相同，重纽三等 B 类和无重纽的三等音节相同。而这两个新形成的音类之间存在对立。因此，我们可以得出结论：在《蒙古字韵》中，重纽三等 A 类与四等韵之间、重纽三等 B 类与无重纽的三等韵之间不存在语音差异。《蒙古字韵》时期，重纽对立变得与三等韵和四等韵之间的对立等同。

与南宋韵图《切韵指掌图》(1176—1203) 和金代韵书《改并五音集韵》(1212) 这两部早期音韵著作相比，《蒙古字韵》中重纽对立发生了显著变化。在《切韵指掌图》和《改并五音集韵》中，大多数语音条件下，唇音声母后都存在重纽对立（宁忌浮 1992、冯蒸 2001）；但在《蒙古字韵》中，唇音声母音节的重纽对立基本消失，只在中古无韵尾的音节中保留①。有关《切韵指掌图》的讨论，请参阅 4.3.3 节，有关《改并五音集韵》本身复杂性的更多信息，请参阅 5.2.1 节。

254

6.4.4 韵母辅音韵尾的消失

塞音韵尾在《蒙古字韵》音系中已经完全消失。历史上中古带 -p、-t、-k 韵尾的音节

① 表 6.26 中 -j、-t 和 -k 韵尾的唇音重纽也保持对立，但此时 -t 和 -k 韵尾已经消失，而 -j 韵尾才刚刚开始形成（在特定条件下，介音移动到韵核位置，并将韵核 -i 移动到韵尾位置成为 -j 韵尾）。因此，总而言之，可以说只有无韵尾的唇音声母音节保持重纽对立。

与无塞音韵尾的开音节变为同音。中古汉语入声音节韵母变为相应的带 -j、-w 韵尾或零韵尾的韵母（Shen 2008a）。这种变化不仅仅是韵母的变化，因为它实际上必然导致声调的变化，即入声调的消失。

《蒙古字韵》音系保留了《切韵》的许多基本结构特征，其中之一是声调系统，这与当时的北方汉语不同。中古汉语入声音节韵母的调整可以为入声调的消失提供证据。在现代方言中，如果一个语音系统有入声调，通常也有一组特殊的入声韵母。换句话说，入声调的消失不仅仅是一种声调现象，也是韵母的变化。现代方言中，入声调可以不依赖塞音韵尾而独立存在，但塞音韵尾总是与入声调共存。

在《中原音韵》音系研究中，是否存在入声调一直是有争议的问题（将在第七章讨论）。从入声音节韵母的变化来看，《中原音韵》的基础方言中不太可能存在入声调。早期契丹文字材料的证据也证明了入声音节与非入声音节韵母之间的相似性。有些拼写甚至表明某些入声音节已经变为去声（Shen 2007）。

6.4.5　中古汉语 -k 韵尾音节的双元音化

中古汉语 -k 韵尾音节在《蒙古字韵》中表现出双元音和单元音两种反映形式。由于八思巴字拼音的优势，这些反映形式的音值不经过构拟就可以获知。如表 6.31 所示，不同的双元音反映形式是由音变发生之前中古 -k 韵尾音节的韵核元音决定的。如果韵核元音为后元音，它就实现为带 -w 韵尾的双元音。如果韵核元音为非后元音，它就实现为带 -j 韵尾的双元音（沈钟伟 2005、Shen 2008a）。 255

表 6.31　中古汉语-k 韵尾音节的双元音化

中古汉语			《蒙古字韵》		中古汉语			《蒙古字韵》	
各	-ɑk	>	[illegible]	-aw	德	-ək	>	[illegible]	-əj
脚	-jɐk	>	[illegible]	-ew	觉	-ɰɔk	>	[illegible]	-jaw
玃	-wjɐk	>	[illegible]	-wɛw	郭	-wɑk	>	[illegible]	-waw
摘	-ɰæk	>	[illegible]	-aj	隔	-ɰæk	>	[illegible]	-jaj
虢	-wɰak	>	[illegible]	-waj	国	-wək	>	[illegible]	-uj

各 gè < kɑk　　德 dé < tək
脚 jiǎo < kjɐk　　觉 jué < kɰɔk
玃 jué < kwjɐk　　郭 guō < kwɑk
摘 zhāi< ʈɰæk　　隔 gé < kɰæk
虢 Guó < kwɰak　　国 guó < kwək

中古汉语 -k 韵尾音节也有单元音的反映形式。由于表层形式的限制,它们呈现为单元音,但这些单元音应该以与双元音相同的方式进行分析(见下面的规则 3,沈钟伟 2005)。中古汉语 -k 韵尾入声音节的变化可以概括为以下三个基本规则:

1. 韵尾补偿规则:在失去软腭塞音韵尾 -k 以后,必须产生一个半元音韵尾对其进行补偿。Vk > VG,其中 G 是后滑音或韵尾。

2. 韵尾前后规则:半元音韵尾的具体形式由主元音决定,前元音之后必须跟硬腭半元音韵尾 -j,后元音后必须跟圆唇半元音韵尾 -w。两个央元音 -ə 和 -a,-ə 表现为前元音,-a 表现为后元音(《蒙古字韵》中 -ə 拼写为 ᠊ᠠ < ħi >),例如 ək > əj,ak > aw。

3. 同音删除规则:如果韵核元音和半元音韵尾的基本语音特征相同,则韵尾删除,双元音变为单元音,例如 ij > i,uw > u。

示例列于表 6.32。

表 6.32　中古汉语 -k 韵尾音节的变化及其规律

	各	郭	觉	百	德	逼	卜
中古汉语	kak	kwak	kɯɔk	pɰæk	tək	pɨk	puk
前《蒙古字韵》	kak	kwak	kjak	pɛk	tək	pik	puk
规则 1:	kaG	kwaG	kjaG	pɛG	təG	piG	puG
规则 2:	kaw	kwaw	kjaw	paj	təj	pij	puw
规则 3:	kaw	kwaw	kjaw	paj	təj	pi	pu

应当注意的是,-p 尾和 -t 尾音节没有发生双音化,它们只是失去塞音韵尾。

6.4.6　阳声韵与入声韵平行关系的消失

《切韵》音系中带鼻音尾的音节与带塞音的音节具有系统的对应关系。每种鼻韵尾音节都有相应的塞音韵尾音节与之相配。这种关系存在于带 -m、-n、-ŋ 韵尾的阳声韵和带 -p、-t、-k 韵尾的入声韵之间。这是中古汉语音韵的特征,但在《蒙古字韵》中,这种对应关系已经完全消失了。如表 6.33 所示,入声韵的塞音韵尾失落以后,在结构上变得与带滑音韵尾或无韵尾的阴声韵相同。

表 6.33　阳声韵与入声韵关系的变化

中古汉语		《蒙古字韵》
-N（-m，-n，-ŋ）	>	-N（-m，-n，-ŋ）
-C（-p，-t，-k）	>	-J（-j，-w），-ø
也可视为：		
阳声韵（-m，-n，-ŋ）	—	阳声韵（-m，-n，-ŋ）
阴声韵（-j，-w，-ø）		
入声韵（-p，-t，-k）	>	阴声韵（-j，-w，-ø）

这种变化使得《蒙古字韵》的韵母系统与更为著名的《中原音韵》非常相似，二者之间的差异是微不足道的。

6.4.7　jan/jɛn 对立和 jaw/jɛw 对立

元代汉语音韵中，"监"kjam 和"兼"kjɛm、"间"kjan 和"见"kjɛn、"交"kjaw 和"浇"kjɛw 之间存在对立。带 -ja 的韵母是中古二等韵的反映形式，带 -jɛ 的韵母是中古三等韵和四等韵的反映形式。这种对立在《蒙古字韵》和《中原音韵》中都存在。如表 6.34 和表 6.35 所示，八思巴字拼音清楚地标明了它们的音值。

表 6.34　二等和三、四等音节韵母的对立

		《蒙古字韵》			现代普通话	
二等韵	监	ꡂꡡꡝ	kjam	>	tɕjɛn	jiān
四等韵	兼	ꡂꡦꡝ	kjɛm	>	tɕjɛn	jiān
二等韵	间	ꡂꡡꡁ	kjan	>	tɕjɛn	jiān
四等韵	见	ꡂꡦꡁ	kjɛn	>	tɕjɛn	jiàn
二等韵	交	ꡂꡡꡤ	kjaw	>	tɕjaw	jiāo
四等韵	浇	ꡂꡦꡤ	kjɛw	>	tɕjaw	jiāo

表 6.35　根据表 6.34 的例字总结的《蒙古字韵》到现代普通话的演变

《蒙古字韵》	语音条件	现代普通话	例字			
-ja	-m、-n 韵尾前	-jɛ	监	kjam	>	tɕjɛn
			间	kjan	>	tɕjɛn
	-w 韵尾前	-ja	交	kjaw	>	tɕjaw

续　表

《蒙古字韵》	语音条件	现代普通话	例字			
-jɛ	-m、-n 韵尾前	-jɛ	兼	kjɛm	>	tɕjɛn
			见	kjɛn	>	tɕjɛn
	-w 韵尾前	-ja	浇	kjɛw	>	tɕjaw

元音 -ɛ(-e)和 -a 的合并受韵尾的制约,ja > jɛ/_m、n,而 jɛ > ja /_w。元音合并的方向与韵尾的前后相匹配。

6.4.8　央高(舌尖)元音

现代普通话"资""雌""思"和"知""蚩""诗""日"这类音节中的元音被称为舌尖元音。"舌尖元音"这个术语最早见于高本汉的《中国音韵学研究》(1915—1926)。在这部著作中,高本汉创造了 *apico-gingivales*(舌尖跟齿龈前部的元音)和 *apico-alvéolaires*(舌尖跟齿龈后部的元音)两个术语,并且分别使用音标< ɿ >< ʅ >来代表这两个语音,< ɿ >表示齿龈音 ts-、tsh-、s- 后央化的元音/i/,< ʅ >表示卷舌音 tʂ-、tʂh-、ʂ-、ʐ-后央化的元音/i/。这些术语已被中国语言学家广泛接受,但是从语音系统结构的角度看它们是否适用,这个问题并未得到认真考虑。从音系结构上讲,它们应当是央高元音。

高元音的央化(舌尖化)是不同原因导致的渐变过程(Shen 2008b)。《蒙古字韵》中,支韵部的舌尖元音拼写为 ꡁꡞ < ħi >。可以观察到音变是在以下三种语音条件下发生的:(a)支、脂、之韵系的精组(精 ts-、清 tsh、从 dz-、心 s-、邪 z-)声母音节,(b)支、脂、之韵系的庄 tʂ-组声母音节,(c)缉、栉韵的庄 tʂ-组声母入声音节。

在《蒙古字韵》中,知组 ʈ-和章组 tɕ-及日母 ȵ- 字没有表现出央化的迹象。根据所涉及的声母,我们可以将可能发生的音变总结为:(1)精组央化,(2)庄组央化,(3)章组(包括日母)央化,和(4)知组央化。《蒙古字韵》显示发生了音变(1)和音变(2),如表 6.36 所示。

表 6.36　《蒙古字韵》中高元音的央化

中古汉语		支	脂	之	祭	缉	质	栉	职	昔
精	ts-	*l*	*l*	*l*	(+)	(+)	(+)	−	(+)	(+)
知	ʈ-	4	4	4	4	4	4	−	4	4

258

中古汉语		支	脂	之	祭	缉	质	栉	职	昔
庄	tʂ-	*2*	*2*	*2*	-	*2*	-	*2*	-	-
章	tɕ-	*3*	*3*	*3*	*3*	*3*	*3*	-	*3*	*3*

注：存在央化的以斜体数字表示。"（+）"表示不涉及央化过程的音节。

6.4.9　元音高化

通过对中古汉语和《蒙古字韵》元音系统的比较，可以发现存在明确的元音高化的证据，如表 6.37 所示。根据元音的前后，有两个元音高化链变——前元音高化：a > ɛ、e > i；后元音高化：ɑ > o、o > u。

表 6.37　元代官话元音高化的规则

中古韵	例字			中古音		《蒙古字韵》		中古音		《蒙古字韵》
麻	车	chē		tɕhja	>	ꡮꡦ	tʂhɛ[i]	a	>	ɛ / j_
	些	xiē		sja	>	ꡛꡦ	sɛ	a	>	ɛ / j_
齐	鸡	jī		kej	>	ꡂꡞ	ki	e	>	i / _j
	低	dī		tej	>	ꡊꡞ	ti	e	>	i / _j
歌	歌	gē		kɑ	>	ꡂꡡ	ko	ɑ	>	o
	多	duō		tɑ	>	ꡊꡡ	to	ɑ	>	o
模	姑	gū		kwo	>	ꡂꡟ	ku	o	>	u
	都	dū		two	>	ꡊꡟ	tu	o	>	u
鱼	居	jū		kjɔ	>	ꡆꡧ	ky	ɔ	>	y / j_
	猪	zhū		ʈɔ	>	ꡌꡧ	tʂy	ɔ	>	y / j_

[i]译注：八思巴字反映的汉语实际语音，麻韵三等字韵母当为-jɛ。

在《切韵》音系中，歌韵和麻韵的主元音都是低元音，分别为 -ɑ 和 -a。这两个低元音都发生了高化，歌韵的主元音变为 -ɔ，麻韵的主元音在滑音 -j- 后变为 -ɛ。韵母 -ja 和 -jɛ 主要元音不同，但在《蒙古字韵》中它们都被归入麻韵部。在后来的《中原音韵》中，这两个韵母被分归家麻和车遮两个韵部。但《蒙古字韵》中元音高化的证据非常明显。图 6.3 用元音舌位图大致展示了这种元音高化音变。

259

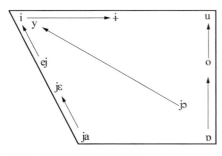

图 6.3　元代汉语元音的高化图

由于《蒙古字韵》的这种元音高化，以及现代北方官话中的类似变化，导致音系中高元音音节多，低元音音节少。韵母为 -i 的音节有数百个，但另一方面，这个音系缺少 ka 和 kha 这样的音节，造成了显著的音系空格。现代普通话中 ka 和 kha 音节用于音译外来词，如"咖啡""卡车"中的 kha 音节和"咖喱"中的 ka 音节。元音央化也是这种元音高化音变的一部分，前高元音 i 在一定语音条件下向中央位置移动，变为 ɨ。

作为元代的标准音，一方面，《蒙古字韵》表现出官话音系的许多基本特征，另一方面，由于其对保守音系框架的继承以及八思巴字本身拼写规则的限制，使得某些语音特征不那么透明。这些存在疑问的语音特征可以从《中原音韵》中观察到，虽然《中原音韵》不包含音值信息，但它代表了元代口语的语音系统。通过比较下一章分析的《中原音韵》和更早期的契丹小字所反映的辽代音系，可以确定《蒙古字韵》中存在的许多保守特征。

260

261

第七章　古官话:《中原音韵》

　　《中原音韵》是周德清(1277—1365)于1324年编成的一部著名韵书(见图7.1),周德清同时也是一位有影响的元曲作家。与《切韵》《广韵》一系的传统韵书相比,《中原音韵》非常简洁,基本上是一个同音字表,没有释义和反切注音。与传统韵书一样,《中原音韵》只提供音类。它的音值主要是后人依据《蒙古字韵》八思巴字的音值"构拟"的(如杨耐思1981)。与官方韵书《蒙古字韵》不同,《中原音韵》这本新韵书在没有参考中古汉语固定音韵框架的情况下,对音韵标准进行了彻底的重新分析。这种新的押韵标准是为散曲和杂剧作家制定的,而不是要取代用于旧体诗和科举考试的传统押韵标准。《中原音韵》将北方方言确立为一种新的语音标准,代表了对押韵传统的突破,是汉语标准音史的一个重要转折点。由于《中原音韵》的重要价值,它受到了包括西方学者(Stimson 1966、Hsueh 1975)在内的音韵学家的广泛关注。

　　《中原音韵》记录了一个已在中国北方存在了数百年的语音系统。与《切韵》一样,它不是基于任何单一方言的语音,其中的语音变异可能来自当时其他更具声望的官话方言变体。《中原音韵》的许多基本语音特征可以追溯到十世纪(Shen 2011)。考虑到这一点,《中原音韵》不应被视为官话音系的开端,而应被视为新的音韵标准确立以及官话主导地位得到承认的开端。《中原音韵》的问世可以看作是对已有标准的确认。该书的出版也反映了作者对传统押韵标准,包括《蒙古韵略》和《蒙古字韵》等同时期的官方韵书的不满。

　　《中原音韵》由两部分组成:第一部分以韵书的形式根据韵部、声调、声母排列同音字组;第二部分包含许多说明如何在创作实践中遵循语音标准的注释和示例,这部分常被忽视。

　　第一部分将5 866个汉字分别归入19个韵部,每个韵部根据声调进一步分类,然后再根据声母将汉字进一步划分不同的同音字组。全书共有1 586个同音字组,每个同音字组代表一个语音有别的音节。这种排列方式不同于《切韵》《广韵》的传统,传统方

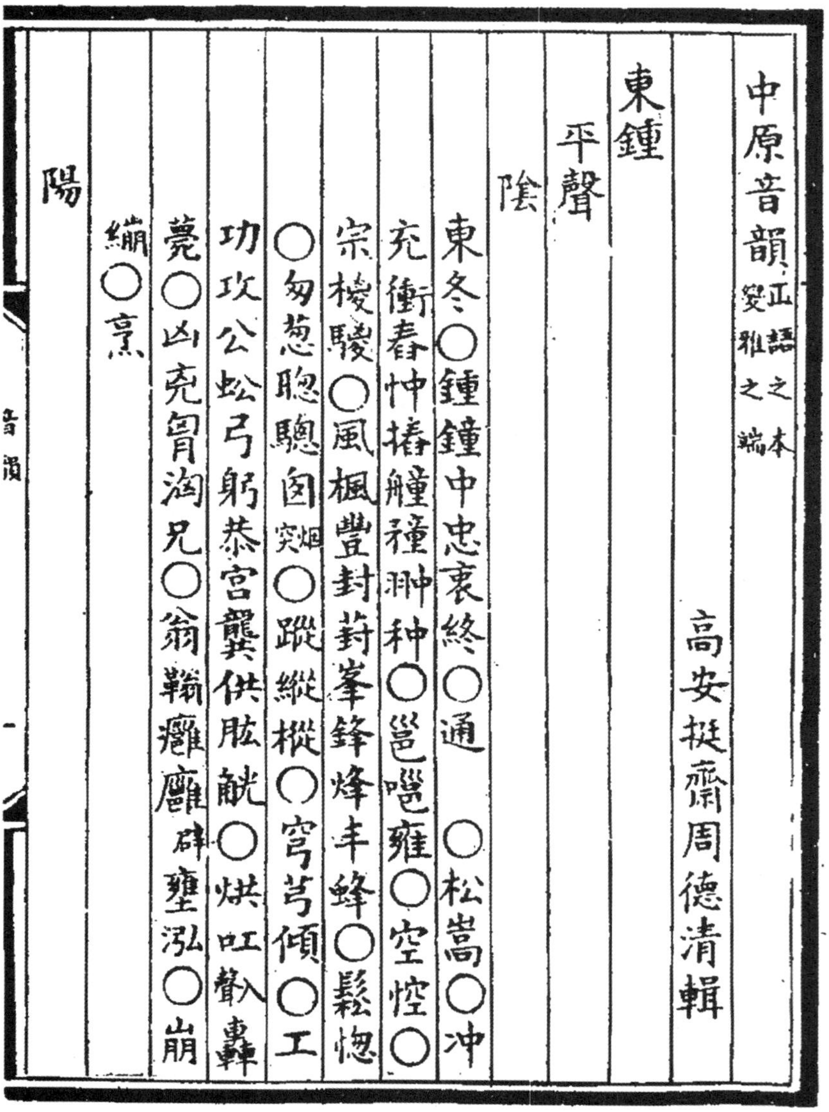

中原音韻 正語之端本　高安挺齋周德清輯

東鍾

平聲

陰

東冬〇鍾鐘中忠衷終〇通　〇松嵩〇冲

充衝舂忡椿艟種翀种〇邕嗈雍〇空悾〇

宗稯騣〇風楓豐封葑峯鋒烽丰蜂〇鬆愡

〇匆葱聰騘囪〇蹤縱樅〇穹芎傾〇工

〇功攻公蚣弓躬恭龔供肱䚰〇烘吼訇轟

甍〇凶充曽淘兄〇翁鞦癰廱碑雍泓〇崩

繃〇烹

陽

图 7.1 《中原音韵》的一页

从右到左纵向行文。第一列为书名,第二列是作者信息,第三列是第一个韵部"东锺"韵,第四列标明调类"平声",第五列表示平声的子类"阴"(阴平),第六列至第十二列是该类的同音字表,各同音字组之间用〇隔开。

式是将汉字先按声调分卷,然后再分韵和同音字组。如表 7.1 所示,它在韵部内的排列方式上也不同于《蒙古字韵》。每个韵部都以该韵部中的两个字为代表来标记。韵部的顺序如表 7.2 所示。

表 7.1　《切韵》《蒙古字韵》《中原音韵》韵字编排方式的比较

《切韵》	《蒙古字韵》	《中原音韵》
声调	韵部	韵部
韵	声母	声调
声母	声调	声母

表 7.2　《中原音韵》的韵部

1	东锺	11	萧豪
2	江阳	12	歌戈
3	支思	13	家麻
4	齐微	14	车遮
5	鱼模	15	庚青
6	皆来	16	尤侯
7	真文	17	侵寻
8	寒山	18	监咸
9	桓欢	19	廉纤
10	先天		

7.1　基础方言

　　虽然元代大都方言已经成为一种有影响力的标准,但前朝宋代的标准仍具有较高声望。这种复杂的语言状况反映在《中原音韵》的音系处理上。关于《中原音韵》的性质,有两个相关的问题一直存在争议:(1) 它的音系是否大体上以一种方言为基础,如果是,那么(2) 它的基础方言是哪种方言。许多学者(如陆志韦 1946b、杨耐思 1981)倾向于不把《中原音韵》的基础方言认定为某种单一方言,他们指出,如《中原音韵》书名所示,它代表了广泛通行的北方官话方言的共同形式。但是,其他学者还是试图为《中原音韵》确定一种基础方言。

关于《中原音韵》的基础方言,主要有两种观点。一种观点认为,《中原音韵》是以元朝首都大都的语音为基础的(王力 1985、宁继福 1985、耿振生 2007);另一种观点认为,《中原音韵》是以北宋核心区域河洛地区(现代河南洛阳地区)的语音为基础的(李新魁 1962)。这两种观点都得到了文化、社会和语言证据的支持,但双方都试图弱化对方明显的支持证据。

支持大都方言说的最有力证据是中古 -k 尾音节的双元音化①,特别是《中原音韵》中带 -w 韵尾的表现②。在《中原音韵》中,有些中古 -k 尾音节被归入带 -w 韵尾或 -j 韵尾的韵部中,这与《蒙古字韵》中的现象类似。表 7.3 列出了萧豪韵中的中古入声字(每类列出前三个同音字组示例)。

表 7.3　萧豪韵中的中古入声音节

萧豪-aw/-jɛw	入声作平声	tʂ-	浊濯镯擢	t-	铎度踱	p-	薄箔泊博	……
	入声作上声	kj-	角觉脚桷	tʂ-	捉卓琢/斫酌缴灼	tshj-	鹊雀趵	……
	入声作去声	Øj-	岳乐药约跃钥渝	n-	搦诺	m-	末幕漠寞莫沫	……

萧豪韵中的非入声字是中古就带 -w 韵尾的音节。在《中原音韵》中,中古汉语的入声音节标为"入声作 X 声"[入声(音节)与 X 声相同],其中 X 可以是"平""上"或"去"。这种特殊的入声反映模式只见于现代河北、辽宁、吉林、黑龙江省的方言(刘淑学 2000、高晓虹 2009)。表 7.4 所列的字在这些地区仍然存在 -aw 的读音。大都和河洛两个地区的现代方言中,中古 -k 尾音节呈现出不同的读音形式(见表 7.5)。

表 7.4　大都方言保持 -aw 音的字

paw	paw	faw
薄 bó < bɑk	博 bó < bɑk	缚 fù < bwjɐk
taw	tʂaw	xaw
度 duó < dɑk	浊 zhuó < ɖɰɔk	鹤 hè < ɦɑk

---

① 其中"末""沫"两字实际上是中古收 -t 尾的音节,《中原音韵》归入收 -w 尾的萧豪韵。它们可能是从 -t 变为 -k,然后与带 -k 韵尾的音节一起经历 -k > -w 的变化。

② 音韵学家对中古 -k 尾音节的双元音化特别感兴趣,4.3.2 节、5.1.2 节、5.2.2.1 节和 6.4.5 节对此进行了更深入的讨论。

表 7.5　相关现代方言中-w 韵尾的有无

	薄	凿	药	脚	觉	学
《中原音韵》	±	±	±	+	+	±
北京	±	±	±	±	±	±
顺平	±	+	+	+	±	±
长春	±	±	+	+	±	±
洛阳	—	—	—	—	—	—
开封	—	—	—	—	—	—

注：+表示存在 -w 韵尾，—表示不存在，±表示存在两种读音，一种带 -w 韵尾，一种没有。北京与元大都地区地理位置相同，顺平和长春靠近大都地区，洛阳和开封都在河洛地区。

《中原音韵》还记录了这些字的异读，它们又收在主元音为 -o 的歌戈韵中。许多中古带 -k 韵尾的字在《中原音韵》中有两读。这一现象似乎支持以大都或河洛方言为基础方言的论点，但经过仔细研究可以发现，具有两读的中古 -k 尾入声字只有 44 个，而另外 59 个只有 -w 尾一读（忌浮 1991）。当然，这一证据似乎有利于大都方言说，因为 -w 尾形式是规则的，而 -o 形式是不完整的，是基于当时河洛方言的文读层外借音。

但是，其他一些证据有力地支持了河洛方言说。如表 7.6 所示，东锺韵中的中古三等字在洛阳方言中仍带硬腭介音；齐微韵中部分字的语音更接近现代洛阳方言，而非北京方言。

表 7.6　《中原音韵》与现代洛阳、北京方言韵母的比较

		《中原音韵》	洛阳	北京
东锺韵				
浓龙隆癃踪蹤從松讼	韵母	-juŋ	-juŋ	-uŋ
容融荣溶蓉瑢镕	整个音节	juŋ	juŋ	ɻuŋ
齐微韵				
非菲飞妃肥匪翡	韵母	-i	-i	-ej
馁内雷垒泪	韵母	-wej	-wej	-ej
彼卑丕笔	韵母	-ej	-ej	-i

《中原音韵》中有一些例外音变情况无法根据中古汉语的音类类推确定，因此它

们一定是基于实际方言的。如表 7.7 所示,洛阳方言和《中原音韵》之间具有一些类似的例外,而北京方言并不例外,这意味着这些语音很可能来自洛阳方言(李新魁1962)。

表 7.7 现代洛阳和北京方言中的不规则变化

		《中原音韵》	洛阳	北京
联	lián	-ɥɛn	-ɥɛn	-jɛn
娠	shēn	tʂhən	tʂhən	ʂən
深	shēn	tʂhən	tʂhən	ʂən
薛	xuē	-jɛ	-jɛ	-ɥɛ
词	cí	sɿ	sɿ	tshɿ
囚	qiú	siw	siw	tɕhjəw
液	yè	i	i	jɛ
营	yíng	juŋ	juŋ	iŋ
顷	qǐng	khjuŋ	tɕhjuŋ	tɕhiŋ

表 7.7 中前三个例子是《中原音韵》和现代洛阳方言中共同存在的不规则音变。其他六个例子是现代北京方言中的不规则音变,而在《中原音韵》和洛阳方言中都不存在。不论是规则音变还是不规则音变,洛阳方言都更接近《中原音韵》。不规则音变是很特殊的方言鉴别项。此类信息无法仅通过其他系统来推断,只能从这个系统自身中获知。这样看来,不规则音变为《中原音韵》音系的主体更可能以河洛方言为基础的观点提供了非常有力的证据。而与此相对,中古汉语的入声音节带有 -w 韵尾,在《中原音韵》中以规则和可预测的方式出现,这是大都方言的特征。金元时期,河洛方言肯定受到当时首都方言的强烈影响。因此,《中原音韵》很可能反映了河洛地区所说的一种带有口音的大都方言。

南方官话的影响

同样值得注意的是,《中原音韵》音系中可能也整合了一些南方官话的语音区别。中古汉语 -n 韵尾合口一等韵和二等韵的对立不太可能是大都或河洛方言的语音特征,而是来自南方官话的区别。如表 7.8 所示,《中原音韵》中存在 -on 和 -wan 的对立,《蒙古字韵》中也存在这种对立。表 7.9 现代官话与非官话方言的比较表明,这种对立通常是南方方言的特征(北京大学 2003)。

表 7.8　《中原音韵》-on 和 -wan 的对立

		k-	x-	Ø-	p-
一等韵	-on	官 guān	桓 huán	豌 wān	搬 bān
二等韵	-wan	关 guān	还 huán	弯 wān	班 bān

表 7.9　-n 尾合口一二等韵在现代方言中对立的比较

	北方官话				南方官话			湘语	吴语	赣语	粤语
	北京	太原	西安	济南	成都	合肥	扬州	长沙	苏州	南昌	广州
官	kuan	kuæ	kuæ	kuæ	kuan	kō	kuō	kō	kuø	kuɔŋ	kun
关	kuan	kuæ	kuæ	kuæ	kuan	kuæ	kuæ	kuan	kuɛ	kuan	kuan

　　《改并五音集韵》(1212)也存在这样的对立,它没有将这些中古一等韵和二等韵音节合在一起。《中原音韵》以后的韵书和韵图对这种对立有不同的处理。《洪武正韵》(1375)和《韵略易通》(1442)等代表南方官话方言的音韵文献显示存在这种对立(如9.2 节和9.3 节所述)。而反映北方官话方言的音韵文献,如《等韵图经》(1602)和《韵略汇通》(1642),没有这种对立(如9.6 节所述,田业政 2004)。

　　官话的主要特征——平分阴阳、浊音清化和入声塞音韵尾的消失——可能是包括洛阳、大都和南京等大城市在内的广大官话地区的共同特征。如果这些次方言的语音差异主要限于中古汉语 -k 尾音节的读音,以及中古带 -n 韵尾的合口一二等韵音节对立与否,那么合乎逻辑的结论就是,这些方言实际上是非常相似的官话次方言。

　　《中原音韵》中,有些字出现于两个韵部,具有两种读音。例如“剥”重出于萧豪韵和歌戈韵,“崩”重出于东锺韵和庚青韵(见表 7.10)。两读表明存在语音标准的竞争。然而,不同的语音差异似乎有不同的原因。东锺韵和庚青韵的差异是口语和书面语的不同,萧豪韵和歌戈韵的差异是两种不同方言的差异。萧豪韵和歌戈韵两读也被视为白读和文读的差异(王力 1985：384)。

表 7.10　一些两读的字

剥	paw / po	崩	puŋ / pəŋ

268

两种异读形式都是标准语音的反映。与此相对,不标准的方言语音,不论是官话的还是非官话的,在《中原音韵》中都被认为是有问题的语音。《中原音韵》第二部分中有一个名为"诸方语病"的字表,即指各地存在问题的语音。

7.2 《正语作词起例》

《中原音韵》第二部分为《正语作词起例》(见图 7.2),这是作者对本书韵谱编排体例、相似字音辨析以及元曲创作体式等各种问题的说明。

方言特征

《正语作词起例》提供了有关当时方言语音特征的非常有用的信息。检查其中列出的最小音位对立对可以发现,这些对比似乎是针对说官话的人,而不是针对说非官话方言的人的,因为非官话方言的语音特征要更为丰富多样。这个字表显示周德清的主要兴趣在于纠正官话中不标准的发音,其中列出的所有错误发音都可以在现代官话方言或赣方言的次方言中找到,这都是周德清熟悉的方言。因此,这些字音对比也为我们提供了关于元代不同官话次方言语音特征的重要信息(见表 7.11)。

表 7.11　元代不同官话次方言的语音特征

东部官话:	ts-	=	tʂ-	l-	=	n-	-im	=	-in	=	-iŋ	-juŋ	=	-uŋ
北部官话:	-on	=	-wan								

周德清列出了 241 对汉字,每对字的字音在《中原音韵》中都存在对立。其中 200 对用于辨别韵母,40 对用于辨别声母。"薄"和"箔"两字韵母都有两读。

以图 7.2 为例,这一页列出了七对东锺韵的字,即"宗有踪(ts-)""松有鬆(s-)""龙有笼(l-)""浓有脓(n-)""陇有拢(l-)""送有讼(s-)""从有综(ts-)"。这里周德清指出这七对字各对字的声母相同,但韵母有别(带或不带介音-j-)。

很明显,周德清强调各种语音对立的方式有所不同。区分韵母的 200 对字组中有 155 对都是用来辨别三个鼻音韵尾的。在这 155 对中,又有 94 对是辨别 -m 和 -n 韵尾的(宁继福 1985)。

大學中庸乃禮記中語程子取為二經定其

闕疑如在親民之親字當作新字之類是也

聖經尚然況於韻乎合於四海同音分韻而

歸併之與堅守廣韻方之徒轉其喉舌換

其齒牙使執而　變　腐之　皆為通

儒道聽　說輕　市屢之子悉為才子矣

日若非諸賢公論如此區區獨力何以爭之

一依後項呼吸之法庶無之知不辨王楊不分

及諸方語之病矣

東鍾

宗有蹤　松有鬆　龍有籠　濃有膿

龐有攏　送有訟　從有綜

江陽

图7.2　第二部分《正语作词起例》的一页
在"东锺"韵的标题之后，以"X 有 Y"的格式列出了七对
字。"X 有 Y"表示在方言口音中 X 发音为 Y。　　　271

应当注意的是,如果某种语音对立是稳定而一致的,则只需举几个例子来说明就可以了,学者会假定一种模式,并根据这种模式进行类推。但是,如果某种语音对立正在消失,因而没有固定的规则可以确定哪些字遵循对立哪些字不遵循对立,那么就必须对所有相关字音都加以辨别区分。周德清很可能是根据这种思想来制作对立字表的:n-/l- 对立和 ts-/tʂ- 对立在《中原音韵》时代没有消失;而在《中原音韵》出版时,-m 韵尾很快就要与 -n 韵尾完全合并了,所以列举大量例字进行辨析。表 7.12 展示了周德清列出的一些对立字组。

值得注意的是,表 7.12 中列出的七对 -juŋ/-uŋ 韵母对立字组中,哪个韵母在前哪个韵母在后,并不一致。有五对(2、3、4、5、7)的顺序是 -juŋ 对 -uŋ,另外两对(1 和 6)的顺序是 -uŋ 对 -juŋ。大多数情况下,同一类中的各组对立字,第一字总是代表某一类声母或韵母,第二字则代表另一类声母或韵母,顺序是固定的。而 -juŋ/-uŋ 韵母对立对没有遵循这种顺序一致的模式,这可能暗示当时 -uŋ 和 -juŋ 的区别对作者本人来说也已经不那么清楚了,这种现象也出现在 -on 与 -wan 的对立中。

7.3　语音构拟

自早期日本学者石山福治(Ishiyama 1925)、服部四郎和藤堂明保(Hattori & Tōdō 1958)的研究以及赵荫棠(1936)的研究以后,中国音韵学家就明确认识到《中原音韵》作为官话音系最早的完整记录之一的重要价值,很多学者为《中原音韵》的音类构拟了音值。尽管各家构拟存在一些细节差异和不同的理论考虑,但对这个系统的主要语音特征是没有争议的。

音类的音值是根据《中原音韵》音系框架的内部结构,参照同时期《蒙古字韵》的转写进行构拟的(陆志韦 1946b、杨耐思 1981、李新魁 1983)[1]。

7.3.1　声母(21 个)

《中原音韵》的声母系统与中古汉语明显不同。中古汉语塞音、塞擦音的三向对立减少为两向对立;中古汉语浊擦音和清擦音之间的两向对立完全消失。表 7.13 展示了简化以后的新声母系统。

272

---

[1]　应当注意的是,由于当时对《蒙古字韵》八思巴字拼音还没有很好的研究,有些解释是不太确切的,甚至是不正确的。这个问题不同程度地影响了《中原音韵》音值的构拟。

表 7.12 周德清《中原音韵》中列出的一些语音对立

对立类别	例	例	例
ts- ≠ tʂ-, tsh-、tsh- ≠ ʂ- (20 对)	珊 san ≠ 山 ʂan ≠ 潺 tʂhan	苏 su ≠ 踈 ʂu	粗 tshu ≠ 初 tʂhu
	猜 tshaj ≠ 差 tʂhaj ≠ 斋 tʂaj	丝 si ≠ 师 ʂi	死 si ≠ 史 ʂi
l- ≠ n- (1 对)	鲁 lu ≠ 弩 nu		
ø- ≠ x- (1 对)	吴 øu ≠ 胡 xu		
-n ≠ -ŋ (61 对)	真 tʂin ≠ 贞 tʂiŋ	因 øin ≠ 英 øiŋ	君 kyn ≠ 扃 kyŋ ／ 温 øun ≠ 泓 øuŋ
-m ≠ -n (94 对)	针 tʂim ≠ 真 tʂin	金 kim ≠ 斤 kin	沉 tʂhim ≠ 陈 tʂhin ／ 审 ʂim ≠ 哂 ʂin
	贪 tham ≠ 滩 than	南 nam ≠ 难 nan	咸 xjam ≠ 闲 xjan ／ 探 tham ≠ 炭 than
	兼 kjem ≠ 坚 kjen	添 thjem ≠ 天 thjen	险 xjem ≠ 显 xjen ／ 点 tjem ≠ 典 tjen
-juŋ ≠ -uŋ (7 对)	宗 tsuŋ ≠ 踪 tsjuŋ	松 sjuŋ ≠ 鬆 suŋ	龙 ljuŋ ≠ 笼 luŋ ／ 浓 njuŋ ≠ 脓 nuŋ
	陇 ljuŋ ≠ 拢 luŋ	送 suŋ ≠ 讼 sjuŋ	从 tsjuŋ ≠ 综 tsuŋ
-i ≠ -ɨ (5 对)	知 tʂi ≠ 之 tʂɨ	耻 tʂhi ≠ 齿 tʂhɨ	世 ʂi ≠ 市 ʂɨ ／ 志 tʂɨ
-i ≠ -ej (8 对)	迷 mi ≠ 梅 mej	脾 phi ≠ 裴 phej	谜 mi ≠ 媚 mej
-on ≠ -wan (5 对)	官 kon ≠ 关 kwan	慢 mon ≠ 慢 mwan	患 xwan ≠ 缓 xon ／ 贯 kon ≠ 惯 kwan

注：括号中注明相关对立字的总对数。

表 7.13 《中原音韵》的声母系统

	不送气	送气	鼻音	擦音	近音
唇音	p-	ph-	m-	f-	ʋ-
齿龈音	t-	th-	n-		l-
	ts-	tsh-		s-	
卷舌音	tʂ-	tʂh-		ʂ-	ɻ-
软腭音	k-	kh-	ŋ-	x-	ø-

7.3.1.1 微母和日母

中古汉语浊阻塞音清化以后,声母系统中就不再有浊音。系统中就不能构拟浊阻塞音(塞音、塞擦音或擦音)。这个语音特征影响到两个声母,在许多构拟方案中这两个声母常被构拟为浊擦音。一个是微母 ɱ-(＜ m-),如"亡"(中古音:mwjeŋ)、"无"(中古音:mjo)、"万"(中古音:mwjɐn)的声母;另一个是日母 ȵ-,如"嚷"(中古音:ȵaŋ)、"如"(中古音:ȵjo)、"染"(中古音:ȵjɛm)的声母。中古汉语系统中,微母构拟为 ɱ-,日母构拟为 ȵ-。

汉语史上这一时期的微母常被构拟为 v-,v- 是与 f- 相对的浊音。但既然系统中已经没有浊音,这个唇齿音就不应是浊擦音。中古微母与 f-声母及零声母音节仍存在对立,因此它既没有经历浊音清化(变成 f-)也没有失落(变成 ø-)。如表 7.14 所示,《中原音韵》中,以下三字组构成最小对立:"亡"mwjeŋ/"房"bwjeŋ/"王"ɦwjeŋ、"无"mjo/"扶"bjo/"吾"ŋwo、"万"mwjɐn/"饭"bwjɐn/"腕"øwan。这些三字组中的第二和第三个字声母分别为 f-和 w-。因此,第一个音节的声母辅音只能构拟为唇齿近音 ʋ-。这样,把微母改拟为响音(非阻塞音),不需要浊音清化就可以保留在《中原音韵》的音系中。

表 7.14 体现三向对立的最小三字组

三字组 1:	亡	ʋaŋ	房	faŋ	王	øwaŋ
三字组 2:	无	ʋu	扶	fu	吾	øu
三字组 3:	万	ʋan	饭	fan	腕	øwan

如果把这一时期日母的发音部位确定为硬腭—齿龈部位,通常构拟为 ʒ-;如果认为是卷舌辅音,则构拟为 ʐ-。但问题同样在于,ʒ- 和 ʐ- 都是浊阻塞音。该声母的音值应

构拟为卷舌近音 ɻ。

导致这些音变的机制是相同的。官话浊音清化以后,浊阻塞音与相应的清音合流,音系中就不再允许出现浊音发声态。尽管中古微母 ɱ- 和日母 ȵ- 发生了非鼻音化,但它们仍是响音,所以根本不需要改变发声态。

7.3.1.2 卷舌声组的音值

7.3.1 节开头表 7.13 中卷舌声组的音值构拟是声母拟音的主要问题之一。如表 7.15 所示,有的语言学家将这组声母构拟为硬腭辅音①,有的语言学家构拟为卷舌辅音,而另有一派学者构拟了硬腭音和卷舌音两个音位变体。按照这种音位变体构拟,硬腭音声母出现在硬腭介音 -j- 和 -ɥ- 及相应的前高元音 -i 和 -y 之前,卷舌音声母出现于其他语音环境。在《中原音韵》系统中,表 7.15 中的音节是存在对立的。

表 7.15 卷舌声组音值的不同构拟

	罩 zhào		赵 zhào	抄 chāo		超 chāo	哨 shào		绍 shào
罗常培、杨耐思	tʃaw	≠	tʃjɛw	tʃhaw	≠	tʃhjɛw	ʃaw	≠	ʃjɛw
赵荫棠、李新魁	tʂaw	≠	tɕjɛw	tʂhaw	≠	tɕhjɛw	ʂaw	≠	ɕjɛw
陆志韦、宁继福	tʂaw	≠	tʃjɛw	tʂhaw	≠	tʃhjɛw	ʂaw	≠	ʃjɛw

材料来源:陆志韦(1946b)、杨耐思(1981)、麦耘(1991)。

把这组声母构拟为单纯的硬腭辅音或构拟为两个音位变体,是考虑到卷舌声母与前高介音或主元音相拼存在发音困难。但是,麦耘(1991)已经证明,历史文献和发音生理上并没有真正的证据支持硬腭音构拟。因此,本书采用卷舌音的构拟。

7.3.2 韵母(47 个)

如第七章开头所述,《中原音韵》中所有的字都归入表 7.2 所列的 19 个韵部中。虽然大多数学者都明确认识到文学语言的语音系统不是一个单一的方言,但他们的构拟都呈现为单一方言的一致系统。这样,每个音系对立都必须构拟不同的语音来体现区分。虽然这并非不可能做到,但这种构拟系统不应被视为实际存在的音系。

---

① 这种构拟中的硬腭音声组实际上是以腭龈音 tʃ-、tʃh-、ʃ- 为代表,而非硬腭音 cç-、cçh-、ç- 或龈腭音 tɕ-、tɕh-、ç-。

表 7.16 中的构拟音值主要是根据杨耐思(1981)和宁继福(1985)的构拟,作了如下调整修改:(1)介音和韵尾位置的音素用非元音符号表示,以使韵核元音明显区别于非韵核元音。例如语音序列< iu >存在歧解,用这种方法可以明确到底是"介音+主元音 ju"还是"主元音+韵尾 iw"的序列。(2)用央高元音取代舌尖元音。这些音值代表音系对立,不应理解为精确的实际语音。

表 7.16　《中原音韵》韵母的构拟音值,按韵部顺序排列

东锺			uŋ	juŋ
江阳	aŋ	jaŋ	waŋ	
支思	ɨ			
齐微	i	ej	wi	
鱼模			u	y
皆来	aj	jaj	waj	
真文	ən	in	un	yn
寒山	an	jan	wan	
桓欢	on			
先天		jɛn		ɥɛn
萧豪	aw	jaw, jɛw	waw	
歌戈	o	jo	wo	
家麻	a	ja	wa	
车遮		jɛ		ɥɛ
庚青	əŋ	iŋ	wəŋ	yŋ
尤侯	əw	jəw		
侵寻	əm	im		
监咸	am	jam		
廉纤		jɛm		

注: 各列所代表的四呼系统可根据本节讨论的证据推断。

主元音形成舌位高度为三度的系统。元音 ɨ 和 ə 是两个条件变体。这个系统与《蒙古字韵》非常相似(见表 7.17)。唯一的区别在元音 -ɒ,《中原音韵》中,-ɒŋ 韵母中的-ɒ-元音已经变为 -waŋ 韵母中的 -wa-①。表 7.18 总结了《中原音韵》的元音系统,并分析了元音变体系统和介音系统。

---

① -ɒ 是后圆唇元音,当元音系统简化时,圆唇的 -ɒ 变为介音 -w- 和元音 -a- 的组合。

表 7.17 《中原音韵》和《蒙古字韵》元音系统的比较

《中原音韵》				《蒙古字韵》		
i · y	ɨ		u	i · y	ɨ	u
ɛ	(ə)		o	ɛ		o
	a				a	ɒ

表 7.18 《中原音韵》元音系统的总结

-Ø:	i ɛ y u o ɨ a	-m:	a ɛ ɜ a
-j:	e a	-n:	i ɛ y u o ə a
-w:	a ɛ ɜ	-ŋ:	i y u a
介音系统:-j-、-w-、-ɥ-			

　　许多构拟中,-j- 和 -w- 都被用作单独的介音[如"君"kiuɛn(kjwən),"喧"xiuɛn(xjwɛn)]。有的构拟用 -j- 和 -w- 两个介音的组合表示其他构拟中的单介音 -ɥ-。这种构拟是出于以下考虑:任何系统中介音 -ɥ- 与其相对的主元音 y 都应该同时出现,既然鱼模韵中还没有出现元音 y,系统中就不应该有介音 -ɥ-(杨耐思 1981:39、唐作藩 1991:174—175)。但这一论证并不十分令人信服,因为无法证明鱼模韵只有主元音 -u,没有主元音-y。真文韵中 -ən、-in、-un、-yn 可以在一起押韵,那么为什么鱼模韵中 -u 和 -y 不能分组在一起呢?① 很可能《中原音韵》音系中有主元音 -y,介音中有对应的 -ɥ-。换言之,《中原音韵》已经发展出了四呼系统(见 1.4.7 节)。与官话中常见的音节结构一样,介音槽位只能有一个音素。单个介音槽位不允许构拟中出现 -j- 和 -w- 两个介音的组合。因此,介音 -iu-(-jw-)的构拟在语音上是不现实的。

　　在 -n 韵尾或无韵尾的音节中对立的元音数量最多。它们构成一个三度元音高度系统。如表 7.19 所示,在 -Ø 韵尾前有高元音-i -ɨ -y -u、中元音 -ɛ -o 和低元音 -a。在 -n 韵尾前有高元音 -i -y -u、中元音-ɛ -ə -o 和低元音 -a。

表 7.19 《中原音韵》零韵尾和 -n 韵尾前的元音系统

-Ø:	i · y	ɨ	u	-n:	i · y		u
	ɛ		o		ɛ	ə	o
		a				a	

---

① 杨耐思和唐作藩把《中原音韵》鱼模韵的主元音不论洪细都拟为 u,《中原音韵》中鱼模韵洪音和细音在同一韵部,到明初《洪武正韵》才把细音字分出单独成为一个韵部,《韵略易通》把《中原音韵》鱼模韵分为"居鱼""呼模"两韵。一般认为这时鱼模韵细音才由-ju 变为 -y。——译注

元音高度三度对立是非常典型的官话音韵系统。应该指出的是,ɨ 和 ə 在音系上是互补分布的,-ɨ 出现在-ø 前,-ə 出现在-n 前,因此,它们是同一音位的条件变体。-ŋ 韵尾前面有高元音 -i -y -u、中元音 -ə 和低元音 -a。

如 6.4.2 节中讨论《蒙古字韵》时所提到的,软腭鼻音韵尾 -ŋ 前的元音系统是典型的现代普通话系统(见表 7.20)。

表 7.20 《中原音韵》-ŋ 韵尾前的元音系统

-ŋ:	i · y		u
		ə	
		a	

7.4 《中原音韵》的创新特征

和第六章讨论的《蒙古字韵》一样,与《切韵》相比较,《中原音韵》也表现出许多重要的创新特征,表明官话音系的基本特征早在该书问世前就已确立。7.4.1 节至 7.4.8 节总结了这些创新特征。

7.4.1 声母位置上中古浊阻塞音的清化

中古汉语的浊塞音、擦音和塞擦音变为清音。塞音和塞擦音是与不送气清音合并还是与送气清音合并,取决于调类。如表 7.21 所示,中古汉语的浊塞音和塞擦音在平声音节中变为送气清音,在仄声音节中变为不送气清音。

表 7.21 中古浊塞音和塞擦音的清化模式

中古汉语	条件	《中原音韵》	例字			
[+浊]	平声	[−浊,+送气]	平	b-	>	ph-	píng
			钱	dz-	>	tsh-	qián
			桃	d-	>	th-	táo
			除	ɖ-	>	tʂh-[a]	chú
	仄声	[−浊,−送气]	病	b-	>	p-	bìng
			贱	dz-	>	ts-	jiàn
			盗	d-	>	t-	dào
			箸	ɖ-	>	tʂ-	zhù

278

续　表

中古汉语	条件	《中原音韵》	例字				
[-浊]	所有	无变化	柄	p-	>	p-	bǐng
			箭	ts-	>	ts-	jiàn
			到	t-	>	t-	dào
			著	ʈ-	>	tʂ-	zhù

ᵃ在此之前卷舌塞音声母已经经历了塞擦化音变。

如表 7.22 所示,在去声音节中,中古汉语的浊塞音、塞擦音字与清不送气塞音、塞擦音字变为同音。这是中古汉语向官话音系演变的重要音变之一,成为官话音系最基本的音韵特征。

表 7.22　《中原音韵》反映的浊塞音、塞擦音与清不送气塞音、塞擦音字的合并

平声					去声					平声					去声			
平	phiŋ	<	b-	≠	病	piŋ	<	b-		桃	thaw	<	d-	≠	盗	taw	<	d-
钱	tshjɛn	<	dz-	≠	贱	tsjɛn	<	dz-		除	tʂhy	<	ɖ-	≠	箸	tʂy	<	ɖ-

去声					去声					去声					去声			
病	piŋ	<	b-	=	柄	piŋ	<	p-		盗	taw	<	d-	=	到	taw	<	t-
贱	tsjɛn	<	dz-	=	箭	tsjɛn	<	ts-		箸	tʂy	<	ɖ-	=	著	tʂy	<	t-

7.4.2　唇齿擦音的出现

在特定语音条件下(中古 -j- 介音+非前韵核元音之前),中古汉语的双唇塞音变为唇齿擦音,这与 4.1.5 节中所述的过程相同(见表 7.23)。表 7.24 显示,在去声音节中,中古汉语的三个双唇塞音合并为一个擦音,相关的音节也变为同音。

表 7.23　唇齿擦音的合并

p- > f-	夫	pjo	>	fu	>	fū
	藩	pwjɐn	>	fan	>	fān
	方	pwjɐŋ	>	faŋ	>	fāng

续　表

ph- > f-	敷	phjo	>	fu	>	fū
	翻	phwjɐn	>	fan	>	fān
	芳	phwjɐŋ	>	faŋ	>	fāng
b- > f-	符	bjo	>	fu	>	fú
	烦	bwjɐn	>	fan	>	fán
	房	bwjɐŋ	>	faŋ	>	fáng

表 7.24　去声音节中三个双唇塞音声母的合并

| 废 | fi | < | p- | = | 肺 | fi | < | ph- | = | 吠 | fi | < | b- |
| 富 | fu | < | p- | = | 副 | fu | < | ph- | = | 復 | fu | < | b- |

表 7.25 显示,相应的中古汉语鼻音微母失去了鼻音性,变为唇齿近音。

表 7.25　微母 ɱ-鼻音性的消失

| 无 | ʋu | < | ɱ- | 晚 | ʋan | < | ɱ- | 味 | ʋi | < | ɱ- | 望 | ʋaŋ | < | ɱ- |

与现代标准普通话不同,微母 ɱ- 音节仍与 ∅- 音节存在对立(见表 7.26),更深入的讨论见 7.3.1.1 节。中古微母的非鼻音化是官话和南方方言的主要区别之一。大多数南方方言仍然保留这种鼻音声母,而其他现代方言中微母经历了非鼻音化,有的方言(如西安)仍保持着 ʋ/w 的区别。

表 7.26　微母 ɱ-和影母 ∅-音节之间的对立

万	ʋan	≠	腕	wan
望	ʋaŋ	≠	旺	waŋ
味	ʋi	≠	胃	wej
务	ʋu	≠	恶	u

7.4.3　央高(舌尖)元音的发展

在《中原音韵》中,支思韵首次作为独立韵部出现。支思韵中所有音节都是央高元音韵,央高元音有两个变体,由声母的发音部位决定,或近于齿龈咝音,或近于卷舌咝音。几乎所有汉语音韵学论著都把这种央高元音分析为舌尖元音。与现代北京话相比,《中原音韵》时期,元音的央化还没有最终完成,因为现代普通话中有些央高元音字在《中原音韵》中仍然是前高元音。表 7.27 给出了一些《中原音韵》中来自中古止摄知组(知 ṭ-、彻 ṭh-、澄 ḍ-、娘 ṇ-)和章组、庄组声母的例字。

表 7.27　中古止摄开口知、章、庄组字元音的比较

中古汉语						
知	i	知	痴	池	耻	治
章	ɿ	支	眵	匙	齿	至
庄	ʅ	辎	差	师	使	事

其他-i 元音的音节或来自中古的祭韵,或来自中古入声,见表 7.28。

表 7.28　非止摄 -i 韵字的中古韵和声调

	制	世	直	十	尺
《中原音韵》元音	-i	-i	-i	-i	-i
中古韵	祭	祭	职	缉	昔
中古声调	去	去	入	入	入

如表 7.29 所示,《中原音韵》中知组字音还没有表现出任何央化的迹象。以下四个可能发生的央化音变:(1)精组央化、(2)庄组央化、(3)章组(包括日母)央化、(4)知组央化。《中原音韵》表现出音变(1)(2)(3)(Shen 2008b)。在《蒙古字韵》时,官话只经历了前两个音变(见 6.4.8 节)。

表 7.29　《中原音韵》中前高元音的央化

中古汉语		支	脂	之	祭	缉	质	栉	职	昔
精	ts-	*1*	*1*	*1*	(+)	(+)	(+)	−	(+)	(+)
知	ṭ-	4	4	4	4	4	4	−	4	4
庄	tʂ-	*2*	*2*	*2*	−	*2*	−	*2*	*2*	−
章	tɕ-	*3*	*3*	*3*	*3*	*3*	*3*	−	*3*	*3*

注：存在央化的以斜体数字表示。"(+)"表示不涉及央化过程的音节。

7.4.4　新的四声系统

　　《中原音韵》的声调系统发生了重大变化,变得非常"官话"。事实上,这是这种典型的官话声调系统首次被记录下来。《中原音韵》标出四个调类,分别是"平声阴""平声阳""上声""去声",相当于北京话阴平、阳平、上声、去声。表 7.30 说明了中古声调系统与《中原音韵》声调系统之间的关系。

表 7.30　中古汉语到《中原音韵》代表的早期官话声调合并和分化的条件

中古汉语	中古汉语声母	《中原音韵》	例字		
平	清音	阴平	p-	冰	bīng < pɨŋ
			ts-	津	jīn < tsin
			h-	呼	hū < hwo
	浊音	阳平	b-	平	píng < bɯjaŋ
			dz-	存	cún < dzwon
			n-	南	nán < nəm
			l-	良	liáng < ljɐŋ
上	响音或清音	上声	p-	比	bǐ < pi
			ts-	姐	jiě < tsja
			h-	好	hǎo < hau
			n-	暖	nuǎn < nwan
	浊阻塞音	去声	b-	抱	bào < bau
			dz-	静	jìng < dzjɐŋ
去	所有环境	去声	p-	半	bàn < pwan
			h-	汉	hàn < han
			b-	病	bìng < bɯjaŋ
			l-	路	lù < lwo
入	浊阻塞音声母	阳平	b-	薄	bó < bak
			dz-	杂	zá < dzəp
	清声母	上声	p-	笔	bǐ < pɯit
			ts-	则	zé < tsək
			h-	黑	hēi < hək
	响音声母[a]	去声	n-	纳	nà < nəp
			l-	鹿	lù < luk

　[a]在中古汉语时期之前,所有的清响音都已消失,所以语音环境只有浊阻塞音、清阻塞音和(浊)响音三类。

中古汉语的入声音节根据声母的类型分别派入（"作"）四声中的三声，如表 7.31 所示。《中原音韵》的处理方式是把这些入声字单独列在所派入的相应声调之后，而不把它们与其他声调的字混列。《中原音韵》的入派三声存在歧解，这成为《中原音韵》研究中的一大争议问题。"入声作 X"（X＝平声阳、上声、去声）见于九个非鼻音韵部。表 7.31 展示了九个韵部中各类"入声作 X"的例字。

表 7.31　入声调与其他三声的合并

	入声作平声阳	入声作上声	入声作去声
支思		涩瑟塞	
齐微	实直疾夕	必的质七	觅立日易
	贼劾	德黑	勒
	惑	笔北国	墨密
鱼模	仆復独族	不福督谷	木物禄
	俗逐属局	足粟出菊	绿入玉
皆来	白宅	百则策色	麦搦
		革客吓	额
	划	摔掴	
萧豪	薄铎浊鹤	剥托错阁	末诺落恶
	学	角觉脚	岳乐药约
	著芍	爵雀酌谑	略弱虐
歌戈	薄铎浊鹤	阁渴	恶
	著杓学		略弱虐岳
家麻	拔乏达闸	八法答扎	抹袜纳腊
车遮	别迭捷杰	鳖铁节结	灭裂热业
	绝镢	雪拙说决	劣月
尤侯	轴熟	宿竹	六肉

有人把"入声作 X"中的"作"解读为"并入"，另有人将其解释为"归类为"，前者认为入声已消失，后者认为入声还保留。双方都有证据支持他们的观点，但根据现代方言的入声合并模式，最有可能的情况是，元代时入声已经消失。这种音变可能是一个渐进的过程——可能先发生在带浊音声母的音节中，而后扩展到清声母

音节。从现代汉语方言可以看出,全浊入声字的变化模式比清入声字更为一致和普遍①。

入声合并模式还可以反映合并之前入声音节的元音系统,因为入声和非入声(舒声)音节的元音系统在合并前一定是相同的,因此在声调对立消失后也是相同的,这样合并才能发生。

塞音韵尾的失落和中古汉语入声调的消失

《中原音韵》中,中古汉语入声音节的塞音韵尾已经彻底失落。如表 7.32 所示,中古介音和韵核元音相同但韵尾 -p、-t、-k 不同的字成为同音字。

表 7.32　中古汉语入声韵尾消失,不同韵尾的入声音节合并

	立 lì	栗 lì	力 lì	腊 là	辣 là
中古汉语	lip	lit	lɨk	lɑp	lat
《中原音韵》	li	li	li	la	la
	集 jí	疾 jí	籍 jí	摄 shè	设 shè
中古汉语	dzip	dzit	dzjɛk	ɕjɛp	ɕjɛt
《中原音韵》	tsi	tsi	tsi	ʂjɛ	ʂjɛ

虽然《中原音韵》中明显没有保留塞音韵尾,但有些学者(李新魁 1983)仍然认为其中的中古入声音节是以紧喉塞音收尾的,紧喉塞音韵尾会使入声与其他四声相区别,这就是为什么入声只是"作"(归类为)其他声调而不是并入其他声调。但是这一观点无法得到令人信服的证据支持。

7.4.5　中古汉语软腭鼻音疑母的消失

中古汉语软腭鼻音声母的消失 ŋV- > V- 已进入最后阶段。这个音变显然受到另一音变即 ŋi- > ni- 的干扰。这两种音变都以不规则的方式发生,所以软腭鼻音声母的消失是不彻底的。有些音节中软腭鼻音声母还保留,而有些音节中则变为齿龈鼻音。《中原音韵》系统中还存在中古软腭鼻音声母的残留。表 7.33 比较了保留 ŋ- 声母的音节和与 n- 声母合流的音节的韵母。

---

① 需要注意的是,虽然《中原音韵》中的入派三声模式完全是规则的,但现代官话方言存在更多不规则的分派模式。在北京官话中,中古带响音和浊阻塞音声母的入声音节分别规则地与去声和阳平合并,带清声母的入声音节则随机分布在四个声调中。

表 7.33 中古汉语软腭鼻音声母两种音变之间的竞争

中古汉语	条件	《中原音韵》		例字
ŋ-	-aŋ	ŋ-	昂ⁱ	áng < ŋɑŋ
	-jaŋ	ŋ-	仰	yǎng < ŋjɛŋ
	-aw	ŋ-	傲	ào < ŋɑw
	（部分）-jɛ	ŋ-	业	yè < ŋjɛp
	-jɛn	n-	谳	yàn < ŋɯjɛn
	-jo	n-	虐ⁱⁱ	nüè < ŋjɐk
	（部分）-jɛ	n-	啮	niè < net

ⁱ 译注："昂"是否保留 ŋ- 有争议，因为江阳韵中并没有零声母小韵与"昂"小韵对立，杨耐思（1981）根据《蒙古字韵》把"昂"拟为 ŋ-。李新魁（1983）、薛凤生（Hsueh，1975）都拟为零声母。

ⁱⁱ 译注："虐"歌戈韵入声作去声，杨耐思（1981）、宁继福（1985）拟作 ŋ-，薛凤生（Hsueh，1975）拟作 n-。

声母为 n- 的残余形式是当时的竞争性音变导致的。而 ŋ- 声母的残余形式是当时尚未受到 ŋ- > Ø- 音变影响的音节。

7.4.6 韵母四等体系的消失

二等音节失去了其独特的语音特征，大多与源自其他等第的音节合并，合并以声母的发音部位为条件，但在不同的韵中可能具有不同的模式。表 7.34 展示了不同声母的中古二等韵字的演变。

表 7.34 二等音节根据韵和声母发音部位与不同的韵母合并

	麻韵	皆韵	肴韵	删韵	江韵	耕韵
双唇音	巴 -a	排 -aj	包 -aw	班 -an	邦 -aŋ	棚 -wəŋ
卷舌音	查 -a	斋 -aj	爪 -aw	删 -an	窗 -waŋ	争 -əŋ
软腭音	家 -ja	皆 -jaj	交 -jaw	奸 -jan	江 -jaŋ	耕 -iŋ

7.4.6.1 中古汉语三等和四等音节对立的彻底消失

中古汉语三等和四等音节的对立彻底消失，完成了合并。表 7.35 举出了一些由此音变产生的同音字。

表 7.35 《中原音韵》中三等韵和四等韵的合并

中古三等韵		中古四等韵			《中原音韵》	普通话
基	kɨ	鸡	kej	>	ki	jī
建	kjɐn	见	ken	>	kjɛn	jiàn
京	kɯjaŋ	经	keŋ	>	kiŋ	jīng
变	pɯjɛn	遍	pen	>	pjɛn	biàn
名	mjɛŋ	铭	meŋ	>	miŋ	míng
矫	kɯjew	缴	kew	>	kjɛw	jiǎo
璧	pjɛk	壁	pek	>	pi	bì
消	sjew	萧	sew	>	sjɛw	xiāo
灭	mjɛt	篾	met	>	mjɛ	miè
龟	kwɯi	闺	kwej	>	kwej	guī
冤	Øwjɛn	渊	Øwen	>	jwɛn	yuān

中古汉语三四等韵的合并与二等音节的变化一起,使中古汉语的四等系统被更为简化的、接近现代"四呼"系统的介音系统所取代(参见 1.4.7 节)。

7.4.6.2 残余的重纽对立

三四等韵的合并也表明,许多中古汉语重纽音节(Ⅲa 和Ⅲb)的对立已经消失。只有无韵尾的重纽音节仍然显示出一些不成系统的对立(平山久雄 1991:29)。表 7.36 中列出了《中原音韵》中的一些中古平声重纽音节,并列出现代北京话中的重纽音节以作比较,可以看出其分布模式存在明显不同。

表 7.36 《中原音韵》与现代北京话中重纽对立(中古汉语重纽 A 类和重纽 B 类)的比较

《中原音韵》		-i		-ej	
		重纽 A 类	重纽 B 类	重纽 A 类	重纽 B 类
阴平	p-	—	—	卑	碑陂悲
	ph-	纰	—	—	披丕邳
阳平	ph-	脾毗	疲嬴	—	皮
	m-	弥	—	—	糜眉麋
北京话		-i		-ej	
		重纽 A 类	重纽 B 类	重纽 A 类	重纽 B 类
阴平	p-	—	—	卑	碑悲陂
	ph-	纰	丕邳	—	披
阳平	ph-	脾毗	疲嬴皮	—	—
	m-	弥	糜麋	—	眉

7.4.6.3　二等韵和三等韵的对立

有些二等音节和三等音节合并,而其他二等和三等音节则仍存在对立。如表 7.37 所示,二等和三等音节合并的时间不尽相同。第一对在《中原音韵》时已经同音;第二对、第三对和第四对在《中原音韵》中还有区别,到现代北京话中变为同音;而最后一对在现代北京话中仍然对立。

表 7.37　《中原音韵》中二等和三等音节的对立

等第		中古汉语		《中原音韵》		北京官话
二等	江 jiāng	kɰɔŋ	>	kjaŋ	>	tɕjaŋ
三等	姜 jiāng	kiɐŋ				
二等	交 jiāo	kɰau	>	kjaw	>	tɕjaw
三等	骄 jiāo	kɰjɛu	>	kjɛw		
二等	间 jiān	kɰæn	>	kjan	>	tɕjɛn
三等	建 jiàn	kjɐn	>	kjɛn		
二等	减 jiǎn	kɰæm	>	kjam	>	tɕjɛn
三等	检 jiǎn	kɰjɛm	>	kjɛm		
二等	耕 gēng	kɰæŋ	>	kiŋ[i]	>	kɤŋ[a]
三等	京 jīng	kɰjaŋ	>	kiŋ	>	tɕiŋ

[a] 现代北京话“京”音 /tɕiŋ/,“耕”音 /kɤŋ/,“耕”有一个罕见的白读音 /tɕiŋ/,与“京”同音。
[i] 译注:《中原音韵》不收“耕”字,其异体字“畊”收在庚青韵“京”小韵。

在韵尾为 -n 的音节中一等韵和二等韵存在对立。桓欢韵反映中古合口一等与二等音节之间的对立。这种对立在南方汉语中很常见,很可能是来自南方地区的特征。如 7.1.1 节所述,《中原音韵》中这些南方方言特征与更为突出的北方方言特征并存。

7.4.6.4　车遮韵的出现

《中原音韵》中出现了一个新的韵部车遮韵(见表 7.38)。其中的舒声字(历史上的非入声字)来自中古汉语的麻韵系三等韵。中古麻韵系有二等韵和三等韵,其主元音为 -a。《中原音韵》中麻韵系二等韵和三等韵字归入不同的韵部。二等韵字归家麻韵,三等韵字归车遮韵,这种分化表明,三等音节的元音发生了高化。这种音变是以三等音节的硬腭介音为条件的,-ja > -jɛ(关于带韵尾的 -ja 和 -jɛ 的比较,参见 6.4.7 节)。车遮韵中大多数字来自中古入声,历史上是韵尾为 -p 或 -t 的三等韵或四等韵,表明这些入声音节的韵尾已经消失。这种音变实际上与《蒙古字韵》中的情况相同,只是在《蒙古字韵》中,这些音节与主元音为 -a 的音节合在同一韵。图 6.3 显示了《蒙古字韵》中发生的这种元音前高化音变。

表 7.38　车遮韵部的音节

中古汉语	条件	《中原音韵》	例字				
麻韵	三等开口	-jɛ	爹	ʈja	>	ʈjɛ	diē
			车	tɕhja	>	tʂhjɛ	chē
			些	sja	>	sjɛ	xiē
			蛇	ʑja	>	ʂjɛ	shé
歌韵	三等合口	-ɥɛ	靴	hwjɑ	>	xɥɛ	xuē
			瘸	gwjɑ	>	khɥɛ	qué
麻韵	其他	-a	麻	mɯɰa	>	ma	má
			瓜	kwɯa	>	kwa	guā
某些入声韵	开口	-jɛ	别	bɯjɛt	>	pjɛ	bié
			协	ɦjep	>	xjɛ	xié
			列	ljɛt	>	ljɛ	liè
	合口	-ɥɛ	绝	dzwjɛt	>	tsɥɛ	jué
			雪	swjɛt	>	sɥɛ	xuě
			月	ŋwjɛt	>	ɥɛ	yuè

　　《中原音韵》与现代普通话相比,有一个明显的区别。在普通话中,带卷舌声母的音节失去了硬腭介音,并且元音变为后元音。这是一种调整,以减少卷舌声母和前元音之间的发音冲突。因此,发生了-jɛ > -ɤ(如"遮""车""奢")、-ɥɛ > -uo(如"拙""啜""说"),如表 7.39 所示。

表 7.39　《中原音韵》车遮韵在北京话中的反映

《中原音韵》	条件	北京话	例字				
车遮韵	卷舌声母开口	-ɤ	遮	tʂjɛ	>	tʂɤ	zhē
			车	tʂhjɛ	>	tʂhɤ	chē
			奢	ʂjɛ	>	ʂɤ	shē
	卷舌声母合口	-uo	拙	tʂɥɛ	>	tʂuo	zhuō
			啜	tʂhjwɛ	>	tʂhuo	chuò
			说	ʂjwɛ	>	ʂuo	shuō

288

续　表

《中原音韵》	条件	北京话	例字				
	非卷舌	-jɛ	嗟	tsjɛ	>	tɕjɛ	jiē
	开口		杰	kjɛ	>	tɕjɛ	jié
			爷	jɛ	>	jɛ	yé
	非卷舌	-ɥɛ	缺	khjwɛ	>	tɕhɥɛ	quē
	合口		劣	ljwɛ	>	lɥɛ	liè
			雪	sjwɛ	>	ɕɥɛ	xuě

289

7.4.7　-m 韵尾的保存

如表 7.40 所示，《中原音韵》中 -m 韵尾基本上保存，只有带唇音声母的音节发生了 -m > -n 音变。这表明 -m 韵尾的消失始于唇音声母对韵尾的异化。

表 7.40　《中原音韵》中保留的 -m 韵尾和 -n 韵尾之间的对立

针 -m	≠	真 -n		金 -m	≠	巾 -n
zhēn < tɕim		zhēn < tɕin		jīn < kɰim		jīn < kɰin
咸 -m	≠	闲 -n		添 -m	≠	天 -n
xián < ɦɰæm		xián < ɦɰæn		tiān< them		tiān< then
淡 -m	≠	诞 -n		蓝 -m	≠	兰 -n
dàn < dam		dàn < dan		lán < lam		lán < lan
谦 -m	≠	牵 -n		点 -m	≠	典 -n
qiān < khem		qiān < khen		diǎn < tem		diǎn < ten
品 -m > -n	=	牝 -n				
pǐn < phɰim		pìn < bin				

"品"（中古音：-m）字与"牝"（中古音：-n）字一起列在真文韵（-n）而不是收在侵寻韵（-m），这是发音部位相同导致的异化，音变为 phɰim > phin。

7.4.8　尖团区别

介音 -j- 或前高元音前的齿龈音声母（ts-、tsh-、s-）与软腭音声母（k-、kh-、x-）之间的区别也称为尖团区别，例见表 7.41。

表 7.41　尖团音的对立

济 ts-	≠	计 k-	(tç-)		就 ts-	≠	旧 k-	(tç-)
jì < tsej		jì< kej			jiù < dziw		jiù < giw	
千 tsh-	≠	牵 kh-	(tçh-)		全 tsh-	≠	权 kh-	(tçh-)
qiān < tshen		qiān < khen			quán < dzwjɛn		quán < gwɯjɛn	
集 ts-	≠	及 k-	(tç-)		焦 ts-	≠	骄 k-	(tç-)
jí <dzip		jí <gɯip			jiāo < tsjɛw		jiāo < kɯjɛw	
津 ts-	≠	巾 k-	(tç-)		相 s-	≠	香 x-	(ç-)
jīn < tsin		jīn < kɯin			xiāng < sjɛŋ		xiāng <hjɛŋ	

これ、これ→　这个区别在《中原音韵》中清楚地存在。根据现代方言,k- 组声母的腭化发生在 ts- 组声母之前。在《中原音韵》时代,已经腭化的中古软腭音声母没有被视为一组独立的声母,因为它与原本的见组 k- 声母完全互补分布。表 7.42 展示了受此影响的六个声母的演变,它们在第四阶段完全合并。《中原音韵》处于第二阶段或第三阶段。

表 7.42　高元音之前软腭音和舌冠音合并的四个阶段

I		k-	kh-	x-	ts-	tsh-	s-
II [a]	软腭音声母的腭化	c-	ch-	ç-[b]	ts-	tsh-	s-
III	硬腭音声母的弱化	tç-	tçh-	ç-	ts-	tsh-	s-
IV	非塞齿音的腭化	tç-	tçh-	ç-	tç-	tçh-	ç-

　　[a] 只有当这些声母处在介音 -j- 、-ɥ- 或元音 -i- 、-y- 之前时,才会发生这种变化。我们说 k- 组声母处于完全互补分布,意味着通过观察 k- 组声母的语音环境就可以准确地确定它是软腭音还是硬腭音,因此没有必要把新产生的硬腭音组处理为独立的声母。
　　[b] x- 声母在第二阶段很可能实现为硬腭擦音 ç-,如果是这样,它会在第三阶段变为 ç-,以并入新产生的龈腭音声组。

7.5　元代音示例

　　《中原音韵》音系与现代普通话非常接近,这种相似性可以通过下面这首小令《天净沙·秋思》来说明。《天净沙》是曲牌名,这首小令也作为一个例子收在《中原音韵》中,是元代最有名的小令之一。表 7.43 提供了这首诗的一系列语音转写。第一行是根据《中原音韵》所作的构拟音值,第二行是现代普通话的音值,第三行是拼音。

秋 思

马致远（约 1251—1321 后）

枯藤老树昏鸦。

小桥流水人家。

古道西风瘦马。

夕阳西下，

断肠人在天涯。

表 7.43　马致远《秋思》——《中原音韵》官话音与现代普通话音的比较

	枯	藤	老	树	昏	鸦
《中原音韵》	khu	thəŋ	law	ʂju	xun	ja
现代普通话	khu	thəŋ	law	ʂu	xun	ja
拼音	kū	téng	lǎo	shù	hūn	yā
	小	桥	流	水	人	家
《中原音韵》	sjɛw	khjaw	liəw	ʂwej	ȶin	kja
现代普通话	ɕjaw	tɕhjaw	liəw	ʂwej	ɻʅnˀ	tɕja
拼音	xiǎo	qiáo	liú	shuǐ	rén	jiā
	古	道	西	风	瘦	马
《中原音韵》	ku	taw	si	fuŋ	ʂəw	ma
现代普通话	ku	taw	ɕi	fəŋ	ʂəw	ma
拼音	gǔ	dào	xī	fēng	shòu	mǎ
	夕	阳	西	下		
《中原音韵》	si	jaŋ	si	xja		
现代普通话	ɕi	jaŋ	ɕi	ɕja		
拼音	xī	yáng	xī	xià		
	断	肠	人	在	天	涯
《中原音韵》	ton	tʂhaŋ	ȶin	tsaj	thjɛn	ja
现代普通话	twan	tʂhaŋ	ɻʅnˀ	tsaj	thjɛn	ja
拼音	duàn	cháng	rén	zài	tiān	yá

　　这首五行小令共有 28 个字（不重复的单字有 26 个，"人"和"西"各出现两次）。根据构拟语音，《中原音韵》古官话和现代普通话之间主要有两个语音差异：tsj- 和 kj- 型声介组合的腭化（如"桥"khjaw > tɕhjaw）；卷舌声母后的元音前特征的消失（如"人" ȶin < ɻʅnˀ）。《中原音韵》出版于 1324 年，比《切韵》晚约 700 年，比现代普通话早约 700 年。尽管距离《切韵》和现代普通话的时间大致相同，但它的音系显然更接近于现代普通话。除了 -m 韵尾，《中原音韵》和现代普通话之间的其他差异都可以在现代官话的子

292

方言中找到。可能《中原音韵》与现代普通话的语音已经接近到可以相互理解的程度。

7.6　小结

　　《中原音韵》是汉语音韵史上的一个里程碑。在《中原音韵》之前,北方官话的证据大多来自契丹人、女真人和蒙古人使用的非汉语文字。《中原音韵》是第一部完全摆脱植根于《切韵》的音韵传统而建立自身语音系统的韵书。元代以后,官话语音就成为更具声望的标准音。然而作为文学语言标准的《切韵》传统仍然具有强大的影响力。直到二十世纪初,普通话语音才成为国家标准。

293

第八章　古官话：波斯文转写

元朝时期，很多中国书籍被从中国带到波斯，并翻译成波斯语。翻译之所以能够得以开展，是由于蒙古帝国伊利汗国政治家、历史学家和医生拉施特（Rashid al-Din，1247—1318）个人学术兴趣的推动。

有两部著作中包含了相当多当时汉语词的波斯文转写。一部是拉施特的《中国史》（*History of China*，HOC），这是他编撰的世界史《史集》（*Tārīkh-i Chīn az Jāmi' al-Tavārīkh*）的一部分，是根据两位契丹学者 Lbbahi 和 M.ksun 带到波斯的中国史书编写的（王一丹 2006）。另一部是名为《脉诀》的中医著作（University of Tehran 1972）。这些转写是根据汉语语音而作的，可以为我们提供从汉字材料中无法获知的语音信息。下文将看到，尽管这些语音在当时都被视为标准汉语，但也显示出相当不同的个体变异。

8.1　古波斯文

《中国史》和《脉诀》使用的都是古波斯文，但根据不同的文本形式，波斯文可能会有完全不同的书写惯例。在更为正式的文本以及与宗教相关的文本中，波斯文字往往大量使用表示元音音质的变音符号，在更世俗的或非正式的文本中往往没有这些变音符号。《中国史》是不用变音符号的，因此对汉语元音的表现不足。在波斯文字中，只有长元音 a、u 和 i 可以不通过变音符号表示。字母 ا<'>、و< w > 和 ی< y >表示辅音 ʔ、w 和 j，同时也分别代表 a、u 和 i 三个长元音（Mahootian 1997：2）。其他元音则没有指定字母，拼写中省略短元音。与波斯语和阿拉伯语字母的拼写传统一样，双元音由表示后滑音的字母表示，如 u 表示 aw，i 表示 aj。"."表示省略的短元音。

在《脉诀》中，变音符号用于标示整个文本中的元音音质。此外，还增加了特设字母，用于转写波斯语中无合适字母表示的汉语语音（Endō 1997、2016，Shen 2016）。表8.1 给出了《脉诀》中的波斯字母及其音值（IPA）。

表 8.1　《脉诀》中的波斯字母及其音值（IPA）

《脉诀》中所用的波斯字母（23）				音值（IPA）				
唇音	ب	م	م	ف	b	p	m	f	v
齿龈音	د	ز	ز	ل	d	t	n		l
	ﻦ	ﺖ	ﺳ,ﺹ		dz	ts		s, ʂ	
硬腭音	ج	ﺡ	ﺵ,ﺱ	ﺽ	dʒ	tʃ	ʃ, ʂ		ʒ
软腭音	ک	ک	ک	ﻥ,ﺥ	g	k	ŋ	x, xj	

《蒙古字韵》中的汉语声母系统是一种保守的系统。在元代,浊塞音、塞擦音和擦音实际上已经失去了浊音特征,与相应的清声母合并(参见 6.3.1 节)。本节所举例子(标出文本中的页码和行号)同时给出拼写的表层音值和校正后的元代汉语音值。表层音值和校正音值之间用 > 表示,例如: ban > ph-。校正音值仅给出所讨论的相关字音。

《中国史》的语音转写根据王一丹(2006)的翻译,《脉诀》的语音转写则根据德黑兰大学(University of Tehran 1972)出版的原始文本。

8.2　《中国史》

《中国史》[①]作于 1304 年,最近被翻译成中文(王一丹 2006)。其中包含了从史前传说时代到元代的朝代名、国王和皇帝的名字,这些专有名称的语音转写是我们了解元代汉语语音的重要信息。该材料是基于口语语音所作的转写,因此本质上不同于系统编排音类的韵书,如十三世纪末十四世纪初的《蒙古字韵》和 1324 年的《中原音韵》等。如本节所论,拉施特转写所依据的语音可能是元代的标准音。在历史上,对于什么是正确的官话音,定义是很宽松的。元朝首都大都(今北京)的标准音可能具有一定声望和影响力,但从未像现代标准那样被明确定义。由于《中国史》的转写是基于口语的,本研究的主要目的是发现古官话口语的语音特征,以及这些特征与更为标准的书面语音系统(如《蒙古字韵》和《中原音韵》)的关系。本节接下来的部分涵盖当时汉语的各种语音特征,这种汉语是波斯文转写所依据的基础语言。

8.2.1　中古汉语的浊塞音和塞擦音

汉语的清送气塞音、塞擦音一致地转写为清音。清不送气辅音通常转写为浊音,但

---

① 更多有关拉施特及其所著《中国史》的信息,请参阅 Franke(1951)和王一丹(2006)。

295

有时也转写为清音（见表 8.2）。这种不一致性是由汉语和波斯语的语音特征不同造成的。汉语的清送气塞音和塞擦音与波斯语的清塞音非常相似，但是，清不送气音不能完美地与波斯语对应。因为波斯语既有清送气塞音、塞擦音，也有浊不送气塞音、塞擦音，与汉语的清不送气音相比，要么送气特征相冲突，要么浊音特征相冲突。不同语言的发声态系统之间的冲突类似于 6.1 节和 6.3.1 节中所讨论的将汉语转写成《蒙古字韵》八思巴字时所面临的问题。

表 8.2　各类人名中的中古清送气和清不送气声母字的波斯文转写比较

汉语词的转写				页码	中古汉语	八思巴字转写
清送气音						
天	*t.n*	天皇氏	*t.nkhūānkshī*	558	th-	then
汤	*tānk*	成汤	*shīnktānk*	567	th-	thaŋ
清不送气音						
濮	*bū*	濮王	*būvāng*	588	p-	pu
北	*bū*	北乡侯	*būshānkkhū*	576	p-	pej
襃	*bū*	襃姒	*būsī*	571	p-	paw
丹	*tān*	丹朱	*tānjū*	565	t-	tan
亶	*tān*	河亶甲	*khūtānkīh*	568	t-	tan
东	*tūnk*	东方	*tūnkfūnk*	574	t-	tuŋ
真	*jīn*	真宗	*jīnzūn*	591	tɕ-	tʃin

在表 8.3 的转写中，浊塞音、塞擦音表现出官话的浊音清化模式，也就是说，这些转写遵循汉语浊音清化的官话模式：在平声音节中，浊塞音和塞擦音变为清送气音，而在仄声（非平声）音节中（见表 8.3）变为清不送气音。严格来说，中古带浊塞音、塞擦音的平声音节呈现为清送气塞音。

表 8.3　波斯文转写遵循与官话相同的浊音清化模式

汉语词的转写				页码	中古汉语	八思巴字转写[i]		
平声音节								
盘	*pān*	盘古	*pānkū*	557	b-	ban	>	ph-
平	*pīnk*	平王	*pīnkvānk*	569	b-	biŋ	>	ph-
提	*tī*	摄提纪	*sh.tīkī*	558	d-	di	>	th-

汉语词的转写				页码	中古汉语	八思巴字转写[i]		
陶	*tāū*	陶唐氏	*tāūtānkshī*	565	d-	daw	>	th-
唐	*tānk*	陶唐氏	*tāūtānkshī*	565	d-	daŋ	>	th-
丞	*chīnk*	曹丞相	*sū chīnksānk*	576	ʐ-	ʒiŋ	>	tʃh-
仄声音节								
度	*dū*	蔡叔度	*sāī shūdū*	573	d-	du	>	t-
地	*dī*	地皇氏	*dīkhūānkshī*	559	d-	di	>	t-
大	*tāī*	大庭氏	*tāītāīshī*	561	d-	daj	>	t-
悼	*tāū*	悼王	*tāūvānk*	569	d-	daw	>	t-
沌	*dūn*	混沌氏	*hūndūnshī*	561	d-	dun	>	t-
定	*dīn*	定王	*dīnvānk*	569	d-	diŋ	>	t-
铎	*dāū*	曹叔铎	*sū shūdāū*	573	d-	daw	>	t-
仲	*jūnk*	仲丁	*jūnkdīn*	568	ɖ-	dʒyŋ	>	tʃ-
赵	*jū*	赵	*jū*	582	ɖ-	dʒew	>	tʃ-
肇	*jū*	史弘肇	*shū khūjū*	590	ɖ-	dʒew	>	tʃ-
直	*jī*	帝直	*dījī*	562	ɖ-	dʒi	>	tʃ-

[i] 译注：这里的转写是八思巴字所反映的汉语音值的转写，声母没有清浊交替。

8.2.2　软腭鼻音疑母 ŋ- 的消失

如表 8.4 所示，中古汉语的鼻辅音声母疑母 ŋ- 已消失，例字为中古一等或三等字。这种变化与在《蒙古字韵》和《中原音韵》中所观察到的一致。

表 8.4　《中国史》转写中疑母明显消失

汉语词的转写				页码	中古汉语	八思巴字转写
五	*ū*	五龙纪	*ūlūnkī*	558	ŋ-	u
吴	*wū*	吴太伯	*wū tāybāy*	573	ŋ-	u
外	*vāī*	外丙	*vāībīnk*	567	ŋ-	Øwej
元	*ūn*	元王	*ūnvānk*	570	ŋ-	Øwɛn

8.2.3　中古汉语日母

如表 8.5 所示，中古汉语日母转写为浊擦音，可能为齿龈浊擦音，也可能为硬腭浊擦音。

与现代普通话一样,古官话中的中古日母不是摩擦音,而是卷舌近音(见 7.3.1.1 节)。波斯语< r >不用于声母位置。现代波斯语中< r >是颤音,在转写的时期可能也是如此。因此,用颤音转写近音是不合适的,尤其是在声母位置,而浊擦音与官话近音 ɻ- 的音质更接近。

表 8.5 《中国史》中反映中古日母用非卷舌音转写的例子

汉语词的转写				页码	中古汉语	八思巴字转写
人	*z.n*	人皇氏	*z.nkhūānkshī*	558	ŋ-	ɻin
人	*zh.n*	燧人氏	*sūīzh.nshī*	559	ŋ-	ɻin
仁	*zhīn*	仁宗	*zhīnzūn*	591	ŋ-	ɻin
壬	*zh.n*	中壬	*jūnzh.n*	567	ŋ-	ɻim
壬	*zh.n*	外壬	*vāīzh.n*	568	ŋ-	ɻim
孺	*zhū*	孺子婴	*zhūz.yīnk*	574	ŋ-	ɻy

表 8.6 显示,在转写“二”时,< r >出现于< i >之后。这是一个非常有趣的转写,它表明“二”的语音已经是卷舌元音,或者说已经发生了语音换位(metathesized)。如 Herbert Franke(1951：25)所指出的,这是汉语元音卷舌化的最早记录之一。这种元音卷舌化现象在明代文献中更为常见,9.6.4.5 节对此进行了更深入的讨论。

298

表 8.6 “二”转写为卷舌元音

汉语词的转写				页码	中古汉语	八思巴字转写
二	*īr*	二世胡亥	*īrshī hūkhūī*	573	ŋ-	ɻi

8.2.4 中古汉语微母

现代普通话中,中古微母鼻辅音 ɱ- 变为圆唇半元音,起介音作用(如“文”wən,“武”wu、“亡”waŋ)。在以《蒙古字韵》和《中原音韵》为代表的古官话中,中古微母仍然是独立的声母。虽然它不再是一个鼻辅音,但仍与零声母 -w- 介音的音节形成对立。学者们对它的发音部位意见一致,但对它的发音方法有不同意见。它的发音部位一定是唇齿,因为与之相应的非 pf-、敷 pfh-、奉 bv- 母已经合并为 f-。因此,中古微母很可能也已变为唇齿辅音。在《中国史》中,中古微母转写为< v >、< w >[1]或< f >,如表 8.7 所示。

---

① 在王一丹(2006)的音译中,v、w 和 u 是有别的。但它们是同一波斯语字母< u > و 的不同音译。目前还不清楚这些不同音译的依据是什么。

表 8.7 八思巴字 ʋ-声母的不同表现

汉语词的转写				页码	中古汉语	八思巴字转写
中古微母表现为 v-						
万	*vān*	万	*vān*	555	m-	ʋan
无	*vū*	无怀氏	*vūkhūāshī*	561	m-	ʋu
微	*vī*	宋微子启	*sūn vīzī chī*	573	m-	ʋi
文	*vīn*	文宗	*vīnzūn*	587	m-	ʋun
中古微母表现为 w-						
武	*wū*	武乙	*wūyī*	568	m-	ʋu
武	*wū*	武丁	*wūdīn*	568	m-	
中古微母表现为 f-						
文	*fīn*	简文帝	*kīnfīndī*	580	m-	ʋun
文	*fīn*	文皇帝	*fīn khūānkdī*	584	m-	
武	*fū*	武帝	*fūdī*	580	m-	ʋu
武	*fū*	武宗	*fūzūn*	587	m-	

299　　这三种转写,特别是< f >,表明中古微母仍然保持其唇齿近音 ʋ- 的音值。由于 ʋ-无法用现有字母转写,于是就只能用其他唇音和唇齿音字母转写。

8.2.5　入声音节的韵尾

　　一般来说,中古汉语入声音节的塞音韵尾在所有例字中都已消失(见表 8.8)。

表 8.8 《中国史》中入声无塞音韵尾的特征

汉语词的转写				页码	中古汉语	八思巴字转写
伏	*fū*	伏羲	*fūkī*	560	-k	vu > fu
穆	*mū*	穆帝	*mūdī*	580	-k	ʋu
石	*shī*	石勒	*shīl.h*	582	-k	ʒi > ʃi
沃	*ū*	沃丁	*ūdīnk*	567	-k	øu
北	*bū*	北乡侯	*būshānkkhū*	576	-k	pej
郭	*kū*	郭威	*kū vī*	590	-k	kwaw
恶	*ū*	恶来	*ūlī*	570	-k	øaw
叔	*sū*	卫康叔	*wī kānksū*	573	-k	ʃy

汉语词的转写				页码	中古汉语	八思巴字转写
洛	*lāū*	洛京	*lāūkīn*	556	-k	law
铎	*dāū*	曹叔铎	*sū shūdāū*	573	-k	daw
伯	*bāy*	吴太伯	*wū tāybāy*	573	-k	paj
葛	*kū*	葛天氏	*kūt.nshī*	561	-t	ko
妲	*dā*	妲己	*dākī*	570	-t	ta
桀	*kī*	桀	*kī*	567	-t	ge > ke
發	*fā*	發	*fā*	567	-t	fa
乙	*yī*	祖乙	*sūyī*	568	-t	Øi
甲	*kīā*	太甲	*tāīkīā*	567	-p	kja

中古收 -k 尾的"铎""伯"分别拼写为< *dāū* >、< *bāy* >，这些拼写分别反映现代的双元音 -aw 和 -aj 韵母。如 5.1.2 节、5.2.2.1 节和 5.3.1.5 节所述，根据汉—契丹语（Shen 2007）和《蒙古字韵》的信息，这些双元音形式是北方官话的特征。

表 8.9 显示，在某些情况下，入声音节的拼写以< h >或< q >收尾。这反映出入声音节塞音韵尾完全消失并入其他声调之前，三类入声韵尾经历了去口腔化（debuccalization）的过程而发生了合并。

表 8.9 入声音节以< h >< q >尾转写

汉语词的转写				页码	中古汉语	八思巴字转写
合	*khīh*	合熊纪	*khīhkhūnkī*	559	-p	fio
甲	*kīh*	河亶甲	*khūtānkīh*	568	-p	kja
跋	*būq*	冯跋	*fūn būq*	582	-t	bwa
勒	*l.h*	石勒	*shīl.h*	582	-k	ləj

8.2.6 央化高元音（舌尖元音）

元代音韵文献清楚地反映出央化高元音（通常称为舌尖元音）的存在。如 6.1.1 节所述，在《蒙古字韵》的八思巴字拼音中，"菑""差""士""兹""雌""思"拼写为< hi >ꡜꡞ，字母< h >ꡜ表示[−前]的语音特征。《中原音韵》中这些音节都收在支思韵中，支思韵是专为央高元音韵字而设的韵部。但波斯文拼写系统无法区分元音 i 和 ɨ。在大多数情况下,《中原音韵》和《蒙古字韵》央化元音 ɨ 的字都被转写为 < i >。

在表 8.10 中,"子"字的转写没有使用元音字母。元音字母的缺失表明主元音应是-ɨ,ɨ 元音在波斯文中没有合适的字母表示。"史"字用后元音< u >转写,表明该元音不是前元音-i。

表 8.10 央高元音的转写

汉语词的转写				页码	中古汉语	八思巴字转写
子	*zī*	宋微子启	*sūn vīzī chī*	573	tsɨ	tsɨ
思	*sī*	思王	*sīvānk*	570	sɨ	sɨ
子	*z.*	孺子婴	*zhūz.yīnk*	574	tsɨ	tsɨ
史	*shū*	史弘肇	*shū khūjū*	590	ʃɨ	ʃɨ

8.2.7 主元音 -e

波斯文中,主元音 -e 或 -ɛ 不拼写出来(见表 8.11)。但如果正确解读,这种零形式也可以帮助确定元音音质。

表 8.11 元音-e 和-ɛ 的零形式

汉语词的转写				页码	中古汉语	八思巴字转写
宣	*sūn*	宣王	*sūnvānk*	569	swjɛn	swɛn
元	*ūn*	元王	*ūnvānk*	570	ŋwjɛn	Øwɛn
天	*t.n*	则天皇后	*s.t.n khūānhū*	585	then	then
摄	*sh.*	摄提纪	*sh.tīkī*	558	ɕjɛp	ʃɛ
夜	*yī*	长夜宫	*jīnkyīkūn*	570	ja	je
泻	*s.h*	泻	*s.h*	567	sja	sɛ

"泻"字的转写用了字母< h >。根据波斯语的正字法,可以使用字母< h >来表示音节末尾的元音 -ɛ。

8.2.8 特征总结

在检查和分析《中国史》中的转写后,得出的一般的印象是,古官话的许多语音区

301

别在该材料中没有很好地表现出来。但另一方面，有足够的语音特征可以帮助我们判定其所依据的语音系统为明确的官话。其中反映的古官话的语音特征和一些语音细节可总结如下：

（1）中古浊塞音、塞擦音清化，平声送气，仄声不送气。

（2）中古疑母 ŋ- 消失。

（3）中古日母 ȵ- 为卷舌近音。

（4）中古微母 ɱ- 失去其鼻音性，但仍为唇齿辅音。

（5）中古鼻音韵尾 -m、-n、-ŋ 保存。

（6）中古塞音韵尾 -p、-t、-k 失落。

（7）中古宕摄开口三等庄组字发展出合口介音。

（8）中古开口二等喉咽音声母字发展出硬腭介音。

（9）存在央化高元音（舌尖元音）。

（10）存在卷舌元音。

（11）存在前高圆唇元音。

（12）麻韵系三等音节为前中元音（与《中原音韵》车遮韵同）。

（13）上声用两个相同元音字母表示，暗示上声调形为凹调。

8.3　《脉诀》

《中国史》并不是唯一含有元代汉语的波斯文转写的文献，还有一种文献是中医歌诀《脉诀》（旧题王叔和作）的波斯文译注（见图 8.1），它与《中国史》产生于同一时期（1313）。与《中国史》中的波斯文转写相比，《脉诀》包含更多的语音线索，其中增添了一些特设字母，专门用于转写波斯语中无合适字母表示的汉语语音（见 Dragunov 1931、Endō 1997）（参见表 8.1）。

徊十四世纪早期，《脉诀》被翻译成波斯语，用阿拉伯文字书写，并收入拉施特编集的著作 *Tanksūqnāma-i Īl-khān dar funūn-i ʻulūm-i Khatāyī*（《关于中国科学技术的伊利汗珍宝之书》）中。苏联语言学家龙果夫率先根据 12 张抄本照片研究了这份文献中的汉语转写（Dragunov 1931）。日本语言学家桥本万太郎和远藤光晓也研究了这份抄本。远藤光晓的文章（Endō 1997）是一份重要的总结报告，提供了很多关于抄本的有用信息，特别是与中文版《脉诀》对应歌诀的顺序。有了远藤光晓的研究，中文歌诀的确定就变得更为容易。

302

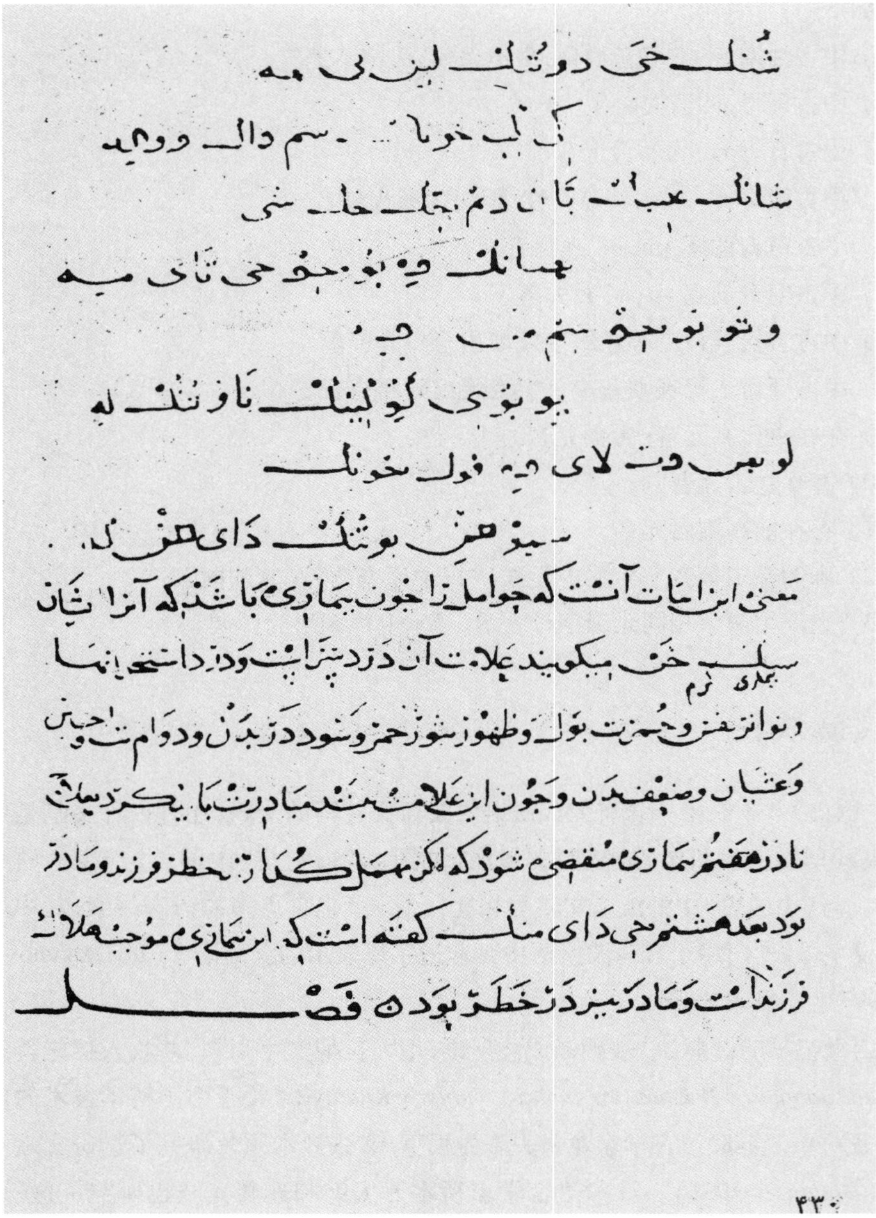

303

图 8.1 《脉诀》的一页

远藤光晓在他的研究中指出了一个有趣的现象：从第 434 页开始，一些中古汉语入声字开始显示出其原本的塞音韵尾 -p、-t、-k（Endō 1997）①。《蒙古字韵》和《中原音韵》已经表明，古官话音系中的中古入声字已经失去塞音韵尾。但根据远藤光晓所提供的例子，有些入声字清楚地出现塞音韵尾。根据这种特殊现象，远藤光晓认为波斯语转写中涉及两个汉语发音人：来自北方使用官话的发音人 A 和来自南方使用非官话的发音人 B。除了塞音韵尾 -p、-t、-k，发音人 B 与发音人 A 的语音特征相似。因此，发音人 B 的语音也是官话音。然而，进一步仔细检查可以发现，这种差异也可能是同一个发音人的语音标准程度不同造成的（Shen 2016）。

8.3.1　入声音节的塞音韵尾

通过检查原始抄本中所有的入声字，可以很清楚地发现，入声塞音韵尾在远藤光晓（Endō 1997）提到的 434 页之前就开始出现了。带塞音韵尾的例字最早出现在 220 页歌诀标题《诊候入式歌》中，其中"入"字是中古入声字，也是入声调的标记，韵尾用表示清送气双唇塞音 ph 的字母转写，这是"入"字带 -p 韵尾的明确证据。如表 8.12 所示，《脉诀》还包括其他自始至终都带塞音韵尾的入声字。

表 8.12　《脉诀》波斯文转写中保持塞音韵尾的入声字

入	220.11		rph	促	341.11		tshuk	十	363.10		ʃb
克	369.15		khig								
得	303.8		dkh	色	323.2		sg	克	359.13		gig

在歌诀正文中，第一个带塞音韵尾的入声字"得"出现在第 303 页的第 8 行，转写为< dkh >。中古音"得"有一个 -k 韵尾，因此< dkh >拼写中的< kh >反映韵尾 -k 的保存。第 323 页的"色"和第 359 页的"克"也是中古带 -k 尾的入声字。这两字都用< g >转写，表明仍存在 -k 韵尾。此后直到第 430 页才出现下一个带塞音韵尾的入声字。第 430 页是《脉诀》的《妊妇伤寒歌》，这首歌诀采用传统格式，共八行，每行七字，转写见表 8.13。汉字是根据中文版《脉诀》确定的②。

---

① 龙果夫（Dragunov）在 1931 年的文章中没有提到这一现象，是因为他缺乏可用的材料。
② 参考了两个版本：（1）1237 至 1282 年间出版的张元素《洁古老人注王叔和脉诀》（郑金生 2002），（2）出版于十四世纪初的元代戴同父《脉诀刊误》（《四库全书》本）。

表 8.13　《妊妇伤寒歌》的转写

页.行	波斯文字母的国际音标转写						汉字
430.1	ʃaŋ	han	dū	thuŋ	lin	**bī**	**dzē**	伤寒头痛连**百节**
430.2	khī	**gib**	tʃhuŋ	sm	**rāg**	rū	**hjē**	气急冲心**溺**如**血**
430.3	ʃāŋ	ʂŋ	**bān**	dm	**tʃhag**	hg	ʃī	上生**斑**点**赤黑**时
430.4	tshāŋ	**rē**	bū	tʃhɨ	dʒī	thaī	**mē**	壮**热不**止致胎**灭**
430.5	ū	thū	**bū**	tʃhɨ	sim	fn	**rē**	呕吐**不**止心烦**热**
430.6	īū	būeī	gy	gīaŋ	nāū	thuŋ	**lē**	腰背俱强脑痛**裂**
430.7	**lū**	**tshī**	**rth**	laī	**rē**	**fūg**	tʃhūŋ	**六七日**来**热腹**中
430.8	sīū	phen	**bū**	thuŋ	daī	phn	**khē**	小便不通大便**结**

注：粗体汉字是中古入声字，只有部分字的转写带塞音韵尾。韵脚字"节、血、灭、热、裂、结"都不带 -t 韵尾。

《妊妇伤寒歌》中的入声字用粗体表示（图 8.1 是本页的原始图片）。这首歌诀中有 20 个古入声字，根据中古音，1 个带 -p 韵尾，13 个带 -t 韵尾，6 个带 -k 韵尾。值得注意的是，这 20 个入声字中，只有部分原本带 -p、-t、-k 韵尾的音节仍然保留塞音韵尾。除了一个例外以外，其他原本带 -t 韵尾的音节都没有显示任何 -t 尾的遗迹。韵尾 -p 和 -k 是用表示浊塞音< b >和< g >的字母转写的，但韵尾 -t 是用表示清送气塞音< th >的字母而非浊音字母< d >转写的。表 8.14 列出入声字及其所在的位置，以及中古汉语和波斯文《脉诀》中的辅音韵尾。

表 8.14　中古汉语入声韵尾及其在波斯文《脉诀》中的转写

		中古/《脉诀》			中古/《脉诀》			中古/《脉诀》
百	1.6	-k/-∅	热	4.2	-t/-∅	七	7.2	-t/-∅
节	1.7	-t/-∅	不	4.3	-t/-∅	日	7.3	-t/-th
急	2.2	-p/-b	灭	4.7	-t/-∅	热	7.5	-t/-∅
溺	2.5	-k/-g	不	5.3	-t/-∅	腹	7.6	-k/-g
血	2.7	-t/-∅	热	5.7	-t/-∅	不	8.3	-t/-∅
赤	2.5	-k/-g	裂	6.7	-t/-∅	结	8.7	-t/-∅
黑	2.6	-k/-g	六	7.1	-k/-∅			

注：分隔符"/"之前是中古音韵尾，之后是《脉诀》韵尾。汉字后面的数字表示该字所在的行和在该行中的位置，如"百 1.6"表示"百"是第一行第六字（参见表 8.13）。

然而，在第 436 页和第 449 页之间，入声字都没有写出各自的塞音韵尾。第 436 页是《阳毒阴毒歌》的开头，第 449 页是《诸病生死脉歌》的开头。449 页以后，直到文本的末尾，塞音韵尾继续出现在歌诀中。在下文中，我们把不含塞音韵尾的歌诀称为甲类歌诀，包含塞音韵尾的歌诀称为乙类歌诀。此外，在对《脉诀》的进一步分析中，标示页码、歌诀名称、章节编号以及是否有韵尾。

8.3.2 塞音韵尾转写的不一致性

尽管入声字常见带塞音韵尾的拼写，但并不总是以塞音韵尾拼写。还有些入声 306 字不论出现多少次，都不转写成带塞音韵尾的形式。"脉"字是一个典型的例子。中古音"脉"有一个 -k 韵尾。在波斯文《脉诀》的歌诀中，"脉"字的转写从第 430 页到第 518 页共出现 46 次。除了第 474 页上的一个错误转写（误作< tʃū >）[①]，"脉"无一例外地被一致转写为< māī >。所有 46 例转写中均未发现 -k 韵尾。这种拼写的一致性与其他入声字非常不同，其他入声字通常在有无塞音韵尾上表现出一定程度的变异。

如表 8.15 所示，在转写中，有些入声字有塞音韵尾，有些没有，有些甚至用不同的韵尾转写。例如中古带 -p 尾的"急"被转写为< kī >< khē >< kīp >< kht >< kht >中的< t >出乎意料。然而，总体来说，转写中的塞音韵尾与中古音的塞音韵尾是一致的。"脉"是少数几个没有不同转写的字之一。这很可能是因为作为一个常用的技术术语，"脉"字的转写是固定的，而不是根据准确的发音自主转写的。

表 8.15　波斯文《脉诀》中汉字的不同转写

急	430.2	*gip*	432.6	*gip*	432.10	*khip*	448.1	*gī*	464.1	*gī*	
	469.12	*gī*	473.5	*gī*	473.15	*gī*	508.1	*khē*	513.2	*kīp*	
	518.5	*kht*	519.8	*khū*							（12）
忽	431.5	*hū*	459.2	*hū*	468.11	*hū*	469.6	*hū*	471.5	*hū*	
	479.3	*hū*	482.5	*hū*	513.4	*hūt*	516.9	*hūt*			（9）
腹	430.7	*fūk*	448.1	*fū*	449.14	*fū*	461.6	*fū*	467.12	*fū*	
	472.2	*fū*	508.1	*fūk*	508.4	*fūk*	508.14	*fūk*	510.15	*fūk*	（10）
急 jí < kɰip、忽 hū < hwot、腹 fù < piuk											

---

① 也有可能作者所用的版本中这个字不是"脉"字，而是另一个字。

8.3.3　转写中反映的方言特征

远藤光晓（Endō 1997）根据歌诀中中古入声字塞音韵尾存在与否，认为不显示入声塞音韵尾的部分代表官话方言的语音，而显示入声塞音韵尾的部分也代表官话，但带有南方口音。但是，这种印象还需进一步检查。北方和南方的汉语方言在语音上有许多不同之处，是否保存塞音韵尾只是其中之一。为了更好地理解波斯文转写所涉及的发音人的方言，应检查更多相关的语音特征。

汉语方言学中有一个公认的观点是，到南宋早期，主要的南方方言都已形成（游汝杰 1992）。至于北方方言，北方官话的形成可以追溯到辽代（Shen 2007）。因此，南宋灭之后，到元代，主要方言群已经发展形成，各大方言的主要语音特征也已经确立。

以下各节将分两部分来分别检查波斯文《脉诀》，无塞音韵尾的部分称为甲类歌诀（220—429 页、436—448 页），有塞音韵尾的部分称为乙类歌诀（430—434 页、449—519页）。为了确定其方言背景，采用了以下判断特征。这些特征可以反映北方方言和南方方言之间的对立。北方方言以现代普通话的标准音北京话为代表，南方方言以标准粤语的基础方言广州话为代表。

（1）中古入声字（如"百""脉""乐""若""觉"等）是否存在塞音韵尾，北方官话早在辽代入声音节就已经失去塞音韵尾。而在一些南方方言中，特别是在粤方言中，塞音韵尾被系统地保存下来。

（2）中古开口二等喉牙音字（如"夏""家""下""觉""咬""鸦""眼""甲""间""江"等）是否带硬腭介音。南方方言开口二等喉牙音字通常没有硬腭介音。

（3）中古麻韵系三等字（如"也""者""邪""且""夜"等）的元音。中古麻韵系三等字在北方方言和粤语中由低元音变为中元音，ja > je，但在其他许多南方方言中仍然是低元音。

（4）中古 -k 尾入声字（如"客""隔""白""百""泽""则""得""贼""塞""克""黑""脉""莫""乐""恶""雀""鹊""若""脚""药""色"等）发生双元音化。由于语音变化，中古汉语带 -k 韵尾的入声音节变为双元音。中古 -k 尾入声音节的双元音化是确定北方官话的决定性特征（更多信息参见 5.1.2 节、5.2.2.1 节和 6.4.5 节）。

（5）宕、江摄庄组字（如"壮""双""床""疮""霜""爽"等）的 -w- 介音。与官话方言不同，南方方言音系中这些音节没有圆唇介音。

（6）中古日母（如"人""热""入""若""如""肉""日"等）的音值。中古日母在南北方言中的反映不同。卷舌声母 ɻ- 主要存在于包括北京在内的北方官话区，其他方言中表现为 n-、l-、z-、ʐ- 等声母，或者完全省略为 Ø- 声母。

　　在元代，主要的现代方言群已经发展形成，其主要语音特征已经有所区别。因此，如果发音人是讲不同方言的人，他们的方言背景应该不难根据现代方言进行辨认。甲类歌诀和乙类歌诀的语音性质分别见表 8.16 和表 8.17。

表 8.16　甲类歌诀的语音性质，与表 8.17 比较

1. 不存在塞音韵尾 -p，-t，-k

急	268.11	*gī*	入	359.11	*rū*	十	254.7	*ʃī*
jí < kɯip			rù < ȵip			shí < dʑip		
月	361.8	*ūē*	不	254.2	*bū*	出	352.5	*tʃhū*
yuè < ŋwjɛt			bù < pjut			chū < tɕhwit		
得	278.12	*dǝī*	赤	392.12	*tʃhī*	欲	289.9	*īū*
dé < tǝk			chì < tɕhjɛk			yù < jok		

2. 存在硬腭介音

家	264.5	*giā*	间	415.6	*gīan*	下	250.7	*hjā*
jiā < kɯa			jiān < kɯæn			xià < ɦɯa		

3. 元音高化

也	284.10	*īē*	邪	300.9	*sē*	夜	325.7	*ī*
yě < ja			xié < zia			yè < ja		

4. 带 -j 或 -w 韵尾的双元音形式

百	381.6	*baī*	色	388.13	*ʂaī*	得	278.12	*dǝī*
bǎi < pɯak			sè < ʂik			dé < tǝk		
恶	336.15	*āū*	乐	262.3	*laū*	觉	414.13	*gīeū*
è < Øɑk			lè < lak			jué < kɯɔk		

5. 存在 -w- 介音

壮	424.12	*tʃhūāŋ*	床	287.3	*tʃhāŋ*[i]	疮	390.3	*tʃhūāŋ*
zhuàng < tʂjɐŋ			chuáng < dzjɐŋ			chuāng < tʂʰiɐŋ		

6. 存在 r- 声母

人	284.8	*rin*	热	253.9	*rē*	肉	424.12	*reū*
rén < ȵin			rè < ȵjɛt			ròu < ȵjuk		

---

[i] 译注："床"的译音 *tʃhāŋ* 中没有反映 -w- 介音。　　　　309

表 8.17　乙类歌诀的语音性质，与表 8.16 比较

1. 存在塞音韵尾（例字与甲类歌诀相同）

急　513.2　*gīb*	入　480.5　*reb*	十　489.15　*ʃib*
jí < kɯip	rù < ȵip	shí < dʑip
月　497.1　*ūed*	不　508.15　*bud*	出　490.7　*tʃhud*
yuè < ŋwjɐt	bù < pjut	chū < tɕhwit
得　434.9　deg	赤　430.3　*tʃhag*	欲　509.9　*īūg*
dé < tək	chì < tɕhjɛk	yù < jok

例外：

甲　434.12　*khīā*	急　473.5　*gī*	涩　469.14　*ʃī*
jiǎ < kɯap	jí < kɯip 'anxious'	sè < ʂip
八　488.2　*bā*	忽　471.5　*hū*	滑　469.14　*hūa*
bā < pɯæt	hū < hwot	huá < ɦiwɯæt
足　469.5　tshū	实　464.1　*ʃī*	药　474.1　*īā*
zú < tsjok	shí < dʑɨk	yào < jɛk

2. 存在硬腭介音

夏　446.5　*hjā*	下　510.13　*hjā*	咬　517.14　*īāū*
xià < ɦiɯa	xià < ɦiɯa	yǎo < ŋɯau

3. 元音高化

也　485.11　*ī*	邪　480.14　*sē*	夜　509.11　*ī*
yě < ja	xié < zia	yè < ja

4. 保存 -k 韵尾

白　481.15　*bg*	色　482.5　*ʂeg*	得　513.3　*dig*
bái < bɯak	sè < ʂik	dé < tək
错　485.12　*tshāg*	觉　497.1　*gīag*	药　519.8　*īāg*
cuò < tshɑk	jué < kɯɔk	yào < jɛk

例外：

白　483.9　*bāī*	莫　431.6　*māū*	得　464.13　*deī*
bái < bɯak	mò < mɑk	dé < tək

5. 不存在 -w- 介音

壮　430.4　tshāŋ	双　498.15　*ʃūŋ*	疮　473.4　*dʒūŋ*[i]
zhuàng < tʂjɐŋ	shuāng < ʂɯɔŋ	chuāng < tʂʰiɐŋ

6. 存在 r- 声母

人　486.5　rin	热　494.1　*rē*	肉　492.1　*rū*
rén < ȵin	rè < ȵjɛt	ròu < ȵjuk

[i] 译注："双" *ʃūŋ* 和 "疮" *dʒūŋ* 两字译音中的 *ū* 也可能反映 -w- 介音，而主元音 a 缺失。

表 8.16 和表 8.17 中的语音特征反映的是一种官话方言。据表 8.16 中的特征 4 可以进一步将这种官话方言确定为北方官话，它与元朝首都大都方言非常相似。根据元代韵书《蒙古字韵》和《中原音韵》，带 -k 韵尾的中古汉语入声音节经历了双音化，这是北方官话的一个非常独特的语音特征（Shen 2008a、2011）。在波斯文《脉诀》中存在带 -j 或 -w 的双元音形式。因此，方言背景鉴别与远藤光晓（Endō 1997）观察和得出的结论不尽相同。（远藤光晓没有找到入声字带 -w 韵尾的反映形式，因此得出了相应的结论。这里提供的例子清楚地显示"恶""乐""觉""若""脚"等字的转写都是带 -w 尾的双元音形式。）

尽管语音特征与官话语音非常吻合，但有些转写表明北方官话方言不是发音人的母语。如表 8.17 所示，语音上乙类歌诀与甲类歌诀相似。一个显著的差异是入声音节存在塞音韵尾（表 8.17 中的特征 1），但出现频率不是很高。这种例子在甲类歌诀中也存在，303 页"得"转写为< tkh >，359 页"克"转写为< khik >，都带有塞音韵尾 -k。但另一方面，乙类歌诀中也存在作为大都方言特征的双元音化（表 8.17 中的特征 4）。

表 8.18 是现代方言和波斯文《歌诀》转写之间的比较。以北京方言和广州方言为现代方言的代表进行比较，是因为根据语音特征，这两种方言与波斯文转写关系密切。《中原音韵》也包括在内，以代表元代的汉语官话。表 8.18 的比较可进一步简化为表 8.19。

311

表 8.18　波斯文《脉诀》、现代北京和广州方言及《中原音韵》语音性质的比较

	1. 入声 -p、-t、-k			2. 二等字			3. 麻韵三等	
	十 shí	月 yuè	赤 chì	下 xià	眼 yǎn	咬 yǎo	邪 xié	夜 yè
北京方言	ʂɿ	ɥe	tʂʰɻ	ɕja	jɛn	jau	ɕjɛ	jɛ
《中原音韵》	ʃi	ɥɛ(iuɛ)	tʃhi	xja	jan	jau	sjɛ	jɛ
甲类歌诀	ʃī	ūē	tʃhī	hjā	īān	—	sē	ī
乙类歌诀	ʃib	ūed	tʃhig	hjīā	īān	īāū	sē	ī
广州方言	ʃɐp	jyt	tʃhɪk	ha	ŋan	ŋau	tʃhɛ	jɛ

	4. 入声 -k			5. 宕江摄韵母		6. 日母		
	白 bái	觉 jué	得 dé	壮 zhuàng	疮 chuāng	人 rén	肉 ròu	热 rè
北京方言	paj	tɕiaw	tɤ/tej	tʂwaŋ	tʂhwaŋ	ʐən	ʐou	ʐɤ
《中原音韵》	paj	kjaw	tej	tʂwaŋ	tʃhwaŋ	ɻjen	ɻjeu	ɻjɛ
甲类歌诀	bē-	gīeū	thī/deī	tʃhūāŋ	tʃhūāŋ	rin/ren	rū/reū	rē
乙类歌诀	bg/bāī	gīāg	dig/deī	tshāŋ	dʒūŋ	rin/ren	rū/rūg	rē
广州方言	pak	kɔk	tɛk	tʃɔŋ	tʃhɔŋ	jɐn	jʊk	jit

表 8.19　表 8.18 所示语音性质的简明概括

	1	2	3	4	5	6
北京方言	-Ø	-j-	e	-j, -w	-u-	z-(-ɹ-)
《中原音韵》	-Ø	-j-	ɛ	-j, -w	-u-	-ɹ-
甲类歌诀	-Ø	-j-	e/i	-j, -w	-u-	r-
乙类歌诀	-C/-Ø	-j-	e/i	-j, -w/-C	-Ø-	r-
广州方言	-C	-Ø-	ɛ	-C	-Ø-	j-

　　根据表 8.19 中的比较,甲类歌诀和乙类歌诀在三个语音特征(1、4、5)上不同,而在三个特征(2、3、6)上一致。相比于其他系统,在所讨论的全部六个判断特征上,甲类歌诀与北京话及《中原音韵》非常相似。乙类歌诀有与粤语相似的特征(1、3、4、5),也有与官话相似的特征(1、2、3、4、6)。没有哪一种方言系统同时具有所有这些特征,乙类歌诀一定是不同方言的混合体。在乙类歌诀中,有些音节只能理解为方言混合的结果,如中古汉语开口二等的硬腭介音和 -k 韵尾可以同时出现在同一音节中(例如:"觉" 492.13 khiāg、497.1 gīag)。

　　乙类歌诀反映的很可能是以粤语为母语的人所讲的带粤语口音的官话。由于大都官话是当时的标准语,所以他们必须学习官话。上文研究表明,乙类歌诀的两个部分(430—434 页、449—519 页)塞音韵尾出现的频率有很大不同,这种差异可以认为是接近官话或保存粤语口音的程度不同。

　　但是甲类歌诀真的是根据官话母语人士的语音转写的吗? 根据前面指出的证据,在甲类歌诀中,中古汉语入声字"得""色""克"显示出是用塞音韵尾 -k 转写的。这三个关键转写表明,甲类歌诀的发音人也不是以官话为母语的人。由于元代官话已经完全失去了塞音韵尾,官话母语者不可能用带塞音韵尾的音来发入声音节。因此,甲类歌诀的发音人也一定是以粤语为母语的人。

　　第 288 页"护"字转写为< fū >,hw- 和 f- 相混,这一特征也反映粤语口音。现代粤语中,"护"音 wu。但"夫"和"呼"两字在粤语中同音,均为 fū。官话"护"音 xu,如果不考虑声调差异,根据粤语的对应,它有可能被读成 fū。

8.3.4　早期官话的模糊性

　　汉语中"官话"这一名称的字面意思是"官吏所说的话",它被作为一种共通语或元代的通用方言使用。中古 -k 尾音节的双元音化也清楚地表明,元代官话是以首都大都方言为基础的。但是,官话不是首都方言,甚至不是任何特定的方言。一方面,官话必须有其基础方言;另一方面,官话的定义又相当宽松,只要具备标准音系的基本特征即可,也可以包含某些非标准特征。因此,官话应该看作是一个模糊的标准,而不是像《切韵》和其他韵书那样严格规定的标准。在不同的说话者口中,官话有许多不同的实现形式①。

波斯文《脉诀》中,有些语音特征表明发音人的底层方言类似于现代南方方言,尤其是粤语。甲类和乙类歌诀汉语转写依据的都是以粤语为母语的人所用的、不同程度接近官话音的发音。主要差异体现在中古入声字的发音上。

在甲类和乙类所有的歌诀转写中,有两个特征是一致的,即中古开口二等喉牙音字存在硬腭介音 -j- 及中古日母反映为近音< r >。这两个特征是标准官话音系最鲜明、最基本的特征。现代方言中也可以观察到类似的现象,这两类音节在所谓文读层和白读层中存在差异。例如在吴语苏州方言中(见表 8.20),这两类音节的文读音与白读音对立(北京大学 2003)。表 8.20 中同时列出代表标准汉语的北京方言。

表 8.20　北京和苏州方言中古日母及开口二等喉牙音字的比较

中古开口二等喉牙音字				
	家	间	江	觉
	jiā < kɯa	jiān < kɯæn	jiāng < kɯʊŋ	jué < kɯɔk
北京方言	tɕja	tɕjen	tɕjaŋ	tɕye/tɕjaw
苏州文读	tɕjɒ	tɕjɪ	tɕjɒŋ	tɕjoʔ
苏州白读	kɒ	kɛ	kɒŋ	koʔ
中古日母字				
	日	人	染	戎
	rì < n̠it	rén < n̠in	rǎn < n̠jɛm	róng < n̠juŋ
北京方言	ʐɨ	ʐən	ʐan	ʐuŋ
苏州文读	zɣʔ	zən	zø	zoŋ
苏州白读	niɪʔ	nin	niɪ	njoŋ

苏州的文读音反映了标准汉语的语音特点,日母字及开口二等喉牙音字的读音都与标准音接近。另外值得注意的是,《脉诀》波斯文转写中出现塞音韵尾应该不完全是

———————————

①　拉施特《中国史》中的波斯文转写所反映的另一版本的官话,入声转写完全没有显示出 -p、-t、-k 韵尾。一般来说,这种语音特征表明,它的音系基础基本上是北方官话。

无意识的。塞音韵尾的存在表明,在具有方言背景、能够准确发出入声塞音韵尾的说话人当中,这种保留塞音韵尾的官话口音是可以接受的。在元代,入声作为一个调类还保存在标准音韵书《蒙古字韵》《中原音韵》中。《脉诀》中的歌诀是以传统诗歌的形式创作的,格律和押韵以中古调类为基础。因此,尽管北方标准方言中入声已经消失,但在吟诵传统诗歌时,在标准音中读出入声音节可能是一种可以接受的做法。

根据以上讨论,波斯文《脉诀》中所反映的带有口音的汉语语音有两种可能的解释。一种是,甲类歌诀(220—429 页及 436—448 页)、乙类歌诀 a(430—434 页)和乙类歌诀 b(449—519 页)三个部分是由带不同程度方言口音的几位汉语发音人转写的。另一种可能是,同一个汉语发音人,很可能母语是粤语,以明显不同程度的方言口音来发标准汉语的语音。既然方言特征可以追溯到粤语,那么不同程度地出现塞音韵尾以及其他方言特征,可以认为是同一个发音人造成的。

在 *Tanksūqnāma-i Īl-khān dar funūn-i ʿulūm-i Khatāyī*(《关于中国科学技术的伊利汗珍宝之书》)的前言中,编纂者拉施特提到,他挑选出了一位"天资聪颖、勤奋好学"的年轻波斯学者,名叫 Safīi al-Daula vaal-Dīn(萨福丁),安排他跟随当时寄居波斯(现代伊朗)的一位名叫 Siusa(Siu-Seh)的中国医生学习汉语(王一丹 2006:35)。因此,很有可能所有的汉语官话都是由 Siu-Seh 发音的,而他的母语是粤语。在翻译进行的过程中,他逐渐将更多方言特征带入到他的官话音中(Shen 2016)。

314

315

走向现代官话

明代(1368—1644)、清代(1644—1911)、中华民国(1912—1949)、中华人民共和国(1949 年至今)

1368 年,元朝灭亡。汉族统治者成为新的皇帝,明朝开始,首都从大都(今北京)迁到南京(1368—1421 年),后来又迁回北京(1421—1644 年)。由于首都位置的变迁以及其他与标准音相关的问题,明代汉语标准音以哪种方言为基础,一直是研究者们非常感兴趣的问题。

1375 年《洪武正韵》颁行,这部韵书是明朝皇帝朱元璋出于对现有韵书的不满而下令编纂的。编纂这部韵书面临的困难在于,既要遵循传统音韵,又要反映当时语音。这是一个不可能完成的任务,皇帝不仅对《洪武正韵》初编本不满意,而且对修订后的重修本也不满意。十五世纪,以申叔舟(1417—1475)为首的一批朝鲜学者用新发明的谚文对这部著名韵书作了转写,编成《洪武正韵译训》一书,该书成书于 1451 年,于 1455 年修订。《洪武正韵译训》对《洪武正韵》音系作了音值转写。朝鲜学者崔世珍(1473—1542)所作的《翻译老乞大》和《翻译朴通事》是两部带谚文注音的汉语教科书,提供了官话口语的系统转写,还带有声调标记。

金尼阁(Nicolas Trigault,1577—1628)的《西儒耳目资》成书于 1626 年,这是第一部不参照传统汉语韵书,直接用拉丁字母转写汉语语音的著作。虽然可以确定《西儒耳目资》的音系是官话,但其基础方言一直存在争议。基础方言的这种不确定性表明,317 官话音韵是官话所特有的一系列语音特征,而非某一特定地区的方言。还可以注意的是,这种拉丁字母拼音系统对现代汉语拼音系统的设计产生了影响。

1618 年,努尔哈赤(1559—1626)在辽宁起兵反明,最终在 1636 年建立了清王朝,并于 1644 年统一全国。与元朝一样,清朝也定都北京。清朝政府也试图建立语音标准,为了实现这一目标,1711 年颁布了《御定佩文韵府》,1728 年刊行了《音韵阐微》。《音韵阐微》是一部改良反切的韵书。有趣的是,这两本韵书并没有遵循明朝建立的押韵标准——1375 年的《洪武正韵》,而是遵循十三世纪《平水韵》的早期押韵传统。然而,与此前所有的韵书一样,它仍然代表一种理想的语音。

1911 年辛亥革命之后,中华民国的首都始定于南京,但旋即从南京(1912 年)迁到北京(1912—1927 年),而后又回到南京(1927—1949 年)。1949 年中华人民共和国成立,定都于北京。这两个时期,北京方言被确定为国家标准音的基础。北京方言的口语语音在威妥玛(Thomas Francis Wade,1818—1895)的《语言自迩集》中得到了很好的记318 录(见 10.1.3 节)。

第九章　明代官话

　　明代的语音标准主要是一种文学语言的标准,虽然如此,明代标准音的基础方言究竟是哪种方言,这仍是研究者们一直关注的焦点问题。

9.1　北方与南方

　　由元朝到明朝的政权更迭,导致语音标准的重心向新首都南京的南方官话转移。明朝第一位皇帝朱元璋本人的方言很可能也是新标准的参考。然而,应当指出的是,南京官话只是比许多其他地方标准——大官话区内的都市方言——更受重视或更具声望。在现代社会之前口语传播存在局限性,一个标准只能在有限的、能够接触到大量标准语使用者的地理区域产生影响。

　　官话区内的都市方言,如北京、洛阳和南京方言,都是各自地区的地方标准。考虑到说官话的区域非常大,这种语言状况非常适合——在没有现代传播媒介的时代,要在全国范围内建立一个基于单一方言的标准是不可能的。由于地理距离遥远,交通工具有限,南方官话在中国中部和北部的影响可能并不显著,只留下几个受南京官话影响的字音,如"脊梁"北京话说 jíniang,"梁"音 niang,是 n、l 混乱,因为南京官话中声母 n- 和 l- 无别(俞敏 1984b)。但是,不管是北方还是南方变体更具声望,官话都是确定的国家标准。

官话

　　在明代,官方语言被西方人称为"官话"(官吏的语言)或"Mandarin"。"Mandarin"一词最早出现于十六世纪,当时耶稣会传教士将其作为中国的标准语或超方言的共通语来学习,因为它是为了沟通而约定俗成的(主要是在政府官员之间),尽管其发音因地而异,但包含了官话区内首都和大城市的共同语音特征(Coblin 2000)。只要能达到沟通交流的目的,共通语的语音细节可能不是使用者最感兴趣的。如罗杰瑞所说:"这

319

种官僚汉语没有任何形式的成文规定,它们只是为了满足国家日常业务对实用交流媒介的需求而自然发展起来的。"(Norman 1988：133)

明代官话具有普通话的一些基本特征,如浊音清化的模式和塞音韵尾的失落。这一语音谱系的历史被称为官话语音史,因此元代汉语语音被称为古官话,尽管当时尚不存在"官话"一词。

这一时期的音韵文献反映的也是一种理想的语音标准,它们大多都不同程度地表现出官话的综合性质。这一时期有相当多的音韵文献可用,包括两种外国文字的系统转写材料:出版于十六世纪早期的崔世珍的《四声通解》和1626年出版的金尼阁的《西儒耳目资》。由于这些材料提供了更好的语音信息,语音的细节和基础方言的判定成为研究者关注的焦点。

9.2　《洪武正韵》(1375)

《洪武正韵》是明朝官修韵书,是乐韶凤与其他十位学者共同编纂的,共十六卷(见图9.1)。它代表了明初政府为确立新的国家语音标准所作的努力。它是一个理想的标准,其中包含了许多传统的音类区别以增加声望,因此它是韵书传统的延续。《洪武正韵》是在南宋毛晃、毛居正《增修互注礼部韵略》这部传统韵书的基础上编纂的(宁忌浮 2003)。尽管《洪武正韵》做了许多详细的改编,但它实际上比之前的音韵文献如《中原音韵》甚至是《蒙古字韵》都要保守得多。如保持塞音、塞擦音和擦音的清浊对立,保存平、上、去、入四声系统,区别全部的辅音韵尾。在《洪武正韵》出版时,这些语音区别在官话中已经发生改变或完全消失。

这种综合性质实际上正是《洪武正韵》的宗旨。根据编纂者的说法,标准音应该是所有人都能理解的,基于单一方言的标准音显然不适合这种观念。这一理念在《洪武正韵》"凡例"中已有明确说明:

> 欲知何者为正声,五方之人皆能通解者斯为正音也。(《洪武正韵·凡例》)

9.2.1　声母

根据刘文锦(1931)对《洪武正韵》反切的研究,《洪武正韵》有 31 个声母[1]。早在

---

① 《洪武正韵》所有的反切都是承袭自《增修互注礼部韵略》(宁忌浮 2003)。

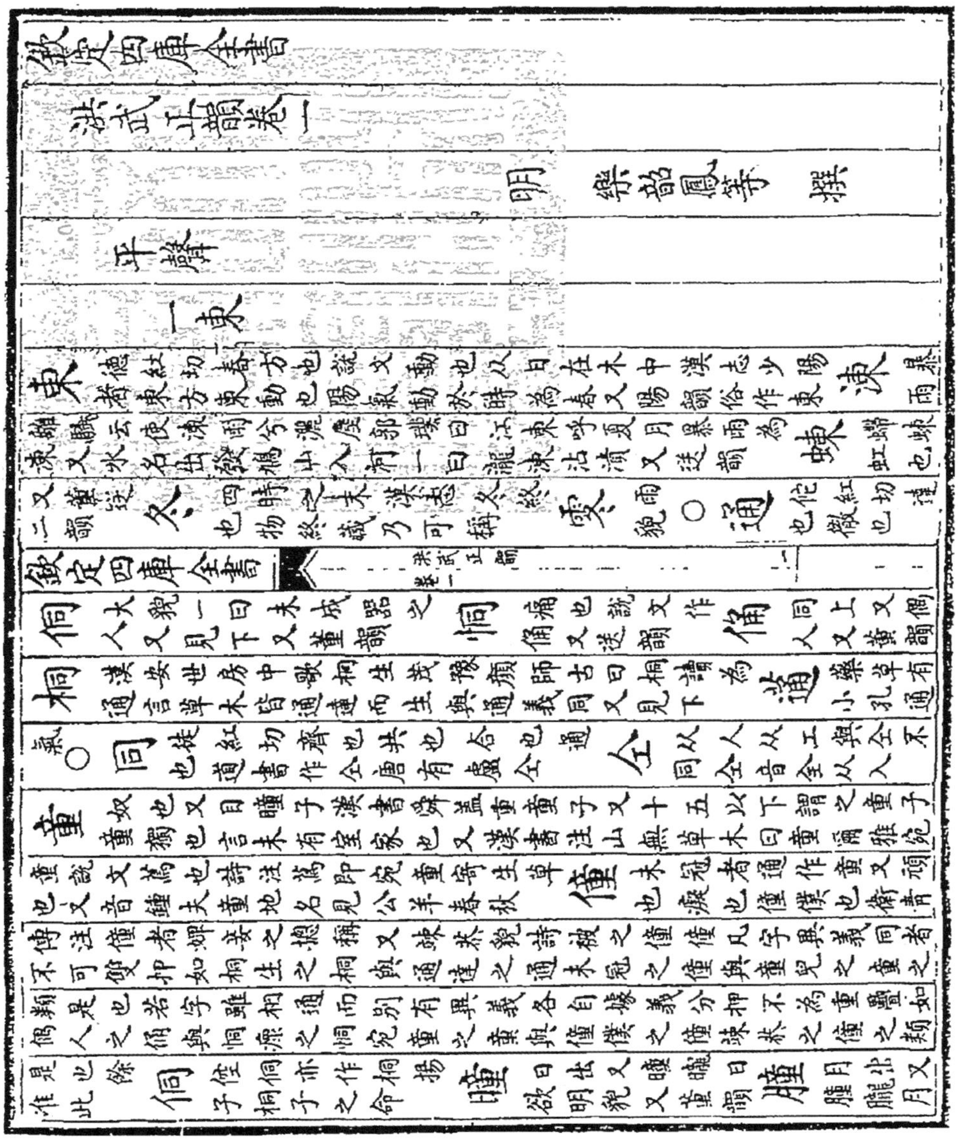
欽定四庫全書

洪武正韻卷一

明 樂韶鳳等 撰

平聲

一東

图 9.1 《洪武正韵》(《四库全书》本)的一页

显示首韵东韵的第一部分，第五列“一东”标示韵目。不同小韵之间用○分隔，每个小韵首字下注明反切。

十五世纪,朝鲜学者已经得出了相同的结论,并系统标出了这些声母的音值。如表 9.1 所示,尽管明代官话中浊音已经消失,但在《洪武正韵》中仍然存在区别。表 9.1 中的汉字是刘文锦(1931)所用的声母代表字。

表 9.1 《洪武正韵》的 31 个声母

k-	古	kh-	苦	g-	渠	ŋ-	五	x-	呼	ɣ-	胡	∅-	乌
tʂ-	陟	tʂh-	丑	dʐ-	直			ʂ-	所	ʐ-	时	ɻ-	而
ts-	子	tsh-	七	dz-	昨			s-	苏	z-	徐		
t-	都	th-	佗	d-	徒	n-	奴					l-	卢	j-	以
p-	博	ph-	普	b-	蒲	m-	莫	f-	方	v-	符	ʋ-	武

与中古三十六字母相比,变化主要是知组和照组声母合流:知 t- = 照 tʃ- > 陟 tʂ-、彻 tʰ- = 穿 tʃh- > 丑 tʂh-、澄 ɖ- = 床 dʒ- = 禅 ʒ-(部分) > 直 dʐ-,两个唇齿声母合并:非 pf- = 敷 pfh- > 方 f-,以及两个鼻音声母合并:泥 n- = 娘 ɳ- > 奴 n-。知组四个声母与其他声母的对立消失,唇齿音声母非和敷合并。这样,三十六字母在《洪武正韵》中减少为 31 个。

9.2.2 韵母

《洪武正韵》的韵母系统也显示出一种保守的取向。平、上、去声各二十二韵,入声十韵。这种重新编排并不是简单地合并传统韵部。有明确证据表明,编纂者对每个字都做了重新判断(王力 1956:508)。十五世纪韩国学者申叔舟等用新发明的朝鲜谚文系统地转写了这部著名韵书的字音,编成《洪武正韵译训》一书。该书成书于 1451 年,于 1455 年修订。

谚文拼音的解读不能仅依据单个谚文字母本身的内在音值,还必须要根据确定的汉语音值进行解释。谚文字母及其音值以及它们所表示的明代汉语的音值之间的关系如表 9.2 所示。在转写汉语时,只用到 11 个元音字母及其组合中的 8 个。表 9.2 还列出 8 个韵尾字母。

表 9.2 谚文字母及其内在音值与它们所表示的明代汉语音值之间的关系

元音字母								
谚文	ㅡ	ㅣ	ㅜ	ㅠ	ㅏ	ㅓ	ㅑ	ㅕ
朝鲜语	iᵃ	i	u	ju	a	ə	ja	jə
汉语	ɨ, ə	i	u	y	a	ɔ	ja	jɛ

续　表

辅音字母								
谚文	ㅇ	ㄴ	ㅁ	ㄱ	ㄷ	ㅂ	ꥦ	ㅣ
朝鲜语	-ŋ	-n	-m	-k	-t	-p	-w	-j
汉语	-ŋ	-n	-m	-k	-t	-p	-w	-j

ᵃ一的音值是央元音。它涵盖 ɨ 到 ə 之间音值,与八思巴字拼音类似(参见 6.4.8 节)。

汉语的介音 -w-,出现在元音 -a 前时用字母 ㅗ 表示,在其他元音前时用字母 ㅜ 表示。汉语介音 -ɥ- 用字母 ㅠ 表示。汉语的硬腭韵尾 -j 用字母 ㅣ 表示,圆唇韵尾 -w 用特殊字母 ꥦ 表示。

这个系统是明朝官方确立的理想音系(如带 -m、-n、-ŋ 韵尾的阳声韵与带 -p、-t、-k 的入声相配),虽然不代表任何真实的方言,但它的音系内部是相当一致的。根据表 9.3 中的音值,这个系统的语音特征可归纳为表 9.4。

表 9.3　《洪武正韵译训》韵母的音值

		谚文音值				明代汉语音值			
1	东			uŋ	juŋ			uŋ	yŋ
				uk	juk			uk	yk
2	支	ɨ	i			ɨ	i		
3	齐		jəj				jɛj		
4	鱼				ju				y
5	模			u				u	
6	皆	aj	jaj	waj		aj	jaj	waj	
7	灰			uj				uj	
8	真	ɨn	in	un	jun	ən	in	un	yn
		ɨt	it	ut	jut	ət	it	ut	yt
9	寒	ən		wən		ɔn		wɔn	
		ət		wət		ɔt		wɔt	
10	删	an	jan	wan		an	jan	wan	
		at	jat	wat		at	jat	wat	
11	先		jən		jwən		jɛn		ɥɛn
			jət		jwət		jɛt		ɥɛt
12	萧		jəw				jɛw		
13	爻	aw	jaw			aw	jaw		
14	歌	ə		wə		ɔ		wɔ	
15	麻	a	ja	wa		a	ja	wa	
16	遮		jə		jwə		jɛ		ɥɛ
17	阳	aŋ	jaŋ	waŋ		aŋ	jaŋ	waŋ	
		ak	jak	wak		ak	jak	wak	

续　表

		谚文音值				明代汉语音值			
18	庚	iŋ	iŋ	uiŋ	juiŋ	əŋ	iŋ	wəŋ	ɥəŋ
		ik	ik	uik	juik	ək	ik	wək	ɥək
19	尤	ɨw	iw			əw	iw		
20	侵	ɨm	im			əm	im		
		ɨp	ip			əp	ip		
21	覃	am	jam			am	jam		
		ap	jap			ap	jap		
22	盐		jəm				jɛm		
			jəp				jɛp		

来源：寍忌浮（2003：73）（仅谚文）。

表 9.4　《洪武正韵译训》介音、元音、韵尾表

介音	-j-、-w-、-ɥ-		
主元音	i·y	ɨ	u
	ɛ	ə	ɔ
		a	
韵尾	-j-、-w-、-m-、-n-、-ŋ-、-p-、-t-、-k		

9.2.3　声调

《洪武正韵》采用传统的平、上、去、入四声系统，《四声通解》"凡例"第七条提到了入声字的合并模式，有些入声字与阳平、上声和去声字合并。

9.2.4　一致性系统

《洪武正韵》的声母和韵母实际构成了一个非常合理、理想的语音系统。声母、介音、主元音和韵尾都没有违反传统汉语音韵的一般规则。保守特征与其他特征和谐共存。这种类型的音系反映了中国音韵学家的特殊努力，其内部一致关系在朝鲜学者的音韵转写中有所体现。

这样一个理想的音系可能也给朝鲜学者带来了很大的困难：他们花了八年的时间，才将《洪武正韵》中所有的音节用谚文转写出来。在这个过程中，他们也意识到《洪武正韵》与任何方言的实际语音都不完全符合。申叔舟把更为现实的语音称为"俗音"，把保留传统音类的文学语言标准音称为"正音"。从某种意义上说，"正音"实际上是一个人为"构建"的系统。

9.2.5　正音和俗音

根据《洪武正韵译训》序言,"正音"是根据《洪武正韵》转写的标准音,"俗音"(或多或少)反映北京的实际语音。"正音"不代表任何方言的实际语音,或更准确地说,不是任何个人的实际语音,因为文学语言标准音是保守的、半构拟性质的。"正音"被认为是"正确的"语音,因为它是国家标准。朝鲜学者所做的工作是为这些音类标注音值。当然,"正音"和"俗音"这两个术语也反映了当时对语音标准的认识。两个系统之间的显著差异包括以下方面(宵忌浮 2003：78—80)：

总体变化(从"正音"到"俗音")

下列各韵在开头会对本韵中字的"正音""俗音"之间的差异作一个总体性说明。

-m 韵尾消失

　　　　侵韵：-im > -in,覃韵：-am > -an

-p、-t、-k 韵尾消失

　　　　屋韵：-uk > uʔ,质韵：-it > -iʔ,缉韵：-ip > -iʔ

　　　　药韵：-jak > -jaw（显示双元音化）

支韵为央高元音

　　　　支韵：-i > -ɨ

齐韵为前高元音

　　　　齐韵：-jɛj > -i

韵母-on 和-an 合并

　　　　寒韵喉咽音声母字变入删韵：-on > -an①

韵母 -jɛw 消失

　　　　萧韵与爻韵合并：-jɛw > -jaw

与单字相关的演变

很多字音的演变在现代普通话中也出现。

东韵部分字硬腭介音失落,包括入声字

　　　　从：-yŋ > -uŋ,现代普通话：cóng

　　　　虫：-yŋ > -uŋ,现代普通话：chóng

　　　　弓：-yŋ > -uŋ,现代普通话：gōng

---

① 《洪武正韵》把中古寒韵舌齿音字与二等删山韵合并为删韵,寒韵喉牙音字与一等桓韵合并为寒韵,"正音"依《洪武正韵》,"俗音"则把寒韵喉牙音字并入删韵。——译注

夙：-yk > uk，现代普通话：sù

叔：-yk > uk，现代普通话：shū

部分中古庚韵字读入东韵

轰：-wɛŋ > -uŋ，现代普通话：hōng

荣：-ɥɛŋ > -yŋ，现代普通话：róng

中古皆韵开口喉牙音字韵母变为 -jej

皆：-jaj > -jɛj，现代普通话：jiē

谐：-jaj > -jɛj，现代普通话：xié

中古阳韵庄组字韵母变为 -waŋ

庄：-aŋ > -uaŋ，现代普通话：zhuāng

霜：-aŋ > -uaŋ，现代普通话：shuāng

9.2.6 《洪武正韵》的修订

为了制定更加一致的理想标准"中原正音"，在皇帝的要求下，《洪武正韵》进行了重新修订。韵的总数从七十六韵增加到八十韵（宁忌浮 2003）。一个重要的变化是支韵的重新编排，支韵与齐韵对立，其音值应当为央高元音 -ɨ。如表 9.5 所示，经过修订，支韵成为只有齿龈音和卷舌音声母字的韵，其他声母字放在新设立的微韵中。

表 9.5　支韵分并前后的比较

	ts- 组	tʂ- 组	k- 组	p- 组	t- 组
七十六韵本					
zhī　支	+	+	+	+	−
八十韵本					
zhī　支	+	+	−	−	−
wēi　微	−	−	+	+	−

有一个问题是，为什么这些音节起初会放在同一韵中？答案是，编纂者似乎在努力将皇帝本人的方言——安徽凤阳方言的一些语音特征纳入原版《洪武正韵》的系统中。明代凤阳方言可能与一些现代安徽方言相似，央高元音出现的语音环境比北京话更广，如表 9.6 所示（北京大学 2003）。这是前高元音央化的结果，是元音链移音变 -ie > -i、-i > -ɨ 的一部分。重修的《洪武正韵》遵循更为通用的官话，而不是皇帝本人的安徽话，因此改变了这种语音区别，包括皇帝本人在内的许多人对此并不满意（沈钟伟 2010）。

表 9.6　现代北京话与合肥话的比较

	比 bǐ	披 pī	迷 mí	低 dī	梯 tī	泥 ní	鸡 jī
北京	-i	-i	-i	-i	-i	-i	-i
合肥	-ɨ	-ɨ	-ɨ	-ɨ	-ɨ	-ɨ	-ɨ

	妻 qī	西 xī	医 yī	姐 jiě	且 qiě	斜 xié	夜 yè
北京	-i	-i	-i	-ie	-ie	-ie	-ie
合肥	-ɨ	-ɨ	-ɨ	-i	-i	-i	-i

9.3　《韵略易通》(1442)

　　《韵略易通》是兰茂(1397—1476)编纂的一部童蒙韵书,序作于 1442 年。它的语音系统反映了官话的一些晚期特征,尤其是声母系统的特征(陆志韦 1947a、耿振生 1992)。

9.3.1　《早梅诗》声母

　　在《韵略易通》中,兰茂巧妙地把声母代表字编成了一首诗。声母代表字的功能与传统三十六字母相同。这首诗名为《早梅诗》,是一首五绝,四句,每句五字。表 9.7 给出了《早梅诗》中汉字的普通话音值(汉字下第 2 行)和拼音(汉字下第 3 行)。

早　梅　诗

兰　茂

东风破早梅,向暖一枝开。

冰雪无人见,春从天上来。

表 9.7　《早梅诗》的音值和拼音

东	风	破	早	梅
tuŋ	fəŋ	pho	tsaw	mej
dōng	fēng	pò	zǎo	méi
向	暖	一	枝	开
çjaŋ	nuan	i	tʂɨ	**khaj**
xiàng	nuǎn	yī	zhī	**kāi**
冰	雪	无	人	见
piŋ	ɕyɛ	u	ɻəɪ	tɕjɛn
bīng	xuě	wú	rén	jiàn
春	从	天	上	来
tʂhun	tsuŋ	thjɛn	ʂaŋ	**laj**
chūn	cóng	tiān	shàng	**lái**

这首《早梅诗》的意义不在于其艺术价值,而在于它首次给出了官话的声母表。顾名思义,汉语韵书主要关注韵,声母系统的信息则有很大缺陷。在这种情况下,只有通过分析同韵中的同音字组才能探索声母系统。如赵荫棠(1957:210)所指出的,在《韵略易通》之前,没有人明确提出完整的官话声母表。

表 9.8 通过重新编排的《早梅诗》字母,展示了明代官话的声母系统。"枝""春""上"三个字母所代表的声母音值需要进一步解释。《韵略易通》音系中,这些声母可以与带或不带硬腭介音的韵母相拼。有些学者认为,在没有硬腭介音的韵母前,这些声母的音值可以是卷舌音;但在带硬腭介音的韵母前,这些声母应该是硬腭化的音,因为这样在发音上才更自然。

表 9.8 《早梅诗》字母反映的明代官话声母系统

p-	冰	ph-	破	m-	梅	f-	风	ʋ-	无
t-	东	th-	天	n-	暖			l-	来
ts-	早	tsh-	从			s-	雪		
tʂ-	枝	tʂh-	春			ʂ-	上	ɻ-	人
k-	见	kh-	开			x-	向	∅-	一

如表 9.9 所示,这两组声母是条件变体,所以可以在音位层面上将它们视为一组。其他一些学者认为,尽管卷舌声母与带硬腭介音的韵母相拼可能不太自然,但仍是可以相拼的。这一观点与《中原音韵》中卷舌声母的构拟相似。根据这种观点,应该只有一组卷舌音声母(见第七章)。后来,云南僧人本悟(1510—1599)对《韵略易通》作了修订,其中"枝""春""上"声母后的硬腭介音消失,表明硬腭介音之前的"枝""春""上"声母应是卷舌音。如果它们是腭化声母,那么硬腭介音的消失就没有动因了。

表 9.9 "枝""春""上"声母的条件变体

枝春上	>	tʂ tʂh ʂ / _VE
	>	tʃ tʃh ʃ /_ jVE

9.3.2 二十韵部的韵母

《韵略易通》的韵母分为二十韵部,见表 9.10(根据赵荫棠 1957)。根据兰茂的安排,四声齐备的韵部排在前面,然后是无入声的韵部。前十个韵部是带鼻音韵尾的,后十个韵部带滑音韵尾或无韵尾。

表 9.10　《韵略易通》韵部及各韵部的韵母

韵部		韵母							
1	东洪	uŋ 公	juŋ 恭			uk 谷	juk 局		
2	江阳	aŋ 岗	jaŋ 江	waŋ 光		ak 阁	jak 角	wak 郭	
3	真文	ən 跟	in 巾	un 昆	yn 君	ət 扢	it 吉	ut 骨	yt 橘
4	山寒	an 干	jan 间	wan 关		at 拓	jat 戛	wat 刮	
5	端桓	on 官				ot 括			
6	先全		jen 坚		qen 娟		jet 结		qet 厥
7	庚晴	əŋ 庚	iŋ 京	weŋ 觥	yŋ 扃	ək 格	ik 力	uek 国	qek 鹕
8	侵寻	əm 簪	im 今			əp 载	ip 立		
9	缄咸	am 甘	jam 监			ap 答	jap 甲		
10	廉纤		jem 兼				jep 颊		
11	支辞	ɿ 资支							
12	西微	i 鸡		wi 归					
13	居鱼	y 居							
14	呼模	u 姑							
15	皆来	aj 该	jaj 皆	waj 乖					
16	萧豪	aw 高	jaw 浇						
17	戈何	o 歌							
18	家麻	a 巴	ja 加	wa 瓜					
19	遮蛇	je 遮	je 茄		qe 靴				
20	幽楼	ew 勾	jew 鸠						

这二十个韵部所包含的韵母列在表 9.10 中。作为一种保守的处理,前十个带鼻音尾的韵部也包含相应的中古入声音节。早期记录表明,这些入声音节中的中古塞音韵尾在官话中已经变成了喉塞音,这会导致不同的韵部包含相似的入声音节。

9.3.3 本悟的修订

《韵略易通》问世大约一个世纪后,本悟对《韵略易通》作了修订,于 1586 年出版。修订本的一个重要部分是本悟所作的"重 X 韵"的批注,其中 X 是表示韵序的数字。如表 9.11 所示,这些批注表示原本《韵略易通》中带不同鼻音、塞音韵尾及主元音的音节合并。只举平声和入声音节进行说明,平声赅括上、去声。

表 9.11　本悟修订本《韵略易通》中语音合并的例子

	-uŋ/k = -wəŋ/t = wəŋ/k(东洪 = 真文 = 庚晴)	
公谷 = 昆骨 = 觥国	烘斛 = 昏忽 = 薨或	恭菊 = 君橘 = 扃鶪
	-aŋ/k = -an/t = -am/p(江阳 = 山寒 = 缄咸)	
岗阁 = 干葛 = 甘阁	康恪 = 看渴 = 堪磕	夯鹤 = 寒曷 = 酣合
	-in/t = -iŋ/k = -im/p(真文 = 庚晴 = 侵寻)	
邻栗 = 灵力 = 林立	亲七 = 青戚 = 侵茸	辛悉 = 星昔 = 心习
	-ən/t = -əŋ/k = -əm/p(真文 = 庚晴 = 侵寻)	
	臻栉 = 争侧 = 簪戢	

这些批注反映不同鼻音音节以及塞音音节的合并,这是南方官话的显著特征,很可能反映本悟所说的云南方言。如表 9.12 所示,山寒、缄咸、廉纤、先全韵部的音节发生合并,这表明廉纤韵和先全韵中卷舌声母后的硬腭介音 -j- 消失,变得与山寒韵和缄咸韵相应无硬腭介音 -j- 的字同音。随后,这种 -j- 介音的消失导致主元音从 -ɛ 降为 -a。

表 9.12　卷舌声母后硬腭介音 -j- 的消失

an/t = am/p = jɛn/t = jɛm/p(山寒 = 缄咸 = 廉纤 = 先全)	
亶扎 = 詀札 = 毡折 = 占慑	山杀 = 衫霎 = 膻舌 = 苫摄

廉纤韵和先全韵的入声音节是否也发生平行的演变,主元音从 -ɛ 降为 -a,这是有疑问的,因为在大多数官话方言包括以成都方言为代表的西南官话中,这些入声音节的主元音通常仍存在对立(见表 9.13)。

331

表 9.13　官话方言中入声音节的对立

	山	衫	毡	占
北京	ʂan	ʂan	tʂan	tʂan
成都	san	san	tsan	tsan

	杀	霎	舌	摄
北京	ʂa	ʂa	ʂɤ	ʂɤ
成都	sa	sa	se	se

在表 9.14 所示的平行演变中，前元音 -i 变为央元音 -ɨ，这通常称为元音舌尖化音变。"知""痴"是中古止摄开口知组字，"世"是中古祭韵章组书母字。它们在《中原音韵》中属于齐微韵。

表 9.14　卷舌声母后 -i 发生央化，与 -ɨ 音节合并

-ɨ = -i（支辞 = 西微）	
支 zhī = 知 zhī	差 cī = 痴 chī
师 shī = 世 shì	

本悟批注中反映的这些音变(an/t = am/p = jɛn/t = jɛm/p 及 -ɨ = -i)实际上表明硬腭介音消失以及前高元音前特征失落。1606 年的《等韵图经》系统地记录了硬腭介音的消失和前高元音前特征的失落，本悟的批注比《等韵图经》更早。《韵略易通》的主元音如表 9.15 所示。不同韵母中的元音可以根据韵尾分为不同的子系统（见表 9.16）。

332

表 9.15　《韵略易通》的元音系统

i · y	ɨ	u
ɛ	ə	o
	a	

表 9.16　《韵略易通》音系的韵母结构表

-Ø: i、y、ɨ、u、ɛ、ə、o、a		
-j: ə、a	-w: ə、a	-ʔ: i、u、e、ə、o、a
-m: i、ə、a	-n: i、e、ə、o、a	-ŋ: i、u、ə、a

9.3.4　声调

如表 9.17 所示,《韵略易通》阴平和阳平音节有别(张玉来 1999),两类音节中间用 〇 隔开。在《韵略易通》中,阴平和阳平的出现顺序并不一致。在所有 168 对阴平、阳平对立的音节中,有 122 对是阴平在前,46 对是阳平在前。表 9.18 中给出的示例,展示了阴平和阳平音节之间的区别。

表 9.17　《韵略易通》的声调系统

平	上	去	入
通 ……〇同……	桶 ……	痛……	秃 ……

表 9.18　《韵略易通》中的阴平和阳平音节

凤〇冯	方〇房	分〇坟	番〇藩	潘〇盘	喧〇玄
卿〇擎	琛〇沉	贪〇覃	添〇甜	雌〇词	飞〇肥
须〇徐	呼〇胡	猜〇才	操〇曹	坡〇婆	虾〇霞
些〇斜	丘〇求				

注:表中所列字组阴平音节都排在相应的阳平音节之前。

333

9.4　《四声通解》(1517)、《翻译老乞大》和《翻译朴通事》

《四声通解》是朝鲜著名学者崔世珍(1473—1542)于 1517 年编成的一部韵书。这本韵书旨在为朝鲜的汉语学习者提供汉语语音信息(张晓曼 2005)。《洪武正韵》所代表的文学语言标准音与实际口语语音存在差异,因此《四声通解》的注音包含了“正音”和“俗音”两套系统,这两套语音都取自申叔舟(1417—1475)的《四声通考》。该书中的“正音”是基于官修韵书《洪武正韵》的一种理想音系,“俗音”是申叔舟本人所记的音。语音转写用朝鲜谚文记录,谚文是十五世纪中期发明的一种表音相当精确的朝鲜文字。这是历史上汉语音系第二次被完整地转写为拼音文字系统。在“凡例”中,崔世珍明确指出,在转写需要语音信息时他经常参考《蒙古韵》(《蒙古韵略》)中的八思巴字注音。

为了研究和准确记录北方汉语的语音,崔世珍曾多次到访中国。他还记录了与申叔舟不同的“今俗音”,新的“今俗音”非常接近于十六世纪初北京的口语音。根据尉迟治平（1990）研究，它的语音基础是辽阳方音，是北京方言的祖语。

　　《老乞大》和《朴通事》是元代编纂的两本汉语教科书（胡明扬 1963、汪维辉 2005）。"乞大"是 khitan（契丹）的音译，指的是辽代契丹人，但在此语境中是中国人的统称；"老"是一个指人的名词前缀。"朴通事"意为"朴翻译官"，"通事"是一个汉语词，意思是"口译员/笔译员"；"朴"是表示朝鲜常见姓氏 Park 的汉字。这两本教科书带谚文注音的版本分别称为《翻译老乞大》和《翻译朴通事》——谚文注音也是崔世珍所加的。这两本教科书是为教授汉语口语和会话而设计的，因此其汉字语音转写不受《四声通解》框架的限制，《四声通解》遵循的是单个汉字的理想发音。此外，书中还有对更长的短语结构和连读变调的描述。由此，《翻译老乞大》和《翻译朴通事》揭示了许多汉语历史语言学中前所未见的重要语音特征。

9.4.1　声母

　　《四声通解》"今俗音"的声母系统与《四声通考》相同，包含所有的浊阻塞音。但崔世珍在《翻译老乞大》《翻译朴通事》中把浊音改为了清音。根据之前的研究（胡明扬 1963、孙建元 2010），"今俗音"共有 19 个声母，如表 9.19 所示，腭音 tʃ-、tʃh-、ʃ-、ʒ- 改为卷舌音 tʂ-、tʂh-、ʂ-、ɻ-（见 7.3.1.2 节）。

表 9.19　《四声通解》的声母系统

p-	ph-	m-	f-	
t-	th-	n-		l-
ts-	tsh-		s-	
tʂ-	tʂh-		ʂ-	ɻ-
k-	kh-		x-	∅-

9.4.1.1　对卷舌声母的描写

　　朝鲜学者对汉语卷舌声母的描写值得注意。朝鲜语中不存在齿龈音（ts-、tsh-、s-）与卷舌音（tʂ-、tʂh-、ʂ-）声母的对立，为了区分这两组声母，申叔舟在《四声通考》中对它们的发音部位作了相当准确的描写。他说：

　　　　凡齿音，齿头则举舌点齿，故其声浅；正齿则卷舌点腭，故其声深。

　　这是"齿头""正齿"等传统音类首次得到精确的描写，这一描写明确表明正齿音声母是卷舌音。

9.4.1.2 例外演变

这个声母系统可能是基于北京方言的,因为有一些规则音变的例外情况与现代北京方言非常相似(孙建元 2010:44—46)。表 9.20 列出了一些例外字,这些字的语音转写是不规则的,而不规则形式也出现于现代北京话中,说明这个标准是以北京话为基础的。

表 9.20　一些例外音变字

佩	pèi	ph-	应为 p-
鸟	niǎo	n-	应为 t-
艇	tǐng	th-	应为 t-
赁	lìn	l-	应为 n-
雀	què	tsh-	应为 ts-
囚	qiú	tsh-	应为 s-
珊	shān	ʂ-	应为 s-
匙	shi	tʂh-	应为 ʂ-
萤	yíng	Ø-	应为 x-
完	wán	Ø-	应为 x-

注:"应为"是指按照从中古汉语到《四声通解》音变规则,汉字声母应当实现的音值。

9.4.2　韵母

表 9.21 中的《四声通解》韵母音值根据朝鲜谚文拼音转写,有三处修改:ə 改为 o,iə、yə 改为 jɛ、ɥɛ,ɯ 改为 ɨ(出现在韵尾前改为 ə)。这样调整以后,韵母与《蒙韵》(全称《蒙古字韵略》)的八思巴字拼音更加一致,《蒙韵》是崔世珍在编纂《四声通解》时参考的音韵文献之一。

表 9.21　《四声通解》韵母的语音转写

ɨ	i	u	y
a	ja	wa	
o	jo		
ɛ	jɛ	wɛ	ɥɛ
aj	jaj	waj	
ej		uj	
aw	jaw		
əw	iw		
an	jɛn	wan	ɥɛn

续 表

on		won	
ən	in	un	yn
aŋ	jaŋ	waŋ	
əŋ	iŋ	uŋ	yŋ

来源：根据胡明扬（1963）、孙建元（2010）。

表 9.22 是朝鲜谚文拼音系统反映的汉语音系的韵母结构表。值得注意的是，主元音根据后接韵尾有很大的不同。

表 9.22 基于朝鲜谚文拼音的汉语韵母结构表

介音：	-j-、-w-、-ɥ-		
主元音：	i、y	ɨ	u
	e	ə	o
		a	
韵尾：	-∅、-j、-w、-n、-ŋ		
-∅：i、ɨ、u、y、o、a、e	-j：a、ɛ、u	-w：ə、a	
-n：i、ɛ、ə、o、a	-ŋ：i、u、ə、a		
声调：	阴平、阳平、上声、去声		

以下小节，表格中展示的音变前后的音值分别基于《蒙古字韵》和《四声通解》。

9.4.2.1 -p、-t、-k 的消失

到《四声通解》之时，汉语的塞音韵尾已经完全消失了，所以问题就变为中古入声音节的末尾是否还存在紧喉音。根据崔世珍的描述，喉塞音是存在的，但它可能是人为制造的，因为直到二十世纪初，理想的标准语音中仍然人为地保持入声调类。

9.4.2.2 -m 的消失，-m > -n

在《四声通解》的"凡例"中，崔世珍明确指出，中古 -m 尾音节都变为 -n 尾。但在十六世纪初，从 -m 到 -n 的音变可能仍在进行中。根据崔世珍的说法，中古的 -m 尾音节在口语中发音为 -n，但有些人仍然把它们读作 -m。崔世珍十六世纪的观察和记录是中古 -m 尾在北方官话中完全消失的最早证据。

在"凡例"中，崔世珍还说：

> 诸韵终声 n、ŋ、m 之呼初不相混，而直以侵(-m)、覃(-m)、盐(-m)合口终声汉俗皆呼为 n，故真(-n)与侵(-m)、删(-n)与覃(-m)、先(-n)与盐(-m)之音多相混矣。

9.4.2.3　中古通摄字

中古通摄三等字韵母表现出从 -juŋ 到 -uŋ 的不规则变化。根据"俗音",许多字已经失去了硬腭介音,见表 9.23。

表 9.23　通摄三等字"俗音"和"正音"的表现

	弓 gōng	穹 qióng	穷 qióng	颙 yóng	纵 zòng	从 cóng	嵩 sōng	颂 sòng	中 zhōng
俗音	uŋ	uŋ	yŋ	juŋ	uŋ	uŋ	uŋ	uŋ	uŋ
正音	yŋ	yŋ	yŋ	yŋ	yŋ	yŋ	yŋ	yŋ	yŋ

	充 chōng	虫 chóng	春 chōng	邕 yōng	胸 xiōng	雄 xióng	庸 yōng	龙 lóng	戎 róng
俗音	uŋ	uŋ	uŋ	yŋ	yŋ	yŋ	yŋ	uŋ	uŋ
正音	yŋ	yŋ	yŋ	yŋ	yŋ	yŋ	yŋ	yŋ	yŋ

9.4.2.4　中古开口音节的 -w- 介音

中古宕摄卷舌声母开口音节发展出圆唇介音 -w-,与来自江摄的相应音节合并(见表 9.24)。

表 9.24　宕江摄的合并

	中古汉语		《蒙古字韵》		《四声通解》	
窗	tʂhuɲ	>	-waŋ	>	-waŋ	江摄
庄	tʂjɐŋ	>	-ɒŋ	>	-waŋ	宕摄

9.4.2.5　-jaj 和 -waw 的变化

介音和韵尾相同的韵母 -jaj 和 -waw 在喉咽音声母后发生变化,这种变化似乎是以声母的不同发音方法为条件的(见表 9.25 和表 9.26)。

表 9.25　-jaj 韵母音节的表现

	中古汉语		《蒙古字韵》		《四声通解》
街	kɰæ/kɰæj	>	-jaj	>	-jɛj
鞋	ɦɰæ/ɦɰæj	>	-jaj	>	-jaj
揩	khɰæj	>	-jaj	>	-aj
崖	ŋɰæ	>	-jaj	>	-aj
矮	ʔɰæ	>	-jaj	>	-aj

表 9.26　-waw 韵母音节的表现

	中古汉语		《蒙古字韵》		《四声通解》	
捉	tʂhɰɔk	>	-waw	>	-o	江摄
郭	kwɑk	>	-waw	>	-o	宕摄

9.4.2.6　-jan/m > -jɛn/m 的音变

如表 9.27 所示,带喉咽音声母的二等音节 -jan/m 韵母变为 -jɛn/m,与三/四等音节合并。鼻音韵尾 -m 变为 -n,主元音从 -a 变为 -ɛ。

338

表 9.27　-n/-m 韵尾二等和三/四等音节的合并

		《蒙古字韵》		《四声通解》
二等	奸	-jan	>	-jɛn
二等	监	-jam	>	-jɛn
三/四等	犍	-jɛn	>	-jɛn
三/四等	检	-jɛm	>	-jɛn

9.4.2.7　-jɛw > -jaw 的音变

中古三/四等的 -jɛw 韵母变为 -jaw,与中古二等音节合并(见表 9.28)。主元音从 -ɛ 变为 -a。

339

表 9.28　-w 韵尾二等和三/四等音节的合并

		《蒙古字韵》		《四声通解》
二等	交	-jaw	>	-jaw
三/四等	骄	-jɛw	>	-jaw

这与 -jan/m > -jɛn/m 的变化相反。如表 9.29 所示,以韵尾为条件,-n/m 韵尾是二等韵母 -jan/m 变同三/四等,而 -w 韵尾是三/四等 -jɛw 变同二等。

表 9.29　二等和三/四等韵母以韵尾为条件的合并

二等	-jan/m	>	-jɛn
三/四等	-jɛn/m	>	-jɛn
二等	-jaw	>	-jaw
三/四等	-jɛw	>	-jaw

9.4.2.8 -iw > -əw 的演变

中古双唇鼻音 m- 声母后的流摄三等字失去硬腭介音。在《蒙古字韵》中，表 9.30 中的字是同音字，韵母都是 -iw。"缪"字是例外，在现代北京话中仍带硬腭介音。

表 9.30 韵母 -iw 的演变

	《蒙古字韵》		《四声通解》
缪	-iw	>	-iw
矛	-iw	>	-əw
眸	-iw	>	-əw
鍪	-iw	>	-əw

9.4.3 变调

《四声通解》的主要目的是作为字典，与前面提到的汉语课本《老乞大》《朴通事》相配合。《老乞大》和《朴通事》以教授流利的汉语会话为目的，转写的是口语的句子，因此有些跨音节的声调现象也被记录下来。《翻译老乞大》和《翻译朴通事》"凡例"中，提到了两条变调规则：

（1）如果两个上声字连读，则前字变读为阳平（"浊平"），后字读本音上声。

（2）如果两个上声字连读，而后字为虚词，或两个字都是虚词，则后字读去声。

规则（1）可以表述为"上＋上＝阳平＋上"，规则（2）涉及虚词，很可能是用去声来描述中和调音高的感知。中和调（neutral tone，轻声，也称为"零调"或"第五调"）本身不是一种声调，而是指汉语中某些特定音节——通常是语法虚词的弱化现象。轻声字没有固定调值，而是与前一字声调曲拱的末尾一致。在上声之后，轻声字的音高较高，这是因为上声声调曲拱的末尾较高（上声调值 214，以中高 4 收尾）。因此，《翻译老乞大》和《翻译朴通事》中把紧跟在上声之后的虚词的声调描写为去声是有道理的。表 9.31 和表 9.32 是梅祖麟（Mei，1977）所举的一些例子。

表 9.31 《翻译老乞大》《翻译朴通事》"凡例"中所描写的变调

	拼音	感知语音
3 + 3 > 2 + 3		
好酒	hǎo jiǔ	háo jiǔ
野狗	yě gǒu	yé gǒu

续　表

	拼音	感知语音
洗脸	xǐ liǎn	xí liǎn
雨水	yǔ shuǐ	yú shuǐ

3 + 3 > 3 + 4（后字声调为轻声）

	拼音	感知语音
果子	guǒ zǐ	guǒ zì（guǒ zi）
走了	zǒu liǎo	zǒu liào（zǒu liao）
水里	shuǐ lǐ	shuǐ lì（shuǐ li）
耳朵	ěr duǒ	ěr duò（ěr duo）

来源：梅祖麟（Mei，1977）。
注：现代普通话 2 = 阳平、3 = 上声、4 = 去声。

表 9.32　较长短语的变调

汉字：	他	少	我	五	两	银	子	里
拼音：	tā	shǎo	wǒ	wǔ	liǎng	yín	zǐ	lǐ
感知语音：	tā	sháo	wǒ	wú	liǎng	yín	zǐ	lǐ
原调：	1	3	3	3-	3	2-	3	3
变调：	1	2	3	2-	3	2-	3	3

汉字：	有	酒	有	花
拼音：	yǒu	jiǔ	yǒu	huā
感知语音：	yóu	jiǔ	yǒu	huā
原调：	3	3	3	1
变调：	2	3	3	1

来源：梅祖麟（Mei，1977）。

341

第一个上声变调规则到现代普通话中仍保持不变，这是官话的跨音节韵律特征首次得到记录。第二个变调规则涉及虚词，也清楚地表明在实际语音中存在中和调或轻声音节。

图 9.2 是《老乞大谚解》的一页，本页中会话的汉语拼音注音见表 9.33。

表 9.33　图 9.2 中的会话，附加拼音

大哥	你	从	那里	来
dàgē	nǐ	cóng	nǎlǐ	lái
我	从	高丽	王京	来
wǒ	cóng	Gāolí	wángjīng	lái

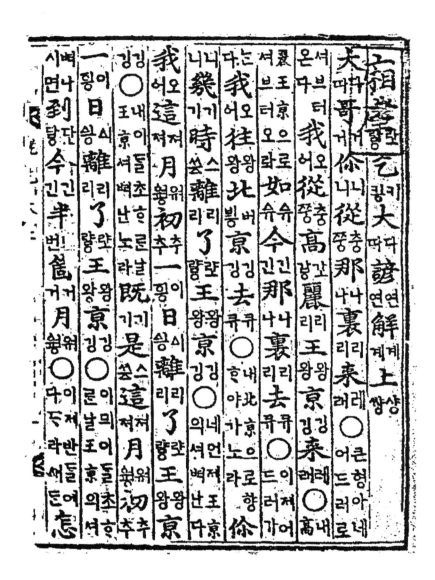

343

图 9.2 《老乞大谚解》的一页

"谚解"意为用朝鲜谚文给汉字注音并解释语义。每个汉字下都有两个注音,右边的音是正音,左边的音是俗音。使用这本教科书学习汉语的朝鲜学生,根据"俗音"来学习(贸易或旅行中使用的)十五世纪北方官话的口语音。

译注:《翻译老乞大》《翻译朴通事》凡例:"今之翻译,书正音于右,书俗音于左。"

9.5 《西儒耳目资》(1626)

比利时、法国传教士 Nicolas Trigault(汉名金尼阁,1577—1628)的《西儒耳目资》(见图9.3)出版于1626年。这部著作是历史上继《蒙古字韵》和《四声通解》之后第三次把完整的汉语音系转写为拼音文字,也是最早用拉丁字母转写整个汉语音系的尝试之一。《西儒耳目资》的意义在于,它不同于之前的两次转写,不是以一个既有的音韵文献为基础的。换句话说,《西儒耳目资》首次独立提供了音值信息和音类信息。关于它的基础方言主要有两种观点:一种以陆志韦(1947c)为代表,认为它是山西话;另一种以鲁国尧(2007)为代表,认为它是南京话。两者都以入声调的存在作为证据。但有一个令人信服的证据是,中古知照组声母在《西儒耳目资》中的读音基本上是南京型的(孙宜志2010)。虽然其中有一些非南京的特点,但它的主体音系很可能是以南京方言为基础的。

9.5.1 声母

《西儒耳目资》有21个声母(金尼阁称为"同鸣字父")。在金尼阁的表格中,用来代表声母的汉字主元音都为 -ə 或 -ɿ,并多为入声调,这也提示了一些韵母的音值。表9.34展示了《西儒耳目资》中的声母拼音字母和代表字(见图9.3右侧的前两列)及其音值。零声母 Ø-没有用字母表示,带零声母的汉字与韵母转写信息放在同一栏中(见图9.3顶部)。表9.35根据发音部位和发音方法列出《西儒耳目资》的声母。

342

表 9.34 《西儒耳目资》的声母

转写:	ç	'ç	ch	'ch	k	'k	p	'p	t	't
汉字:	则	侧	者	扯	格	克	百	魄	德	忒
音值:	[ts]	[tsʰ]	[tʂ]	[tʂʰ]	[k]	[kʰ]	[p]	[pʰ]	[t]	[tʰ]

转写:	j	v	f	g	l	m	n	s	x	h
汉字:	日	物	弗	额	勒	麦	搦	色	石	黑
音值:	[ɻ]	[ʋ]	[f]	[ŋ]	[l]	[m]	[n]	[s]	[ʂ]	[x]

344

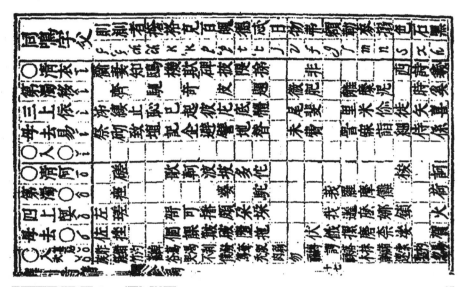

图 9.3 《西儒耳目资》中的两页

注意，虽然包含有汉字的拼写，但它是以韵图的形式呈现的。因此要查找特定汉字的注音，需要把横行的声母与纵列的韵母进行拼合。

表 9.35　《西儒耳目资》的声母表

p-	百	ph-	魄	m-	麦	f-	弗	ʋ-	物
t-	德	th-	忒	n-	搦			l-	勒
ts-	则	tsh-	侧			s-	色		
tṣ-	者	tṣh-	扯			ṣ-	石	ɭ-	日
k-	格	kh-	克	ŋ-	额	x-	黑	∅-	（自鸣）

9.5.2　韵母

《西儒耳目资》共有 57 个韵母，分为 16 组。金尼阁的转写没有完全运用现代音位学的原理，有些不同的韵母（如< ua >和< oa >、< eam >和< iam >）不存在音位对立，而是音位变体的差异。官话音系的介音位置没有这种对立。由于转写所使用的拉丁字母不适用于汉语，所以字母自身的音值不能提示汉语的语音。例如：金尼阁用字母< g >表示软腭鼻音声母，而用字母< m >表示软腭鼻音韵尾。他用< e >同时表示韵母 əw 中的混元音（schwa）以及韵母 -jɛn 中的元音 ɛ。他的< ul >代表许多现代方言中卷舌混元音 -ər 的变体，或可能为 -əl。

如表 9.36 所示，很多韵母是以不同声母为条件呈互补分布的。字母< u >和< o >用来转写不同声母后的相同韵母，< i >和< e >也用来转写相同的韵母。韵母-y 和介音 -ɥ- 用组合< iu >转写。表 9.37 展示了五十韵母表中的原始拼音。有些表中包含不止一个韵母，同一表中的不同韵母在字母的上方或下方加变音符号< · >标记。

表 9.36　金尼阁转写韵母的一些例子

《西儒耳目资》		《西儒耳目资》		《西儒耳目资》	
-wa：	ua、oa	-waj：	uai、oai	-wej：	uei、oei
-wan：	uan、oan	-un：	uen、oen、un	-jaŋ：	iam、eam
-y：	iụ	-ɥɛn：	iuen	-yn：	iun

表 9.37　《西儒耳目资》五十韵母表中所有韵母的原始拼音

1	a	2	e, è	3	i	4	o, ò	5	u, ủ, ụ
6	ai	7	ao	8	am	9	an	10	eu

续　表

11	em	12	en	13	ia	14	ie, iė	15	io, iȯ
16	iụ	17	im	18	in	19	oa	20	oe
21	ua	22	ue	23	ui	24	uo, uȯ	25	ul
26	um	27	un	28	eao	29	eam	30	iai
31	iao	32	iam	33	ieu	34	ien	35	iue
36	ium	37	iun	38	oai	39	oei	40	oam
41	oan	42	oen	43	uai	44	uei	45	uam
46	uan	47	uem	48	uen	49	uon	50	iuen

在解释这些韵母拼音时,有几点必须说明:(1)在同一个韵母表里,带变音符号的字母表示的是不同的韵母。如第 2 表中的< e >和< ė >分别表示元音 -ɛ 和 -i̯/-ə。(2)不同韵母表中的不同拼音如果呈互补分布,可能代表相同的韵母。如第 19 表中的< oa >和第 21 表中的< ua >代表相同的韵母 -wa,< oa >与 ş-、x- 声母相拼,< ua >与 tʂ-、k-、kh- 声母相拼。拼音< u >和< o >以及< i >和< e >用于介音位置时常常表示同一介音的不同音位变体,这些变体表明介音的语音性质存在不确定性。因此,尽管第 40 表中的< oam >和第 45 表中的< uam >在卷舌声母后形成最小对立,它们也应该是同一个韵母 -waŋ 的变体。(3)有些字可能放错了位置:第 48 表包含韵母音值为 -wan 和 -un 的字。第 5 表中< ụ>韵的入声字应当与第 16 表的入声字放在一起。第 20 表中< oe >和第 22 表中< ue >的音节(这两个表只有入声音节)互补分布,应当合并。第 24 表中< uȯ>韵的两个入声音节也应当与第 20 表和第 22 表的音节合并。表 9.38 是对《西儒耳目资》五十韵母表的拼音的语音解释。

表 9.38　《西儒耳目资》五十韵母表中拼音的语音解释

1	-a	2	-ɛ, -i̯$_1$	3	-i	4	-o, -u	5	-u/y, -i̯$_2$, -ʉ
6	-aj	7	-aw	8	-aŋ	9	-an	10	-əw
11	-əŋ	12	-ən	13	-ja	14	-jɛ, -jə	15	-jo, -ɥo
16	-y	17	-iŋ	18	-in	19	-wa	20	-wə
21	-wa	22	-wə	23	-wej	24	-wo, -wə	25	-əl
26	-uŋ	27	-un	28	-jaw	29	-jaŋ	30	-jaj
31	-jaw	32	-jaŋ	33	-jəw	34	-jɛn	35	-ɥɛ
36	-yŋ	37	-yn	38	-waj	39	-wej	40	-waŋ
41	-wan	42	-un	43	-waj	44	-wej	45	-waŋ
46	-wan	47	-uŋ	48	-won, -un	49	-won	50	-ɥɛn

346

这些韵母根据韵尾的类型(-ø:无韵尾;-G:-j、-w 韵尾;-N:-n、-ŋ 韵尾)及介音(-ø-、-j-、-w-、-ɥ-)重新排列,列于表9.39 中。入声音节中没有带韵尾的韵母。入声音节的韵母以喉塞音标记,这也表示入声音节的时长可能较短。

表 9.39 《西儒耳目资》五十韵母表拼音的语音解释(54 个韵母),按介音和韵排列

	舒声韵,39 个韵母				入声韵,15 个韵母			
	-ø-	-j-	-w-	-ɥ-	-ø-	-j-	-w-	-ɥ-
-ø (15)	-a 1	-ja 13	-wa 19, 21		(15) -aʔ 1	jaʔ 13	-waʔ 19,21	
	-ɛ 2	-jɛ 14		-ɥɛ 35	-ɛʔ 2	-jɛʔ 14		-ɥɛʔ 35
	-o 4		-wo 24		-oʔ 4	-joʔ 15	-woʔ 24	-ɥoʔ 15
		-i 3	-u 4	-y 16			-uʔ 4,5	-yʔ 5,16
						-jəʔ 14	-wəʔ 20, 22, 24	
	-əl 25	-i$_1$, -i$_2$ 2, 5	-ʉ 5		-iʔ 2		-ʉʔ 5	
-G (8)	-aj 6	-jaj 30	-waj 38, 43					
			-wej 23, 39, 44					
	-aw 7	-jaw 28,31						
	-əw 10	-jəw 33						
-N (16)	-an 9	-jɛn 34	-wan 41, 46	-ɥɛn 50				
			-won 48, 49					
	-ən 12	-in 18	-un 27, 42 48	-yn 37				
	-aŋ 8	-jaŋ 29, 32	-waŋ 40, 45					
	-əŋ 11	-iŋ 17	-uŋ 26, 47	-yŋ 36				

根据这里的分析,主元音 -y 及其对应的介音 -ɥ- 在明代就已存在。主元音 -y 和介音 -ɥ- 的存在可以认为是汉语音系从中古的开合四等系统向现代官话四呼系统转变的证据。

没有证据表明元代以后的官话包括现代官话方言音系中有 -jw- 这样的介音组合。外文转写用两个字母(如金尼阁的 <iu>)来转写汉语中的单介音(主元音 -y 和介音 -ɥ-),这种做法可能会使学者们认为汉语中本有 -jw- 介音组合。实际上,-jw- 这种介音组合的构拟,是被外文转写中所使用的字母迷惑,或是被不可靠的诗歌押韵误导了。

金尼阁把齿龈塞擦音和擦音声母后的 -ɨ 转写为"-u 次"①,卷舌塞擦音和擦音后的 -ɨ 转写为 <ė>②。显然,他没有找到适合转写这些元音的字母。但这两种转写都反映了两个央元音的一些语音特征(见表 9.40)。齿龈塞擦音和擦音后的不圆唇央高元音既不前也不后,所以用"-u 次"转写。卷舌塞擦音和擦音后的不圆唇央高元音实现为比齿龈音后相应的元音更低的音,使用不同的符号表示是合理的(吴宗济 1986)。金尼阁《西儒耳目资》的介音、主元音和韵尾列于表 9.41。

表 9.40　央高元音及其他相关元音的语音特征

	i	ɨ	ʉ	u	e
高	+	+	+	+	−
前	+	−	−	−	+
后	−	−	−	+	−
圆唇	−	−	+	+	−

表 9.41　《西儒耳目资》的介音、主元音和韵尾

介音：　-j-、-w-、-ɥ-
韵尾：　-n、-ŋ、-j、-w、-ʔ

-∅:　a、ɛ、o、u、i、y、ɨ、ə　　　-j:　a、e　　　-w:　a、ə

-n:　a、ɛ、o、ə　　　-ŋ:　a、ɛ、o、ə　　　-ʔ:　a、ɛ、o、u、y、ɨ、ə

---

① 金尼阁的元音系统中,"次"是用于元音之后的描写性术语。这是在转写常规字母无法转写的元音时所用的一种补充方法。

② 入声"质赤实日"等的韵母转写为 <ė>。舒声止摄知章组字《西儒耳目资》转写为 -i(如"知之"chī),有的学者认为卷舌声母后的 -i 代表的也是舌尖元音。——译注

9.5.3　声调

《西儒耳目资》有五个声调,如表 9.42 所示,前四个声调大致与现代普通话四声相当,即阴平(《西儒耳目资》中称为"清")、阳平(《西儒耳目资》中称为"浊")①、上声、去声,第五个声调是入声。声调标记加在元音字母上,五个声调分别为 ā、â、à、á、ǎ,这种标记法可能对现代汉语拼音系统的设计产生了影响。《西儒耳目资》中用音高术语对调值作了描述。从高到低依次为去声、入声、清平(阴平)、上声和浊平(阳平)。但仅凭这些简单的描述不足以构拟它们的调值。

表 9.42　《西儒耳目资》的声调

	清	浊	上	去	入
	ā	â	à	á	ǎ
p-	巴 pā	—	把 pà	霸 pá	八 pǎ
ph-	葩 phā	琶 phâ	—	帊 phá	汃 phǎ
m-	—	麻 mâ	马 mà	祃 má	帓 mǎ

9.6　《等韵图经》(1606)

《等韵图经》(全名《重订司马温公等韵图经》)是张元善编的《合并字学篇韵便览》所附的韵图,刊行于 1606 年,作者为徐孝(1573—1619)。《等韵图经》显示了许多现代北京话特有的创新特征,因此它所记录的方言被认为是现代北京话的第一个直接祖语(陆志韦 1947b、王力 1985)。

《等韵图经》把韵母系统分为十三摄,除"祝"摄以外,每个摄都分为开合两图。每个图又分为三个部分:第一部分是既无硬腭介音也非卷舌声母的音节,第二部分为带卷舌声母的音节,第三部分为带硬腭介音的音节。

9.6.1　声母

《等韵图经》的图表中列出了 22 个声母,如表 9.43 所示,声母用传统的字母代表

---

① 最有可能是指导致平声调分化的清浊系统(参见第 1.4.2 节)。

（见 1.4.1 节）。《等韵图经》的 22 个字母中，只有 19 个能够实际与韵母拼合来表示汉字。字母"敷""微"和"㊤"（重复的心母）不与任何韵母拼合（见表 9.44）。

表 9.43　《等韵图经》中给出的 22 个声母

见	溪	端	透	泥
帮	滂	明	精	清	㊤[a]	心
非	敷	微	照	穿	稔	审
影	晓	来		

[a]㊤是指重复的心母。

表 9.44　《等韵图经》中实际存在的 19 个声母

帮 p-	滂 ph-	明 m-	非 f-	
端 t-	透 th-	泥 n-		来 l-
见 k-	溪 kh-		晓 x-	影 ∅-
精 ts-	清 tsh-		心 s-	
照 tʂ-	穿 tʂh-		审 ʂ-	稔 ɻ-

声母系统中有一些值得注意的重要变化。一个是中古微母消失：ɱ- > ʋ- > ∅-，在《中原音韵》《韵略易通》和《西儒耳目资》中微母是一个独立声母（见 7.3.1.1 节、7.4.2 节、9.3 节和 9.5 节）。另一个是中古疑母消失：ŋ- > ∅-。

9.6.1.1　腭化声母

如表 9.45 所示，现代普通话中 k-、kh-、x- 和 ts-、tsh-、s- 两组声母在前高元音和介音（-i、-y、-j-、-ɥ-）之前合并为硬腭音。关于这个语音合并的一个问题是，它发生在哪个历史阶段。另一个相关的问题是，这两组声母的腭化是同时发生的还是有先后顺序的；如果是有顺序的，两组声母中哪一组先变成硬腭音（更多信息参见 10.1 节）。这些问题很难根据《等韵图经》作出回答，因为《等韵图经》只表明存在两组声母。但是，对于《等韵图经》中这两组独立声母的性质，有三种可能的解释。

表 9.45　k- 组声母和 ts- 组声母的合并

k-、kh-、x-	>	tɕ-、tɕh-、ɕ- / i、y、j、ɥ
ts-、tsh-、s-	>	tɕ-、tɕh-、ɕ- / i、y、j、ɥ

350

　　表 9.46 中的可能性 I 是最简单的解决方案,两组声母都没有发生腭化,如字母本身所示,见、溪、晓表示软腭声母 k-、kh-、x-,精、清、心表示齿龈声母 ts-、tsh-、s-。如果 k-和 tɕ- 是同一声母的条件变体,则可能性 II 也可以成立。也就是说,如果它们呈互补分布,说这种语言的人把这两组不同语音认为同一音位,就不需要使用不同的字母表示。《等韵图经》只提供音类信息,而没有语音细节。可能性 III 不太可能成立,因为根据现代官话方言,如果只有一类音发生腭化,它总是软腭音声母。因此,从历史上讲,软腭音的腭化应早于齿龈音的腭化。这样的声母系统可以说明齿龈音还没有腭化,但不能证明软腭音没有腭化。

351

表 9.46　两组声母之间对立的三种可能性

可能性 I	可能性 II	可能性 III
kj-	kj- > tɕj-	kj-
tsj-	tsj-	tsj- > tɕj-

　　虽然可能性 I 似乎是最简单的解释,但如果考察这个系统的其他方面,就会发现真实情况最可能是可能性 II。在《等韵图经》中,卷舌声母后的硬腭介音已消失,中古知照组三等音节与相应二等音节合并(tʂj->tʂ-)。这一音变是由软腭声母的腭化(kj- > cj-)触发的,它将钝音声母移到锐音的发音空间。因此,原来的锐音辅音必须调整其发音部位[tɕj- > tʂ(j)-]。也就是说,锐音声母的变化是由钝音声母的变化引起的。表 9.47 展示了硬腭音声母从中古汉语到现代汉语发展的六个阶段。如果没有阶段 IV,软腭音(kj-)和硬腭音(tɕj-)就会合并。

表 9.47　中古汉语到现代普通话的腭化音变顺序

	章	庄	精	见
阶段 I	tɕj-	tʂ(j)-	tsj-	kj-
阶段 II	tʂj- > tʂ-	tɕj-	tʂ-	tsj-	kj-
阶段 III	kj- > cj-	tɕj-	tʂ-	tsj-	cj-
阶段 IV	tɕj- > tʂ(j)-	tʂ(j)-	tʂ-	tsj-	cj-
阶段 V	cj- > tɕj-	tʂ-	tʂ-	tsj-	tɕj-
阶段 VI	tsj- > tɕj-	tʂ-	tʂ-	tɕj-	tɕj-

　　《等韵图经》已经处于阶段 V,所以软腭音声母一定已经发生腭化。这个系统中的

软腭声母应具有两种语音实现：在硬腭介音前实现为硬腭音，其他环境中实现为软腭音。但由于它们是同音位异读，所以被视为同一音位的变体。根据传统三十六字母，这两个音位变体都属于见母 k-。

在包括洛阳在内的河南省所说的官话次方言——中原官话中，还有另一种演变模式（熊正辉 1990）。如表 9.48 所示，由于音变和音变顺序的不同，中古汉语 kj- 和 tsj- 两类音节仍然是不同的（tɕj- 与 tsj-）。

表 9.48　中古汉语到现代中原官话的腭化音变顺序

		章	庄	精	见
阶段 I		tɕj-	tʂ(j)-	tsj-	kj-
阶段 II	tʂj- > tʂ-	tɕj-	tʂ-	tsj-	kj-
阶段 III	tɕj- > tʂj-	tʂj-	tʂ-	tsj-	kj-
阶段 IV	kj- > tɕj-	tʂj-	tʂ-	tsj-	tɕj-
阶段 V	tʂ- > ts-	tʂj-	tʂ-	tsj-	tɕj-
阶段 VI	tʂj- > tʂ-	tʂ-	ts-	tsj-	tɕj-

9.6.1.2　以声母为条件的音变：元音央化与卷舌声母后 -j- 介音的消失

这些音变只涉及带卷舌声母的音节，非卷舌声母不参与这些变化。音变条件如表 9.49 所示。表中所列例字都属于中古汉语梗摄，八思巴字拼音为-iŋ(ꡞꡟ)。现代普通话语音表明，只有以 tʂ(j)- 开头的音节，主元音才会变为混元音 ə。前高元音的央化只出现在"征""整"（卷舌声母）中。

表 9.49　卷舌声母后主元音 i 的央化

	京警	丁顶	征整	兵丙	精井	婴影
	软腭音	齿音	卷舌音	双唇音	齿龈塞擦音	零声母
《蒙古字韵》	iŋ	iŋ	iŋ	iŋ	iŋ	iŋ
现代普通话	iŋ	iŋ	əŋ	iŋ	iŋ	iŋ

来源：Shen（2008b）。

如表 9.50 所示，这种普遍发生的音变最终确定了现代普通话的语音格局。相关的韵核元音及其变化为：i > ə、i > ɨ、y > u、ɛ/e > ɤ、ɛ/e > a。这些音变都反映前特征的消失。所谓的舌尖化音变 i > ɨ 也是这种普遍音变的一部分。值得注意的是，任何语音系统中都没有舌尖元音的位置，因为它们实际上是央元音：音变只是 i > ɨ。如果央元音出现在卷舌咝音之后,舌头的位置与辅音发音部位大致相同,齿龈咝音也同样是如此。《蒙古字韵》中,这些前元音和非前元音音节之间存在对立(见 6.4.8 节)。如表 9.51 所示,当主元音失去其前特征时,卷舌声母后的 -j- 介音(八思巴字拼音中未标明)也消失。《蒙古字韵》中这两类不同的音节在《等韵图经》中成为同音,列在同一个同音字组中,与现代北京话一致。

表 9.50　卷舌声母后前元音的变化

规则	i > ɨ, ə		y > u		ɛ/e > ɤ, a	
	知	珍	朱	谆	遮	展
《蒙古字韵》	tʂi	tʂin	tʂy	tʂyn	tʂɛ	tʂɛn
现代普通话	tʂɨ [a]	tʂən	tʂu	tʂun	tʂɤ	tʂan

　　[a] 八思巴字拼音中,央高(舌尖)元音和前高元音之间的对立在于有无字母 ħ,它表示后面元音 i 的前特征发生变化。i /i/ [+高,+前,−圆唇],ħ+i /ɨ/ [+高,−前,−圆唇]。

表 9.51　卷舌声母后硬腭介音 -j- 的消失

《蒙古字韵》				《等韵图经》		
珍 tʂin	≠	臻 tʂən	>	珍 tʂən	=	臻 tʂən
周 tʂiw	≠	邹 tʂəw	>	周 tʂəw	=	邹 tʂəw
贞 tʂiŋ	≠	争 tʂəŋ	>	贞 tʂəŋ	=	争 tʂəŋ
煮 tʂy	≠	阻 tʂu	>	煮 tʂu	=	阻 tʂu
知 tʂi	≠	辎 tʂɨ	>	知 tʂɨ	=	辎 tʂɨ
缠 dʐɛn	≠	潺 dʐan	>	缠 tʂhan	=	潺 tʂhan
超 tʂhɛw	≠	抄 tʂhaw	>	超 tʂhaw	=	1

　　根据沈钟伟(Shen 2008b)的研究,高元音的央化与卷舌声母后其他相关变化是同一音变的结果。这个音变使卷舌声母之后的韵母失去了前特征。正因如此,在音系上舌尖元音必须是央元音,这样它们就被定义为无前特征(同时也无后特征)。这就是《切韵指掌图》之类的韵图把舌尖元音字置于一等的原因,因为它缺乏三等韵母应有的前特征。"舌尖元音"这个术语本身具有误导性,在语音分析中会造成问题。由于其特殊的发音,舌尖元音不能用前、央或后来描述,也不能纳入常规的元音表。高本汉(Karlgren 1915—1926:217)的元音图中不包含此类元音,原因可能就在于此。所谓舌

尖元音的性质及其与其他元音的音系关系在《蒙古字韵》的八思巴字拼音中已经得到了明确的表现,但遗憾的是,八思巴字拼音所展现的音系分析的意义尚未得到充分认识。

综上所述,应强调以下三点:(1)央高元音产生的历史原因与相应卷舌音的出现有关;(2)卷舌声母与齿龈声母后的舌尖元音在音系上都是央高元音;(3)前元音的央化(舌尖化)和前元音前特征的删除实际上是相同的音变,这个音变的发生是为了解决卷舌声母与韵母所包含的前特征之间的发音冲突。

9.6.2 韵母

《等韵图经》分十三个摄,比《中原音韵》的十九韵部有所减少。除"祝"摄以外,每个摄都分开合两图(见表9.52)。

表 9.52 《等韵图经》的十三摄

	开				合		
通	登	əŋ	iŋ		东	uŋ	yŋ
止	资	ɨ	i	ɚ	居	ʉ	y
祝					都	u	
蟹	哈	aj	jaj		乖	waj	
垒	杯	ej			灰	wej	
效	蒿	aw	jaw		包	waw	
果	诃	o	jo		多	wo	
假	他	a	ja		夸	wa	
拙	遮	ɛ	jɛ		靴	wɛ	ɥɛ
臻	根	ən	in		昏	un	yn
山	干	an	jɛn		湍	wan	ɥɛn
宕	当	aŋ	jaŋ		光	waŋ	
流	鹁	əw	jəw		抔	wəw	

韵摄的减少表明韵母已经发生变化,同时也表明对韵母之间关系的音系分析有所不同。表9.53为《等韵图经》与《中原音韵》韵部(见7.3.2节)的比较。《等韵图经》韵母的介音、主元音和韵尾见表9.54。

表9.53 《等韵图经》与《中原音韵》韵部的比较

《等韵图经》	《中原音韵》		《等韵图经》	《中原音韵》				
通	东锺	庚青	假	家麻				
止	支思	鱼模	拙	车遮				
祝	鱼模		臻	真文	侵寻			
蟹	皆来		山	寒山	先天	桓欢	监咸	廉纤
垒	齐微		宕	江阳				
效	萧豪		流	尤侯				
果	歌戈							

表9.54 《等韵图经》的介音、主元音和韵尾

介音：	-j-、-w-、-ɥ-		
元音：	i · y	ɨ	u
	e（ɛ）	ə	o
	a		
	ɥ		
韵尾：	-j-、-w-、-n-、-ŋ-、-ø		
-ø：i（ɨ）u（ʉ）y o a ɛ ɜ	-j：e a		-w：ə a
-n：i ə u y a ɛ ɜ	-ŋ：i ə u y a		

9.6.3 声调

《等韵图经》有四个声调,称为"平""上""去""如"[①],分别对应于现代北京话的阴平、上声、去声、阳平。中古汉语入声音节的合并模式也值得注意。中古浊入声字根据声母类型与其他调类合并,浊阻塞音和响音入声字分别并入"如"声(阳平)和"去"声。但中古清声母入声字的合并模式与现代普通话不完全一致,特别是许多清入声字变为去声,与现代北京话不同。

9.6.4 创新特征

9.6.4.1 中古知、照组声母二等与三等音节合并

中古汉语知、照两组声母字在韵图中都分别列于二等和三等,分别称为知₂/知₃和

---

① "如"声并非指传统的入声。

356 照₂/照₃。在《等韵图经》中,这两个声组合并,这是北京音系历史发展非常重要的一个方面。《等韵图经》是第一部系统反映这种变化的音韵著作(见表9.55)。知₂/知₃与照₂/照₃之别是历史上存在的,第1.4.1节对此有更深入的讨论。

表9.55　知照组声母二、三等合流的例字

二等 = 三等	《蒙古字韵》				《等韵图经》			
	生	ʂəŋ	≠	升 ʂiŋ	生	ʂəŋ	=	升 ʂəŋ
	森	ʂəm	≠	深 ʂim	森	ʂən	=	深 ʂən
	邹	tʂəw	≠	舟 tʂiw	邹	tʂəw	=	舟 tʂəw

注:各对例字左侧是韵图二等字,右侧是韵图三等字。合并以后的字在同一小韵中。

9.6.4.2　中古微母 ɱ- 消失

中古汉语微母字的辅音声母 ɱ- 消失,与中古影母(Ø-)字合流(见表9.56)。

表9.56　微母影母合流的例字

微 = 影	《蒙古字韵》				《等韵图经》			
ʋ- > Ø-	味	ʋi	≠	威 uj	味	wej	=	威 wej
	文	ʋən	≠	温 wən	文	un	=	温 un
	望	ʋaŋ	≠	汪 waŋ	望	waŋ	=	汪 waŋ

注:各对例字左侧是微母字,右侧是影母字。

9.6.4.3　中古疑母 ŋ- 消失

大多数中古汉语疑母字辅音声母 ŋ-消失,与中古影母字合流(见表9.57)。

表9.57　疑母消失的例字

ŋ- > Ø-	《蒙古字韵》			《等韵图经》		
	敖 ŋ-	我 ŋ-	昂 ŋ-	敖 Ø-	我 Ø-	昂 Ø-

9.6.4.4　圆唇央元音 -ʉ

357 通过与《等韵图经》前后时期的语音信息进行比较,可以发现《等韵图经》元音系统存在一个有趣特征,即存在圆唇央高元音(见表9.58)。《等韵图经》存在三组对立的合口字:"珠"-ʉ、"居"-y、"孤"-u。圆唇央高元音 -ʉ(与"支"-ɨ 相对应的圆唇元音)出现在卷舌声母音节中。

表 9.58　《等韵图经》的圆唇央高元音

	开	合
止摄	-ɨ: 支止至直	-ʉ: 珠主住逐
止摄	-i: 鸡及	-y: 居局
祝摄		-u: 孤督母租阻畜梳辱

　　从《蒙古字韵》到《等韵图经》，卷舌声母后的元音有一个央化的过程。圆唇及不圆唇的前高元音都失去了前特征，变为央元音。后来圆唇的央高元音进一步后移，与后高元音 -u 合并，但不圆唇的央高元音 -ɨ 保持不变（见表 9.59）。-ʉ 可以继续其元音后移的趋势从而与 -u 合并，但由于音系中没有 -ɯ 元音，-ɨ 就没有后移的趋势。

表 9.59　圆唇央高元音的变化

	《蒙古字韵》	《等韵图经》	现代北京话
支	-i	-ɨ	-ɨ
珠	-y	-ʉ	-u

9.6.4.5　ɚ 的出现

　　拼音"ri"变为"er"（如北京话"儿耳二而"）的语音演变过程包括几个中间步骤。如 9.6.1.2 节所述，前元音 i 在卷舌近音 ɻ- 后变为央化元音。由于声母为卷舌近音，央化元音也被卷舌化，并发生了语音换位，如波斯文字转写所记录的那样（见 8.2.3 节）。然后舌位降低到接近混元音 ə 的位置，甚至更低，同时保持 r- 音性。这个过程可以写作：ɻi > ɻɨ > ɨr > ər（ɚ/ɛʌ）。应当注意的是，ɨr 和 ər 这个转写表示主元音的卷舌化（R-音色元音），而不是表示韵尾位置有一个齿龈颤音。元音从卷舌舌尖位置降到混元音 ə 的位置（在元音表中 ə 处于 ɨ 的正下方），这是证明所谓舌尖元音实际是央元音的另一证据。

　　有证据表明，ɚ 这个韵母在十四世纪的汉语音系中就已经出现，但它作为独立韵母最早出现在明代晚期的韵书中。元朝末年脱脱主持编纂的《辽史》（1344）中有许多转写表明存在 ɚ 音。伊朗城市 Kerman 汉字音译为"起儿漫"，居住于今新疆维吾尔自治区的民族 Uyghur 音译为"畏兀儿"。"儿"用于音节末尾，表明它的声母已经消失，元音已经是卷舌元音。

第十章 清代官话与现代普通话

10.1 清代（1644—1911）

清代的官话与以北京话为代表的现代普通话非常相似，因此大多数音类的音值可以准确地拟测出来。这一时期最显著的变化是，硬腭介音和前高元音之前的软腭音声母与齿龈音声母合并。传统音韵学把这种音变结果称为"尖团合流"。"尖"和"团"分别指"尖音"和"团音"两类声母，尖音来自中古精组（ts-、tsh-、dz-、s-、z-），"团音"来自中古见组（k-、kh-、g-）和晓（h-）、匣（ɦ-）母。尖团音的合流在 1743 年或更早的《圆音正考》中已明确提及，这本书实际上是为辨析这两组声母而作的（杨亦鸣、王为民 2003）。

在硬腭介音 -j-、-ɥ- 及前高元音 -i、-y 之前，早期有别的 k-、kh-、x- 声母和 ts-、tsh-、s- 声母合并为 tɕ-、tɕh-、ɕ-①。如表 10.1 所示，经过尖团合流音变，带软腭音声母的字与带齿龈音声母的字变为同音字。

表 10.1 尖团合流的例字

	-i	-y	-jaw	-jəw
k-、ts- > tɕ-	计=济	举=咀	骄=焦	九=酒
kh-、tsh- > tɕh-	契=砌	区=趋	桥=樵	丘=秋
x-、s- > ɕ-	系=细	吁=需	嚣=消	休=修

-jɛ	-ɥɛ	-uɛn	-ɥɛn	-in	-jaŋ
结=节	掘=绝	肩=笺		巾=津	姜=将
怯=妾		牵=千	拳=泉	钦=侵	羌=枪
	血=雪		喧=宣	衅=信	香=相

注：每对例字第一字为中古软腭音声母，第二字为中古齿龈音声母。

---

① 不一定来自中古汉语 k-、kh-、x-，因为中古晓母（h-）和匣母（ɦ-）此前已经变为软腭音声母。

需要注意的是,尖团合流所涉及的两组声母并非同时发生变化。如 9.6.1.1 节所论,有许多证据表明,软腭音声母的腭化发生在齿龈音声母之前。如果方言中这两组音节存在对立,通常是硬腭音和齿龈音对立,这表明尖团合流至少涉及两个步骤:首先是 k- 组声母腭化,然后是 ts- 组声母腭化。软腭声母腭化的证据很难确定,因为软腭声母腭化后只是产生了条件变体。在语音系统中,硬腭声母和软腭声母可以视为同一组。表 10.2 展示了尖(ts- 组)团(k- 组)音声母合并的三个阶段的过程,它影响了 k- 和 ts- 两组声母与相应带硬腭介音的 kj- 和 tsj- 。

360

表 10.2 尖(ts- 组)团(k- 组)音声母合并的过程

第一阶段	k-	kj-	ts-	tsj-	只有 k- 和 ts- 两组声母
第二阶段	k-	tɕj-	ts-	tsj-	tɕj- 是 k- 的条件变体
第三阶段	k-	tɕj-	ts-	tɕj-	tɕj- 是 k- 和 ts- 的条件变体

虽然硬腭声母与软腭音 k- 组声母及齿龈音 ts- 组声母都呈互补分布,但在北京音系中,硬腭声母仍被视为独立的声母。技术与理论上的问题是,硬腭音声母与软腭音声母、齿龈音声母乃至卷舌音声母都是互补分布的(见表 10.3),赵元任在他的名文《音位标音法的多能性》(*The non-uniqueness of phonemic solutions of phonetic systems*;Chao 1934)中已经指出了这一点。

表 10.3 tɕ- 组声母与其他三组声母的互补分布

	非前高	前高
k-	+	−
ts-	+	−
tʂ-	+	−
tɕ-	−	+

10.1.1 《御定佩文韵府》(1711)

《御定佩文韵府》(一般称为《佩文韵府》,无"御定"一词①)是康熙皇帝(1654—1722)钦定、张玉书(1642—1711)主持编纂的一部韵藻辞典(见图 10.1)。该书出版于 1711 年,共有主册 106 卷及附册 106 卷,后来扩充到 444 卷。该书的序是康熙皇帝所

361

---

① "佩文"之名取自康熙的书斋"佩文书斋"。

(a)

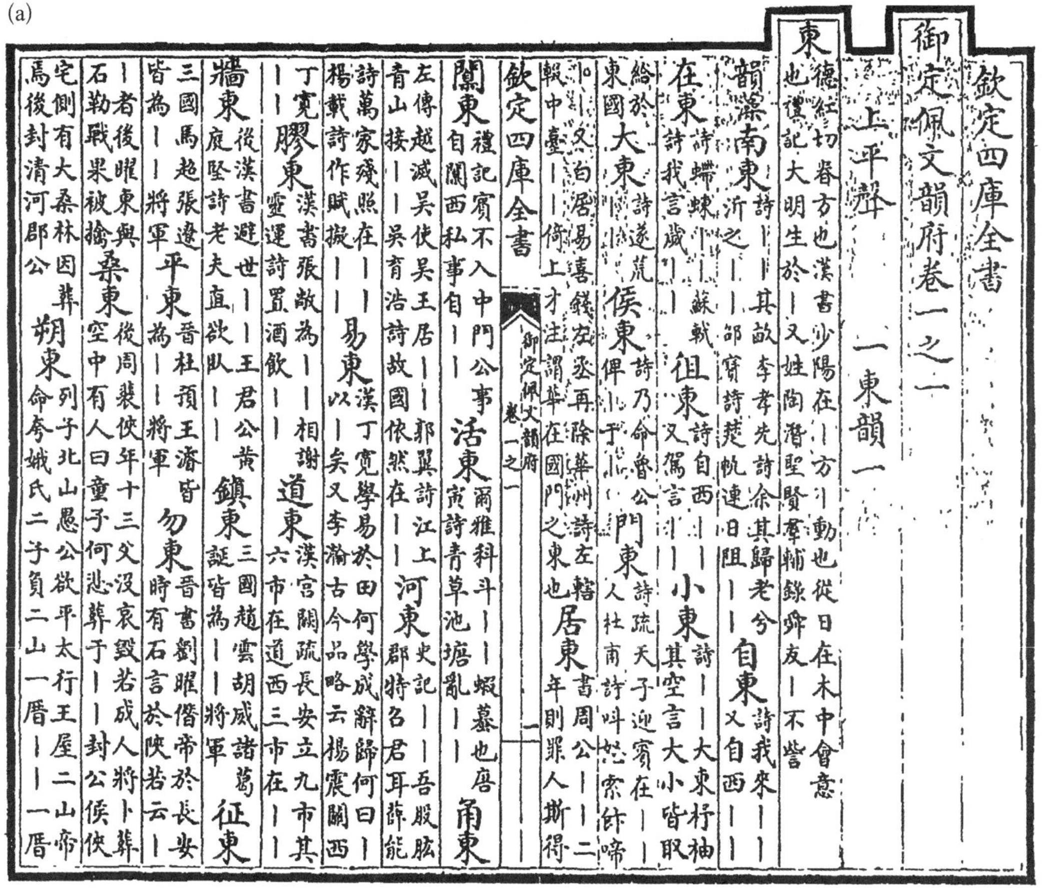
欽定四庫全書
御定佩文韻府卷一之一
上平聲　一東韻一
東　德紅切春方也漢書少陽在|方|動也從日在木中會意也禮記大明生於|又姓陶潛聖賢羣輔錄舜友|不訾
韻藻　南東　詩||其畝李孝先詩余其歸老兮沂之||部賓詩楚帆連日阻||　自東　詩我來||又自西||
在東　詩蝃蝀|||蘇軾詩我言歲||　徂東　詩自西||又駕言||　小東　詩||大東杼柚其空言大小皆取
給於東國　大東　詩遂荒||　侯東　詩乃命魯公俾|于|　門東　詩疏天子迎賓在||人杜甫詩叫怒索飲啼
||又白居易喜錢左丞再除華州詩左轄輟中臺||倚上才注謂華在國門之東也　居東　書周公||二年則罪人斯得
欽定四庫全書　御定佩文韻府　卷一之一
闕東　禮記賓不入中門公事自闕西私事自||　活東　爾雅科斗||蝦蟇也唐寅詩青草池塘亂||　甬東
左傳越滅吳使吳王居||郭翼詩江上青山接||吳育浩詩故國依然在||　河東　史記||吾股肱郡將名君耳薛能
詩萬家殘照在||楊載詩作賦擬||　易東　漢丁寬學易於田何學成辭歸何曰|以|矣又李瀚古今品略云楊震關西
丁寬||　膠東　漢書張敞為||相謝璽運詩置酒飲||　道東　漢宮闕疏長安立九市其六市在道西三市在||
牆東　後漢書避世||王君公黃庭堅詩老夫直欲臥||　鎮東　三國趙雲胡威諸葛誕皆為||將軍　征東
三國馬超張遼皆為||將軍　平東　晉杜預王濬皆為||將軍　勿東　晉書劉曜僭帝於長安時有石言於陜若云|
|者後曜東與石勒戰果被擒　桑東　後周裴俠年十三父沒哀毀若成人將卜葬空中有人曰童子何悲葬于||封公侯俠
宅側有大桑林因葬馬後封清河郡公　朔東　列子北山愚公欲平太行王屋二山帝命夸娥氏二子負二山一厝||一厝

图 10.1　《佩文韵府》(《四库全书》本)的前三页

(a)页右起纵列第二栏是这部押韵辞典的题名。第四栏是第一个词目“东”的注音和释义。第五栏以“韵藻”为标题开头。下面即是以“东”为末字的韵藻词语及典故。

(b)

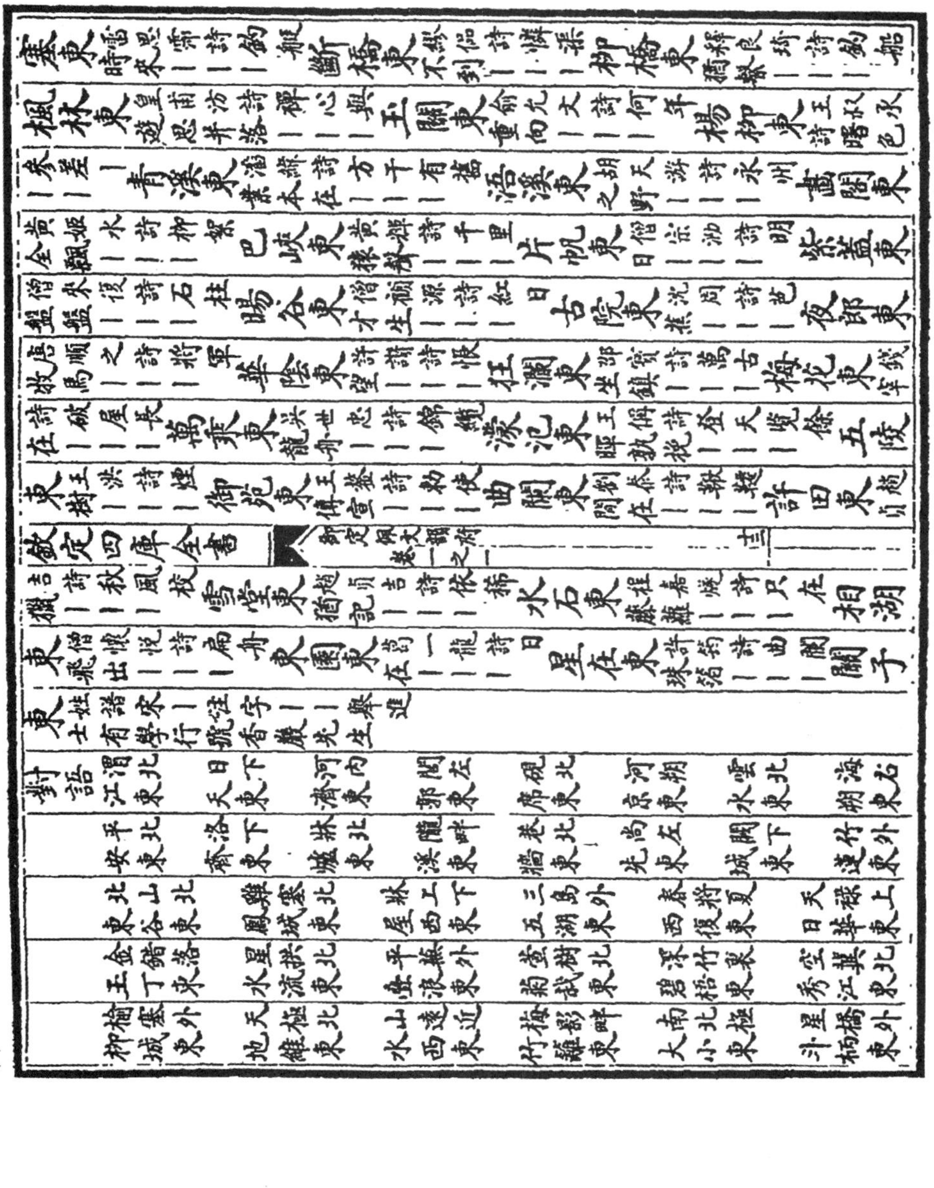

图 10.1　《佩文韵府》《四库全书》本的前三页（续）

（b）页左起第五栏是"对语"的开头。

365

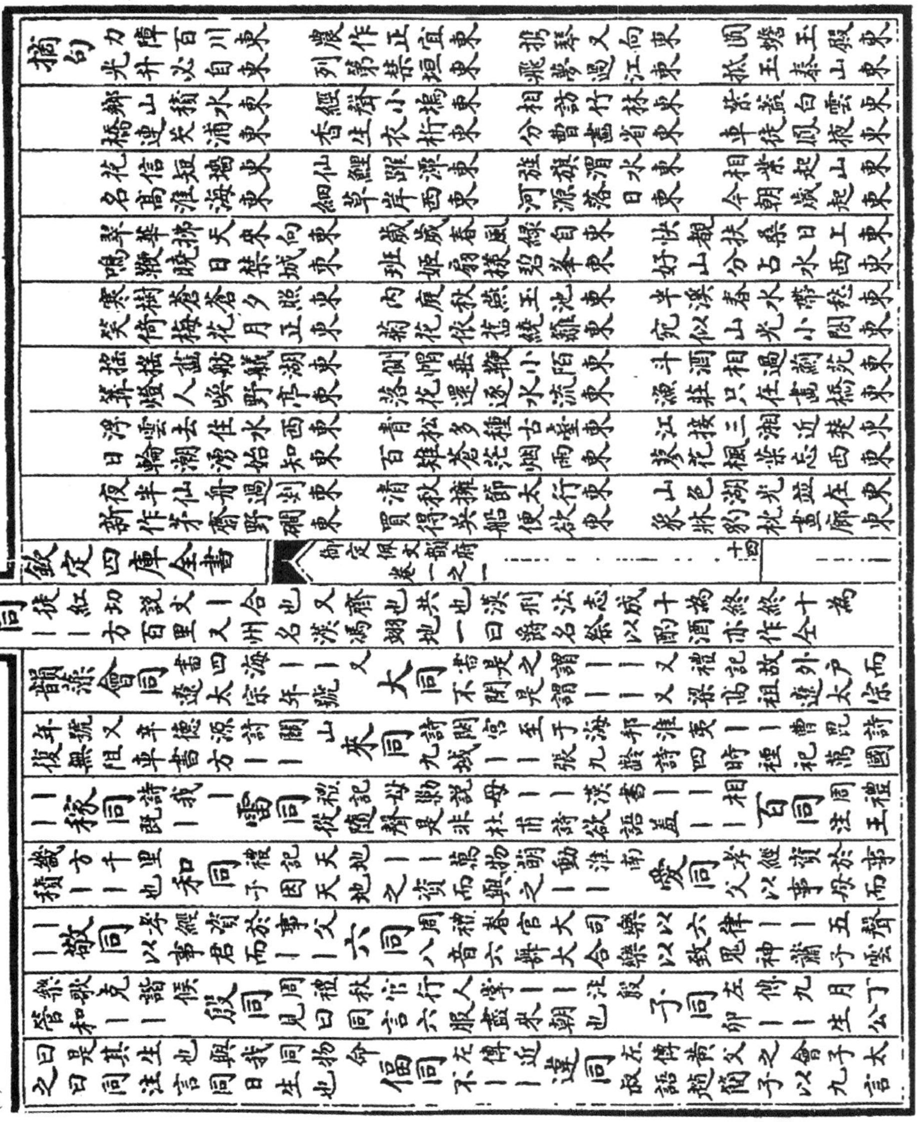

(c)

图 10.1 《佩文韵府》(《四库全书》本)的前三页(续)
(c)页右起第一栏是"摘句"的开头。

写,他本人也是编纂者之一(肖东发 1990)。序文简单说明了这本辞典的编纂缘起和主要结构。它是当时最大的押韵辞典,代表了传统押韵辞典的最高成就。理雅各(Legge 1893)在其名著《中国经典》(*Chinese Classics*)中称之为"康熙之宝"(Kangxi Treasures)。

虽然《佩文韵府》的书面汉语音韵标准并不能反映当时的语音,但它在当时的中国具有重大意义。官方押韵辞典的音韵系统为需要押韵的传统诗歌创作提供了国家标准。《佩文韵府》作为汉语音韵标准的延续,有助于确保一千多年来中国人学习和创作传统诗歌所遵循的音韵标准在清代能够得以维持。如果没有这样一个超时间(跨不同时代)和超方言(跨不同方言)的系统,传统诗歌创作想要延续,从而使后世诗歌能够像唐诗一样被理解、阅读,是极其困难的。

《佩文韵府》是依照 106 韵系统即十三世纪确立的"平水韵"(参 5.2.1 节)排列的。它的反切注音抄自《广韵》和《集韵》。这种音韵系统,主要是韵母系统,是以中古汉语音韵而非当时语音为基础的。一千多年来,这种文学语言的音韵系统在中国社会一直应用不衰,直到二十世纪初科举考试废止不再需要官方押韵标准。这个音韵传统对任何想识字读书并成功通过科举考试的人来说,都是非常实用的。

这部辞典的内容是为诗歌创作提供便利而设计的。各同音字组中,汉字按照使用频率排列,从最常用的字到最不常用的生僻字,每个字为一个词目,先作反切注音和简明释义,而后提供所谓"韵藻",韵藻是双音节或多音节词语以及相关典故的列表。

所收词目按词语的最后一字归韵,所以在某种意义上,这是一种逆序辞典。韵藻第一部分是从元代的《韵府群玉》和明代的《五车韵瑞》这两本辞典承袭来的,第二部分是新增加的,开头标以"增"字。韵藻之后是新增的"对语"和"摘句",其中都包含该韵字。

新增部分清楚表明,《佩文韵府》的目的就是为传统诗歌创作服务。大约在同一时期,《康熙字典》出版。与《佩文韵府》不同,1716 年出版的《康熙字典》是一部按部首收字的字典,其中全部四万七千个字都是根据部首排列,而不是按韵排列的。这两本辞典的用途不同:《佩文韵府》用于诗歌创作,《康熙字典》则用于一般用途。由于《佩文韵府》卷帙浩繁,后来又出版了简编本《佩文诗韵》。《佩文诗韵》只有韵字、字音和释义。其余的"韵藻""对语"和"摘句"部分全都删除。这个简明的版本便于携带,也便于查找汉字的韵。

362

10.1.2 《音韵阐微》(1728)

清政府也致力于建立音韵标准,为实现这一目标,李光地(1642—1718)、王兰生(1679—1737)和徐元梦(1655—1741)奉敕编纂了《音韵阐微》,于雍正六年(1728 年)出版(见图 10.2)。

367

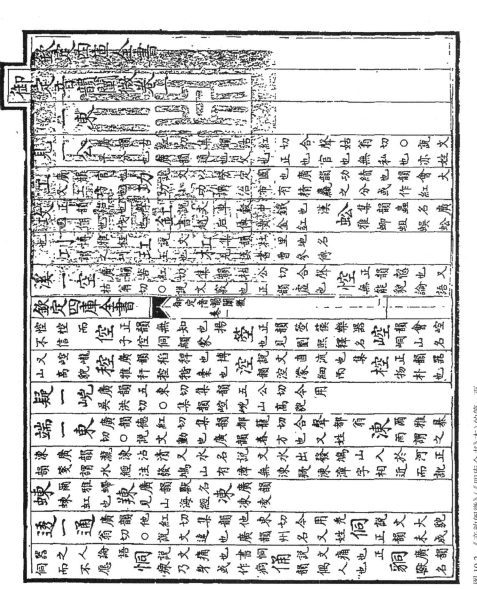

图 10.2 《音韵阐微》（《四库全书》本）的第一页

该页显示了东韵的部分小韵，与此前的韵书不同，《音韵阐微》每个小韵都另起一列并并标注传统声母。右起第四栏以第一小韵见母小韵开头，第八栏是第二小韵溪母小韵。

由于语言及政治方面的原因,《音韵阐微》没有遵循明朝 1375 年《洪武正韵》所制定的押韵标准,而是遵循更早的宋元时期的《平水韵》(1229)和《古今韵会举要》(1297)的押韵传统。然而,与此前所有韵书相似,它仍然代表一种理想的音系,即所谓的"正音"。这个标准并不以任何方言为基础,包括首都方言在内。1836 年莎彝尊的《正音咀华》以对话的形式对"正音"的概念作了明确说明:

> 何为正音?
>
> 答曰:遵依钦定《字典》《音韵阐微》之字音即正音也。
>
> 何为南音? 答曰:古在江南省建都,即以江南省话为南音。
>
> 何为北音? 答曰:今在北燕建都,即以北京城话为北音。

《音韵阐微》约收一万六千字,按照平水韵 106 韵编排。每个小韵有三种反切注音,分别是《广韵》反切、《集韵》反切和新制反切。新制的反切,反切上字是主元音为 i、y、e、a、o、u 的开音节字,反切下字为零声母字。例如"公"字《广韵》"古红切",《音韵阐微》新制反切为"姑翁切"。反切上字无韵尾,下字无声母。与旧的反切一样,反切上字与被切字的声母(I)相同,区别在于新制反切上字"姑"u(V)与被切字"公"-uŋ 的主元音也一致。反切下字与被切字韵母相同,都为 -uŋ(V+E),但为零声母。此外,反切上字和下字的声调都与被切字一致(参见表 10.4)。

表 10.4　《音韵阐微》新制反切方法示例

		《音韵阐微》	声母	主元音	韵尾
被切字	公	kuŋ	k-	-u	-ŋ
反切上字	姑	ku	k-	-u	-Ø
反切下字	翁	uŋ	Ø-	-u	-ŋ

这样,反切上字和下字连读就可以更自然地拼出被切字的音。反切上字的主元音可以分为 -a、-i、-u、-y 四类,分别对应于 -Ø-、-j-、-w-、-ɥ- 四种介音。表 10.5 更为详细地说明了新反切的创制过程。如果被切字有介音,反切上下字都必须与被切字的介音一致。

表 10.5　《音韵阐微》新制反切方法示意

	无介音				带介音			
	声母	介音	主元音	韵尾	声母	介音	主元音	韵尾
被切字	A	–	C	D	A	B	C	D
反切上字	A	–	C	–	A	B	–	–
反切下字	Ø	–	C	D	Ø	B	C	D

相同的声母和韵母用相同的反切上下字表示。这是对《切韵》《广韵》的反切注音和语音分析的重大改进。它的音类与现代普通话非常相似，因此不需要进行构拟。

10.1.3 威妥玛的汉语教科书(1867)

威妥玛(Thomas Francis Wade，1818—1895)的《语言自迩集：旨在帮助学生学习汉语口语的渐进课程》(*Yü-yen tzǔ-êrh chi*①*: A Progressive Course Designed to Assist the Student of Colloquial Chinese*)(图10.3)是一份很好的汉语普通话口语的历史记录。这本教科书于1867年在伦敦出版。威妥玛是一位英国外交官，在英国驻华大使馆工作了四十多年。他于1883年回到英国。1888年，他被任命为剑桥大学首位中文教授。1887年至1890年，他担任皇家亚洲学会主席。

威妥玛是《语言自迩集》第一版(1867)的唯一作者，第二版(1886)增加禧在明(Walter Caine Hillier)为合著者。根据威妥玛本人撰写的序言，发音很可能是依据他的语言老师应龙田(Ying Lung-t'ien)所说的北京话。关于这本教科书，威妥玛写道：

> 本书分为两大部分，分别称为"口语系列"(Colloquial Series)和"文件系列"(Documentary Series)。这两部分标题中都出现的"自迩集"(TZǓ ERH CHI)，也许译为"Progressive Course"(渐进课程)是恰当的。有一部中国古代经典说："行远必自迩。"这两部分课程称为"集"(*chi*)，一部分是材料集合，前面冠以"语言"(*yü-yen*)以作区别，其中的单词和短语都是口语的；另一部分是文件(*wen-chien*)、书面文章和文牍课程的集合。(1867，序言，iii)

"口语系列"以北京口语为基础，如威妥玛序言所说：是通行于大都会衙门的口语，简便起见直接称为"北京话"(1867，序言，iv)。

这本书中不仅提供了语音转写，而且对每个辅音和元音的描述也很详细。这些信息提供了语音的音值描写，更有趣的是，这本书还反映出母语为英语的威妥玛是如何感知这些汉语语音的。语音信息基本包含在第一部分，这部分是专门讨论发音的。

《语言自迩集》中使用的罗马化转写系统后来发展为一种标准拼音，用在翟理思(Herbert A. Giles)1892年出版的《华英词典》中，这个系统通常被称为威妥玛-翟理思系统，在英语世界一直沿用，直到1979年才被汉语拼音系统取代。从表10.6中的比较可以看出，威妥玛-翟理思系统中注音字母的选择对汉语拼音的设计有明显的影响。

---

① 这是威妥玛拼音，拼音为 Yǔyán Zì'ěr Jí。

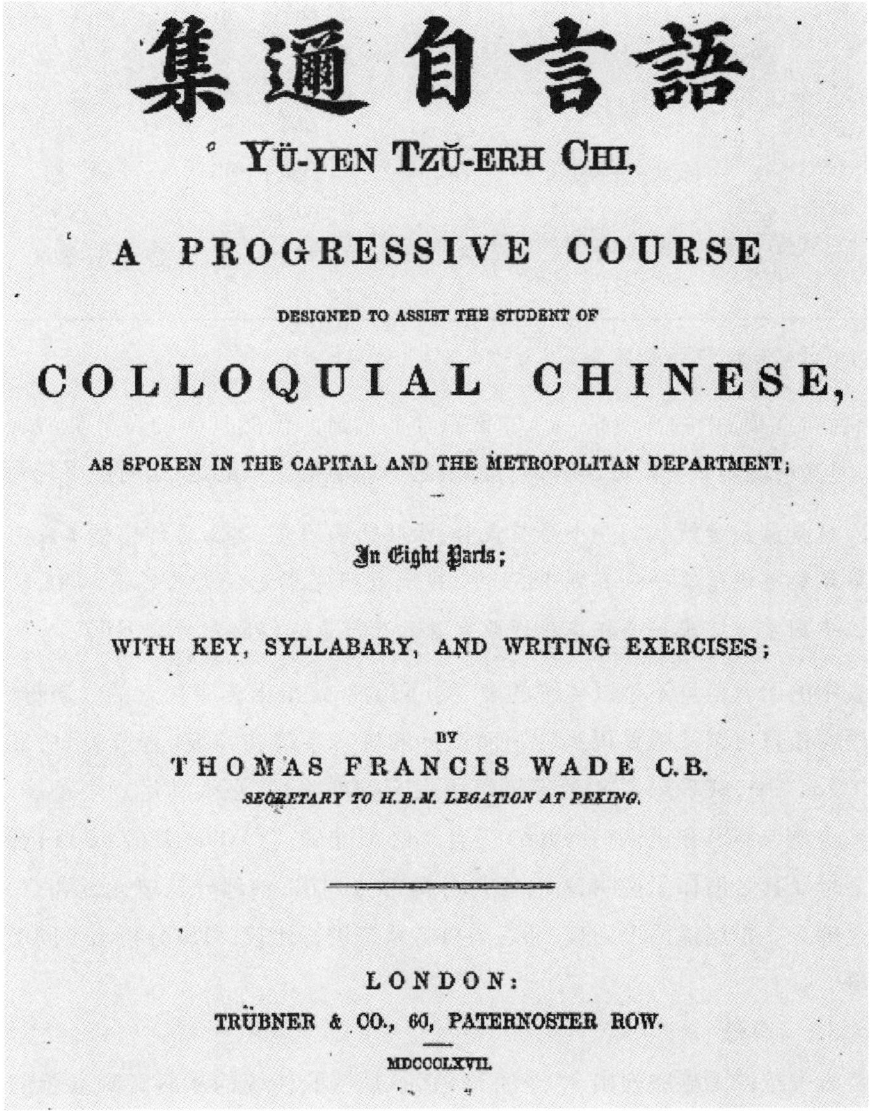

集逼自言語

YÜ-YEN TZŬ-ERH CHI,

A PROGRESSIVE COURSE

DESIGNED TO ASSIST THE STUDENT OF

COLLOQUIAL CHINESE,

AS SPOKEN IN THE CAPITAL AND THE METROPOLITAN DEPARTMENT;

In Eight Parts;

WITH KEY, SYLLABARY, AND WRITING EXERCISES;

BY

THOMAS FRANCIS WADE C.B.
SECRETARY TO H.B.M. LEGATION AT PEKING.

LONDON:

TRÜBNER & CO., 60, PATERNOSTER ROW.
MDCCCLXVII.

图 10.3　《语言自迩集》封面

表 10.6　《语言自迩集》辅音与现代汉语拼音及相应国际音标的对照

《语言自迩集》					拼音［国际音标］				
p	p'	m	f		b［p］	p［ph］	m［m］	f［f］	
t	t'	n	l		d［t］	t［th］	n［n］		l［l］
ts	ts'		s		z［ts］	c［tsh］		s［s］	
tz	tz'		ss		z［ts］	c［tsh］		s［s］	
ch	ch'		sh	j	zh［tʂ］	ch［tʂh］		sh［ʂ］	r［ɻ］
ch	ch'		hs		j［tɕ］	q［tɕh］		x［ɕ］	
k	k'	ng	h		g［k］	k［kh］	*a*	h［x］	
y	w				—	—			

a 对于拼音中缺失 ng 声母的解释,参见下文"音系差异"中的第 6 项。

《语言自迩集》中的音表是一个非常重要的信息。虽然其中的音节类型表没有标注声调,但这可能是最早的此类官话音韵表之一。值得注意的是,当时威妥玛写道:

> 当我最初尝试编制一个音节表时,面临的困难是,本土著作中根本没有现成的音节系统可供借鉴……直到 1855 年,我反复研究标音法大约已有八年,这时才有一位中国学者提出一个相当接近北京音的音节表。(1867,序言,vii)

音表中的语音信息不是以传统的声、韵、调的形式给出读音信息的。声母、韵母和声调的语音信息可以从威妥玛为转写而设计的拼音系统和音表(音节表)中获得。在第一章"发音"中,威妥玛说:"要保证汉语发音的准确性,必须满足三个条件,即语音(sound)、声调(tone)和语调(rhythm)三者都必须准确。"(Wade 1867:3)语音部分对所用的字母及其音值作了说明,标音字母分两部分列出,一部分是单元音和双元音,另一部分是辅音。根据这两个列表,通过与拼音系统进行比较,可以分析出不同类型的声母和韵母。

10.1.3.1　声母

辅音表中按以下顺序列出 25 个字母,它不是按照传统的从唇音到喉音的顺序排列,而是按照英文字母的顺序排列的。同一发音部位的不送气音和送气音成对列出。送气音用<'>来标记,这个符号在书中称为"呼气音"(breathings)。

> ch, ch', f, h, hs, j, k, k', l, m, n, ng, p, p', s, sh, ss, t, t', ts, ts', tz,
> tz', w, y

　　这 25 个声母与拼音的对应关系如上文表 10.6 所示。从表 10.6 的比较可以看出，威妥玛所描写的系统与现代普通话非常相似。除了字母选择上的不同以外，音系上的差异解释如下：

　　（1）tz、tz'、ss 只用于表示 tsɿ(zi)、tshɿ(ci)、sɿ(si) 音节中的声母。如威妥玛所描述的："tz 用来标记韵母 ǔ 的特殊音色，但发音力度并不比 ts 更大。"（Wade 1867：5）tz、tz'、ss 是 ts、ts'、s 的条件变体。这表明 tzǔ、tz'ǔ、ssǔ 这类音节似乎引起了威妥玛的特别注意。但 tʂɿ(zhi)、tʂhɿ(chi)、ʂɿ(shi)、ʐɿ(ri) 音节中，央高元音前的卷舌声母拼音并不独立为一类。

371

　　（2）ch、ch' 用于表示 tʂ-、tʂh- 和 tɕ-、tɕh- 两组塞擦音（见表 10.7），因为卷舌和硬腭两组塞擦音呈互补分布。现代普通话中，硬腭音声母只与前高元音韵母或带前高介音的韵母相拼，卷舌音声母则不能与它们相拼。这两组声母辅音不在相同条件下出现，不存在对立。因此，这两组语音上不同的辅音可以用同一组字母表示。而普通话音系中，硬腭塞擦音与齿龈音、软腭音及卷舌音三组辅音都呈互补分布。威妥玛把卷舌音与硬腭音合为一组，表明他感知到这两组不同辅音之间的相似性。但是他对卷舌擦音和硬腭擦音的处理方式不同，它们并不合并，而是分别用 sh 和 hs 表示（见表 10.8）。

表 10.7　齿龈音和卷舌音声母的拼写差异

		拼音				《语言自迩集》	
齿龈音	z	c	s	ts	ts'	s	
	zi	ci	si	tzǔ	tz'ǔ	ssǔ	
卷舌音	zh	ch	sh	ch	ch'	sh	
	zhi	chi	shi	chih	ch'ih	shih	

表 10.8　卷舌音和硬腭音用同一组字母 ch、ch' 表示

		拼音	《语言自迩集》
硬腭音	家	jiā	chia
	恰	qià	ch'ia
	夏	xià	hsia
卷舌音	乍	zhà	cha
	茶	chá	ch'a
	杀	shā	sha

（3）j 表示卷舌近音 ɻ-。威妥玛描述为："最接近法语 jaune 中的 j、英语 fusion 中的 s 或 brazier 中的 z 是我们的字母表所容许的最接近这个音的模仿。"（Wade 1867：5）这个转写表明 r 是被感知为浊擦音的。

（4）介音 y 和 w 被列为声母。但是威妥玛对它们的发音并不确定。他说："y，同于英语的 y，但在 i 或 ü 之前发音很弱。""w，同于英语的 w，但在 u 之前发音很弱——如果它真的存在。"（Wade 1867：5）然而，值得注意的是，他将这两个介音列为声母，表明它们在音节起始时有更多摩擦成分。

（5）中古汉语的齿龈音和软腭音在前高元音前合并，两者都用 ch、ch'、hs 拼写。

（6）ng 未列出，但威妥玛指出："a、ai、an、ao、ê、ên、êng、ang、o、ou 发音通常为 nga、ngai、ngan，等等。"（Wade 1867：11）ng 很可能是个人的语音变体。

根据这六点可见，《语言自迩集》的声母系统与现代普通话实际上是一致的。

10.1.3.2　韵母

威妥玛没有列出所有的韵母。在元音和双元音语音表中列出了如下 29 种类型的语音：

a, ai, ao, e, ei, ê, i（音节 mêi 中的 i）, êrh, i（单独成音节或作介音）, ia, iai, iao, ie, io, iu, o, ou, ü, üa, üe, üo, u, ua, uai, uei, uê, ui, uo, ǔ

根据音节表，可以确定以下 44 个韵母：

a, ai, an, ang, ao（5）

e, ei（2）

ê, ên, êng, êrh（4）

i, o, ou（3）

i, ia, iai, iang, iao, ie, ien, ih, in, ing, io, iu, iung（13）

ü, üan, üeh, ün, üo（5）

u, ua, uai, uan, uang, uei, uê, ui, un, ung, uo, ǔ（12）（共 44 个）

表 10.9　《语言自迩集》韵母与现代标准普通话拼音拼写法的比较

拼音（37）	《语言自迩集》（44）
ɑ, o, e,（ê）, i, u, ü	a, o, ê, e[1], i, u, ü
ɑi, ei, ɑo, ou	ai/iai[2], ei/êi[3], ao, ou
ia, ie, iɑo, iou	ia/iai[2], ie, iao/io[4], iu
uɑ, uo, uɑi, uei	ua, uo, uai, ui/uei[5]

续　表

拼音（37）	《语言自迩集》（44）
üe	üeh/io[(4)]/üo[(6)]
an, en, ang, eng, ong	an, ên, ang, êng, ung
ian, in, iang, ing, iong	ien, in, iang, ing, iung
uan, uen, uang, ueng	uan, un/uê(n)[(7)], uang,（ung）
üan, ün	üan, ün
-i, er	ǔ/ih, êrh

下面解释表 10.9 中列出的 7 个音：

（1）e：用在 eh、en 中，发音如 yet、lens 中的"e"（Wade 1867：3）。它本身不是韵母。

（2）iai：用于表示中古二等音节的残余语音，如"楷"ch'iai、"涯"yai。这个韵母在古官话中很常见，但不见于现代汉语拼音系统。

（3）i：元音和双元音表中有两个 i，其一是主元音或韵尾，另一个 i 只用在 ê 之后。威妥玛解释道："前述的 ê 后紧跟 y，从单词 money 中去掉 n，就可得 mêi 这个音节。"（Wade 1867：3）

（4）io：用于中古汉语入声字的又音（如"角"chio、"却"ch'io、"略"lio）。在《异读字表》中，这些字有多种读音（见表 10.10，声调略）。

表 10.10　《语言自迩集》中"角却略"的又音

角 jiǎo	chio，又音 chiao、chüeh
却 què	ch'io，又音 ch'i、ch'üeh
略 lüè	lio，又音 liao、lüo、lüeh

（5）uei：在字音表中不用作韵母。

（6）üo：用于中古汉语入声字的又音（如"爵"chüo、"却"ch'üo、"略"lüo）。其他读音如表 10.11 所示（声调略）。

表 10.11　《语言自迩集》中"爵却略"的又音

爵 jué	chüo，又音 chiao、chio、ch'io、chüeh
却 què	ch'üo，又音 ch'io、ch'i、ch'üeh
略 lüè	lüo，又音 liao、lio、lüeh

373

374

（7）uê：只出现在韵母 uên 中，通常作 wên 或 wun。uên 和 un 在很多情况下很难区分。

另外，"累" lêi 韵母为 êi，又列 lei 为又音。

10.1.3.2.1　韵母的进一步说明

在描述 ǔ 的发音时，威妥玛说："ǔ 介于 bit 中的 i 与 shut 中的 u 之间；只与声母 ss、tz、tz' 相拼，从喉咙发音，似乎好像说话人因轻微打嗝而感内疚，我们没有一个合适的元音表示它。"①（Wade 1867：4）威妥玛把这个元音视为央高元音（国际音标中的 ɨ）。这实际上与许多早期转写如八思巴字等的描述非常接近。

在拼写带唇音声母和零声母的 ung 韵母音节时，韵母 ung 写作 êng（见表 10.12）。这是晚近发生的变化，在早期的满文拼音中，这些韵母仍是 ung。

表 10.12　唇音声母或零声母 êng 韵母的音节

风 fêng	梦 mêng	朋 p'êng	翁 wêng

字母 ê 用于转写汉语拼音 e、en 和 eng 韵母中的 e。威妥玛将其描述为"最接近英语 earth、perch 中的元音，或其他 e 后跟 r 或其他辅音的词，如 lurk 中的元音"（Wade 1867：3，当然这里威妥玛指的是混元音 ə）。将这三个韵母的主元音放在一起来描写，是一个相当准确的观察。

10.1.3.3　声调

《语言自迩集》列出了四种声调，不区分中古入声。"不同方言中'声'的数量不同。书面上认可五声。现在北京方言中有四声……入声，或称为 entering，是一种急促的声调，在学习书面语言时仍被承认……现在练习北京口语时可以忽略。"（Wade 1867：6）。

威妥玛称这四个声调为"上平""下平""上""去"，这四个调类分别用数字 1、2、3、4 表示，标于音节右上角。他还用对话中不同的语调描写了声调的音高。表 10.13 中的 A、B、C、D 是四个人物角色。

"在下面的四行［表 10.13］中，假设 A 用第一声断言他死了（Dead.），B 用第二声表达怀疑他是被谋杀的（Killed?），C 探查这一怀疑，用第三声（No!），D 用第四声悲伤地证实这一怀疑。"（Wade 1867：7）这些调值无法准确解读，它们与现代普通话的调值有

---

① 参张卫东（2002）。——译注

多接近尚不清楚。

表 10.13 用不同语调描写的四声的音高

pa¹	1	上平	A.	Dead.
pa²	2	下平	B.	Killed?
pa³	3	上	C.	No!
pa⁴	4	去	D.	Yes!

10.1.3.3.1 变调

威妥玛书中提到了第三声的变调,他用两个同为第三声但顺序不同的汉字——"小马"和"马小"——来说明变调规则。与 9.4 节中提到的现代普通话的变调一样,第三声在另一个第三声之前变为第二声。威妥玛在讨论中明确指出第三声在另一个第三声之前会变第二声,但却未提及第三声在其他三个声调之前的调值。在现代普通话语音中,非第三声之前的第三声调值被描写为 21 或低调,与第三声本调调值214 不同。这种 21 调也被认为是变调的结果。如果威妥玛不区分第三声本调和在非第三声前的变调,那么他一定是把第三声本调视为低调。这种观察实际上是非常正确的,因为第三声的完整声调曲拱 214 只在音节强调时才出现。在正常语流中,调值通常是低调。

10.1.3.4 口语:中和调和卷舌韵母

《语言自迩集》注意到口语中的两种语音现象:一种是中和调,在拼写中,带中和调的音节不标调号;另一种是卷舌韵母(儿化韵),如表 10.14 所示,带卷舌韵母的音节写得好像两个独立的音节,在正常韵母后加上 -rh,这并不表示 êrh 韵母。

表 10.14 以 -rh 为前一个音节的后缀

把	盖儿	盖	上
pa³	kai⁴-rh	kai⁴	shang⁴

10.1.3.5 异读

附录《异读字表》是一个很有价值的信息,其中列出了 1 525 个字的多种读音(张卫东 2002),大多数都是文白异读。这份字表显示了语音标准化过程是如何选择竞争读音的。其中有些读音仍然存在于现代北京话和其他官话方言中。表 10.15 中列出部分异读例字,现代北京话中仍存在的、与汉语拼音相同的音以粗体表示。

表 10.15　具有多种读音的例字

暂	zàn	chan^4, **tsan^4**
衬	chèn	**ch'ên^4**, ts'ên^4
森	sēn	**sên^1**, shên^1, shêng^1
阮	ruǎn	**juan^3**, yüan^2, yüan^3
容	róng	**jung^2**, yung^2
锐	ruì	**jui^4**, tui^4, wei^4
挨	āi	**ai^1**, ai^2, yai^2
楷	kǎi	ch'iai^3, **k'ai^3**
街	jiē	**chieh^1**, kai^1
白	bái	po^1, **pai^2**, po^2, po^4
北	běi	**pei^3**, po^4, pu^3
择	zé, zhái	**chai^2**, tsê^2
色	sè, shǎi	**shai^3**, shê^4, **sê^4**
并	Bīng, bìng	pin^4, **ping^1**, **ping^4**
尽	jìn	**chin^4**, ching^4
判	pàn	**p'an^4**, pang^4
窘	jiǒng	**chiong^3**, chün^3

　　语音的选择大都符合北京话中反映的中古汉语音类的演变规律。其他读音基本上是来自其他文化和政治中心所说的官话方言的影响,类似于《中原音韵》的异读系统(见 7.1 节)。

10.2　1912 年至今的中国

10.2.1　老国音

　　1921 年,赵元任(1892—1982)曾受邀录制了一段"国音"录音,供学校使用。1913 年,民国教育部成立"读音统一会",审定了 6 500 多个汉字的国家标准音,并确定了注音字母符号,成果就是 1919 年出版的《国音字典》,其中规定的字音被称为"老国音"。

377

由于它并非以一种实际方言为基础,多年来,赵元任是唯一一个能说这种国家标准音的人。老国音是一个基于传统音类的不同方言语音的综合系统,最终成了另一个理想化的标准。它保留了传统的音类区别,如尖团对立(tsj- 和 tɕj-、tshj- 和 tɕhj-、sj- 和 ɕj- 的对立)、软腭鼻音声母(ŋ-)、唇齿近音(ʋ-/v-)及入声调等。当时大众媒体缺乏全国传播力,国家在通信和教育领域需要可靠而统一的标准音。就当时的目的而言,老国音是失败的。

10.2.2　新国音

1932 年,《国音常用字汇》出版,它以北京音为审音标准。这种新的标准音被称为"新国音"。从那时起,北京音正式成为国家标准音,关于标准音的争议暂时得到了解决。

作为参与这一过程并见证这一历史转变的学者之一,赵元任在《什么是正确的汉语?》(Chao［1961］1976)一文中幽默地写道:

> 在十三年的时间里,这种给四亿、五亿或者六亿人定出的国语,竟只有我一个人在说。到了 1932 年,未公布任何根本性的变动,《国音字典》悄悄地修订成了《国音常用字汇》,它实际上是以北京话作基础的,这一下子就涌现出了一百万以上可能的师资来代替我这个孤家寡人。

1921 年出版的王璞《国音京音对照表》列出了这种新标准音与当时的北京音之间的差异。这份对照表也表明,"新国音"与北京口语音并不完全相同。新国音的许多字音实际上是根据对传统音类的理解而人为制订的(秦慧芳 2011)。

《国音常用字汇》中收录 1 250 个字,它代表了以北京语音为基础的新标准。这种新国音与王璞记录的北京语音有多接近,这是个有意思的问题。1 250 个字共有 1 490 个音,因为有些字有多种读音。其中有 233 个字音在北京话、新国音和老国音中都相同,剩余的 1 257 个字音中,新国音 80% 与北京音相同,5% 与老国音相同,15% 与北京音和老国音都不相同(秦慧芳 2011)。从统计数据来看,很明显,新国音虽然以北京音为基础,但从一开始就不完全等同于北京音。

然而,这是中国历史上标准音第一次脱离了书面语的文学标准,成为口语的语音标准,国家标准音不再是超方言的。这一变化也提醒我们,即使到了二十世纪,还没有真正的基于方言的标准音,那么历史上的情况很可能也是如此,理想的标准音从来不是以实际方言为基础的。

378

10.2.3　现代标准语音系

　　中华人民共和国使用的现代标准汉语的拉丁化拼写系统是"汉语拼音",或简称为
"拼音"(见表10.16)。1958年2月,第一届全国人民代表大会第五次会议批准了《汉语拼音方案》。1982年,汉语拼音被国际标准化组织采纳为拼写现代汉语的标准罗马化拼音。

表 10.16　现代普通话语音,拼音和国际音标对照

声母(21)

拼音

b	p	m	f
d	t	n	l
z	c	s	
j	q	x	
zh	ch	sh	r
g	k	h	

国际音标

唇音:	p-	pʰ-	m-	f-
齿龈音:	t-	tʰ-	n-	l-
	ts-	tsʰ-	s-	
硬腭音:	tɕ-	tɕʰ-	ɕ-	
卷舌音:	tʂ-	tʂʰ-	ʂ-	ɻ-
软腭音:	k-	kʰ-	x-	

韵母(35)

拼音

	a	o	e	ai	ei	ao	ou	an	en	ang	eng	ong
i	ia		ie			iao	iou	ian	in	iang	ing	iong
u	ua	uo		uai	uei			uan	uen	uang	ueng	
ü			üe					üan	ün			

国际音标

	-a	-o	-ɤ	-aj	-ej	-aw	-ow	-an	-ən	-ɑŋ	-əŋ	-uŋ
-i/-ɨ	-ja		-jɛ			-jaw	-jəw	-jɛn	-in	-jɑŋ	-iŋ	-juŋ
-u	-wa	-wo		-waj	-wej			-wan	-wən	-wɑŋ	-wəŋ	
-y			-ɥɛ					-ɥɛn	-yn			

声调(4):

	ā	á	ǎ	à
五度调值:	55	35	214	51

普通话韵母系统有 -j-、-w-、-ɥ- 三个介音,分别对应于拼音的 -i-(声母写作 y)、-u-(声母写作 w)、-ü-(声母写作 yu);有 -n、-ŋ、-j、-w 四个韵尾(拼音为:n、ng、i、o/u)。zh、ch、sh、r(tʂ-、tʂh-、ʂ-、ʐ-)后的< i >读音为 ɿ。

10.2.4　现代方言

传统上,音韵学研究的目的或是语文学的,或是为诗歌提供标准。尽管汉语历史上无疑一直都存在方言,但在现代以前,方言从来不是学者的主要兴趣所在,关于方言音韵信息的记录也很少。二十世纪初现代语言学传入中国以后,方言研究逐渐成为现代汉语语言学中一个非常重要的领域。汉语方言的复杂性及其历史发展和分类等问题一直吸引着一代又一代中国语言学家。

方言的系统调查始于著名的中国语言学家赵元任。他调查研究了二十世纪二十年代吴语地区 33 个点的方言,以及二十世纪三十年代和四十年代的湖北和云南方言,并设计了一种非常实用的调查表《方言调查字表》,至今中国方言学家仍在使用。《方言》杂志、1987 年的《中国语言地图集》(澳大利亚人文科学院、中国社会科学院等 1987)、2008 年的《汉语方言地图集》(曹志耘等 2008)都是汉语方言研究成果的展示。

然而,由于缺乏方言音变的历史数据和研究理论,根据现有的信息,汉语方言的发展历史仍然难以确定。建立在印欧语言基础上的历史语言学不太可能为汉语方言中的语言变化提供充分的解释。汉语方言这片沃土为传统历史语言学中存在的各种理论——如音变规律、谱系树模型、波浪模型等,提供了试验场,还为词汇扩散等新理论的形成提供了材料(Wang 1967、1979)。

众所周知,由于缺乏可互通性,不同汉语方言实际上类同于不同的语言。如果以可互通性为标准来衡量汉语方言多样性,那么汉语就是一个由上百种"语言"组成的语族。[①]

10.2.4.1　方言分类

方言学领域的知识集中反映在方言分类的实践上,学者提出了多种方言分类方案,其中最具影响的是七大方言分类和最近的十大方言分类(李荣 1989)。这七种或十种方言应该理解为方言群,每个方言群可能包含几十种不同的、难以互通的方言。

虽然这种方言分类是共时分类,但采用的标准却是历史的——以语音创新为方言分类的主要特征:用中古浊阻塞音的清化模式(见表 10.17)、中古塞音韵尾音节的演

---

①　这种观点考虑到汉语方言的分歧,认为分歧巨大的方言接近于不同的"语言"。但是要确定是方言还是语言,不能仅凭语言内部差异,还要考虑使用者是否属于同一民族,是否长期处于同一国家共同体中,是否有共同的文字和书面语,还要看使用者的语言认同感等因素。——译注

变、中古鼻音韵尾音节的演变等特征来确定和区分主要的方言群。

表 10.17　平仄音节浊音清化的模式，以 p-、ph- 和 b- 为例

	官话	吴语	赣语	湘语	闽语	客家话[a]	粤语
b-平	ph-	b-	ph-	b-	p-	ph-	ph-
b-仄	p-	b-	ph-	b-	p-	ph-	ph-/p-
模式	A	B	C	B	D	C	E

　　[a]客家人是汉族的一个亚族群，他们的名称"客家"在邻近的粤语中发音为 hak-kâ。因此，客家话在西方著作中常称为 Hakka。

　　粤语浊音 p-/ph- 分化也受到声调的制约，但与普通话的模式不同，中古汉语的浊塞音和塞擦音在平、上声中变为送气清音，在去、入声中变为不送气清音。表 10.18 中的清化模式显示了吴语与湘语、赣语与客家话之间的密切关系。

表 10.18　主要方言群浊音清化模式的地理分布示意图

北部：			官话			A
中部：	湘语	赣语	吴语	B	C	B
南部：	粤语	客家话	闽语	E	C	D

　　平话、晋语、徽语分别与粤语、官话、吴语区分开来，主要是根据一些基本语音特征，如中古浊阻塞音的清化和中古入声调的变化。晋语保留入声调，而周围的官话方言则失去了这种声调区别。吴语的显著特征是保留浊阻塞音，塞音和塞擦音有清不送气、清送气和浊三向对立，但徽语却呈现两向对立。根据李荣（1989），平话与粤语浊音清化模式不同。在平话中，所有中古浊塞音和塞擦音都变为不送气清音，这与粤语不同，粤语特定声调条件导致中古浊塞音和塞擦音变为送气清音。

10.2.4.2　北部方言：官话、晋语

　　官话和晋语的一些特征可以追溯到晚唐时期。晋语和部分西北官话方言的语音特征显示出它们实际上与以北京为代表的北方官话有不同的谱系。它们与北方官话的诸多相似之处是历史上受标准音强烈影响的结果，而不是密切的亲属关系造成的。

10.2.4.3　中部方言：吴语、徽语、赣语和湘语

　　在唐代以前大规模移民形成赣—客家走廊之前，存在着一个吴—湘方言连续体。
这两个方言群存在一些共同特征，如都存在成音节鼻音，表明曾经存在过一个覆盖整个

现代吴语、赣语和湘语地区的古方言。这个古老的层次与苗语存在类型学上的相似之处,如缺乏韵尾、变调模式、成音节鼻音和声母辅音的发声态类型等。在七大方言系统中,徽语被认为是吴语的一种变体,中古汉语的发声态类型在徽语中有不同的反映。

10.2.4.4　南部方言:闽语、客家话、粤语和平话

闽南方言中存在着多种语音层次,同一个字的口语音和文读音形式截然不同。由此可以深入了解闽语的历史音韵。

一个有趣的现象是,口语音代表本土的原始语音,文读音代表后来从外部引进的语音,但通过比较两类语音的韵尾系统可以发现,口语音不区分不同部位的塞音韵尾(-p、-t、-k)及鼻音韵尾(-m、-n、-ŋ),而文读音却明确区分(周长楫、欧阳忆耘 1998)。表 10.19 比较闽语的口语音和文读音,以厦门音为代表,从中可以看出韵尾区别的不同。

表 10.19　闽语口语音和文读音的比较

	-p	-t	-k	-m	-n	-ŋ
	答	辣	学	焰	搬	平
中古汉语	təp	lɑt	ɦiɯɔk	jɛm	pwɑn	bɯjɑŋ
闽语口语音	taʔ	lwaʔ	oʔ	jã	pwã	pjã
闽语文读音	tap	lat	hak	jam	pwan	piŋ
官话	ta	la	ɕɥe	jɛn	pan	phiŋ

从时间顺序上讲,口语系统一定是在引入文读系统之前形成的。但音变方向一定是从 -VC/ -VN 到 -Vʔ/-Ṽ。这似乎是自相矛盾的。变化后的后起语音出现在较早的历史层次,而变化之前更早阶段的语音出现在较晚的历史阶段。闽南方言中这些看似颠倒的语音层为理解方言不同历史层次之间的关系提供了重要线索。

闽语的一些语音特征无法用中古汉语的音韵来解释。这种现象表明,最早的闽音层可能形成于汉代(Norman 1979),早于以《切韵》为代表的中古汉语。

客家话、粤语和平话代表了九世纪唐末以后各时期的大迁徙所带来的不同历史层次(麦耘 2009)。

10.2.4.5　方言形成的本质

汉语方言是通过历史上的语言接触形成的。随着中国疆域的扩大,汉语进入了非汉语的地区,当地的人们逐渐采用汉语而失去了自己的语言。由于发生了这种语言转换,他们使用的汉语中留下了非汉语的特征。例如我们可以发现粤方言和台语支语言

383

之间存在一些相似之处,包括有两个以上的入声调,-p、-t、-k 和 -m、-n、-ŋ 韵尾,以及存在长短元音对立。这种相似性源于壮语等台语支语言对汉语的影响。经过语言转换(language shift)之后,非汉族人在民族和语言上都成了汉族,但由于这种转换通常是不彻底、不完善的,一些底层语言特征会保留在他们所习得的汉语中。这种情况发生在汉语和非汉语之间,也发生在标准汉语和汉语方言之间。然而,汉语历史音韵学家和方言学家并没有真正开始从语言转换的角度进行研究。希望未来从这一新视角对相关语言现象所作的研究能够更好地理解现代方言的形成以及历史音韵的演变。汉语的历史不仅仅是标准语的历史——它远远超出了本书所能涵盖的范围。每种方言都有自己的历史,但由于缺乏历史记录,汉语方言的形成和演变很难研究清楚,有时甚至无法研究。但是,最近的语言接触理论可以为汉语方言的形成提供更好的解释。正如莎拉·托马森(Sarah Thomason)指出的:"语言接触无处不在:没有任何一种语言是在与其他语言完全隔离的情况下发展的。"(Sarah 2001:8)她的结论是:"语言接触是常态,而不是例外。"(Sarah 2001:10)

参考文献

北京大学中国语言文学系语言学教研室(编) 2003 《汉语方音字汇》(第二版),北京:语文出版社。

曹志耘(主编) 2008 《汉语方言地图集》,北京:商务印书馆。

陈独秀 1937 《中国古代语音有复声母说》,《东方杂志》第 34 卷。

陈其光 1993 《论谐声》,戴庆厦、罗美珍、杨应新编《民族语文论文集——庆祝马学良先生八十寿辰文集》,中央民族学院出版社。[又见陈其光 2007。]

陈其光 2007 《论语说文集》,北京:民族出版社。

陈寅恪 1949 《从史实论〈切韵〉》,《岭南学报》第 9 卷第 2 期。

陈忠敏 2003 《吴语及其邻近方言鱼韵的读音层次——兼论〈切韵〉鱼韵的音值》,《语言学论丛》(第 27 辑),北京:商务印书馆。

储泰松 2005 《唐五代关中方音研究》,合肥:安徽大学出版社。

丁声树 李荣 1981 《古今字音对照手册》,北京:中华书局。

董同龢 1944/1948 《上古音韵表稿》,《国立中央研究院历史语言研究所集刊》第 18 本。

段玉裁 1815/1981 《说文解字注》,上海:上海古籍出版社。

冯蒸 1998 《论〈切韵〉的分韵原则:按主要元音和韵尾分韵,不按介音分韵——〈切韵〉一/三等韵、二/三等韵不同主要元音说》,《语言研究》(增刊)。

冯蒸 2001 《论〈切韵指掌图〉三/四等对立中的重纽和准重纽》,刘利民、周建设主编《语言》(第二卷),北京:首都师范大学出版社。

冯蒸 2007 《论〈尔雅音图〉的音系基础》,耿振生主编《近代官话语音研究》,北京:语文出版社。

高晓虹 2009 《北京话入声字的历史层次》,北京:北京语言大学出版社。

耿振生 1992 《明清等韵学通论》,北京:语文出版社。

耿振生 2007 《再谈近代官话的"标准音"》,《古汉语研究》第 1 期。

龚煌城 1981 《十二世纪末汉语的西北方音(声母部分)》,《"中研院"历史语言研究所集刊》第 52 本。[又见龚煌城 2004。]

龚煌城 1989 《十二世纪末汉语的西北方音(韵尾问题)》,《第二届国际汉学会议论文集》,"中研院"历史语言研究所。[又见龚煌城 2004。]

龚煌城 1994 《十二世纪末汉语西北方音韵母系统的构拟》,第四届国际中国语言学会(IACL)第七届北美汉语语言学会(NACCL)联合年会论文。[又见龚煌城 2004。]

龚煌城 2004 《汉藏语研究论文集》,北京:北京大学出版社。

何九盈 1998/2002 《商代复辅音声母》,《音韵丛稿》,北京:商务印书馆。

胡明扬 1963 《〈老乞大谚解〉和〈朴通事谚解〉中所见的汉语朝鲜语对音》,《中国语文》第 3 期。

黄粹伯 1970/2010 《唐代关中方言音系》,北京:中华书局。

黄笑山 2000 《方块壮字的声旁和汉语中古韵母》,《中古近代汉语研究》(第一辑),上海:上海教育出版社。

黄笑山 2002a 《〈切韵〉元音分韵的假设和音位化构拟》,《古汉语研究》第 3 期。

黄笑山 2002b 《中古二等韵介音和〈切韵〉元音数量》,《浙江大学学报(人文社会科学版)》第 32 卷第 1 期。

黄笑山 2004 《〈切韵〉和中唐五代音位系统》,台北:文津出版社。

黄笑山 2007 《〈切韵〉韵母小注"同"与"别"》,《语言研究集刊》(第四辑),上海:上海辞书出版社。

忌 浮 1991 《十四世纪大都方言的文白异读》,高福生等《〈中原音韵〉新论》,北京:北京大学出版社。

忌 浮 1994 《〈五音集韵〉与等韵学》,中国音韵学研究会编《音韵学研究》(第三辑),北京:中华书局。

金有景 1982 《关于浙江方言中咸山两摄三四等字的分别》,《语言研究》第 1 期。

李方桂 1971 《上古音研究》,《清华学报》(台湾)第 9 期。[又见李方桂 1980。]

李方桂 1980 《上古音研究》,北京:商务印书馆。

李 荣 1956 《切韵音系》,北京:科学出版社。

李 荣 1985 《官话方言的分区》,《方言》第 1 期。

李 荣 1989 《汉语方言的分区》,《方言》第 4 期。

李如龙 辛世彪 1999 《晋南、关中的"全浊送气"与唐宋西北方音》,《中国语文》第 3 期。

李新魁 1962 《〈中原音韵〉的性质及其代表的音系》,《江汉学报》第 8 期。

李新魁 1983 《〈中原音韵〉音系研究》,郑州:中州书画社。

李新魁 1984 《重纽研究》,《语言研究》第 2 期。

林语堂 1924 《古有复辅音说》,《晨报》六周年纪念增刊。

刘凤翥 2014 《契丹文字研究类编》,北京:中华书局。

刘广和 1984 《唐代八世纪长安音声纽》,《语文研究》第 3 期。

刘淑学 2000 《中古入声字在河北方言中的读音研究》,保定:河北大学出版社。

刘文锦 1931 《洪武正韵声类考》,《中央研究院历史语言研究所集刊》第 3 本。

龙宇纯 1968 《唐写全本王仁昫〈刊谬补缺切韵〉校笺》,香港:香港中文大学出版社。

鲁国尧 2007 《研究明末清初官话基础方言的廿二年历程》,耿振生主编《近代官话语音研究》,北京:语文出版社。

陆志韦 1946a 《记邵雍〈皇极经世〉的"天声地音"》,《燕京学报》第 31 期。[又见陆志韦 1988。]

陆志韦 1946b 《释〈中原音韵〉》,《燕京学报》第 31 期。[又见陆志韦 1988。]

陆志韦 1947a 《记兰茂〈韵略易通〉》,《燕京学报》第 32 期。[又见陆志韦 1988。]

陆志韦 1947b 《记徐孝〈重订司马温公等韵图经〉》,《燕京学报》第 32 期。[又见陆志韦 1988。]

陆志韦 1947c 《金尼阁〈西儒耳目资〉所记的音》,《燕京学报》第 33 期。[又见陆志韦 1988。]

陆志韦 1988 《陆志韦近代汉语音韵论集》,北京:商务印书馆。

罗常培 1931 《知彻澄娘音值考》,《中央研究院历史语言研究所集刊》第 3 本。

罗常培 1933 《唐五代西北方音》,国立中央研究院历史语言研究所单刊甲种之十二,上海中国科学公司代印。

罗常培 2004 《罗常培语言学论文集》,北京:商务印书馆。

马德强 2012 《当前通行的等韵体系中开合口的来源考论》,《扬州大学学报(人文社会科学版)》第

4 期。

马学良　罗季光　1962　《我国汉藏语系语言元音的长短》,《中国语文》第 4 期。

麦　耘　1991　《〈中原音韵〉的舌尖后音声母补证》,高福生等《〈中原音韵〉新论》,北京：北京大学出版社。

麦　耘　1995　《〈切韵〉元音系统试拟》,麦耘《音韵与方言研究》,广州：广东人民出版社。

麦　耘　2009　《从粤语的产生和发展看汉语方言形成的模式》,《方言》第 3 期。

梅祖麟　1980　《四声别义中的时间层次》,《中国语文》第 6 期。

梅祖麟　2008　《甲骨文里的几个复辅音声母》,《中国语文》第 6 期。

宁继福　1985　《中原音韵表稿》,长春：吉林文史出版社。

宁忌浮　1992　《校订五音集韵》,北京：中华书局。

宁忌浮　1997　《古今韵会举要及相关韵书》,北京：中华书局。

宁忌浮　2003　《洪武正韵研究》,上海：上海辞书出版社。

宁忌浮　2016　《汉语韵书史（金元卷）》,上海：上海人民出版社。

潘悟云　1982　《关于汉语声调发展的几个问题》,《中国语言学报》第 10 期。

潘悟云　1997　《喉音考》,《民族语文》第 5 期。

潘悟云　1999　《汉藏语中的次要音节》,石锋、潘悟云编《中国语言学的新拓展》,香港：香港城市大学出版社。

潘悟云　2000　《汉语历史音韵学》,上海：上海教育出版社。

平山久雄　1991　《中古唇音重纽在〈中原音韵〉齐微韵里的反映》,高福生等《〈中原音韵〉新论》,北京：北京大学出版社。

钱乃荣　1992　《当代吴语研究》,上海：上海教育出版社。

乔全生　2004　《现代晋方言与唐五代西北方言的亲缘关系》,《中国语文》第 3 期。

秦慧芳　2011　《老国音研究：以王璞〈国音京音对照表〉为中心》,屏东：台湾屏东大学硕士学位论文。

清格尔泰　2002　《契丹小字释读问题》,东京：国立亚非语言文化所。

清格尔泰　刘凤翥　陈乃雄　于宝林　邢复礼　1985　《契丹小字研究》,北京：中国社会科学出版社。

阮廷贤　2007　《从汉越语研究质疑汉语中古音有舌面音韵尾》,《中国语文》第 6 期。

邵荣芬　1982　《切韵研究》,北京：中国社会科学出版社。

沈钟伟　2005　《从〈蒙古字韵〉论入声音节的复元音化》,董琨、冯蒸主编《音史新论——庆祝邵荣芬先生八十寿辰学术论文集》,北京：学苑出版社。

沈钟伟　2006　《辽代北方汉语方言的语音特征》,《中国语文》第 6 期。

沈钟伟　2010　《探索历史材料所反映的正在发生的音变》,潘悟云、沈钟伟主编《研究之乐：庆祝王士元先生七十五寿辰学术论文集》,上海：上海教育出版社。

沈钟伟　2015　《〈蒙古字韵〉集校》,北京：商务印书馆。

沈钟伟　2016　《横向传递和方言形成》,严翼相、张维佳主编《语言演化与汉语变化》,《中国语言学报》专著系列第 26 卷。

沈兼士（主编）　1945　《广韵声系》,辅仁大学发行。

施向东　1983　《玄奘译著中的梵汉对音和唐初中原方音》,《语言研究》第 1 期。〔又见施向东 2009。〕

施向东　2009　《音史寻幽——施向东自选集》,天津：南开大学出版社。

孙宏开　1980　《门巴、珞巴、僜人的语言》,北京：中国社会科学出版社。

孙宏开　1981　《羌语简志》，北京：民族出版社。

孙宏开　1982　《独龙语简志》，北京：民族出版社。

孙建元　2010　《〈四声通解〉今俗音研究》，北京：中华书局。

孙景涛　2008　《古汉语重叠构词法研究》，上海：上海教育出版社。

孙宜志　2010　《从知庄章的分合看〈西儒耳目资〉音系的性质》，《中国语文》第 5 期。

唐作藩　1991　《中原音韵》的开合口，高福生等《〈中原音韵〉新论》，北京：北京大学出版社。

田业政　2004　《从桓欢韵看〈中原音韵〉的基础方言》，《安康师专学报》第 61 期。

汪荣宝　1923　《歌戈鱼虞模古读考》，《国学季刊》第 1 期。

汪维辉　2005　《朝鲜时代汉语教科书丛刊》，北京：中华书局。

王洪君　1999　《从开口一等重韵的现代反映形式看汉语方言的历史关系》，《语言研究》第 1 期。

王　力　1948　《汉越语研究》，《岭南学报》第 9 卷第 1 期。

王　力　1956　《汉语音韵学》，北京：中华书局。

王　力　1957/2004　《汉语史稿》（第一册），北京：中华书局。

王　力　1958/2005　《汉语诗律学》，上海：上海教育出版社。

王　力　1965　《古汉语自动词和使动词的配对》，《中华文史论丛》第 6 期。

王　力　1985　《汉语语音史》，北京：中国社会科学出版社。

王临惠　2001　《汾河流域方言的语音特点及其流变》，北京：中国社会科学出版社。

王　璞　1921　《国音京音对照表》，上海：商务印书馆。

王　尧　1979　《藏文》，《民族语文》第 1 期。

王一丹　2006　《波斯拉施特〈史集·中国史〉研究与文本翻译》，北京：昆仑出版社。

王兆鹏　1998　《〈广韵〉"独用""同用"使用年代考——以唐代科举考试诗赋用韵为例》，《中国语文》第 2 期。

王兆鹏　2004　《唐代科举考试诗赋用韵研究》，济南：齐鲁书社。

吴宗济　1986　《汉语普通话单音节语图册》，北京：中国社会科学出版社。

肖东发　1990　《佩文韵府》，姜椿芳、梅益主编《中国大百科全书》（新闻出版），北京：中国大百科全书出版社。

谢·叶·雅洪托夫　1980/1986　《十一世纪的北京语音》，谢·叶·雅洪托夫《汉语史论集》，唐作藩、胡双宝选编，北京：北京大学出版社。

谢·叶·雅洪托夫　1986　《汉语史论集》，唐作藩、胡双宝选编，北京：北京大学出版社。

熊正辉　1990　《官话方言分 ts、tʂ 的类型》，《方言》第 1 期。

熊正辉　张振兴　2008　《汉语方言的分区》，《方言》第 2 期。

许宝华　潘悟云　1994　《释二等》，中国音韵学研究会编《音韵学研究》（第三辑），北京：中华书局。

杨　军　2007　《韵镜校笺》，杭州：浙江大学出版社。

杨耐思　1981　《中原音韵音系》，北京：中国社会科学出版社。

杨耐思　1997　《〈韵会〉〈七音〉与〈蒙古字韵〉》，杨耐思《近代汉语音论》，北京：商务印书馆。

杨亦鸣　王为民　2003　《〈圆音正考〉与〈音韵逢源〉所记尖团音分合之比较研究》，《中国语文》第 2 期。

游汝杰　1992　《汉语方言学导论》，上海：上海教育出版社。

俞　敏　1984a　《后汉三国梵汉对音谱》，俞敏《中国语文学论文选》，东京：光生馆。

俞　敏　1984b　《北京音系的成长和它受的周围影响》，《方言》第 4 期。

余迺永　1993　《再论〈切韵〉音——释内外转新说》，《语言研究》第 2 期。

尉迟治平　1986　《日本悉昙家所传古汉语调值》，《语言研究》第 2 期。

尉迟治平　1990　《老乞大、朴通事谚解汉字音的语音基础》，《语言研究》第 1 期。

尉迟治平　2007　《欲赏知音，非广文路——〈切韵〉性质的新认识》，《语言研究集刊》（第四辑），上海：上海辞书出版社。

张卫东　2002　《从〈语言自迩集〉看百年来北京音的演变》，《广东外语外贸大学学报》第 4 期。

张晓曼　2005　《〈四声通解〉研究》，济南：齐鲁书社。

张玉来　1999　《〈韵略易通〉研究》，天津：天津古籍出版社。

张玉书　陈廷敬　李光地等　1711/1983　《御定佩文韵府》，上海：上海古籍书店。

赵荫棠　1936　《〈中原音韵〉研究》，上海：商务印书馆。

赵荫棠　1957　《等韵源流》，北京：商务印书馆。

赵元任　1928　《现代吴语的研究》，清华学校研究院丛书第四种。

赵元任等　1948　《湖北方言调查报告》，上海：商务印书馆。

郑金生　2002　《海外回归中医善本古籍丛书》（第一册），北京：人民卫生出版社。

郑　伟　2018　《方块壮字的汉字借音声旁与中古韵图的内外转》，《古汉语研究》第 1 期。

郑张尚芳　1981　《上古音系表解》，浙江省语言学会首届年会上宣读。［又见郑张尚芳 2003，刘利民、周建设主编《语言》（第四卷），首都师范大学出版社。］

郑张尚芳　1984　《上古音构拟小议》，《语言学论丛》（第十四辑），北京：商务印书馆。

郑张尚芳　1987　《上古韵母系统和四等、介音、声调的发源问题》，《温州师范学院学报》第 4 期。

郑张尚芳　1990　《上古汉语的 s- 头》，《温州师范学院学报》第 4 期。

郑张尚芳　1994　《汉语声调平仄之分与上声去声的起源》，《语言研究》（增刊）。

郑张尚芳　2001　《〈唐蕃会盟碑〉藏汉对言里下附小阿(ﬁ)的语音意义》，《民族语文》第 1 期。

郑张尚芳　2003　《上古音系》，上海：上海教育出版社。

郑张尚芳　2013　《上古音系》（第二版），上海：上海教育出版社。

郑张尚芳　2014　《浙江温州方言的四声八调类型及连调、轻声和语法变调》，《方言》第 3 期。

中国社会科学院　澳大利亚人文科学院（编）1987　《中国语言地图集》，香港：香港朗文出版（远东）有限公司。

中国社会科学院语言研究所　1981　《方言调查字表》，上海：商务印书馆。

周长楫　欧阳忆耘　1998　《厦门方言研究》，福州：福建人民出版社。

周法高　1956/1963　《佛教东传对中国音韵学之影响》，周法高《中国语文论丛》，台北：正中书局。

周法高　1962　《中国古代语法：构词编》，《"中研院"历史语言研究所专刊之三十九》，"中研院"历史语言研究所发行。

周法高　1970　《论上古音和〈切韵〉音》，《香港中文大学中国文化研究所学报》第 3 卷第 2 期。

周祖谟　1942　《宋代汴洛语音考》，《辅仁学志》，辅仁大学图书馆。［又见周祖谟 1966c。］

周祖谟　1963　《切韵的性质和它的音系基础》，《语言学论丛》（第 5 辑），北京：商务印书馆。［又见周祖谟 1966c。］

周祖谟　1966a　《关于唐代方言中四声读法的一些资料》，周祖谟《问学集》，北京：中华书局。

周祖谟　1966b　《四声别义释例》，周祖谟《问学集》，北京：中华书局。

周祖谟　1966c　《问学集》，北京：中华书局。

周祖谟　1983　《唐五代韵书集存》，北京：中华书局。

Baxter，William 1992. *A Handbook of Old Chinese Phonology*. Berlin：Mouton de Gruyter.

Baxter，William and Laurent Sagart 1998. Word formation in Old Chinese，in Jerome L. Pachard（ed.）*New Approaches to Chinese Word Formation*，35—76.（Trends in Linguistics：Studies and

Monographs 105.) Berlin: Mouton de Gruyter.

Baxter, William and Laurent Sagart 2014. *Old Chinese: A New Reconstruction*. Oxford: Oxford University Press.

Benedict, Paul 1972. *Sino-Tibetan: A Conspectus* (James A. Matisoff, Contributing Editor). Cambridge: Cambridge University Press.

Branner, David Prager (ed.) 2006. *The Chinese Rime Tables: Linguistic Philosophy and Historical-Comparative Phonology*. Amsterdam: John Benjamins.

Chan, Abraham 2004. Early Middle Chinese: Towards a new paradigm, *T'oung Pao* 90: 122—162, 193—194.

Chao, Yuen Ren 1934. The non-uniqueness of phonemic solutions of phonetic systems, *Bulletin of the Institute of History and Philology*, Academia Sinica 4: 363—398.

Chao, Yuen Ren 1941. Distinctions within Ancient Chinese, *Harvard Journal of Asiatic Studies* 5: 203—233.

Chao, Yuen Ren 1961/1976. What is correct Chinese?, in Anwar S. Dil (ed.) *Aspects of Chinese Sociolinguistics: Essays by Yuen Ren Chao*, 72—83. Stanford: Stanford University Press.

Chen, Matthew Y. 2000. *Tone Sandhi: Patterns across Chinese Dialects*. Cambridge: Cambridge University Press.

Chen, Ping 1999. *Modern Chinese: History and Sociolinguistics*. New York: Cambridge University Press.

Cheng, Chin Chuan and William S.-Y. Wang 1971. Phonological change of Middle Chinese initials, *Tsing Hua Journal of Chinese Studies* 9: 216—270.

Coblin, W. South 1991. Studies in Old Northwest Chinese. (*Journal of Chinese Linguistics*, Monograph Series No. 4.) Berkeley: University of California Press.

Coblin, W. South 2000. A brief history of Mandarin, *Journal of American Oriental Society* 120: 537—552.

Coblin, W. South 2006. Reflections on the Shǒuwén fragments, in David Prager Branner (ed.) *The Chinese Rime Tables: Linguistic Philosophy and Historical-Comparative Phonology*, 99—122. Amsterdam: John Benjamins.

Dragunov, Alexander A. 1931. A Persian transcription of Ancient Mandarin, Bulletin del' *Académie des Sciences de l'URSS* (Classe des sciences sociales) 3: 359—375.

Edkins, Joseph 1876. *Introduction to the Study of the Chinese Characters*. Hertford: Trübner & Co.

Endō, Mitsuaki 1997. Ōshukuwa Myaku Ketsu perusha go yaku ni han-eishita 14 seiki sho Chūgoku on, in Anne O. Yue and Endō Mitsuaki (eds.) *Hashimoto Mantarō Kinen Chūgoku Gogaku Ronshū*, 61—77. Tokyo: Uchiyama Shoten.

2016. *Gendai no Kenkyū: Myaku Ketsu Perusha Go Yaku ni Yoru*. (Aoyama Gakuin Daigaku Keizai Kenkyūjo, Kenkyū Sōsho 8.) Tokyo: Kyūko Shoin.

Franke, Herbert 1951. Some Sinological remarks on Rašid ad-Din's. *History of China*, *Oriens* 4: 21—26.

Harbsmeier, Christoph 2016. Irrefutable conjectures: A review of William H. Baxter and Laurent Sagart, Old Chinese: A New Reconstruction, *Monumenta Serica: Journal of Oriental Studies* 64: 445—504.

Hashimoto, Mantaro 1970. Internal evidence for Ancient palatal endings in Mandarin, *Language* 46: 336—365.

Hashimoto, Mantaro 1978—1979. *Phonology of Ancient Chinese*. 2 *vols.* (Study of Language and Cultures of Asia and Africa Monograph Series.) Tokyo: Japan Print Kamiya.

Hattori, Shirō and Tōdō Akiyasu 1958. *Chūgen On'in no Kenkyū*. Tokyo: Kōnan Shoin.

Haudricourt, André-Georges 1954a. Comment reconstruire le chinois archaïque, Word 10: 351—364. English translation by Guillaume Jacques: How to reconstruct Old Chinese, Non-final version (November 9, 2017). In preparation for: Haudricourt, André-Georges, *Studies in the Evolution of Languages and Techniques*. Edited by Martine Mazaudon, Boyd Michailovsky, and Alexis Michaud. (Trends in Linguistics: Studies and Monographs 270.) Berlin: Mouton de Gruyter.

Haudricourt, André-Georges 1954b. De l'origine des tons en vietnamien, *Journal Asiatique* 242: 69—82. English translation by Marc Brunelle: The origin of tones in Vietnamese, Non-final version (January 8, 2018). In preparation for: Haudricourt, André-Georges, *Studies in the Evolution of Languages and Techniques*. Edited by Martine Mazaudon, Boyd Michailovsky, and Alexis Michaud. (Trends in Linguistics: Studies and Monographs 270.) Berlin: Mouton de Gruyter.

Haudricourt, André-Georges 1961. Bipartition et tripartition des systèmes de tons dans quelques langues d'Extrême-Orient, *Bulletin de La Société de Linguistique de Paris* 56: 163—180. English translation by Christopher Court: Two-way and three-way splitting of tonal systems in some Far Eastern languages, in Jimmy G. Harris and Richard B. Noss (eds.) *Tai Phonetics and Phonology*, 58—86. Bangkok: Mahidol University, 1972.

Ho, Dah-an 2016. Such errors could have been avoided, Review of Old Chinese: A New Reconstruction by William H. Baxter and Laurent Sagart, *Journal of Chinese Linguistics* 44: 175—230.

Hsueh, F. S. 1975. *Phonology of Old Mandarin*. The Hague: Mouton.

Hucker, Charles O. 1985. *A Dictionary of Official Titles in Imperial China*. Stanford: Stanford University Press.

Ishiyama, Fukuji 1925. *Kōtei Chūgen On'in*. Tokyo: Tōyō Bunko.

Jaxontov, Sergej 1960. Consonant combinations in Archaic Chinese. (Papers presented by the USSR delegation at the 25th International Congress of Orientalists, Moscow.) Moscow: Oriental Literature Publishing House. (中译见雅洪托夫《汉语史论集》, 1986: 42—52。)

Kane, Daniel A. 2009. *The Kitan Language and Script*. Leiden: Brill.

Karlgren, Bernhard 1915—1926. *Études sur la phonologie chinoise*. 4 vols. Uppsala: K. W. Appelberg.

Karlgren, Bernhard 1923. *Analytic Dictionary of Chinese and Sino-Japanese*. Paris: Paul Geuthner.

Karlgren, Bernhard 1933. Word families in Chinese, *Bulletin of the Museum of Far Eastern Antiquities* 5: 9—120.

Karlgren, Bernhard 1954. Compendium of phonetics in Ancient and Archaic Chinese, *Bulletin of the Museum of Far Eastern Antiquities* 26: 211—367.

Legge, James 1893. *The Chinese Classics: Vol. 1, Confucian Analects*, 2nd ed. Oxford: Clarendon Press.

Mahootian, Shahrzad 1997. *Persian*. London: Routledge.

Martin, Samuel E. 1953. The Phonemes of Ancient Chinese, *Journal of the American Oriental Society* 16 (supp.).

Mei, Tsu-lin 1970. Tones and prosody in Middle Chinese and the origin of the rising tone, *Harvard Journal of Asiatic Studies* 30: 86—110.

Mei, Tsu-lin 1977. Tones and tone sandhi in 16th century Mandarin, *Journal of Chinese Linguistics* 5: 237—260.

Norman, Jerry 1979. Chronological strata in the Min dialects, *Fangyan* 4: 268—274.

Norman, Jerry 1988. *Chinese. Cambridge*: Cambridge University Press.

Norman, Jerry 1994. Pharyngealization in Early Chinese, *Journal of the American Oriental Society* 114: 397—408.

Norman, Jerry 1997. Some thoughts on the early development of Mandarin, in Anne O. Yue and Mistuaki Endo (eds.) *In Memory of Mantaro Hashimoto*, 21—28. Tokyo: Uchiyama Bookstore.

Owen, Stephen 1996. *An Anthology of Chinese Literature: Beginnings to 1911.* New York: Norton.

Paar, Francis W. (ed.) 1963. *Qian Zi Wen: The Thousand Character Classic: A Chinese Primer.* (Calligraphy in five scripts by Fong-chih Lui.) New York: Frederick Ungar.

Pulleyblank, Edwin G. 1962—1963. The consonant system of Old Chinese, *Asia Major* 9: 58—144, 206—256.

Pulleyblank, Edwin G. 1973. Some further evidence regarding Old Chinese —s and its time of disappearance, *Bulletin of the School of Oriental and African Studies* 36: 368—373.

Pulleyblank, Edwin G. 1984. *Middle Chinese: A Study in Historical Phonology.* Vancouver: University of British Columbia Press.

Ramsey, S. Robert 1987. *The Languages of China.* Princeton, NJ: Princeton University Press.

Sagart, Laurent 1993a. Chinese and Austronesian: Evidence for a genetic relationship, *Journal of Chinese Linguistics* 21: 1—62.

Sagart, Laurent 1993b. Austronesian final consonants and the origin of Chinese tones, in Jerold A. Edmondson and Kenneth J. Gregerson (eds.) *Tonality in Austronesian Languages*, 47—59. (Oceanic Linguistics Special Publication No 24.) Honolulu: University of Hawaii Press.

Sagart, Laurent 1999. *The Roots of Old Chinese.* (Amsterdam Studies in the Theory and History of Linguistic Science. Series IV, Current Issues in Linguistic Theory 184.) Amsterdam: John Benjamins.

Schuessler, Axel 2009. *Minimal Old Chinese and Later Han Chinese: A Companion to Grammata Serica Recensa.* (ABC Chinese Dictionary Series.) Honolulu: University of Hawaii Press.

Shen, Zhongwei (沈钟伟) 2007. Sino-Khitan phonology, *Bulletin of Chinese Linguistics* 1(2): 147—211.

Shen, Zhongwei 2008a. Studies on the Menggu Ziyun. (*Language and Linguistics*, Monograph Series No. A–16.) Taipei: Institute of Linguistics, Academia Sinica.

Shen, Zhongwei 2008b. Apicalization and its related changes before and after the Menggu Ziyun, *Bulletin of Chinese Linguistics* 2(2): 15—34.

Shen, Zhongwei 2011. The origin of Mandarin, *Journal of Chinese Linguistics* 39: 1—31.

Shen, Zhongwei 2012. The phonological characteristics of Northern Chinese of the Jin dynasty. *Bulletin of Chinese Linguistics* 6(2): 95—120.

Shen, Zhongwei 2016. Accented Mandarin of the early 14th century as seen in the Persian transcription, in Pang-hsin Ting, Samuel Hung-nin Cheung, Sze-Wing Tang and Andy Chin (eds.) *New Horizons in the Study of Chinese: Dialectology, Grammar, and Philology*, 599—620. Hong Kong: Institute of Chinese Studies, Chinese University of Hong Kong.

Starostin, George 2015. Book review: William H. Baxter, Laurent Sagart, Old Chinese: A New Reconstruction, *Journal of Language Relationship* 13: 383—389.

Starostin, Sergej Anatol'evič (Sergai) 1989. *Rekonstrukcija drevnekitajskoj fonologičeskoj sistemy*, Moscow: "Nauka," Glavnaja redakcija vostočnoj literatury. (汉译本《古代汉语音系的构拟》,林海鹰、王冲译,上海:上海教育出版社,2010。)

Starostin, Sergej Anatol'evič (Sergai) 1995. Book review: Old Chinese Vocabulary: A Historical Perspective, *Journal of Chinese Linguistics Monograph Series* 8: 226—251.

Stimson, Hugh M. 1966. *The Jongyuan in Yunn: A Guide to Old Mandarin Pronunciation*. New Haven, CT: Far Eastern Publications, Yale University.

Swadesh, Morris 1934. The phonemic principle, *Language* 10: 117—129.

Sybesma, R. P. E., Wolfgang Behr, Yueguo Gu, Zev J. Handel, Cheng-Teh James Huang, and James Myers 2016. *Encyclopedia of Chinese Language and Linguistics*. 5 vols. Leiden: Brill.

Takata, Tokio 1988. *Tonkō Shiryō ni yoru Chūgokugo shi no kenkyū*. Tokyo: Soubunsha.

Thomason, Sarah 2001. *Language Contact*. Washington, D.C.: Georgetown University Press.

University of Tehran 1972. *Tahksūq-Nameh*, *Collected Works of Rashīd-al-Dīn Fadlallāh*, Vol. 2 (with an introduction by Mojatabā Minovi). Tehran: University of Tehran.

Wade, Thomas Francis 1867. *Yü-yen Tzǔ-erh Chi*, *A Progressive Course Designed to Assist the Student of Colloquial Chinese*, *As Spoken in the Capital and the Metropolitan Department*. London: Trübner.

Wang, William S-Y. 1967. Competing changes as a cause of residue, *Language* 45: 9—25.

Wang, William S-Y. 1979. Language change: A lexical perspective, *Annual Review of Anthropology* 9: 353—371.

Wang, William S-Y. and Chin Chuan Cheng 1987. Middle Chinese tones in modern dialects, in R. Channon and L. Shockey (eds.) *In Honor of Ilse Lehiste*, 514—523. Dordrecht: Foris Publishers.

内容索引

（条目后的数字为原书页码，见本书边码；条目中的所有汉语拼音，均标注声调）

附文： 释《切韵》的韵类

沈钟伟　美国马萨诸塞大学阿默斯特分校

（董建交　译）

1. 引言

在最近出版的 *A Phonological History of Chinese*（《汉语音韵史》）一书中,我做了以下表述(Shen 2020：112)："虽然自高本汉（Karlgren 1915—1926)的研究以来,《切韵》系统一直是汉语音韵学家关注的焦点,但这部韵书本身的性质也一直是争议的焦点,争议涉及《切韵》系统的一些基本问题,如：(1) 它是单一系统还是综合系统,是否包含不同地域和不同时代的语音变体;(2)《切韵》的基本音类范畴——韵的性质是什么。"本文将详细阐述我对这两个重要问题的看法。

601 年陆法言编纂的《切韵》一直是汉语历史音韵学研究的重点。它提供了中古汉语的主要语音证据,并为研究其前后时期的语音系统提供了比较参照。由于汉字作为表意文字的性质,《切韵》只能提供音类信息。直到二十世纪初,经过高本汉等学者的构拟,中国学者才对音值有了清晰的认识。① 然而,高本汉的构拟存在许多严重的问题。正如白一平所指出的(Baxter 1992：27)："高本汉的系统作为对中古汉语进行详细语音构拟的首次尝试,具有重要的历史意义,但它既不方便,又存在严重的缺陷。"

根据我们的分析(下文将详细说明),高本汉的构拟存在两个基本问题。首先,他认为《切韵》是单一方言——隋朝都城长安方言的记录。其次,他将《切韵》的"韵"定义为不同的韵基(VC,主元音[韵核元音或韵核]+韵尾),韵基相同是诗歌押韵的要求。第一个问题学者们已经明确认识到了(陈寅恪 1949、周祖谟 1963、Pulleyblank 1984、Baxter 1992),但在各种语音构拟方案中仍然没有得到正确处理。第二个问题到目前为

---

① 　高本汉的研究是以 1008 年的《广韵》为依据的,《广韵》是原本《切韵》的修订。《切韵》与《广韵》韵类的差异不显著。下文将仅提及《切韵》。

止还没有得到很好的认识。高本汉对"韵"的定义在《切韵》的研究中仍被普遍接受。

由于存在这两个根本性的问题,人们的共识是:(1)《切韵》的每个韵都应该构拟为不同的音值;(2)所有《切韵》韵都应该构拟不同的韵基(VC)。因此,许多中古汉语构拟方案区分的主要元音过多。这个问题在中古汉语音韵研究中已得到充分的认识。自马丁(Martin 1953)的音位分析以来,许多人采用这种新的方法来减少主元音的数量,例如薛凤生(1996)、麦耘(1995),以及对他们的分析,参见黄笑山(2005),还有黄笑山(2002b)等。然而,遗憾的是,这些努力仍然是基于高本汉最初提出的有问题的观念。

1.1　音节模型

首先我们要明确一些术语的内涵,以尽量减少在接下来的讨论中可能出现的混淆。《切韵》的音节由声母、介音、主元音、韵尾和超音段的声调组成。在结构上,音节的音段成分可以表示如下:

音节 > 声母(I)+韵母(F 或 MVC)

韵母 > 介音(M)+韵基(VC)

韵基 > 主元音(V)+韵尾(C)

为方便起见,本文用加括号的大写字母表示这些基本音段和单位。此外,下文将用 VC 来表示作为语言学单位的韵基(rhyme,主元音+韵尾),以消除 rhyme 这个词既指韵书中的韵又指诗歌押韵的韵的歧义。①

由于期刊论文篇幅有限,在下文中,我们将以《切韵》韵类的一个子类——十二个带软腭鼻音 -ŋ 韵尾的韵——为例进行讨论。但所讨论的问题对研究《切韵》具有普遍意义。带软腭鼻音 -ŋ 韵尾的十二个韵为:东、冬、锺、江、阳、唐、庚、耕、清、青、蒸、登。按照惯例,平声韵包括相应的上声、去声、入声(以 -k 收尾)不同声调的韵,即中文所说的"举平以赅上去入"。例如唐韵包括四声相配的唐(平声)、荡(上声)、宕(去声)、铎(入声)四韵。下文的讨论中将省略声调,只在讨论与声调相关的问题时提及。

2.《切韵》的性质

语音系统包括音类和音值两个基本方面。由于汉语的文字系统不是表音的,只存

---

①　这些语音术语及其对应的中文为 initial("声母")、final("韵母")、tone("声调"),rhyme("韵"或"韵基")、medial("韵头"或"介音")、main vowel("韵腹"或"主要元音",韵核)和 ending("韵尾",辅音或半元音音节尾)。

在音类信息，而没有音值信息。在《切韵》的语音构拟中，需要确定的是：（1）如何正确理解音类的性质，（2）如何正确构拟音类的音值。

2.1 《切韵》综合性质再探

作为韵书，《切韵》是根据"韵"分类的汉字读音及释义的集合。《切韵》的书名，"切"（切正）和"韵"（韵），表明《切韵》的编纂涉及如何确定正确的"韵"。当然，"韵"的正确性是根据陆法言及《切韵》序中所提到的论韵雅集上的学者们的理解。但我们没有理由认为，这种正确性是建立在对这些音类是否属于单一音系做出判断的基础之上的。因此，"韵"的正确性可能是历史的，也可能是方言的，或者两者兼而有之。此外，也没有理由认为这些决定是根据现代音系学知识做出的。

高本汉的构拟把《切韵》认为是一个单一的音系，反映《切韵》编纂之时隋朝首都长安方言的语音系统。高本汉的这一设想后来遭到了陈寅恪（1949）的批评，而被学者们放弃。1947 年，王仁昫《刊谬补缺切韵》被重新发现，《刊谬补缺切韵》韵目索引中的小注表明《切韵》编纂时参考了早期的五家韵书。① 这五家韵书在《切韵》序中也提到了，具体如下：

> 吕静《韵集》
>
> 夏侯咏《韵略》
>
> 阳休之《韵略》
>
> 李季节《音谱》
>
> 杜台卿《韵略》

从这些韵目小注可见，如果五家韵书中的韵类分合存在差异，不论是哪家韵书，陆法言总是遵从分韵的那种韵书。例如"阳"韵小注：

> 吕、杜与唐同，夏侯别，今依夏侯。

所有的小注都是陆法言认为对正确的韵类区别的讨论，因此有必要列出他参考的韵书。如果他确信存在区别，他会根据自己的意见把韵分开，而不参考其他分韵的韵书。例如魂韵小注：

> 吕、阳、夏侯与痕同，今别。

---

① 学者已经证实，这些韵目小注是《切韵》原书中就有的，因为这些小注在原本《切韵》残卷中就已经存在（周祖谟 1985）。

　　这些小注还表明,如果陆法言认为某种区别是不正确的,他就不会在注释中提及。正如陈寅恪(1949)所指出的,有些差异并没有包含在这些小注中。颜之推的《颜氏家训·音辞篇》中提到,吕静《韵集》"以成(清韵)、仍(蒸韵)、宏(耕韵)、登(登韵)合成两韵",表明清韵与蒸韵合并,耕韵与登韵合并。然而,尽管《韵集》是陆法言参考的五家韵书之一,但《韵集》中这两类的合并在《切韵》所有韵目小注中都没有提及。《颜氏家训·音辞篇》还提到吕静《韵集》的两对字"为"和"奇"、"益"和"石"分属四韵("为、奇、益、石分作四章")。但在《切韵》中"为"和"奇"同在支韵,"益"和"石"同在昔韵。这表明,陆法言很清楚这种区分是不正确的。因此,他的标准不仅是保留小注中显示的所有韵类区别。① 韵目小注中列出的五家韵书之别,只是陆法言本人无法确定的韵类分合。

　　传统汉语辞书有不同的方法来编排汉字及其释义。《说文解字》《玉篇》之类的字典以部首为纲排列字形,音义注释如《经典释文》按照字词在经典中出现的顺序进行编排。作为韵书,《切韵》是按照语音,以声调、韵、声母的层级顺序编排的。《切韵》的编排体例得到了很好的尊重和继承,它的组织和音类在后来的《切韵》修订版中得到了很好的保留。原书的韵类被完整地保留了下来。尽管语音系统在几个世纪后已经发生了很大的变化,修订版也只是谨慎地增加了几个韵,以使韵类在声调上的配合平行,并把带-w-介音的韵独立出来。② 但需要明确的是,《切韵》地位崇高,这并不意味着它是对单一音系的记录。由于汉语文字系统不是表音的,所以《切韵》中可能同时存在超方言和超时间的音类。从严格意义上讲,常用的术语如"《切韵》系统"或"《切韵》音系"在某种程度上具有误导性,因为它们暗示《切韵》中的音类信息构成一个单一的系统。

2.2　构拟的困难

　　由于《切韵》的综合性质,音值的构拟从高本汉开始就一直是一项艰巨的任务。主要的困难在于如何在主元音的位置上区分所有的韵。下表 1 列出高本汉构拟的十二个带 -ŋ 韵尾的韵的音值③。

---

　　① 　原文如下:"《韵集》以成、仍、宏、登合成两韵,为、奇、益、石分作四章。"
　　② 　王仁昫的《刊缪补缺切韵》增加了两个韵,韵数从 193 个增加到 195 个,涉及一个韵系。1008 年的《广韵》中增加了 11 个韵,韵数从 195 个增加到 206 个,涉及三个韵系。
　　③ 　高本汉所说的韵摄来自《切韵指掌图》,从《韵镜》所见的 16 摄简化为 13 摄。二者 -ŋ 尾韵的关系如下。在讨论中,我们使用 16 摄系统。

韵	东	冬	鍾	江	阳	唐	庚	耕	清	青	蒸	登
16 摄	通	通	通	江	宕	宕	梗	梗	梗	梗	曾	曾
13 摄	通	通	通	宕	宕	宕	梗	梗	梗	梗	梗	梗

表 1　高本汉构拟的十二个带 -ŋ 韵尾的韵

东	冬	鍾	江	阳	唐	庚	耕	清	青	蒸	登
(i)u(o)ŋ	uoŋ	iʷoŋ	ʷɔŋ	iaŋ	ɑŋ	(i)ɐŋ	æŋ	iɛŋ	ieŋ	iəŋ	əŋ

根据高本汉的定义，不同的韵为不同韵基。那么这些韵必须有不同的主元音。因此，具有相同的-ŋ 韵尾的十二个韵就需要十二个不同的元音。但是高本汉并没有根据他的原则把所有的韵都构拟为不同的主元音，有的韵构拟了相同的元音。为了便于检查，下表 2 将介音和主元音分列在不同的行中。表中不含相应的合口介音（其他构拟音表同此）。

表 2　高本汉构拟的介音和主元音

	东	冬	鍾	江	阳	唐	庚	耕	清	青	蒸	登
介音	(i)	u	iʷ	ʷ	i		(i)		i	i	i	
主元音	u(o)	o =	o	ɔ	a	ɑ	ɐ	æ	ɛ	e	ə =	ə

带相同元音的韵用灰色突出显示（下面的其他表格同此）。

可以看出，曾摄的登韵和蒸韵主元音无别，都是 ə，它们以介音有无-i-来区分。冬韵和鍾韵在主元音上也没有区别，都是 o，区别也在介音位置。显然，这种构拟音值违背了高本汉本人对韵的定义——即不同韵之间的区别不在于介音差异。高本汉的构拟表明，十二个元音是过多的。

高本汉的构拟之后，学者们提出了他们修正的构拟。表 3 中除了高本汉（Karlgren 1915—1926）的构拟外，另外列出了四种具有代表性的构拟，包括李荣（1956）、邵荣芬（［1982］2008）、潘悟云（2000）、桥本万太郎（Hashimoto 1978）、白一平（Baxter 1992①）和蒲立本（Pulleyblank 1984）的构拟。

表 3　李荣（1956）、邵荣芬（［1982］2008）、潘悟云（2000）、桥本万太郎（Hashimoto 1978）、白一平（Baxter 1992）和蒲立本（Pulleyblank 1984）的构拟

	东	冬	鍾	江	阳	唐	庚	耕	清	青	蒸	登
高本汉	(i)u(o)ŋ	uoŋ	iʷoŋ	ʷɔŋ	iaŋ	ɑŋ	(i)ɐŋ	æŋ	iɜŋ	ieŋ	iəŋ	əŋ
李荣	(j)uŋ	oŋ	joŋ	ɔŋ	iaŋ	ɑŋ	(j)ɐŋ	ɛŋ	iɛŋ	eŋ	iəŋ	əŋ

① 白一平称他的构拟为"方便的转写"。他说（Baxter 1992：27）："我这里介绍的标记体系，并非是一个构拟体系，而更像是一个方便的转写体系。这种方便的转写体系，既充分反映了中古汉语的语音区别，又保留了尚有争议的问题。"

续 表

	东	冬	鍾	江	阳	唐	庚	耕	清	青	蒸	登
邵荣芬	(j)uŋ	oŋ	joŋ	ɔŋ	jɑŋ	ɑŋ	(j)aŋ	ɐŋ	jæŋ	ɛŋ	jeŋ	əŋ
潘悟云	(j)uŋ	uoŋ	joŋ	ɯɔŋ	jɐŋ	ɑŋ	ɯ(j)aŋ	mæŋ	jɛŋ	eŋ	iɨŋ	əŋ
桥本万太郎	(j)uŋ	oŋ	joŋ	aŋ	jɑŋ	ɑŋ	(j)aŋ	ɛŋ	jeŋ	eŋ	jeŋ	ɪəŋ
蒲立本	əwŋ/uwŋ	awŋ	uawŋ	aiwŋ	ɨəɰ	aŋ	aijŋ	əijŋ	iajŋ	ɛjŋ	iŋ	əŋ
白一平	(j)uŋʷ	oŋʷ	joŋʷ	æŋʷ	jɑŋ	ɑŋ	(j)æŋ	ɐŋ	jieŋ	eŋ	iŋ	oŋ

表 4 给出了这些构拟方案的主要元音：

表 4　表 3 中构拟的介音和主要元音

	东	冬	鍾	江	阳	唐	庚	耕	清	青	蒸	登
高本汉	u	u(o)	o	ɔ	a	ɑ	ɐ	æ	ɛ	e	ə =	ə
李荣	u	o =	o	ɔ	a	ɑ	ɐ	ɐ	ɛ	e	ə =	ə
邵荣芬	u	o =	o	ɔ	ɑ =	ɑ	a	ɐ	æ	ɛ	e	ə
潘悟云	u	uo	o	ɔ	ɐ	ɑ	a	æ	ɛ	e	ɨ	ə
桥本万太郎	u	o =	o	a	ɑ =	ɑ	a	ɛ =	ɛ	e	ɛ	ə
蒲立本	əw/uw	aw =	aw	aiw	a =	a	aij	əij	iaj	ɛj	i	ə
白一平	u	o =	o	æ	ɑ =	ɑ	æ	ɛ	e =	e	i	o

　　潘悟云(2000)的构拟是唯一一个区分所有主元音的方案。或者换句话说,各韵类的音值都是按语音编码的①。除了潘悟云的构拟,其他方案并没有对所有的主要元音进行区分,甚至有新增的特征(例如：-ŋʲ/-ɲ、-ŋʷ、-w-；Hashimoto 1978、Pulleyblank 1984、Baxter 1992)。在语音构拟中遇到的种种困难,表明《切韵》的语音信息并不是基于一个单一的系统。正如白一平所评论的那样,"事实上,考虑到《切韵》中保留的语音区别可能比任何一种方言都多,真正的语言构拟可能并不应该包括所有这些区别特征"(Baxter 1992)。但是,导致主元音过多的原因既没有得到正确的理解,也没有得到清楚的解释。

　　① 在潘悟云(2000)的构拟中,冬韵的主元音是 uo,这是一个双元音,以区别于东韵(u)和鍾韵(o)的主元音。例外使用双元音也表明在语音上区分这三个韵是很困难的。

2.3　理解韵书的韵

众所周知,陆法言在编纂《切韵》时参考了五家韵书。但是,《切韵》的综合性并不意味着它是多种语言语音区别的集合。需要更深入地理解《切韵》所参考的各家韵书之间的差异。许多学者认为这些差异主要反映了南北方言的差异(如周祖谟 1963、张琨 1987),这些方言差异也可能反映历史差异。然而,我们的理解却大不相同。在下文中,我们将说明早期韵书中的差异可能只是对相同语音单位的不同分析。《切韵》中不同的韵不一定是不同韵基(VC)。它们可以是不同的韵母(MVC),但主元音和韵尾(V+C)相同。

学者们没有意识到,韵书中使用的"韵"并不等同于诗歌押韵实践中的韵,后者与现代语言学中的语音单位韵基密切相关。韵书中的韵是一个分类范畴,并不能一致、准确地反映诗歌押韵实践中的韵。因此,有必要明确区分"韵"的三种不同而又容易混淆的用法。在接下来的讨论中,如果有可能产生混淆,我们就将《切韵》等韵书中的韵称为"韵书韵"(dictionary rhym),将诗歌押韵实践中的韵称为"诗韵"(poetry rhyme)。作为语言学上定义的语音单位的韵(rhyme),下文将称为 VC("韵基",主元音和韵尾的缩写)。

诗歌押韵严格依照自然语言中的韵基(及声调)一致的原则,而对于介音是否相同则没有严格要求。在诗歌押韵中,同韵的字(音节)必须具有相同的韵基(也可以具有相同的 MVC,介音+韵基)。但是,《切韵》同韵的字(音节)或 VC(韵基)相同,或 MVC(介音+韵基)相同;不同韵的字也可能韵基(VC)相同,而介音不同。因此,韵书韵可以是 VC 型的也可以是 MVC 型的。

> (1) 诗韵：MaVC 与 MbVC　＞　　同韵
> 　　韵书韵：MaVC 与 MbVC ＞　同韵或不同韵

VC 相同,M 可以是零形式,即无介音。

对于 MaVC 与 MbVC(M 可以是零形式,即 VC 与 MVC)是同韵还是异韵,陆法言参考的五家韵书意见存在分歧。例(1)的情况下,某种韵书将 MaVC 和 MbVC 列在同一个韵,而另一种韵书将它们分为两个不同的韵。这种差异反映了对同一语言单元MVC(介音+韵基)的不同分析,而不一定与方言和历史差异有关。由于当时对韵基(VC)这种语音单位的理解有限,说同一种方言的人在确定韵书韵时可能有不同的方式。遗憾的是,在对《切韵》的研究中,不同韵书之间的差异通常都被错误地视为方言差异。

2.4　历史的而非方言的

从历史看,《切韵》中的韵类 x、y、z 可能存在如(2)所示的时间 A 和时间 B 的先后关系。这表明音类之间的关系改变了,但音类对立并没有增加。

(2) 时间 A：x = y ≠ z　>　时间 B：x ≠ y = z

《切韵》庚韵的历史变迁就与这种情况有关。诗歌押韵中,有明确的证据表明庚韵从来都不是独立的(周祖谟 1982、李荣 1961—1962)。在《切韵》时代之前,庚韵音节与阳韵和唐韵(上古阳部)音节押韵。而到后来,庚韵音节变为与耕、清、青韵(上古耕部)音节押韵。没有证据表明庚的音节曾独立押韵(参见 3.4 节)。庚韵二等音节与二等耕韵合并,庚韵三等音节与清韵合并,可能形成重纽关系。如(3)所示。

(3) 时间 A：阳 = 唐 = 庚 ≠ 耕 = 清
　　　时间 B：阳 = 唐 ≠ 庚 = 耕 = 清

类似的观察结果也适用于江韵。根据诗歌押韵,没有证据表明江韵的音节是独立押韵的(参见第 3.4 节)。如(4)所示,江韵与阳韵、唐韵具有相同的韵基(VC),只是二等江韵有一个不同的介音-ɰ-。

(4) 时间 A：冬 = 鍾 = 江 ≠ 阳 = 唐
　　　时间 B：冬 = 鍾 ≠ 江 = 阳 = 唐

在陆法言的时代,这类信息仍然可以从语文词典、古诗押韵和当代方言中获知。依照陆法言的综合方法,时间 A 和时间 B 这两种双向对立在《切韵》中被整合在一起,就形成三向对立。这种情况增加了韵类,部分解释了所需主元音数量过多的原因。很可能是二等和重纽三等的介音[-r(j)- > -ɰ(j)-]导致了庚韵元音(a > ɛ)和江韵(o > a)元音的移位。

关于当时南北方言的差异已有很多讨论,如陆法言所参考的韵书作者的方言以及《切韵》序中提到的参加论韵的学者的方言。但事实上,方言差异可能是历时演变的结果。有两种可能,如(5)所示。

(5) 时间 A：a ≠ b ≠ c　时间 B：方言 a = b ≠ c,方言 b：a ≠ b = c
　　　　　　a = b ≠ c　　　　　　方言 a = b ≠ c,方言 b：a ≠ b = c

由于汉语语文学的存古传统，《切韵》保留了许多早期韵书中的语音对立，这些对立是有历史原因的，可能只是方言上的差异，也可能不仅仅是方言上的不同（见 2.1 节）。

2.5 所谓的"文学语言"

对于《切韵》所表现出的综合性，许多学者都赞同周祖谟的观点，认为《切韵》代表了精英阶层的所谓"文学语言"。如柯蔚南（Coblin 1984：217）所说："《切韵》既不是不同方言材料的汇编，也不是严密的单一方言的字音表，而是六世纪中国南北受过教育的阶层的规范标准，其中有一些基于南北语音差异的变异。"在这种文学语言中，来自不同系统的语音对立可以共存。然而，这样的系统只能存在于纸面上。在一个综合系统中，并非所有的对立都能实际发音，并因而可以在构拟中用语音表示出来。每个韵的音值必须能够根据一种真正的方言来发音。如果它依据的不止是一种方言，那么在实际语音中就不可能把所有韵的对立都区分出来。例如北京话中：蒸 -əŋ = 争 -əŋ ≠ 张 -aŋ；上海话语音中：蒸 -əŋ ≠ 争 -aŋ = 张 -aŋ（确切地说，上海话中它们是鼻化元音）。根据《切韵》的编纂原则，可以建立三个韵类：Zhang ≠ Zhang ≠ Zhuang。这个原则可表述为式（6）：

（6）方言 A：x = y ≠ z   方言 B：x ≠ y = z   >《切韵》：x ≠ y ≠ z

这种对立在历史上或方言上都是真实的。但是"蒸""争""张"这三个字不能在一个单一系统中实现为三个不同的音值或发三个不同的音。

现代方言中也有类似的现象，即存在与"白读"音并行的"文读"音。一般来说，文读音是从更具声望的方言中借来的音。文读音必须以借用方言音系所允许的音为基础。因此，韵书只能对音类进行综合，而它们的音值却不能综合，这是不成问题的。基于以上简单的原因，学者们在放弃高本汉的单一方言假设的同时仍原则上遵循高本汉的语音构拟理论，试图为所有的《切韵》音类构拟不同的音值，这种做法是难以理解的。

《切韵》只是提供关于正确音类（历史的或非历史的）的信息，而并不打算成为诗歌押韵的标准。事实上，没有人在诗歌押韵实践中完全遵循《切韵》的韵类，包括《切韵》序中提到的参加论韵的人。例如论韵的决策者之一颜之推的《观我生赋》中很多《切韵》韵类是不区分的。如庚韵字和清韵字一起押韵，阳韵字和唐韵字一起押韵等（周祖谟 1963：462—463）。更好的理解应该是，《切韵》包含但并不基于或不限于当时文学标准语言的韵类。

3.《切韵》的韵

很多学者对《切韵》的性质表示过怀疑,但只是简单提及。例如周祖谟(1982:9)在研究诗歌押韵状况时说:"……阳唐、尤侯也是一等韵跟三等韵通押,其主要元音一定是相同的。这些单从韵书上是不容易知道的。"蒲立本在他的 *Middle Chinese*(《中古音系》)一书(Pulleyblank 1984:137)中也承认:"无疑这种(同类韵分组)的部分原因是,有些在音系上以有无介音相区别的韵,在诗歌中是可以押韵的。"

下文中我们将详细说明,《切韵》的韵并不是严格地以音系单位韵基为基础的,不同的韵并不一定是不同韵基,《切韵》所参考的五家韵书也是如此。没有证据表明这五家韵书中所有的韵都是语音单位韵基不同的,因此《切韵》所继承的韵既可能是不同的韵基,也可能是韵基相同而韵母(MVC)不同。

这里需要指出的是,尉迟治平(2002、2003)关注了《切韵》的性质问题,通过对诗歌押韵的比较,他指出《切韵》中的一些韵并不是韵基不同。他认为《切韵》尽量将诗韵的韵母分开,成了韵书中的不同韵(他称为"韵书韵")。然而,实际情况可能正好相反。我们将在下文讨论,韵书(包括《切韵》)作者所做的努力是将韵母合并为韵,而不是将诗歌押韵中同一韵的韵母分开。但是这种聚类是不一致、不彻底的。

3.1 回顾高本汉的定义

高本汉的《中国音韵学研究》最早从语言学上为《切韵》的韵下了定义(高本汉 1940:16)。根据他的定义,《切韵》中的"韵"是包含主元音和韵尾(VC)而不包含介音(M)的部分。作为他的工作原则,这一定义要求每个韵类都有不同的音值。因此,不同韵的语音差异只能是以下三种情况之一:(1)主元音不同,韵尾相同;(2)主元音相同,韵尾不同;(3)主元音和韵尾都不相同。这三种对立类型可以总结为表5。

表5　高本汉构拟的三种对立类型

1	区别仅在于主元音:VaCa 与 VbCa
2	区别仅在于韵尾:VaCa 与 VaCb
3	主元音和韵尾都不同:VaCa 与 VbCb

表 5 中的 Va 和 Vb 表示不同的主元音，Ca 和 Cb 表示不同的韵尾。

高本汉批评沙昂克（Schaank）没有理解韵和韵母的区别。他用法语单词 *cabane*、*lianie* 和 *douane* 为例来说明押韵的原理（高本汉 1940：16）。根据东韵的情况，他认为只有主元音才能决定韵的分合。因此，不同等的两个韵主元音必然不同（高本汉 1940：51）。《切韵》本身并没有对"韵"的定义。但是，如果认为韵书的韵和诗歌的韵是一样的，那就错了。高本汉没有理解其中的区别，因而对韵的定义也是错误的，而且不幸的是，这是一个影响深远的错误。

高本汉当时无法看到关于《切韵》时期诗歌押韵的研究。他的构拟所使用的三种材料是：（1）外文对音，（2）《切韵》的反切，以及（3）韵图的分类信息（Karlgren 1915—1926：15）。第一类材料提供粗略的语音信息，第二类和第三类材料提供音类信息。需要强调的是，反切下字提供的是韵母（MVC）的信息。韵母不同并不意味着韵基也不同，不同的韵母可以有相同的主元音和韵尾。因此，反切只区分不同的韵母，而不区分韵基相同的不同韵母。韵图提供了另外的关于韵的音类信息，包括"等"和"开合"（-w-介音有无）的信息。但这些信息只能反映韵母的类型，不能揭示《切韵》韵类的本质。

3.2　韵书与反切

反切出现于公元 2 世纪，比韵书要早得多。如颜之推在《颜氏家训·音辞篇》中所说："孙叔言创《尔雅音义》，是汉末人独知反语。至于魏世，此事大行……自兹厥后，音韵锋出。"一般认为，郑玄（127—200）的学生孙炎是反切法的创造者。实际上，服虔（与郑玄同时代）和应劭（约 153—196）的著作中已有早期反切注音的可靠证据（见张渭毅 2008）。而已知最早的韵书之一是出现在 3 世纪末或 4 世纪初的西晋吕静（265—316）的《韵集》。因此，早期韵书一定是以反切的区别为基础的。作为标准体例，《切韵》中每个小韵（同音字组）都有反切注音。韵的类别是反切下字的分类，表示不同的韵母。在确定韵之后，韵书作者很可能会对反切进行检查，并在必要时进行修改。一韵中的反切下字通常是该韵中的小韵首字，如阳韵"方"字的反切下字"长"，是"长、苌、跟……"小韵的首字，"长"字的反切下字"良"，是"良、梁、涼……"小韵的首字。

《切韵》中存在错误归韵的同音字组，这一点可以证明《切韵》韵类是韵母的类别。如《切韵》无 -j- 介音的一等冬韵（平声）中误收带 -j- 介音的三等"恭"小韵，反切为"驹冬反"，由于反切下字"冬"是一等字（也是冬韵的韵目），"恭"小韵就被错误地归入冬韵，而没有归入锺韵。此外，由于"恭"小韵归韵错误，以"恭"为反切下字的"蚣""樅"两小韵也被错误地归入了冬韵（分别为息恭反、七恭反）。而这三个小韵应该属锺韵

（李荣 1956：8）。同样，冬韵上声"臩""湩"两小韵被错误地归入了三等肿韵，这是因为"臩"小韵的反切下字是"湩"，"湩"小韵的反切下字是"陇"，而"陇"是三等肿韵字。由于冬韵上声仅有"臩""湩"两个小韵，它们被归入肿韵后，《切韵》中冬韵就没有相配的上声韵（李荣 1956：7—8）。这两个错误的归类表明，韵和小韵的分类受到反切的影响，而不是基于实际发音的。

3.3 韵和韵母

如上所述，这些音类范畴之所以被称为韵，是因为它们作为语音单位，在某种程度上与诗歌创作实践中的押韵相关。当时，韵（VC）和韵母（MVC）在语言学上的区别没有得到充分的认识和明确的理解。韵书作者试图利用反切所揭示的信息来建立韵书的韵。然而，由于方言、历史和语言等方面的原因，韵书韵的设立并不完善。《切韵》时期的反切表明，人们对音节结构的理解仅限于声母和韵母，甚至不包括声调，声调直到后来沈约（441—513）的时代才得到认识。音系分析作为一项新的、具有挑战性的任务，并非是在语言一致性的前提下进行的。颜之推在《颜氏家训・音辞篇》中说："李季节著《音韵决疑》，时有错失；阳休之造《切韵》，殊为疏野。"由此看来，韵书的韵在一定程度上反映了当时人对韵母内部结构认识的不完善性。认为《切韵》中的韵都是不同韵基，这是对中古韵书编纂者所具备的语言学知识的一种不切实际的假设。

在《切韵》中，不同等的韵区别明显，只有三个韵例外，东韵有一等韵和三等韵，庚韵和麻韵都有二等韵和三等韵。这很可能是五家韵书的共识，通过反切也可以表现出来。《刊谬补缺切韵》中，庚韵二等"生"小韵的反切是"所京"，用三等字"京"为反切下字；二等"省"小韵的反切是"所景"，同样也是用三等字"景"为反切下字，三等"敬"小韵的反切是"居孟"，"孟"是二等字。二等和三等没有明确区分。

而开合对立的情况则相反。多数开合对立的韵母并没有被分为不同的韵。仅有少数例外：哈（-ø-）和灰（-w-）、殷（-ø-）和文（-w-）、痕（-ø-）和魂（-w-）、严（-ø-）和凡（-w-）。在其他所有韵中，开口和合口音节是不分韵的。这可能反映唇音声母字的反切下字既可以是开口也可以是合口的现象（见李荣 1956：97—100）。因此，开口和合口音节被合并在同一个韵书韵中。出于同样的原因，三等韵中重纽 -ɯj- 和 -j- 的对立也不分韵，除了可能是重纽对立的庚韵三等和清韵以外（这两韵在《玉篇》反切中即不作区分，周祖谟 1966：401）。这三种类型的对立表现出不同等级的区别（从最显著到最不显著）：-ø- / -ɯ- / -j- > 开合：-ø- / -w- > 重纽：-ɯj- /-j-。《切韵》韵目小注所涉及的差异，大多数（68 个小注中的 40 个）是与等有关的。

反切法是将音节分析为声母、韵母及声调两部分。很明显,当时人们对韵母的内部结构缺乏清晰的认识。这种对韵母理解的不完善可以从五家韵书之间及其内部的差异中观察到。不同韵书对韵的处理不同,例如在夏侯咏的《韵略》中,阳韵和唐韵是不同的韵,但在其他韵书中,它们是相同的韵。同一部韵书中,不同声调的韵类分合也不一致,例如在《韵略》中,平声阳韵和唐韵及相应的入声药韵和铎韵都有别,但上声"养荡为疑"、去声"漾宕为疑","为疑"意即不清楚。所有这些不一致之处都表明人们对韵母和韵的区别理解不完善。

高本汉观察到,《切韵》东韵、麻韵和庚韵中有属于不同等的音节;而哈韵和灰韵、殷韵和文韵、痕韵和魂韵、严韵和凡韵的分别是仅开合不同的韵对。基于这两个观察,高本汉得出结论:《切韵》是根据韵基(VC)分韵的。因此,如果韵尾相同,《切韵》中不同的韵主元音一定不同。否则,这些韵要么应像东韵、麻韵、庚韵一样合并为一韵,或者应像哈韵和灰韵这样分开。高本汉的推理如表 6 所示。如果两个韵韵尾相同,则主元音必须不同(可能性 X)。如果主元音和韵尾相同,介音位置上的差异不应导致它们分为不同的韵(可能性 Y)。

表 6　高本汉对《切韵》韵类的理解

韵母 1	韵母 2	韵	例子	可能性
MVaC	MVbC	不同韵	东₌ juŋ ≠ 阳 jaŋ	X
MaVaC	MbVaC	同韵	东₌ juŋ = 东＿uŋ	Y

但高本汉的这种推理是错误的。他认为《切韵》中的所有韵都是完美地根据同一标准确定的,不同的韵必然有不同的韵基(VC)。许多学者已经意识到,并非仅有这两种可能性(X 和 Y)。在他们的构拟中,并不是所有韵尾相同的韵主元音都是有别的(参见 2.2 节)。这种做法事实上表明了存在第三种可能性(Z),即有些韵具有相同的主元音和韵尾,只是介音不同,或者说它们的韵基(VC)并无不同,如表 7 所示。

表 7　《切韵》韵类的第三种可能性

韵母 1	韵母 2	韵	例子	可能性
MaVC	MbVC	不同韵	阳 jaŋ ≠ 唐 aŋ	Z

在语音构拟实践中(见 2.2 节),学者总是试图对韵尾相同的韵的主元音作出区分。

但是,那些只考虑 X 和 Y 两种可能性的学者,包括高本汉本人,他们无法区分所有同韵尾韵的主元音。高本汉没有区分"冬""鍾"两韵的主元音,将它们分别构拟为 -uoŋ 和 -iwoŋ,两韵的韵尾相同,主元音同为 o,这显然违背了他对韵的定义。其他构拟方案中也可以发现类似的现象。许多人选择不区分某些特定的韵,如阳韵和唐韵。这种构拟事实上表明,《切韵》中某些不同的韵具有相同的韵基(VC)。当然,如果不同的韵可以有相同的韵基(VC),则构拟中所需的主元音的数量就可以大大减少。然而,到目前为止,这一重要现象还没有得到妥当的处理和解释。

3.4 《切韵》韵类与诗歌押韵

许多学者认为《切韵》是当时文学语言的标准音。如果存在文学语言的标准音,那么实际的诗歌押韵实践也必然同样反映这种文学标准音。因此,必须仔细审视和充分理解两者之间的关系(尉迟治平 2005)。诗歌押韵的重要性在于它可以提供独立的关于音系类别和对立的信息。但遗憾的是,诗歌押韵的意义仍然没有得到致力于中古音构拟的学者的充分认识,中古音构拟仍然局限于高本汉使用的三种材料。

自高本汉的研究以来,很多学者认识到诗歌押韵的重要性,并对与《切韵》密切相关的押韵材料进行了广泛的研究。如周祖谟(1982)对齐、梁、陈、隋时期诗文韵部的研究,以及李荣(1961—1962/1982)对隋朝诗歌押韵的研究,都是探求《切韵》之前和大致同时期实际语言的韵类的努力。为便于比较,下表 8 中,我们将初唐诗歌押韵的韵类(鲍明炜 1990)纳入①。

表 8　齐—梁、隋和初唐的押韵类别

韵摄②	齐—梁	隋	初唐
通	东≠冬鍾	东≠冬鍾*	东=冬鍾
江	江=冬鍾 或江=阳唐	江=阳唐	江=阳唐
宕	阳=唐	阳=唐	阳=唐
曾	蒸≠登	蒸≠登**	蒸≠登**
梗	庚=耕=清=青	庚=耕=清=青	庚=耕=清=青

* 缺乏足够的数据来确定。

** 大体如此。

---

① 在齐、梁和隋时期的诗歌押韵中,这些开合对立的韵对可以一起押韵(周祖谟 1982、李荣 1956/1982)。

② 根据韵摄的信息,所有以 -ŋ 结尾的韵都属于这五个韵摄。

就韵基（VC）而言，以上韵书韵之间的关系是：（1）东韵与冬、钟韵不同；（2）江韵从未有过一个独立的韵基，演变之前与冬、钟韵相同，后来变得与阳、唐韵相同；（3）阳韵和唐韵从未对立；（4）蒸韵和登韵一直存在对立；（5）庚、耕、清、青四韵不对立。除江韵（江摄中唯一的韵）外，同一韵摄的韵在诗歌押韵中的关系有三种类型，见表9，表中同时列出各韵等第信息。

表 9　《切韵》韵类与诗韵的三种关系

《切韵》韵类		诗　韵	韵基	介音
1	东一与东三	不对立	相同	不同
2	冬一与锺三	不对立	相同	不同
	阳三与唐一	不对立	相同	不同
	庚二与耕二	不对立	相同	相同
	庚三、清三与青四	不对立	相同	不同
3	蒸三与登一	对立	不同	不同

不同诗人个体的押韵模式可能有所不同，可能不区分某些对立的韵。但是，综合比较不同作者与单个作者的押韵，结果并没有很大不同，可以揭示韵书韵之间关系的一般模式。[①] 这些诗歌押韵的韵类也可以确切无疑地得到统计分析的支持（麦耘1999、张建坤2008）。

3.5　押韵实例

看一些实际押韵的例子会有助于理解。这里所举的例子，一个是刘勰（约465—约532）的文学理论名著《文心雕龙》中的"赞"，另一个是周兴嗣（470—521）所作的童蒙识字读物《千字文》[②]。这两位作者都生活在梁代，距离《切韵》出版（601 年）不到 100 年。他们都是当时的顶尖学者，他们的语言应该可以代表标准音。《文心雕龙》有五十篇，每篇末尾都有一首"赞"，为八行韵文，每行四字。第 42 篇的"赞"反映了《切韵》阳、唐两韵的关系。

表 10 列出了韵脚字及其所属的《切韵》韵类。

---

① 参考李荣《音韵存稿》中的《隋韵谱》和《庾信诗文用韵研究》。
② 《文心雕龙》中的"赞"是八行诗，每行四个字，偶数行的最后一个字入韵。《千字文》是四言诗，偶数行的最后一个字入韵。

表 10　刘勰《文心雕龙》第 42 篇"赞"的韵脚字

	韵脚字	《切韵》韵类
42	想养朗爽	阳阳唐阳

阳韵上声字("想""养""爽")与唐韵上声字("朗")一起押韵。从刘勰所作的其他"赞"来看,他对韵脚字的选择非常精熟。例如他在其他"赞"中用了以下韵脚字(见表 11)。

表 11　刘勰《文心雕龙》中其他"赞"中的韵脚字

	韵脚字	《切韵》韵类
26	孕应兴胜	蒸蒸蒸蒸
28	並骋鲠炳	青清庚庚
30	承绳凝陵	蒸蒸蒸蒸
34	恒朋腾能	登登登登

　　第 26 篇"赞"中,所有韵脚字都是蒸韵去声。第 30 篇"赞"中,所有韵脚字也都是蒸韵,但为平声。第 34 篇"赞"中,所有韵脚字都是登韵平声。很多构拟方案把登韵和蒸韵构拟为相同的主元音,但在实际的押韵实践中,这两个韵并不押韵,表明它们有不同的主元音。第 28 篇"赞"的韵脚也很有启发性,它表明庚、清、青韵的字可以一起押韵。

　　《千字文》是一篇非常特别的文章,其中的一千个字没有一个是重复的,所以它提供了许多不同的韵脚字。第一个韵段共 50 行,26 个韵脚字,来自阳、唐两韵。前 16 行中使用的韵脚字如表 12 所示。

表 12　周兴嗣《千字文》中阳、唐两韵的韵脚字

韵脚字	《切韵》韵类
(黄)荒张藏阳霜岗光薑	(唐)唐阳唐阳阳唐唐阳

　　前 16 行中有九个韵脚字(偶数行的韵脚字加上第一行的"黄"字)。它们都是平声字。其中五个是唐韵字(第 1、2、4、7、8 行的"黄""荒""藏""岗""光"),四个是阳韵字(第 3、5、6、9 行的"张""阳""霜""薑")。这些韵脚字是混合押韵的,所以它们的押韵部分韵基相同。这个例子也表明《切韵》阳韵和唐韵音节具有相同的韵基。

表 13 给出了另一个押韵序列。其中的 15 个韵脚字分别来自庚韵（"庆""竞""敬""命""映""竞""咏"）、清韵（"圣""正""清""盛""令""政"）和青韵（"听""定"）。

表 13　周兴嗣《千字文》中的另一个押韵序列

韵脚字	《切韵》韵类
圣正听庆竞敬命清盛映定令竞政咏	清清青庚庚庚庚清清庚青清庚清庚

在诗歌押韵中，阳韵字与唐韵字总是在一起押韵，就像东韵的一等字与三等字一样。同样，庚韵（二、三等）、清韵（三等）与青韵（四等）也可以一起押韵。这两种情况表明，这些韵具有相同的韵基，只是介音不同。很多学者（如 Baxter 1992：80、麦耘 2022：14）认为，庚韵三等与清韵形成一种可能的重纽关系[①]。如果是这样，它们应该只在介音上有所不同（分别为-ɰj-和-j-），而不是主元音不同。它们是不同的韵母，但并非是不同的韵。

事实上，这就是某些韵在各种构拟中都具有相同韵基的原因。许多学者为某些不同的韵构拟了相同的主元音，如阳韵和唐韵（邵荣芬［1982］2008、Baxter 1992）、冬韵和锺韵（李荣 1956、邵荣芬［1982］2008、Baxter 1992）、清韵和青韵（Baxter 1992）。主元音数量的减少使《切韵》的构拟在语言上更加自然。另一方面，《切韵》韵类与诗歌押韵的关系也变得更容易理解。《切韵》中不同的韵在诗歌实践中之所以能够押韵，主要是因为这些韵具有相同的韵基。并不是不同元音的韵可以一起押韵，也不是因为所谓的"韵缓"。

4. 分布分析

从马丁（Martin 1953）开始，为了减少主元音的数量，很多学者们在构拟中采用了音位分析的方法。近年来，随着对等的语音性质认识的加深，学者们再次尝试运用音位分析的方法，从音位上确定《切韵》韵类的主元音，如麦耘（1995）、黄笑山（2002b）等。这是一种很有意义的方法，因为首先高本汉没有使用音位分析法（这在当时是一种比较新的语言学方法），其次《切韵》的构拟有了显著的推进，特别是认识到某些韵中可能

---

① 　但遗憾的是，白一平按照高本汉对《切韵》韵类的定义，认为必须用不同的元音来构拟它们，庚韵为 -æŋ，清韵为 -eŋ（Baxter 1992）。出于同样的原因，麦耘（2022）也用不同的元音构拟它们，庚韵为 -aŋ，清韵为 -ɛŋ。

存在-ɰ-介音(二等韵和三等 B 类韵,见 Jaxontov 1960、郑张尚芳 1987)。如果等的差异主要与介音有关,那么以前的构拟方案中某些主元音的差异可能就是多余的。因此,通过互补分析可以减少主元音。为了避免混淆,下文将把这种分析称为分布分析,因为音位分析是基于实际音值的,而分布分析是基于音类信息的。

分布分析表明,根据等的差异以及 -w- 介音的有无(开合),系统中存在许多音系空当。根据音位分析的原则,同摄的韵被认为语音上相似,同摄不同等的韵处于互补分布。同摄而在等和开合上呈互补分布的韵可以合并。这里有必要澄清的是,分布分析不是根据韵的构拟音值,而是主要基于音类信息,分析的结果也是音类性质的。结果显示,分布分析把构拟《切韵》韵类所需的主元音数量显著减少为 6 或 7 个(麦耘 1995、黄笑山 2002b)。构拟的主元音似乎也形成了一个更自然的系统。

4.1 麦耘(1995)和黄笑山(2002b)的分析

为便于讨论,表 14 给出麦耘(1995)对东、冬、锺、江、阳、唐、庚、耕、清、青、蒸、登十二个 -ŋ 尾韵的分析。根据等的分布,并假设二等韵和三等韵分别有一个不同的介音,这十二个韵可以分析为 6 类,有 6 个主元音。元音 i 不用在带-ŋ 韵尾的韵中,而用在其他韵尾的韵中。

表 14　麦耘(1995)对十二个 -ŋ 尾韵的分析

		i	u	e	ə	o	a	ɑ
一/四等	-0-	—	东	青	登	冬	—	唐
二等	-ɰ-	—	—	耕	—	江	庚	—
三等	-(ɰ)j-	—	东	清	蒸	锺	庚	阳

根据主要元音,带 -ŋ 韵尾的韵可以总结如表 15。

表 15　麦耘(1995)分析的主要元音

i	u	e	ə	o	a	ɑ
—	东	青耕清	登蒸	冬江锺	庚*	唐阳

* 麦耘(1995: 97)的构拟中梗韵被认为是一等韵,没有被包括在本表内。

黄笑山(2002b)的分析与此相似,但 -ŋ 尾韵用到了全部的 7 个元音,如表 16 所示。

增加的主元音"i"用于蒸韵,这是基于诗歌押韵,而非分布分析的结果所作的处理。

表 16　黄笑山(2002b)分析的主要元音

i	u	e	ə	ɔ	a	ɒ
蒸	东	青耕清	登	冬江鍾	庚	唐阳

十二个韵所需的主元音可以从 12 个减少到 7 个,甚至可以减少到 6 个或 5 个(黄笑山 2002b)。分布分析如表 17 所示。

表 17　分布分析的原则

类型	韵摄	等第	主元音	例子
A	相同	不同	相同	阳和唐
B	相同	相同	不同	东_和冬
C	不同	相同	不同	唐和冬
D	不同	不同	不同	唐和庚_

音值是根据此前构拟中被普遍接受的音值确定的。所选的元音是基本元音。语音相似的元音被剔除。

4.2　存在的问题

黄笑山在他的分析的基础上得出结论:"这种有大量空格的互补分布状况可以说明,根据《切韵》元音分韵作出的构拟不是音位层次的,而是语音层次的。"(黄笑山 2002a:13)。这个结论是有问题的,因为它是建立在错误假设的基础上的。首先,它假定《切韵》韵是一个单一的系统。其次,它假设如果韵尾相同,不同韵的主元音在语音上(非音位层次)一定不同。正如我们上面所讨论的,这两者都是不正确的。由于第一个问题,同等且同韵尾的韵(如庚二和耕、庚三和清)必须是"音位不同"的。如我们上文中已经指出的,庚韵与江韵是历史音类,在诗歌押韵中从来都不是独立的韵。在麦耘和黄笑山的分析中,庚韵在音位上都不同于耕韵和清韵。但这种对立在实际的诗歌押韵中并不存在(见 3.4 节中的例子)。相反,庚韵三等与清韵构成重纽关系的观点已被广泛接受。重纽关系表明,它们的区别在于介音(-ɯj- 对 -j-)而非主元音,所以庚韵三等和清韵应该有相同的主元音。

诗歌的押韵是基于韵基的。因此,仅用互补分布分析不能确定主元音的(音位)差异。例如在等第差异方面,宕摄的阳韵(三等)和唐韵(一等)与曾摄的蒸韵(三等)和登韵(一等)具有平行关系。但在诗歌押韵中,阳韵和唐韵一起押韵,蒸韵和登韵却不押韵。在麦耘的分析中,蒸韵和登韵(两者都属于曾摄,因此它们的语音相似)的主元音无别,都是ə。在黄笑山的分析中,蒸韵和登韵元音音位不同,分别为 i 和 ə。但这一结果是建立在外部信息即诗歌押韵的基础上的。这种分布分析的调整表明诗歌押韵所反映的音类信息的重要性。如果不参考诗歌押韵,单独使用分布分析将会产生不同的结果①。

4.3　真正揭示了什么

《切韵》韵类的分布分析是根据《切韵》自身信息,独立于诗歌押韵之外的分析。尽管存在这些问题,但很明显,分布分析的结果与诗歌押韵非常相似。与隋代诗歌押韵的韵类(见 3.4 节)相比,两者之间呈现出非常有趣的关系(见表 18)。

表 18　隋代诗歌押韵韵类与《切韵》分布分析的比较

隋代诗歌押韵					
东	冬/鍾	江/阳/唐	蒸	登	庚/耕/清/青
《切韵》韵类的分布分析					
东	冬/鍾/江	阳/唐	蒸	登	庚　耕/清/青

黄笑山的分析与麦耘不同,他根据诗歌押韵的证据,将蒸韵与登韵分离,赋予独立音位,而将江韵与冬韵、鍾韵归为一类。但是,根据诗歌押韵,江韵与阳、唐韵有相同的主元音。麦耘和黄笑山的分类是根据《切韵》的韵序而定的(《切韵》前四韵为东、冬、鍾、江韵),反映出这些韵在《切韵》之前历史上关系密切。庚韵的分立是个错误,没有意识到它是一个历史音类(如 4.2 节所指出的),因为分布分析无法识别存古的历史音系对立。除了这些差异以外,分布分析事实上证实了诗歌押韵的韵类。分布分析和诗歌押韵是两种独立的信息,分别代表内部证据和外部证据。尽管存

---

① 黄笑山指出,根据分布条件,元音的数量可以减少到 5 个(黄笑山 2002b：37),如下所示。

ɨ	ɛ	ə	o	a
东	青庚清	登蒸	冬江鍾	唐阳耕

在上述差异，但这两种分析的结果明确地表明，并非所有的《切韵》韵类都是不同的韵基。

5. 结论

以上对 -ŋ 韵尾韵的分析表明，诗歌押韵可以提供关于实际语言的有价值的信息，而实际语言也正是语音构拟的目标。通过对《切韵》中十二个带软腭鼻音韵尾的韵的分析，可以推测出当时该语言的音值，如表 19 所示。这一推测应该能反映出 6 世纪金陵方言和洛阳方言的语音，而且不会偏离太多。

表 19　十二个带-ŋ 韵尾的韵的音值

蒸 -iŋ	庚耕 -ɯɛŋ	庚 -ɯjɛŋ	清 -jɛŋ	青 -ɛŋ	登 -əŋ
阳 -jaŋ	唐 -aŋ	江 -ɯaŋ	冬 -oŋ	鍾 -joŋ	东 -uŋ

根据诗歌押韵，所需的主元音可以减少到 6 个。这里的音值基于先前的构拟，形成了一个更为自然的系统（见表 20）。

表 20　12 个韵的六个主要元音

主元音	i	ɛ	ə	a	o	u
韵	蒸	（庚）耕清青	登	阳唐江	冬鍾	东

总之，这个构拟表明：（1）阳韵、唐韵和江韵的韵基相同；（2）冬韵和鍾韵的韵基相同；（3）耕韵、清韵和青韵的韵基相同；（4）蒸韵和登韵的主元音不同；（5）庚韵与其他韵不构成对立，是历史音类。由于元音对立较少，根据之前的构拟很容易确定它们的音值。例如阳韵和唐韵在音位上和语音上都共享相同的主元音和韵尾。

十二个带-ŋ 韵尾的韵只需要六个元音，元音高度形成三度对立。这种主元音系统也表明，一般来说，诗歌押韵是相当严格地以主元音为基础的（这可能是王力在《汉语语音史》中不用《切韵》而使用诗歌材料的原因［王力 1985］）。在汉语语音史研究中，应当构拟的是中古汉语的语音系统，而不是《切韵》的音类。《切韵》中包含历史音类和具有相同韵基的音系单位。作为诗歌押韵类别的"韵"与《切韵》音类的"韵"，在语言学上有着不同的意义（见表 21）。

表 21　诗歌实践中的韵与《切韵》的韵的差异

诗歌实践	V(C)	主元音(+韵尾)
《切韵》音类	(M)V(E)	（介音+）主元音(+韵尾)

陆法言在《切韵》序中批评："先仙、尤侯，俱论是切。"①这是关于韵类性质的一条非常重要的线索。"先""仙"是平声先韵（四等）和仙韵（三等）的韵目，"尤""侯"是平声尤韵（三等）和侯韵（一等）的韵目。这两对韵的不同之处仅在于腭介音 -j- 的有无（先 ɛn 对仙 jɛn、尤 jəw 对侯 əw），陆法言认为，这两对韵应该各自分立为独立的韵。与这两对韵相似，《切韵》中的其他一些韵对之间的差异也在于介音的有无，并非所有《切韵》的韵类都是不同的韵基。经过赵元任（Chao 1941）的批评以后，学者对高本汉提出的《切韵》声母系统有了更深入的认识，并作了重新构拟。而对《切韵》韵类系统的误解也需要纠正，以便更好地构拟中古汉语的韵和主元音。

附录　中古早期汉语的韵基系统

将《切韵》中具有相同韵基的韵合并，并剔除古韵的区别，可以构拟出一个六个主元音的中古汉语音系。这个六元音系统可以对《切韵》中所有韵进行必要的区分。由于篇幅所限，本文无法提供带 -m(-p)、-n(-t)、-j 和 -w 韵尾的韵的细节。但同样的原则也适用。下表 22 列出《切韵》所有平声韵（54 个）和四个去声韵（祭、泰、夬、废韵）的构拟。

表 22　中古汉语音系六元音构拟

	i	ɛ	a	ə	ɔ	u
-ŋ (12)	蒸	庚耕清青	唐江阳	登	冬锺	东
-n (12)	真臻殷	山删仙先	寒	痕魂元	—	文
-m (9)	侵	咸衔盐添	谈严凡	覃	—	—
-0 (8)	脂之	支	麻	微ɨ	歌	模鱼虞
-j (10)	—	齐佳祭废	泰皆夬	—	咍灰	—
-w (7)	—	肴宵萧	豪	侯尤幽	—	—

① 在《切韵序》中，这一句与前一句"支脂、鱼虞，共为一韵"是并列句。按照陆法言的标准，这四对韵（支与脂、鱼与虞、先与仙、尤与侯）混并是不正确的。另外，其所说的"切"字的意思应为"正确的"，而不是反切的"切"，这不是陆法言那个时代的术语。

央元音 ə 与 ɨ 是音位变体(ə > ɨ/_0)。

具有相同韵基的不同的韵，介音不同［二等韵 -ɰ- 介音、三等韵 -(ɰ)j- 介音、一等韵和四等韵 -0- 介音］。

参考文献

鲍明炜　1990　《唐代诗文用韵研究》，南京：江苏古籍出版社。

陈寅恪　1949　从史实论《切韵》，《岭南学报》2：1—18.

高本汉　1940　《中国音韵学研究》，赵元任、李方桂、罗常培译，北京：商务印书馆。

黄笑山　2002a　《切韵》元音分韵的假设和音位化构拟，《古汉语研究》3：10—16.

黄笑山　2002b　中古二等韵介音和《切韵》元音数量，《浙江大学学报》（人文社会科学版）32（1）：30—38.

黄笑山　2005　音位构拟的原则及相关问题，见董琨、冯蒸主编《音史新论》，176—193，北京：学苑出版社。

李荣　1956　《切韵音系》，北京：科学出版社。

李荣　1961—1962　隋韵谱，见李荣《音韵存稿》，135—209，北京：商务印书馆。

李荣　1982　庾信诗文用韵研究，见李荣《音韵存稿》，225—258，北京：商务印书馆。

麦耘　1995　切韵元音系统试拟，见麦耘《音韵与方言研究》，96—118，广州：广东人民出版社。

麦耘　1999　隋代押韵材料的数理分析，《语言研究》37（2）：112—128。

麦耘　2022　中古音系研究框架，《辞书研究》2：1—17.

潘悟云　2000　《汉语历史音韵学》，上海：上海教育出版社。

邵荣芬　（1982）2008　《切韵研究》，北京：中国社会科学出版社（1982 年版），中华书局（2008 年版）。

王力　1985　《汉语语音史》，北京：中国社会科学出版社。

薛凤生　1996　试论《切韵》音系的元音音位与"重纽、重韵"等现象，《语言研究》1：46—56.

尉迟治平　2002　论中古的四等韵，《语言研究》4：39—47。

尉迟治平　2003　欲赏知音　非广文路——《切韵》性质的新认识，见《古今通塞：汉语的历史与发展》（第三届国际汉学会议论文集语言组），157—185。

尉迟治平　2005　韵书韵文观照法和汉语中古音研究，见董琨、冯蒸主编《音史新论》，253—260，北京：学苑出版社。

张建坤　2008　齐梁陈隋押韵材料的数理分析，哈尔滨：黑龙江大学出版社。

张琨　1987　《切韵》的综合性质，见张光宇编《汉语语音史论文集》，253—260，武汉：华中工学院出版社。

张渭毅　2008　论反切起源问题，《菏泽学院学报》30（1）：106—116。

郑张尚芳　1987　上古韵母系统和四等、介音、声调的发源问题，《温州师范学院学报》4：67—90。

周祖谟　1963　切韵的性质和它的音系基础，《语言学论丛》5：39—70，北京：商务印书馆。

周祖谟　1966　《万象名义》中之原本玉篇音系，见周祖谟《问学集》270—404，北京：中华书局。

周祖谟　1982　齐梁陈隋时期诗文韵部研究，《语言研究》1：6—17。

周祖谟　1985　《唐五代韵书集存》，北京：中华书局。

Baxter, William H 1992 *A Handbook of Old Chinese Phonology*（《汉语上古音手册》），Trends in Linguistics，Studies and Monographs 64. Berlin/New York：Mouton de Gruyter.

Chao, Yuen Ren 1941 Distinctions within Ancient Chinese. *Harvard Journal of Asiatic Studies* 5：

203—233.

Coblin, W. South 1984 *On E. G. Pulleyblank's Middle Chinese: A Study in Historical Phonology.* Monumenta Serica 36：211—227.

Hashimoto, Mantaro J. 1978. Phonology of Ancient Chinese. Study of Languages and Cultures of Asia and Africa, *Monograph Series* No. 10. Tokyo：Tokyo Gaikokugo Daigaku Ajia Afurika Gengo Buňka Kenkyújo.

Jaxontov, Sergej 1960 Consonant combinations in Archaic Chinese. Paper presented by the USSR delegation at the 25th International Congress of Orientalists, Moscow.

Karlgren, Bernhard 1915—1926 *Études Sur La Phonologie Chinoise.* 4 vols. Leiden：E. J. Brill；Uppsala：K. W. Appelberg.

Martin, Samuel E. 1953. The Phonemes of Ancient Chinese. *Supplement to the Journal of the American Oriental Society*, Number 16. Baltimore：American Oriental Society.

Pulleyblank, Edwin G. 1984 *Middle Chinese: A Study in Historical Phonology.* Vancouver：University of British Columbia Press.

Pulleyblank, Edwin G. 1998. Qieyun and Yunjing：The essential foundation for Chinese historical linguistics. *Journal of the American Oriental Society* 118(2)：200—216.

Shen, Zhongwei. 2020. *A Phonological History of Chinese.* Cambridge, United Kingdom；New York, NY：Cambridge University Press.

Zong, Fuchang, trans. 2004. *Admonitions for the Yan Clan: A Chinese classic on household management*, written by Yan Zhitui. Beijing：Waiwen chubanshe.

本文以"Understanding the Qieyun rhymes"为题发表于 *Journal of Chinese Linguistics*,见该刊 2023 年第 2 期,第 397—434 页。

中 译 本 后 记

　　本书的英文原版 *Phonological History of Chinese* 是 2020 年剑桥大学出版社出版的一部向海外读者介绍汉语音韵学基础知识和汉语语音史研究前沿进展的通论性著作，如作者在英文版序言中所说，这本书既面向汉语音韵学专家，也面向初学者。它提供了上古汉语、中古汉语、古官话及明清官话等各个历史时期标准语音系的信息，对不同时期语音演变的现象和规律进行了深入细致的描写和总结。在材料方面，本书尤其注重利用契丹小字、西夏文、女真文、八思巴字、波斯文、朝鲜谚文等拼音文字转写的早期官话音材料，从中发掘有价值的语音信息，归纳北方地区不同官话变体的语音特征，探寻官话语音形成的历史，对早期官话的历史溯源有独到的贡献。这也是作者近年来长期耕耘且创获颇丰的研究领域。目前国内尚缺少这样既带有概论性质又反映最新进展的汉语语音史著作，因此本书值得译介给国内的读者。

　　为保证译文的准确，在翻译过程中我始终与沈钟伟老师保持沟通，每译完一章就发给沈老师审阅，沈老师也对译稿提出了很多批注指导。译文对于原书中明显的印刷错误或笔误，如音标错误等，经过沈老师确认后径改；对于有些可能存在争议或误解的地方，则尽量保持原文，以译注的形式简略说明。

　　安徽师范大学宋华强老师曾校读全部译稿，并交流了不少宝贵的修改意见，在此深表感谢！同时要感谢上海教育出版社的编辑廖宏艳女士，她促成了本书的翻译，并为最终出版付出了辛勤的劳动。

复旦大学中文系　董建交

2023 年 12 月 1 日